| 法律法规新解读 | 第五版 |

# 公司法
## 解读与应用

李连宇 编著

中国法制出版社
CHINA LEGAL PUBLISHING HOUSE

全新升级第五版

# 出版说明

"法律法规新解读"丛书作为一套实用型法规汇编,历经四版,以其权威、实用、易懂的优点,赢得了广大读者的认可,真正成为"遇事找法者"运用法律维护权利和利益的利器。本丛书选取与日常生活密切相关的法律领域,将各领域的核心法律作为"主体法",并且将与主体法相关联的法律法规分类汇编。

"法律法规新解读"丛书独家打造六重法律价值:

1. 出版权威

中国法制出版社是中央级法律类图书专业出版社,是国家法律、行政法规文本的权威出版机构。

2. 条文解读精炼到位

丛书各分册将重难点法条以【条文解读】形式进行阐释,解读内容在吸取全国人大常委会法制工作委员会、最高人民法院等部门对条文的权威解读的基础上,结合实际全新撰写,简单明了、通俗易懂,并根据百姓日常生活中经常遇到的纠纷与难题,以【实务应用】形式,提炼归纳出问题点,邀请学者、律师作出解答。

3. 案例指引权威实用

丛书专设【案例指引】板块,选取最高人民法院、最高人民检察院的指导案例、公报案例、典型案例、各地区法院公布的经典案例以及中国裁判文书网的终审案例等,生动地展示解决法律问题的实例,这是市面上其他图书所无法比拟的。各分册更是加入权威司法部门的裁判案例,指导实践更准确、更有力。

4. 关联法规检索便捷

丛书各分册除了精选与主体法相关联的法律规定外，还在主体法中以【关联参见】的方式链接重要条文，帮助读者全方位理解相关规定内容。

5. 附录实用法律工具

书末收录经提炼的法律流程图、诉讼文书、纠纷处理常用数据等内容，帮助读者大大提高处理法律事务的效率。能够为大家学习法律、解决法律难题提供实实在在的帮助，是我们全心努力的方向，衷心欢迎广大读友反馈意见、建议。

6. 增值服务

丛书结合二维码技术的应用为广大读者提供增值服务，扫描前勒口二维码，即可免费使用中国法制出版社推出的【法融】数据库。【法融】数据库中"国家法律法规"栏目便于读者查阅法律文件准确全文及效力的同时，更有部分法律文件权威英文译本等独家资源分享。"最高法指导案例"和"最高检指导案例"两个栏目提供最高人民法院和最高人民检察院指导性案例的全文，为读者提供更多增值服务。

中国法制出版社

# 《中华人民共和国公司法》
## 法律适用提示

《公司法》① 于1993年12月29日由第八届全国人大常委会第五次会议通过，自1994年7月1日起施行。《公司法》历经1999年、2004年、2005年、2013年、2018年五次修改，修改后更方便人们投资、更强调股东权益和债权人利益的保护、更有利于我国资本市场发展需要。

2013年《公司法》修改主要涉及三方面。第一，将注册资本实缴登记制改为认缴登记制。除法律、行政法规以及国务院决定对公司注册资本实缴另有规定的外，取消了关于公司股东（发起人）应当自公司成立之日起两年内缴足出资，投资公司可以在五年内缴足出资的规定；取消了一人有限责任公司股东应当一次足额缴纳出资的规定。第二，放宽注册资本登记条件。除法律、行政法规以及国务院决定对公司注册资本最低限额另有规定的外，取消了有限责任公司最低注册资本3万元、一人有限责任公司最低注册资本10万元、股份有限公司最低注册资本500万元的限制；不再限制公司设立时股东（发起人）的首次出资比例；不再限制股东（发起人）的货币出资比例。第三，简化登记事项和登记文件。有限责任公司股东认缴出资额、公司实收资本不再作为公司登记事项。公司登记时，不需要提交验资报告。

针对《公司法》第142条在实践中存在的问题，2018年10月26日通过的《全国人民代表大会常务委员会关于修改〈中华人民共和国公司法〉的决定》主要对原公司法第142条中关于公司股份回购制度的规

---

① 为便于阅读，本书中相关法律文件名称中的"中华人民共和国"字样都予以省略。

定作了修改，由于股份回购特别是上市公司的股份回购，对债权人和投资者利益都有重大影响，应当慎重稳妥对待，因此修改决定同时还明确：对公司法有关资本制度的规定进行修改完善，赋予公司更多自主权，有利于促进完善公司治理、推动资本市场稳定健康发展。国务院及其有关部门应当完善配套规定，坚持公开、公平、公正的原则，督促实施股份回购的上市公司保证债务履行能力和持续经营能力，加强监督管理，依法严格查处内幕交易、操纵市场等证券违法行为，防范市场风险，切实维护债权人和投资者的合法权益。

《公司法》作为市场经济的基本大法，其主要内容有：

一、公司的概念

公司是一种企业组织形态，是依照法定的条件与程序设立的、以营利为目的的商事组织。《公司法》所规定的公司是指依法在中国境内设立的有限责任公司和股份有限公司。

二、股东的权利和义务

公司股东是公司的投资人，依法享有资产收益、参与重大决策和选择管理者等权利，并且在法定情形下有向人民法院提起诉讼的权利。股东的主要义务是出资义务以及权利不得滥用义务，如公司股东滥用公司法人独立地位和股东有限责任，逃避债务，严重损害公司债权人利益，应当对公司债务承担连带责任。

三、公司章程

设立公司必须依法制定公司章程。公司章程对公司、股东、董事、监事、高级管理人员具有约束力。

四、公司高管与职工

公司高管是指对公司决策、经营、管理负有领导职责的人员，如董事、监事、总经理、副总经理、公司财务负责人等高级管理人员。担任公司高管须符合法定条件，遵守法定义务。公司必须保护职工的合法权益，依法与职工签订劳动合同，参加社会保险，加强劳动保护，实现安全生产。公司职工依照《工会法》组织工会，开展工会活动，维护职工合法权益。另外,《公司法》强调,董事会、监事会中依法应有职工代表的,由公司职工通过职工代表大会、职工大会或者其他形式民主选举产生。

五、一人有限责任公司

一人有限责任公司,是指只有一个自然人股东或者一个法人股东的有限责任公司。一个自然人只能投资设立一个一人有限责任公司。该一人有限责任公司不能投资设立新的一人有限责任公司。一人有限责任公司的股东不能证明公司财产独立于股东自己财产的,应当对公司债务承担连带责任。

对公司法的司法解释工作是一项系统工程。当代公司法通常包括三个方面的制度:投融资及其退出的法律制度、公司治理的法律制度和公司并购重组的法律制度。最高人民法院关于公司法解释工作的安排和布局基本遵循了这一体系。2005年,我国公司法修订并重新颁布后,最高人民法院出台了《关于适用〈中华人民共和国公司法〉若干问题的规定(一)》,主要解决了新旧法衔接适用的问题;2008年和2011年,分别出台了《关于适用〈中华人民共和国公司法〉若干问题的规定(二)》和《关于适用〈中华人民共和国公司法〉若干问题的规定(三)》,主要解决了股东出资纠纷和公司解散清算纠纷案件审理中的法律适用问题,均属于投融资及其退出的法律制度范畴;2017年,出台了《关于适用〈中华人民共和国公司法〉若干问题的规定(四)》,以股东权利保护和公司治理为主题;2019年,出台了《关于适用〈中华人民共和国公司法〉若干问题的规定(五)》,就股东权益保护等纠纷案件适用法律问题作出规定。2020年12月,为贯彻实施民法典,最高人民法院根据民法典的相关精神对前述公司法司法解释(二)~(五)部分条文进行了相应的修改。

# 目　录

## 中华人民共和国公司法

**第一章　总　则**

第 一 条　【立法宗旨】　/ 3
第 二 条　【调整对象】　/ 3
第 三 条　【公司界定及股东责任】　/ 4
第 四 条　【股东权利】　/ 8
第 五 条　【公司义务及权益保护】　/ 10
第 六 条　【公司登记】　/ 11
第 七 条　【营业执照】　/ 15
第 八 条　【公司名称】　/ 18
第 九 条　【公司形式变更】　/ 19
第 十 条　【公司住所】　/ 19
第 十一 条　【公司章程】　/ 20
第 十二 条　【经营范围】　/ 25
第 十三 条　【法定代表人】　/ 25
第 十四 条　【分公司与子公司】　/ 30
第 十五 条　【转投资】　/ 34
第 十六 条　【公司担保】　/ 34
第 十七 条　【职工权益保护与职业教育】　/ 43
第 十八 条　【工会】　/ 43
第 十九 条　【党组织】　/ 44
第 二十 条　【股东禁止行为】　/ 44
第二十一条　【禁止关联交易】　/ 56

第二十二条　【公司决议的无效或被撤销】　　　　　　　　／ 58

## 第二章　有限责任公司的设立和组织机构

### 第一节　设　　立

第二十三条　【有限责任公司的设立条件】　　　　　　　／ 64
第二十四条　【股东人数】　　　　　　　　　　　　　　／ 65
第二十五条　【公司章程内容】　　　　　　　　　　　　／ 65
第二十六条　【注册资本】　　　　　　　　　　　　　　／ 65
第二十七条　【出资方式】　　　　　　　　　　　　　　／ 67
第二十八条　【出资义务】　　　　　　　　　　　　　　／ 69
第二十九条　【设立登记】　　　　　　　　　　　　　　／ 76
第 三 十 条　【出资不足的补充】　　　　　　　　　　　／ 76
第三十一条　【出资证明书】　　　　　　　　　　　　　／ 77
第三十二条　【股东名册】　　　　　　　　　　　　　　／ 78
第三十三条　【股东查阅、复制权】　　　　　　　　　　／ 87
第三十四条　【分红权与优先认购权】　　　　　　　　　／ 95
第三十五条　【不得抽逃出资】　　　　　　　　　　　　／ 96

### 第二节　组 织 机 构

第三十六条　【股东会的组成及地位】　　　　　　　　　／ 105
第三十七条　【股东会职权】　　　　　　　　　　　　　／ 105
第三十八条　【首次股东会会议】　　　　　　　　　　　／ 107
第三十九条　【定期会议和临时会议】　　　　　　　　　／ 107
第 四 十 条　【股东会会议的召集与主持】　　　　　　　／ 110
第四十一条　【股东会会议的通知与记录】　　　　　　　／ 111
第四十二条　【股东的表决权】　　　　　　　　　　　　／ 112
第四十三条　【股东会的议事方式和表决程序】　　　　　／ 113
第四十四条　【董事会的组成】　　　　　　　　　　　　／ 115
第四十五条　【董事任期】　　　　　　　　　　　　　　／ 116
第四十六条　【董事会职权】　　　　　　　　　　　　　／ 117
第四十七条　【董事会会议的召集与主持】　　　　　　　／ 119
第四十八条　【董事会的议事方式和表决程序】　　　　　／ 119

第四十九条　【经理的设立与职权】　　　　　　　　／ 121
　第 五 十 条　【执行董事】　　　　　　　　　　　　／ 121
　第五十一条　【监事会的设立与组成】　　　　　　　／ 121
　第五十二条　【监事的任期】　　　　　　　　　　　／ 122
　第五十三条　【监事会或监事的职权（一）】　　　　／ 123
　第五十四条　【监事会或监事的职权（二）】　　　　／ 124
　第五十五条　【监事会的会议制度】　　　　　　　　／ 126
　第五十六条　【监事履行职责所需费用的承担】　　　／ 126

## 第三节　一人有限责任公司的特别规定

　第五十七条　【一人公司的概念】　　　　　　　　　／ 126
　第五十八条　【一人公司的特殊要求】　　　　　　　／ 128
　第五十九条　【一人公司的登记注意事项】　　　　　／ 129
　第 六 十 条　【一人公司的章程】　　　　　　　　　／ 129
　第六十一条　【一人公司的股东决议】　　　　　　　／ 129
　第六十二条　【一人公司的财会报告】　　　　　　　／ 129
　第六十三条　【一人公司的债务承担】　　　　　　　／ 129

## 第四节　国有独资公司的特别规定

　第六十四条　【国有独资公司的概念】　　　　　　　／ 135
　第六十五条　【国有独资公司的章程】　　　　　　　／ 136
　第六十六条　【国有独资公司股东权的行使】　　　　／ 136
　第六十七条　【国有独资公司的董事会】　　　　　　／ 137
　第六十八条　【国有独资公司的经理】　　　　　　　／ 137
　第六十九条　【国有独资公司高层人员的兼职禁止】　／ 137
　第 七 十 条　【国有独资公司的监事会】　　　　　　／ 138

# 第三章　有限责任公司的股权转让

　第七十一条　【股权转让】　　　　　　　　　　　　／ 138
　第七十二条　【优先购买权】　　　　　　　　　　　／ 149
　第七十三条　【股权转让的变更记载】　　　　　　　／ 150
　第七十四条　【异议股东股权收购请求权】　　　　　／ 154
　第七十五条　【股东资格的继承】　　　　　　　　　／ 160

# 第四章　股份有限公司的设立和组织机构

## 第一节　设　　立

第七十六条　【股份有限公司的设立条件】　　　　　　　　/ 162
第七十七条　【设立方式】　　　　　　　　　　　　　　　/ 162
第七十八条　【发起人的限制】　　　　　　　　　　　　　/ 165
第七十九条　【发起人的义务】　　　　　　　　　　　　　/ 166
第 八 十 条　【注册资本】　　　　　　　　　　　　　　　/ 166
第八十一条　【公司章程】　　　　　　　　　　　　　　　/ 166
第八十二条　【出资方式】　　　　　　　　　　　　　　　/ 167
第八十三条　【发起设立的程序】　　　　　　　　　　　　/ 167
第八十四条　【募集设立的发起人认购股份】　　　　　　　/ 168
第八十五条　【募集股份的公告和认股书】　　　　　　　　/ 168
第八十六条　【招股说明书】　　　　　　　　　　　　　　/ 168
第八十七条　【股票承销】　　　　　　　　　　　　　　　/ 169
第八十八条　【代收股款】　　　　　　　　　　　　　　　/ 170
第八十九条　【验资及创立大会的召开】　　　　　　　　　/ 170
第 九 十 条　【创立大会的职权】　　　　　　　　　　　　/ 170
第九十一条　【不得任意抽回股本】　　　　　　　　　　　/ 171
第九十二条　【申请设立登记】　　　　　　　　　　　　　/ 171
第九十三条　【出资不足的补充】　　　　　　　　　　　　/ 172
第九十四条　【发起人的责任】　　　　　　　　　　　　　/ 172
第九十五条　【公司形式的变更】　　　　　　　　　　　　/ 174
第九十六条　【重要资料的置备】　　　　　　　　　　　　/ 175
第九十七条　【股东的查阅、建议和质询权】　　　　　　　/ 175

## 第二节　股东大会

第九十八条　【股东大会的组成与地位】　　　　　　　　　/ 177
第九十九条　【股东会的职权】　　　　　　　　　　　　　/ 177
第 一 百 条　【年会和临时会】　　　　　　　　　　　　　/ 177
第一百零一条　【股东大会会议的召集与主持】　　　　　　/ 178
第一百零二条　【股东大会会议】　　　　　　　　　　　　/ 178

第一百零三条　【股东表决权】　　　　　　　　　／179
第一百零四条　【重要事项的股东大会决议权】　　／179
第一百零五条　【董事、监事选举的累积投票制】　／180
第一百零六条　【出席股东大会的代理】　　　　　／181
第一百零七条　【股东大会会议记录】　　　　　　／181

## 第三节　董事会、经理

第一百零八条　【董事会组成、任期及职权】　　　／181
第一百零九条　【董事长的产生及职权】　　　　　／182
第一百一十条　【董事会会议的召集】　　　　　　／182
第一百一十一条　【董事会会议的议事规则】　　　／184
第一百一十二条　【董事会会议的出席及责任承担】／184
第一百一十三条　【经理的设立与职权】　　　　　／184
第一百一十四条　【董事兼任经理】　　　　　　　／185
第一百一十五条　【公司向高管人员借款禁止】　　／185
第一百一十六条　【高管人员的报酬披露】　　　　／185

## 第四节　监事会

第一百一十七条　【监事会的组成及任期】　　　　／185
第一百一十八条　【监事会的职权及费用】　　　　／185
第一百一十九条　【监事会的会议制度】　　　　　／186

## 第五节　上市公司组织机构的特别规定

第一百二十条　【上市公司的定义】　　　　　　　／186
第一百二十一条　【特别事项的通过】　　　　　　／186
第一百二十二条　【独立董事】　　　　　　　　　／187
第一百二十三条　【董事会秘书】　　　　　　　　／187
第一百二十四条　【会议决议的关联关系董事不得表决】／188

# 第五章　股份有限公司的股份发行和转让

## 第一节　股份发行

第一百二十五条　【股份及其形式】　　　　　　　／188
第一百二十六条　【股份发行的原则】　　　　　　／189
第一百二十七条　【股票发行价格】　　　　　　　／190

5

| | | |
|---|---|---|
| 第一百二十八条 | 【股票的形式及载明的事项】 | / 190 |
| 第一百二十九条 | 【股票的种类】 | / 190 |
| 第 一 百 三 十 条 | 【股东信息的记载】 | / 191 |
| 第一百三十一条 | 【其他种类的股份】 | / 192 |
| 第一百三十二条 | 【向股东交付股票】 | / 192 |
| 第一百三十三条 | 【发行新股的决议】 | / 192 |
| 第一百三十四条 | 【发行新股的程序】 | / 193 |
| 第一百三十五条 | 【发行新股的作价方案】 | / 193 |
| 第一百三十六条 | 【发行新股的变更登记】 | / 193 |

## 第二节 股 份 转 让

| | | |
|---|---|---|
| 第一百三十七条 | 【股份转让】 | / 193 |
| 第一百三十八条 | 【股份转让的场所】 | / 194 |
| 第一百三十九条 | 【记名股票的转让】 | / 194 |
| 第 一 百 四 十 条 | 【无记名股票的转让】 | / 195 |
| 第一百四十一条 | 【特定持有人的股份转让】 | / 195 |
| 第一百四十二条 | 【本公司股份的收购及质押】 | / 196 |
| 第一百四十三条 | 【记名股票丢失的救济】 | / 197 |
| 第一百四十四条 | 【上市公司的股票交易】 | / 198 |
| 第一百四十五条 | 【上市公司的信息公开】 | / 198 |

## 第六章 公司董事、监事、高级管理人员的资格和义务

| | | |
|---|---|---|
| 第一百四十六条 | 【高管人员的资格禁止】 | / 201 |
| 第一百四十七条 | 【董事、监事、高管人员的义务和禁止行为】 | / 203 |
| 第一百四十八条 | 【董事、高管人员的禁止行为】 | / 206 |
| 第一百四十九条 | 【董事、监事、高管人员的损害赔偿责任】 | / 209 |
| 第 一 百 五 十 条 | 【董事、监事、高管人员对股东会、监事会的义务】 | / 210 |
| 第一百五十一条 | 【公司权益受损的股东救济】 | / 210 |
| 第一百五十二条 | 【股东权益受损的诉讼】 | / 219 |

## 第七章 公 司 债 券

| | | |
|---|---|---|
| 第一百五十三条 | 【公司债券的概念和发行条件】 | / 219 |
| 第一百五十四条 | 【公司债券募集办法】 | / 220 |

| 第一百五十五条 | 【公司债券票面的记载事项】 | / 221 |
| 第一百五十六条 | 【公司债券的分类】 | / 221 |
| 第一百五十七条 | 【公司债券存根簿】 | / 221 |
| 第一百五十八条 | 【记名公司债券的登记结算】 | / 222 |
| 第一百五十九条 | 【公司债券转让】 | / 223 |
| 第一百六十条 | 【公司债券的转让方式】 | / 223 |
| 第一百六十一条 | 【可转换公司债券的发行】 | / 223 |
| 第一百六十二条 | 【可转换公司债券的转换】 | / 224 |

## 第八章 公司财务、会计

| 第一百六十三条 | 【公司财务与会计制度】 | / 224 |
| 第一百六十四条 | 【财务会计报告】 | / 225 |
| 第一百六十五条 | 【财务会计报告的公示】 | / 225 |
| 第一百六十六条 | 【法定公积金与任意公积金】 | / 226 |
| 第一百六十七条 | 【股份有限公司资本公积金】 | / 228 |
| 第一百六十八条 | 【公积金的用途】 | / 229 |
| 第一百六十九条 | 【聘用、解聘会计师事务所】 | / 232 |
| 第一百七十条 | 【真实提供会计资料】 | / 232 |
| 第一百七十一条 | 【会计账簿】 | / 232 |

## 第九章 公司合并、分立、增资、减资

| 第一百七十二条 | 【公司的合并】 | / 234 |
| 第一百七十三条 | 【公司合并的程序】 | / 235 |
| 第一百七十四条 | 【公司合并债权债务的承继】 | / 235 |
| 第一百七十五条 | 【公司的分立】 | / 236 |
| 第一百七十六条 | 【公司分立前的债务承担】 | / 236 |
| 第一百七十七条 | 【公司减资】 | / 237 |
| 第一百七十八条 | 【公司增资】 | / 239 |
| 第一百七十九条 | 【公司变更的登记】 | / 240 |

## 第十章 公司解散和清算

| 第一百八十条 | 【公司解散原因】 | / 240 |
| 第一百八十一条 | 【修改公司章程】 | / 241 |

| 第一百八十二条 | 【司法强制解散公司】 | /241 |
| 第一百八十三条 | 【清算组的成立与组成】 | /250 |
| 第一百八十四条 | 【清算组的职权】 | /256 |
| 第一百八十五条 | 【债权人申报债权】 | /257 |
| 第一百八十六条 | 【清算程序】 | /259 |
| 第一百八十七条 | 【破产申请】 | /260 |
| 第一百八十八条 | 【公司注销】 | /260 |
| 第一百八十九条 | 【清算组成员的义务与责任】 | /263 |
| 第 一 百 九 十 条 | 【公司破产】 | /265 |

## 第十一章 外国公司的分支机构

| 第一百九十一条 | 【外国公司的概念】 | /268 |
| 第一百九十二条 | 【外国公司分支机构的设立程序】 | /268 |
| 第一百九十三条 | 【外国公司分支机构的设立条件】 | /269 |
| 第一百九十四条 | 【外国公司分支机构的名称】 | /269 |
| 第一百九十五条 | 【外国公司分支机构的法律地位】 | /270 |
| 第一百九十六条 | 【外国公司分支机构的活动原则】 | /270 |
| 第一百九十七条 | 【外国公司分支机构的撤销与清算】 | /270 |

## 第十二章 法 律 责 任

| 第一百九十八条 | 【虚报注册资本的法律责任】 | /270 |
| 第一百九十九条 | 【虚假出资的法律责任】 | /271 |
| 第 二 百 条 | 【抽逃出资的法律责任】 | /271 |
| 第 二 百 零 一 条 | 【另立会计账簿的法律责任】 | /272 |
| 第 二 百 零 二 条 | 【提供虚假财会报告的法律责任】 | /272 |
| 第 二 百 零 三 条 | 【违法提取法定公积金的法律责任】 | /272 |
| 第 二 百 零 四 条 | 【公司合并、分立、减资、清算中违法行为的法律责任】 | /272 |
| 第 二 百 零 五 条 | 【公司在清算期间违法经营活动的法律责任】 | /273 |
| 第 二 百 零 六 条 | 【清算组违法活动的法律责任】 | /273 |
| 第 二 百 零 七 条 | 【资产评估、验资或者验证机构违法的法律责任】 | /273 |
| 第 二 百 零 八 条 | 【公司登记机关违法的法律责任】 | /274 |

| 第二百零九条 | 【公司登记机关的上级部门违法的法律责任】 | /275 |
| 第二百一十条 | 【假冒公司名义的法律责任】 | /275 |
| 第二百一十一条 | 【逾期开业、停业、不依法办理变更登记的法律责任】 | /275 |
| 第二百一十二条 | 【外国公司擅自设立分支机构的法律责任】 | /276 |
| 第二百一十三条 | 【吊销营业执照】 | /276 |
| 第二百一十四条 | 【民事赔偿优先】 | /276 |
| 第二百一十五条 | 【刑事责任】 | /276 |

## 第十三章　附　则

| 第二百一十六条 | 【本法相关用语的含义】 | /276 |
| 第二百一十七条 | 【外资公司的法律适用】 | /277 |
| 第二百一十八条 | 【施行日期】 | /278 |

## 关联法规

最高人民法院关于适用《中华人民共和国公司法》若干问题的规定（一）　/281
（2014年2月20日）

最高人民法院关于适用《中华人民共和国公司法》若干问题的规定（二）　/282
（2020年12月29日）

最高人民法院关于适用《中华人民共和国公司法》若干问题的规定（三）　/287
（2020年12月29日）

最高人民法院关于适用《中华人民共和国公司法》若干问题的规定（四）　/294
（2020年12月29日）

最高人民法院关于适用《中华人民共和国公司法》若干问题的规定（五）　/299
（2020年12月29日）

中华人民共和国民法典（节录） / 300
　　（2020 年 5 月 28 日）
中华人民共和国市场主体登记管理条例 / 310
　　（2021 年 7 月 27 日）
中华人民共和国市场主体登记管理条例实施细则 / 319
　　（2022 年 3 月 1 日）
全国法院民商事审判工作会议纪要（节录） / 334
　　（2019 年 11 月 8 日）

## 实用附录

公司组织机构人数构成对照表 / 353
有限责任公司章程 / 354
股份有限公司章程 / 362
重要法律术语速查表 / 373

# 实务应用速查表

**01.** 除了有限责任公司和股份有限公司，是否还能设立其他类型的公司？／4

**02.** 公司股东全部变更，是否影响公司债务的承担？／5

**03.** 股东转让股权后，对转让前的公司利润还能主张分红吗？／9

**04.** 申请公司设立登记应当提交哪些材料？／12

**05.** 申请公司登记过程中，应当注意哪些事项？／12

**06.** 登记机关如何办理登记？／13

**07.** 公司如何申请变更登记？／16

**08.** 企业名称申请登记应注意哪些事项？／18

**09.** 公司章程关于股东会对股东处以罚款的规定是否有效？／20

**10.** 能否依据公司章程记载的法定代表人的权限认定第三人是否为善意？／21

**11.** 哪种情况下自然人不得担任公司法定代表人？／26

**12.** 法定代表人变更，是以公司登记为准，还是以股东会任免决议为准？／26

**13.** 有限责任公司的分公司能否成为诉讼主体？／31

**14.** 公司无力偿还债务时，可否执行其分公司的财产？／32

**15.** 公司法定代表人越权代表公司对外提供担保，如何认定担保合同的效力？／35

**16.** 公司越权担保时，如何认定债权人是否构成善意？／35

**17.** 债权人明知公司担保没有经过公司机关决议，担保合同一律无效吗？／36

**18.** 公司越权对外提供担保，应当承担何种民事责任？／36

**19.** 对于公司法定代表人的越权担保，公司是否可以采取救济措施？／37

1

20. 否认公司独立人格，认定股东对公司债务承担连带责任，应把握哪些原则？／44
21. 认定公司人格与股东人格存在混同的判断标准是什么？／45
22. 公司控制股东对公司过度支配与控制，是否应对公司债务承担连带责任？／46
23. 股东实际投入公司的资本显著不足，是否应对公司债务承担连带责任？／47
24. 在公司人格否认诉讼中，如何确定当事人的诉讼地位？／47
25. 股东损害公司债权人利益责任纠纷是否属于由公司住所地法院管辖的情形？／47
26. 股东会召集程序或表决方式存在非轻微瑕疵，但对决议结果未产生实质影响，决议是否可撤销？／58
27. 债权人能否以公司不能清偿到期债务为由，请求未届出资期限的股东在未出资范围内对公司不能清偿的债务承担补充赔偿责任？／70
28. 对于履行出资义务，瑕疵出资股东能否以诉讼时效为由进行抗辩？／77
29. 股东姓名记载于股东名册与办理公司登记之间的法律效力有何不同？／79
30. 未经公司其他股东半数以上同意，实际出资人能否请求登记为公司股东？／80
31. 是否可以"代签"为由否认股东资格？／80
32. 如何认为股东自营或者为他人经营的公司与本公司存在实质性竞争关系？／88
33. 股东要求公司分红，有何前提条件吗？／96
34. 有限公司都必须设股东会吗？／105
35. 采取在公司公告栏张贴公告的形式通知股东参加股东会会议是否适当？／111
36. 认缴出资未届履行期限，相应股东的表决权能否受到限制？／113
37. 如何在遵守资本多数决原则的同时，保护少数股东的合法权益？／114
38. 如何做到一人公司财产独立于股东个人财产，避免混同？／130

39. 判定股东优先购买权中的"同等条件"应从哪些方面进行考虑？／139

40. 股东应当如何行使优先购买权？／139

41. 股东优先购买权被侵害，应如何救济？／140

42. 侵犯优先购买权的股权转让合同的效力应如何判定？／140

43. 签订股权转让协议应注意哪些事项？／141

44. 如何界定优先购买权中的"同等条件"？／150

45. 股权转让后，受让人于何时取得股东资格？／151

46. 股权转让后办理变更登记前，原股东再次对相应股权作出转让、质押等处分行为的，受让股东可采取哪些救济措施？／151

47. 提起股份收购请求权诉讼有何前提条件？／155

48. 发起人对在公司设立中签订的合同，应承担什么法律责任？／173

49. 公司不能成立时，发起人对设立行为所产生的债务和费用应如何承担责任？／174

50. 发起人对因设立公司而发生的职务侵权行为如何承担责任？／174

51. 股东查阅会计账簿时是否允许他人协助？／175

52. 股东能否请求法院判令公司召开股东（大）会？／178

53. 股份转让有何限制？／194

54. 侵权行为发生时尚未成为公司股东，是否有权提起股东代表诉讼？／211

55. 没有履行前置程序，一律驳回起诉吗？／211

56. 被告在股东代表诉讼中提出反诉，应如何处理？／212

57. 在股东代表诉讼中，原告股东和被告经调解达成协议，人民法院就应当制作调解书吗？／212

58. 哪些情形下，股东可以提起解散公司之诉？／242

59. 有限公司股东怠于履行义务，导致公司无法进行清算，应对公司债务承担何种法律责任？／251

3

# 案例指引速查表

01. 监事为公司借款，公司和股东是否应承担责任？／6
02. 公司滥用法人独立地位，公司债务应如何承担？／7
03. 股权转让前一年度的利润分配归谁？／9
04. 对被冒用身份进行公司登记知情，可否主张撤销公司登记？／14
05. 被冒名变更登记为公司法定代表人，如何维权？／17
06. 公司章程中关于"人走股留"的规定是否违反《公司法》的禁止性规定而导致章程无效？／21
07. 原法定代表人离任后请求公司及时办理法定代表人变更登记的，人民法院应否支持？／27
08. 受委托担任公司法定代表人，离职后可否要求变更登记？／27
09. 挂名当法定代表人被限制消费，该如何维权？／29
10. 子公司以母公司的规章制度辞退员工是否合法？／32
11. 公司未经股东会同意为股东之间的股权转让提供担保，股东能否善意取得担保权？／37
12. 公司董事会一致同意为实际控制人提供担保，担保合同是否有效？／38
13. 公司对外担保未经股东会决议，公司一律不承担责任？／40
14. 担保协议有公司代理人签名并加盖公章，是否当然构成表见代理？／41
15. 公司章程禁止对外担保，公司是否应承担担保责任？／42
16. 什么情况下构成关联公司的人格混同？／48
17. 滥用公司独立地位的股东转让了股权，是否应对公司债务承担连带责任？／52

18. 公司人格混同损害债权人利益，原告住所地法院是否具有管辖权？／54

19. 解散原公司，另设新公司，原公司债务谁来承担？／54

20. 不是高管但行使了高管职权，利用关联交易损害公司利益是否应当赔偿？／57

21. 董事会解聘总经理职务的决议所依据的事实是否属实，是否属于司法审查范围？／59

22. 未按章程通知全部股东即召开股东会，通过的决议是否有效？／61

23. 被除名股东未参加股东会，决议是否有效？／63

24. 未按照章程提前通知即召开股东会，决议是否可撤销？／63

25. 股东未届出资期限而转让公司股权，是否仍需在认缴出资范围内对转让前公司债务承担责任？／66

26. 以非货币财产出资未经评估作价，应承担什么责任？／68

27. 未届章程出资期限，股东会决议提前注资，是否应当履行？／70

28. 股东恶意延长出资期限，债权人如何维权？／71

29. 已具备破产原因但不申请破产，股东出资加速到期？／72

30. 发起人已经转让股权，公司破产清算时发起人的出资期限利益应否得到保护？／73

31. 未举证证明公司已无财产可供执行，可否追加未届出资期限的股东作为被执行人？／74

32. 实际出资人取得股东资格和权利，要符合什么条件？／81

33. 有限公司股东资格的判断标准需要综合考虑哪些因素？／82

34. 凭借加盖公司印章的入股书能否主张股东资格？／83

35. 股份转让合同签订后未办理股权变更登记，是否能解除合同？／84

36. 股东身份未进行登记，个人转账给公司系入股还是借贷？／85

37. 公司原股东是否有权查阅或复制其持股期间的公司特定文件？／89

38. 认为股东查阅会计账簿有不正当目的，应由谁承担举证责任？／90

39. 公司股东所设立的另一家公司与本公司有直接竞争关系，是否有权查阅公司会计账簿？／91
40. 未向公司提出书面申请，可否直接向法院起诉查阅公司会计账簿？／92
41. 股东签订撤资退股协议后，在公司注销前是否具有行使知情权的资格？／93
42. 虚增增资数额后又通过第三方减资的名义收回，是否构成抽逃出资？／97
43. "友情"出任股东，是否也能被认定构成抽逃出资？／99
44. 出借身份证开办公司，是否也要负抽逃出资的法律责任？／100
45. 抽逃出资后又将股权转让，对公司债务承担什么责任？／100
46. 股东与公司之间的交易往来是否构成抽逃出资？／102
47. 股东转让股权，约定由公司承担付款责任能否得到支持？／103
48. 隐名股东要求返还出资构成抽逃出资吗？／104
49. 公司股东会的决议程序是否为公司高管领取履行高管职责而获得的报酬的前提条件？／106
50. 如何召开临时股东会会议？／107
51. 临时股东会决议变更法定代表人有效，原法定代表人可否继续占有公司印章？／109
52. 伪造股东会签名，责任谁来承担？／111
53. 当天通知召开股东会，程序违法？／112
54. 非同比例减资是否需要股东一致决？／114
55. 董事按章程提出辞职，在改选出新的董事之前仍应履行相应职责吗？／116
56. 未得到董事会决议批准，公司高管的工资约定是否不具备法律效力？／118
57. 未按公司章程送达董事会会议通知，决议是否应予撤销？／120
58. 请求辞去监事职务被拒，可否请求法院涤除监事登记？／123
59. 公司股东以监事身份为个人利益主张财务检查费用是否应予支持？／125
60. "夫妻店"式有限公司是否视为一人公司？／127
61. 只有一个法人股东，是一人公司还是个人独资企业？／128

3

**62.** 为证明一人公司财产独立于股东个人财产，补做公司财务账册有效吗？／131

**63.** 法人股东一人公司的财产混同有何表现？／132

**64.** 一人公司账簿存在不规范之处，是否就可认定股东与公司财产混同？／133

**65.** 股东资格一旦消灭，权利义务即刻丧失／141

**66.** 恶意低价转让股权是否无效？／142

**67.** 既有《股权转让协议》又有《代持股协议书》，是转让股权还是代持股？／143

**68.** 股东会私下转让他人股权是否有效？／144

**69.** 公司股东间转让股权，股东配偶可否主张撤销？／145

**70.** 《股权转让协议》中已经披露债务金额，对实际执行中超出的金额原股东还承担责任吗？／146

**71.** 让与担保与股权转让，如何区分？／147

**72.** 违反"经其他股东过半数同意"是否必然导致股份转让协议无效？／148

**73.** 投资行为发生在《外商投资法》实施之前，但不属于"负面清单"管理范围，合资企业转让股权是否须经批准？／152

**74.** 实际出资人要求变更股东名册是否经过半数股东同意？／153

**75.** 《公司法》第 74 条中"转让主要财产"的标准认定是什么？／156

**76.** 抽逃出资股东可否请求公司回购其股份？／159

**77.** 未经大股东继承人同意，小股东擅自转让资产行为是否无效？／161

**78.** 众筹设立公司的行为属公司募集设立的范畴吗？／163

**79.** 未按章程规定向外国股东提供月度管理报告和季度报告该如何处理？／176

**80.** 未按规定时间通知召开临时董事会，通过决议可否撤销？／182

**81.** 股权众筹，无法办理股权变更登记，该如何处理？／195

**82.** 上市公司年度报告虚假陈述，投资者是否可就损失主张民事赔偿？／199

4

83. 公司高管负有高额债务被列为失信被执行人，用人单位与其解除劳动合同是否合法？／202

84. 公司高管未能识别网络诈骗是否属于未尽勤勉义务？／204

85. 法定代表人违反忠实义务侵占公司商标权应如何处理？／205

86. 执行董事未经股东会同意将公司商标转让到自己名下，转让行为是否有效？／206

87. 总经理利用职务便利为他人谋取属于公司的商业机会应承担什么责任？／208

88. 公司高管因经营判断行为存在过失造成公司损失，是否应当承担赔偿责任？／209

89. 公司利益受损后已采取刑事报案等措施维护公司利益，股东还能提起股东代表诉讼吗？／212

90. 公司利益受损，执行董事可否以股东名义提起股东代表诉讼？／214

91. 法定代表人没有公章，是否无法代表公司起诉？／214

92. 董事将公司货物搬回家，监事是否有权代表公司提起诉讼？／216

93. 第三人侵权，公司监事有权以公司名义起诉吗？／217

94. 尚未获得销售利润，开发商可否向股东分房？／227

95. 股东在公司经营过程中投入的投资额是否应作为公司的资本公积金？／229

96. 使用私人账户收支公司款项需要对公司债务负连带责任吗？／233

97. 公司违法减资后股东未取回出资，要对公司债务承担补充赔偿责任吗？／237

98. 凭借资产负债表及纳税申报表，可否证明公司减资的正当性？／238

99. 对"公司经营管理是否发生严重困难"应如何认定？／243

100. 股东经营理念与公司冲突无法调和，可否认定公司管理陷入僵局？／246

101. 股权转让受阻，"通过其他途径不能解决"应如何认定？／247

**102.** 股东会决议同意解散公司，但无法办理注销登记，可以提起解散公司之诉吗？／248

**103.** 股东会决议与少数股东意见不一致，公司资产持续减少，即可提起解散公司之诉？／249

**104.** 公司吊销后股东怠于履行清算义务，工伤职工可否要求股东承担连带责任？／252

**105.** 股东对公司的经营状态和公司文件下落不知情，是否应承担怠于清算的责任？／253

**106.** 怠于清算但仍可清算，股东对外应否担责？／255

**107.** 公司清算不通知，清算组成员应否赔偿？／257

**108.** 没付清工资就注销公司，职工如何维权？／261

**109.** 公司违法清算后注销，债务谁来承担？／262

**110.** 股东怠于履行清算义务，离职小股东还要对公司债务承担连带赔偿责任吗？／264

**111.** 关联公司可否合并破产清算？／266

**112.** 公司不能破产清算，小股东是否应对公司债务承担连带清偿责任？／266

**113.** 外籍隐名股东显名的审查标准应符合什么条件？／277

法律法规
新解读系列

# 中华人民共和国公司法

公司法
解读与应用

# 中华人民共和国公司法

- 1993年12月29日第八届全国人民代表大会常务委员会第五次会议通过
- 根据1999年12月25日第九届全国人民代表大会常务委员会第十三次会议《关于修改〈中华人民共和国公司法〉的决定》第一次修正
- 根据2004年8月28日第十届全国人民代表大会常务委员会第十一次会议《关于修改〈中华人民共和国公司法〉的决定》第二次修正
- 2005年10月27日第十届全国人民代表大会常务委员会第十八次会议修订
- 根据2013年12月28日第十二届全国人民代表大会常务委员会第六次会议《关于修改〈中华人民共和国海洋环境保护法〉等七部法律的决定》第三次修正
- 根据2018年10月26日第十三届全国人民代表大会常务委员会第六次会议《关于修改〈中华人民共和国公司法〉的决定》第四次修正

## 第一章 总 则

**第一条 【立法宗旨】**[①] 为了规范公司的组织和行为，保护公司、股东和债权人的合法权益，维护社会经济秩序，促进社会主义市场经济的发展，制定本法。

**第二条 【调整对象】** 本法所称公司是指依照本法在中国境内设立的有限责任公司和股份有限公司。

---

[①] 本书条文主旨为编者所加，为方便读者检索使用，仅供参考，下同。

### 条文解读

**有限责任公司** ➡ 有限责任公司，是指由一定人数的股东组成的，股东只以其出资额为限对公司承担责任，公司只以其全部资产对公司债务承担责任的公司。其主要特点是，所有的股东都是只以其对公司的出资额为限来对公司承担责任；公司只是以其全部资产来承担公司的债务；股东对超出公司全部资产的债务不承担责任。

**股份有限公司** ➡ 股份有限公司，是指由一定人数以上的股东组成，公司全部资本分为等额股份，股东以其所认购股份为限对公司承担责任，公司以其全部资产对公司债务承担责任的公司。其主要特点是，公司的全部资本分成等额股份；股东只以其所认购的股份为限对公司承担责任；公司只以其全部资产来承担公司的债务。

### 实务应用

**01. 除了有限责任公司和股份有限公司，是否还能设立其他类型的公司？**

现阶段，我国的企业类型是多种多样的，包括公司、非公司制企业法人、合伙企业、个人独资企业等。依据《公司法》第 2 条的规定，在我国只能设立两种公司，即有限责任公司和股份有限公司，而不允许设立其他类型的公司，如无限公司和两合公司。其他类型的企业由相应的法律法规规范和调整，不适用《公司法》的规定。

**第三条 【公司界定及股东责任】** 公司是企业法人，有独立的法人财产，享有法人财产权。公司以其全部财产对公司的债务承担责任。

有限责任公司的股东以其认缴的出资额为限对公司承担责任；股份有限公司的股东以其认购的股份为限对公司承担责任。

## 条文解读

**企业法人** ➡ 公司是企业法人，这既是公司的法律地位，也是公司的基本特征。所谓企业，其实是一个集合概念，泛指一切从事生产、流通或者服务性活动以谋取经济利益的经济组织，凡追求经济目的的经济组织，都属于企业的范畴，所以企业是指以营利为目的的组织。所谓法人，按照《民法典》的规定，是指具有民事权利能力和民事行为能力，依法独立享有民事权利和承担民事义务的组织。法人的民事权利能力和民事行为能力，从法人成立时产生，到法人终止时消灭。法人应当依法成立，有自己的名称、组织机构、住所、财产或者经费，以其全部财产独立承担民事责任。

**股东的有限责任** ➡ 股东的有限责任制度，是公司制度的基石之一。股东的责任得以适当限制，一方面可以起到鼓励、促进投资的积极作用；另一方面，也存在着股东将公司经营失败的风险转嫁于公司债权人的可能。有限责任公司的资本不划分为均等份额，股东以其出资额为限对公司承担责任。股份有限公司的资本分成等额股份，股东以其所持股份为限对公司承担责任。换言之，有限责任公司和股份有限公司的股东均对公司承担有限责任，除非公司人格被股东滥用，否则，即使公司的资产不足以清偿债务，股东对公司债务也不承担连带清偿责任。就公司的责任范围而言，由于公司是独立法人，是独立的责任主体，因此，公司应以其全部资产对公司的债务承担责任。

## 实务应用

**02. 公司股东全部变更，是否影响公司债务的承担？**

公司具有独立法人人格，依法独立承担法律责任，股东不对公司债务承担责任。股东即出资人的有限责任是指股东以出资额为限对公司承担责任，股东责任与公司责任相互分离。股东对公司负责（其责任主要是出资责任），不对公司债权人负责；公司的责任属于公司责任，原则

5

上不能向股东进行追索。根据《公司法》第20条第3款规定，只有在公司股东滥用股东权利，导致股东与公司人格混同的情形下，股东才对公司的债务承担连带责任。因此，虽然公司股东变更，但公司作为独立法人的资格没有变更，股东及股份变更前产生的债务仍应当由公司承担。

### 案例指引

**01.** 监事为公司借款，公司和股东是否应承担责任？[①]

2013年7月案外人蒋某因公司资金紧张向原告茹某借款30万元，2013年8月30日原告茹某向被告河南省某公司账户上转款30万元，蒋某向原告出具借条一张，约定月利率2%。2008年10月24日由蒋某办理被告河南省某公司的公司登记信息。2017年1月蒋某去世。蒋某去世前在被告河南省某公司任监事职务。本案被告河南省某公司2008年10月24日成立时，由被告黄某一人出资500万元。2015年1月26日黄某将股份全部转让给被告王某1，2015年8月4日被告蒋某入股3010万元，被告王某2入股800万元，王某1增股700万元，王某1共持股1200万元。2017年4月14日蒋某将股份全部转让给杨某。2018年2月27日王某1和王某2将股份全部转让给张某。目前河南省某公司股东为杨某持股3010万元，张某持股2000万元，共计5010万元。

原告茹某起诉要求被告河南省某公司偿还借款30万元及利息。张某、杨某作为公司现在的股东，应当对公司的债务承担连带清偿责任。王某1、王某2、蒋某、黄某也应当在应出资范围内对公司债务承担连带清偿责任。河南省某公司辩称，从原告所述情况来看借款人是蒋某个人，原告将河南省某公司列为被告没有法律和事实依据，请求法庭依法驳回。

---

① 参见李小伟、代文官：《监事为公司借款谁应当偿还》，载河南省高级人民法院网 http://www.hncourt.gov.cn/public/detail.php?id=176229，最后访问日期：2023年3月15日。

法院生效裁判认为，蒋某作为公司监事代表河南省某公司出具的借条属于职务行为，故茹某要求河南省某公司偿还借款应予支持。河南省某公司主张蒋某作为公司监事不能代表公司进行借款行为，但证人茹某作为时任公司出纳，其证言可以证明本案借款是蒋某以公司名义所借，并用于归还他人欠款。从茹某出借款项时在河南省某公司任会计的事实来看，茹某有理由相信蒋某可以代表公司进行借款，结合本案借款实际进入公司账户的事实，法院判决河南省某公司承担还款责任。公司具有独立法人人格，依法独立承担法律责任，股东不对公司债务承担责任，法院依法驳回了原告茹某的其他诉讼请求。

股东会、董事会、监事会是公司的法定组织机构，依法律规定及公司章程行使职权。执行董事行使董事会的职权，负责公司重大事务的决策，对外代表公司。监事行使监事会的职权，是公司内部的监督机关，不负责公司治理。通常情况下，监事不代表公司对外活动。但是，由于公司治理不规范，监事或实际控制人可能会超越法定职权对外进行民事活动。比如在本案中，蒋某作为公司监事本无管理公司经营事务的权力，亦无权力代表公司对外借款。但是，蒋某却为公司经营向原告借款，款项也转于公司账户。根据权利义务一致的原则，该笔借款应认定为公司债务，由公司负责偿还。

**02. 公司滥用法人独立地位，公司债务应如何承担？**[①]

某台资塑胶公司就购买原料与宁波某塑胶公司进行业务磋商。在业务磋商期间，宁波某塑胶公司投资新设浙江某进出口公司（以下简称进出口公司）。宁波某塑胶公司表示，其与该台资塑胶公司的买卖合同将由其新设立的进出口公司出面签订。其后，进出口公司与该台资塑胶公司签订了一份《产品销售合同》，约定该台资塑胶公司向进出口公司购

---

① 参见《人民法院台胞权益保障十大典型案例》，台资塑胶公司诉浙江某进出口公司及其股东宁波某塑胶公司买卖合同纠纷案，载最高人民法院网 https://www.court.gov.cn/zixun-xiangqing-337111.html，最后访问日期：2023年3月15日。

买 3000 吨苯乙烯。该台资塑胶公司支付货款后，进出口公司仍有接近 3000 万元的货物未予交付。该台资塑胶公司起诉要求进出口公司承担违约责任，并以构成公司人格混同为由，要求宁波某塑胶公司承担连带责任。

浙江省宁波市中级人民法院一审认为，宁波某塑胶公司在与该台资塑胶公司业务磋商期间，投资新设进出口公司，由进出口公司出面签约，进出口公司与其股东宁波某塑胶公司在经营范围、场所、高管、财务人员等方面，存在一定的混同或交叉；且两公司在财务关系上存在严重异常，进出口公司在没有真实交易的情况下，将其收到的该台资塑胶公司货款迅速转移到宁波某塑胶公司账户。宁波某塑胶公司作为进出口公司的股东，显然存在滥用公司法人独立地位、逃避债务、损害债权人利益的情形。故判决进出口公司应返还该台资塑胶公司货款 29748642.27 元并赔偿利息损失，宁波某塑胶公司依法应承担连带责任。浙江省高级人民法院二审维持原判。

**第四条** 【股东权利】公司股东依法享有资产收益、参与重大决策和选择管理者等权利。

### 条文解读

**股东权利** ▶ 出资者向公司投入资产，目的是取得收益，所以向公司出让了该资产的使用权。这时，出资者虽然还是该项资产的最终所有者，但是已不占有该项资产，不能再直接支配已用作投资的资产，所享有的权利在内容上发生了变化，即由原来的对财产的占有、使用、收益和处分的权利，演变成从公司经营该资产的成果中获得收益、参与公司作出重大决策以及选择公司具体经营管理者等的权利。这时出资者就具有了公司股东的新身份，其所享有的权利也随之演变为股权，即对公司的控制权以及从公司生产经营成果中获得收益的权利。

根据本条的规定，股东作为出资者享有的权利主要有：按投入公司的资本额所享有的资产收益权；参与公司生产经营以及利润分配等重大问题的决策权；选举公司董事、监事等管理者的权利等。这些权利都是由股东是公司出资者这个身份决定的。

### 实务应用

**03. 股东转让股权后，对转让前的公司利润还能主张分红吗？**

股东投资公司为获回报，股东享有期待权，但期待权不等于利润分配请求权。就是说股东可否享有利润分配请求权，一方面必须取决于公司的年度财务核算，并形成分红决议。另一方面则取决于利润分配时，是否为在册股东。如果在利润分配之前转让了股权，转让方已经不在股东名册中，就不能参与利润分配。因此，股权转让后，如公司尚未作出利润分配决议，且双方对转让前的公司利润归属无特别约定，则利润分配请求权应当由新股东享有，原股东对转让前后公司盈利均不再享有分配请求权；若原股东仍要求保留股权转让前利润分配请求权，应当在合同中予以明确约定。基于此，股东转让股权时，应当将未分配利润作为衡量股权价值的重要因素之一，当股东提前转让股权而未得到相应的投资回报时，可以通过股权转让价格予以弥补。

### 案例指引

**03. 股权转让前一年度的利润分配归谁？**[①]

塑料公司、邱某为某上市农商行股东，截至2015年8月27日分别持有133056股、239601股。塑料公司、邱某分别于2016年3月24日、25日将所持股权转让给某供应链公司、吴某，并于2016年5月20日办理变更登记。2016年5月17日，农商行股东大会决议分配2015年利

---

① 参见《2020—2021年江苏法院公司审判典型案例》，塑料公司、邱某诉农商行公司盈余分配纠纷案，载江苏法院网 http://www.jsfy.gov.cn/article/94380.html，最后访问日期：2023年3月15日。

润，按照前述股权计，塑料公司持股对应可得股权 6652 股、现金 7983.36 元，邱某持股对应可得股权 11975 股，现金 14370.06 元。塑料公司、邱某多次要求农商行根据该股东会决议向其分配利润未果，遂诉至法院，请求农商行向其支付 2015 年度应得股金及现金分红。

一审法院认为，股东会决议虽是 2016 年 5 月作出，但其分配的是 2015 年度收益，塑料公司、邱某 2015 年度仍持有农商行的股权，有权享有 2015 年度收益，遂判决农商行向塑料公司、邱某支付股金及分红。二审法院认为，在公司作出利润分配决议前，股东利润分配请求权为抽象性的期待权，而非确定性权利，股权变动后，该权利应当由新股东享有。供应链公司、吴某取得案涉股权时，农商行尚未作出利润分配决议，该股权涉及的利润分配请求权仍为抽象的期待权，而未转化为债权。股权转让后，塑料公司、邱某不再具有股东身份，无权行使利润分配请求权。遂改判驳回塑料公司、邱某诉讼请求。

**第五条** 【公司义务及权益保护】公司从事经营活动，必须遵守法律、行政法规，遵守社会公德、商业道德，诚实守信，接受政府和社会公众的监督，承担社会责任。

公司的合法权益受法律保护，不受侵犯。

### 条文解读

**公司的义务** ➡ 公司作为企业法人，虽然以营利为目的，但公司同时是社会的成员，必须承担社会责任，如分担劳动就业压力、维护经济秩序、依法纳税、依法为员工办理社会保险、保护环境，等等。

**公司的权益保护** ➡ 公司是独立享有权利和经济利益的法人，其合法权益受到法律的严格保护，禁止任何人以任何方式非法侵犯公司合法权益。公司的合法权益包括公司的合法财产、公司开展生产经营活动所形成的合法商业利益等，都受到法律保护。

**第六条　【公司登记】** 设立公司，应当依法向公司登记机关申请设立登记。符合本法规定的设立条件的，由公司登记机关分别登记为有限责任公司或者股份有限公司；不符合本法规定的设立条件的，不得登记为有限责任公司或者股份有限公司。

法律、行政法规规定设立公司必须报经批准的，应当在公司登记前依法办理批准手续。

公众可以向公司登记机关申请查询公司登记事项，公司登记机关应当提供查询服务。

### 条文解读

**公司登记机关** ➡ 国家市场监督管理总局主管全国市场主体统一登记管理工作。县级以上地方市场监督管理部门主管本辖区市场主体登记管理工作。

省级以上人民政府或者其授权的国有资产监督管理机构履行出资人职责的公司，以及该公司投资设立并持有50%以上股权或者股份的公司的登记管理由省级登记机关负责；股份有限公司的登记管理由地市级以上地方登记机关负责；外商投资企业登记管理由国家市场监督管理总局或者其授权的地方市场监督管理部门负责。

**设立登记** ➡ 市场主体应当依法办理登记。未经登记，不得以市场主体名义从事经营活动。法律、行政法规规定无需办理登记的除外。

根据《市场主体登记管理条例》及实施细则的规定，公司的一般登记事项包括：（1）名称；（2）类型；（3）经营范围；（4）住所；（5）注册资本；（6）法定代表人姓名。此外，有限责任公司股东、股份有限公司发起人的姓名或者名称也应当登记。

公司的下列事项应当向登记机关办理备案：（1）章程；（2）经营期限；（3）有限责任公司股东或者股份有限公司发起人认缴的出资数额；（4）公司董事、监事、高级管理人员；（5）公司登记联络员、外商投资企业法律文件送达接受人；（6）公司等市场主体受益所有人相关信息；（7）分支机构登记联络员；（8）法律、行政法规规定的其他事项。

**依法办理批准手续** ▶ 法律、行政法规或者国务院决定规定市场主体申请登记、备案事项前需要审批的，在办理登记、备案时，应当在有效期内提交有关批准文件或者许可证书。有关批准文件或者许可证书未规定有效期限，自批准之日起超过 90 日的，申请人应当报审批机关确认其效力或者另行报批。

**查询公司登记事项** ▶ 登记机关负责建立市场主体登记管理档案，提供市场主体登记管理档案查询服务。市场主体查询自身登记管理档案，应当出具授权委托书及查询人员的有效证件。查询内容涉及国家秘密、商业秘密、个人信息的，应当按照有关法律法规规定办理。

**实务应用**

**04. 申请公司设立登记应当提交哪些材料？**

据《市场主体登记管理条例》及实施细则的规定，申请办理公司设立登记，应当提交下列材料：（1）申请书；（2）申请人主体资格文件或者自然人身份证明；（3）住所（主要经营场所、经营场所）相关文件；（4）公司章程；（5）法定代表人、董事、监事和高级管理人员的任职文件和自然人身份证明。

此外，募集设立股份有限公司还应当提交依法设立的验资机构出具的验资证明；公开发行股票的，还应当提交国务院证券监督管理机构的核准或者注册文件。涉及发起人首次出资属于非货币财产的，还应当提交已办理财产权转移手续的证明文件。

登记机关能够通过政务信息共享平台获取的市场主体登记相关信息，不得要求申请人重复提供。

**05. 申请公司登记过程中，应当注意哪些事项？**

（1）实名登记。市场主体实行实名登记。申请人应当配合登记机关核验身份信息。在办理公司登记、备案事项时，采用人脸识别等方式对下列人员进行实名验证：①法定代表人；②有限责任公司股东、股份有限公司发起人、公司董事、监事及高级管理人员；③市场主体登记联络员、外商投资企业法律文件送达接受人；④指定的代表人或者委托代理人。

因特殊原因，当事人无法通过实名认证系统核验身份信息的，可以提交经依法公证的自然人身份证明文件，或者由本人持身份证件到现场办理。

（2）委托办理。申请人可以自行或者指定代表人、委托代理人办理市场主体登记、备案事项。

（3）签名盖章。申请人应当在申请材料上签名或者盖章。申请人可以通过全国统一电子营业执照系统等电子签名工具和途径进行电子签名或者电子签章。符合法律规定的可靠电子签名、电子签章与手写签名或者盖章具有同等法律效力。

（4）提交申请。申请人可以到登记机关现场提交申请，也可以通过市场主体登记注册系统提出申请。申请人对申请材料的真实性、合法性、有效性负责。

## 06. 登记机关如何办理登记？

（1）申请材料齐全、符合法定形式的，登记机关予以确认，并当场登记，出具登记通知书，及时制发营业执照。

（2）不予当场登记的，登记机关应当向申请人出具接收申请材料凭证，并在3个工作日内对申请材料进行审查；情形复杂的，经登记机关负责人批准，可以延长3个工作日，并书面告知申请人。

（3）申请材料不齐全或者不符合法定形式的，登记机关应当将申请材料退还申请人，并一次性告知申请人需要补正的材料。申请人补正后，应当重新提交申请材料。

（4）不属于市场主体登记范畴或者不属于本登记机关登记管辖范

围的事项，登记机关应当告知申请人向有关行政机关申请。

> **案例指引**

### 04. 对被冒用身份进行公司登记知情，可否主张撤销公司登记？[①]

2016年7月，付某、案外人范某委托案外人张某向原工商行政管理局保税区分局申请设立某国际贸易公司，并提交了《公司登记（备案）申请书》等一系列申请材料，上述材料中均有股东签字及身份证复印件证明。其中，法定代表人信息显示范某为该公司法定代表人、董事、监事，经理信息显示付某为公司监事，公司股东（发起人）出资信息显示出资人为范某、付某，出资比例分别为49%、51%。原市工商行政管理局受理后，核准了某国际贸易公司的设立登记，并颁发了营业执照。付某不服提起诉讼。

青岛市中级人民法院经审理认为，《最高人民法院关于审理公司登记行政案件若干问题的座谈会纪要》明确，公司法定代表人、股东等以申请材料不是其本人签字或者盖章为由，请求确认登记行为违法或者撤销登记行为的，人民法院原则上应按照本条第一款规定处理，但能够证明原告此前已明知该情况却未提出异议，并在此基础上从事过相关管理和经营活动的，人民法院对原告的诉讼请求一般不予支持。对于付某对第三人公司设立之事是否知情、付某是否被冒名登记为公司股东应进行综合判断。其一，法院对第三人公司法定代表人范某的询问笔录中，范某陈述了"胡某（朋友介绍的）和宋某（我的同学+朋友）找到我和付某说想注册公司，要求我们两人顶名成立公司，要借用我们的身份证……后来公司注册成功……"付某对该询问笔录也予以认可。故不能排除付某对此知情并同意出借身份证以其名义设立公司的可能性。其二，付某在本次诉讼中提交的身份证与涉案公司登记申请材料中的身份

---

[①] 参见《山东省法院发布 2020 年全省法院行政审判白皮书》，付某诉某市行政审批服务局公司设立行政登记案，载山东法院网 http://www.sdcourt.gov.cn/nwglpt/_2343835/_2532828/7000907/index.html，最后访问日期：2023 年 3 月 15 日。

证复印件内容完全一致,且其庭审中自认其身份证未曾丢失,亦对其身份是如何被冒用未能作出合理说明。其三,公司设立申请材料中"付某"签名是否系其本人所签并不能等同于付某对公司设立之事是否同意、是否知情。某市原工商行政管理局作出涉案公司设立登记的行政行为认定事实清楚,适用法律正确,程序合法。遂判决驳回付某的诉讼请求。

### 关联参见

《市场主体登记管理条例》;《市场主体登记管理条例实施细则》

第七条 【营业执照】依法设立的公司,由公司登记机关发给公司营业执照。公司营业执照签发日期为公司成立日期。

公司营业执照应当载明公司的名称、住所、注册资本、经营范围、法定代表人姓名等事项。

公司营业执照记载的事项发生变更的,公司应当依法办理变更登记,由公司登记机关换发营业执照。

### 条文解读

**公司成立日期** ➡ 申请人申请市场主体设立登记,登记机关依法予以登记的,签发营业执照。营业执照签发日期为市场主体的成立日期。

**营业执照** ➡ 公司营业执照应当载明公司的名称、住所、类型、注册资本、经营范围、法定代表人姓名、登记机关、成立日期、统一社会信用代码。

营业执照分为正本和副本,具有同等法律效力。电子营业执照与纸质营业执照具有同等法律效力。公司应当将营业执照置于住所或者主要经营场所的醒目位置。从事电子商务经营的公司应当在其首页显著位置持续公示营业执照信息或者相关链接标识。任何单位和个人不得伪造、涂改、出租、出借、转让营业执照。营业执照记载的信息发生变更时,公司应当于 15 日内完成对应信息的更新公示。

**实务应用**

### 07. 公司如何申请变更登记？

公司申请办理变更登记，应当提交申请书，自作出变更决议、决定或者法定变更事项发生之日起 30 日内申请办理变更登记；涉及分支机构登记事项变更的，应当自公司登记事项变更登记之日起 30 日内申请办理分支机构变更登记。变更登记事项属于依法须经批准的，应当在批准文件有效期内向登记机关申请变更登记。

（1）变更章程：应当提交修改后的章程或者章程修正案；需要对修改章程作出决议决定的，还应当提交相关决议决定。

（2）变更法定代表人：变更登记申请由新任法定代表人签署。

（3）变更名称：可以自主申报名称并在保留期届满前申请变更登记，也可以直接申请变更登记。

（4）变更住所：应当在迁入新住所前向迁入地登记机关申请变更登记，并提交新的住所使用相关证明文件。

（5）变更注册资本：

公司增加注册资本，有限责任公司股东认缴新增资本的出资和股份有限公司的股东认购新股的，应当按照设立时缴纳出资和缴纳股款的规定执行。股份有限公司以公开发行新股方式或者上市公司以非公开发行新股方式增加注册资本，还应当提交国务院证券监督管理机构的核准或者注册文件。

公司减少注册资本，可以通过国家企业信用信息公示系统公告，公告期 45 日，应当于公告期届满后申请变更登记。法律、行政法规或者国务院决定对公司注册资本有最低限额规定的，减少后的注册资本应当不少于最低限额。

（6）变更类型：应当按照拟变更公司类型的设立条件，在规定的期限内申请变更登记，并提交有关材料。

(7) 变更经营范围：属于依法须经批准的项目的，应当自批准之日起 30 日内申请变更登记。许可证或者批准文件被吊销、撤销或者有效期届满的，应当自许可证或者批准文件被吊销、撤销或者有效期届满之日起 30 日内向登记机关申请变更登记或者办理注销登记。

**案例指引**

### 05. 被冒名变更登记为公司法定代表人，如何维权？[①]

甲公司成立于 2013 年 8 月 14 日，一人独资有限责任公司，原法定代表人吴某。2016 年 5 月 23 日，甲公司委托吴某向市场监管部门申请办理公司变更事宜。甲公司提交的资料中，《公司登记（备案）申请书》《法定代表人信息》《股权转让协议》等均为"钟某"签名。同日，市场监管部门作出准予变更登记并向甲公司颁发了新的营业执照，登记股东、法人从吴某变更为"钟某"。2016 年 8 月 4 日，钟某向公安机关申报身份证挂失。2021 年 1 月 30 日，钟某准备乘坐高铁时被告知"已被法院限制高消费，禁止乘坐该列车"。发现被冒名登记为公司法人的钟某遂向南川法院提起行政诉讼，要求撤销前述变更登记。后经司法鉴定，"登记档案中的签名字迹与钟某样本字迹不是一人所写"。

南川法院审理认为，《公司登记管理条例》规定申请文件、材料齐全，符合法定形式，但公司登记机关认为申请文件、材料需要核实的，应当决定予以受理，同时书面告知申请人需要核实的事项、理由及时间。由此可知，公司登记机关在登记程序中并非完全形式审查，对于存疑资料仍有一定的真实性核查职责。本案中，甲公司作为一人有限责任公司，变更登记本就应予特别注意。甲公司提交的申请资料虽然齐备，但落款时间完全一致，且变更登记委托代理人又均为吴某，足以引起合理怀疑。市场监管部门对存疑资料未予核查，便作出准予变更登记行

---

[①] 参见周仁海：《被冒名登记为公司法人，如何维权？》，载重庆法院网 http：//cqgy.cqfygzfw.gov.cn/article/detail/2022/01/id/6499072.shtml，最后访问日期：2023 年 3 月 15 日。

为。同时，钟某的身份证挂失材料、笔迹鉴定报告等足以证明公司变更登记资料签名不属实，市场监管部门作出准予变更登记的主要证据明显不足。综上，南川法院依法判决撤销市场监管部门作出的案涉准予变更登记行为。

### 关联参见

《市场主体登记管理条例》第21条、第22条、第36条、第37条

**第八条** 【公司名称】依照本法设立的有限责任公司，必须在公司名称中标明有限责任公司或者有限公司字样。

依照本法设立的股份有限公司，必须在公司名称中标明股份有限公司或者股份公司字样。

### 条文解读

**公司名称** ➡ 公司只能登记一个名称，经登记的公司名称受法律保护。公司名称由申请人依法自主申报。公司营业执照上载明的公司名称，是公司的法定名称，是确认公司权利义务归属的依据。

### 实务应用

**08. 企业名称申请登记应注意哪些事项？**

（1）企业名称不得有下列情形：①损害国家尊严或者利益；②损害社会公共利益或者妨碍社会公共秩序；③使用或者变相使用政党、党政军机关、群团组织名称及其简称、特定称谓和部队番号；④使用外国国家（地区）、国际组织名称及其通用简称、特定称谓；⑤含有淫秽、色情、赌博、迷信、恐怖、暴力的内容；⑥含有民族、种族、宗教、性别歧视的内容；⑦违背公序良俗或者可能有其他不良影响；⑧可能使公众受骗或者产生误解；⑨法律、行政法规以及国家规定禁止的其他情形。

（2）企业名称冠以"中国"、"中华"、"中央"、"全国"、"国家"

等字词,应当按照有关规定从严审核,并报国务院批准。企业名称中间含有"中国"、"中华"、"全国"、"国家"等字词的,该字词应当是行业限定语。使用外国投资者字号的外商独资或者控股的外商投资企业,企业名称中可以含有"(中国)"字样。

(3)企业集团名称应当与控股企业名称的行政区划名称、字号、行业或者经营特点一致。控股企业可以在其名称的组织形式之前使用"集团"或者"(集团)"字样。

(4)企业名称应当使用规范汉字;民族自治地方的企业名称可以同时使用本民族自治地方通用的民族文字。企业名称中的字号应当由两个以上汉字组成;县级以上地方行政区划名称、行业或者经营特点不得作为字号,另有含义的除外。

## 关联参见

《市场主体登记管理条例》第10条;《企业名称登记管理规定》

**第九条 【公司形式变更】** 有限责任公司变更为股份有限公司,应当符合本法规定的股份有限公司的条件。股份有限公司变更为有限责任公司,应当符合本法规定的有限责任公司的条件。

有限责任公司变更为股份有限公司的,或者股份有限公司变更为有限责任公司的,公司变更前的债权、债务由变更后的公司承继。

**第十条 【公司住所】** 公司以其主要办事机构所在地为住所。

## 条文解读

**住所** ◇ 办事机构所在地,是指执行公司的业务活动、决定和处理公司事务的机构的所在地。在公司的办事机构只有一个的情况下,即以该机构的所在地为公司的住所;在公司的办事机构有多个并分别位于不同的地方时,则以"主要办事机构"为公司的住所。公司只能登记一个住所。

### 关联参见

《市场主体登记管理条例》第 11 条、第 27 条、第 30 条

**第十一条 【公司章程】** 设立公司必须依法制定公司章程。公司章程对公司、股东、董事、监事、高级管理人员具有约束力。

### 条文解读

**公司章程** ▶ 所谓公司章程，是指公司依法制定的，规定公司名称、住所、经营范围、经营管理制度等重大事项的基本文件。或是指公司必备的规定公司组织及活动的基本规则的书面文件，是以书面形式固定下来股东共同一致的意思表示。公司章程是公司组织和活动的基本准则。我国《公司法》明确规定，订立公司章程是设立公司的条件之一。审批机构和登记机关要对公司章程进行审查，以决定是否给予批准或者给予登记。公司没有公司章程，不能获得批准；公司没有公司章程，也不能获得登记。公司章程有违反法律、行政法规的内容的，公司登记机关有权要求公司作相应修改。公司章程一经有关部门批准，并经公司登记机关核准即对外产生法律效力。

**公司章程的约束力** ▶ 所谓公司章程的约束力，是指公司章程对哪些人发生效力。本条中的"高级管理人员"包括公司的经理、副经理、财务负责人以及上市公司董事会秘书和公司章程规定的其他人员，这些人员由公司董事会聘任，负责公司日常的经营管理事务，所以必须受公司章程的约束，遵守公司章程的规定。

### 实务应用

**09.** 公司章程关于股东会对股东处以罚款的规定是否有效？

公司章程关于股东会对股东处以罚款的规定，应当视为公司全体股东所预设的对违反公司章程的股东的一种制裁措施，符合公司的整体利

益，体现了有限公司的人合性特征，不违反公司法的禁止性规定，应合法有效。但公司章程在赋予股东会对股东处以罚款职权时，应明确规定罚款的标准、幅度，股东会在没有明确标准、幅度的情况下处罚股东，属法定依据不足，相应决议或规定无效。（参见《最高人民法院公报》2012年第10期，南京安盛财务顾问有限公司诉祝鹃股东会决议罚款纠纷案）

**10.** 能否依据公司章程记载的法定代表人的权限认定第三人是否为善意？

有限责任公司的公司章程不具有对世效力，有限责任公司的公司章程作为公司内部决议的书面载体，它的公开行为不构成第三人应当知道的证据。强加给第三人对公司章程的审查义务不具有可操作性和合理性，第三人对公司章程不负有审查义务。第三人的善意是由法律所推定的，第三人无须举证自己善意；如果公司主张第三人恶意，应对此负举证责任。因此，不能仅凭公司章程的记载和备案就认定第三人应当知道公司的法定代表人超越权限，进而断定第三人恶意。（参见北京市高级人民法院〔2009〕高民终字第1730号，某建材公司与某科技公司等担保合同纠纷案）

## 案例指引

**06.** 公司章程中关于"人走股留"的规定是否违反《公司法》的禁止性规定而导致章程无效？[①]

### 宋文军诉西安市大华餐饮有限公司股东资格确认纠纷案

（最高人民法院审判委员会讨论通过　2018年6月20日发布）

**关键词**

民事/股东资格确认/初始章程/股权转让限制/回购

---

[①] 最高人民法院指导案例96号。

**裁判要点**

国有企业改制为有限责任公司，其初始章程对股权转让进行限制，明确约定公司回购条款，只要不违反公司法等法律强制性规定，可认定为有效。有限责任公司按照初始章程约定，支付合理对价回购股东股权，且通过转让给其他股东等方式进行合理处置的，人民法院应予支持。

**相关法条**

《中华人民共和国公司法》第十一条、第二十五条第二款、第三十五条、第七十四条

**基本案情**

西安市大华餐饮有限责任公司（以下简称大华公司）成立于1990年4月5日。2004年5月，大华公司由国有企业改制为有限责任公司，宋文军系大华公司员工，出资2万元成为大华公司的自然人股东。大华公司章程第三章"注册资本和股份"第十四条规定"公司股权不向公司以外的任何团体和个人出售、转让。公司改制一年后，经董事会批准后可在公司内部赠予、转让和继承。持股人死亡或退休经董事会批准后方可继承、转让或由企业收购，持股人若辞职、调离或被辞退、解除劳动合同的，人走股留，所持股份由企业收购……"，第十三章"股东认为需要规定的其他事项"下第六十六条规定"本章程由全体股东共同认可，自公司设立之日起生效"。该公司章程经大华公司全体股东签名通过。2006年6月3日，宋文军向公司提出解除劳动合同，并申请退出其所持有的公司的2万元股份。2006年8月28日，经大华公司法定代表人赵来锁同意，宋文军领到退出股金款2万元整。2007年1月8日，大华公司召开2006年度股东大会，大会应到股东107人，实到股东104人，代表股权占公司股份总数的93%，会议审议通过了宋文军、王培青、杭春国三位股东退股的申请并决议"其股金暂由公司收购保管，不得参与红利分配"。后宋文军以大华公司的回购行为违反法律规定，未履行法定程序且公司法规定股东不得抽逃出资等，请求依法确认其具有

大华公司的股东资格。

**裁判结果**

西安市碑林区人民法院于 2014 年 6 月 10 日作出（2014）碑民初字第 01339 号民事判决，判令：驳回原告宋文军要求确认其具有被告西安市大华餐饮有限责任公司股东资格之诉讼请求。一审宣判后，宋文军提出上诉。西安市中级人民法院于 2014 年 10 月 10 日作出了（2014）西中民四终字第 00277 号民事判决书，驳回上诉，维持原判。终审宣判后，宋文军仍不服，向陕西省高级人民法院申请再审。陕西省高级人民法院于 2015 年 3 月 25 日作出（2014）陕民二申字第 00215 号民事裁定，驳回宋文军的再审申请。

**裁判理由**

法院生效裁判认为：通过听取再审申请人宋文军的再审申请理由及被申请人大华公司的答辩意见，本案的焦点问题如下：1. 大华公司的公司章程中关于"人走股留"的规定，是否违反了《中华人民共和国公司法》（以下简称《公司法》）的禁止性规定，该章程是否有效；2. 大华公司回购宋文军股权是否违反《公司法》的相关规定，大华公司是否构成抽逃出资。

针对第一个焦点问题，首先，大华公司章程第十四条规定，"公司股权不向公司以外的任何团体和个人出售、转让。公司改制一年后，经董事会批准后可以公司内部赠予、转让和继承。持股人死亡或退休经董事会批准后方可继承、转让或由企业收购，持股人若辞职、调离或被辞退、解除劳动合同的，人走股留，所持股份由企业收购"。依照《公司法》第二十五条第二款"股东应当在公司章程上签名、盖章"的规定，有限公司章程系公司设立时全体股东一致同意并对公司及全体股东产生约束力的规则性文件，宋文军在公司章程上签名的行为，应视为其对前述规定的认可和同意，该章程对大华公司及宋文军均产生约束力。其次，基于有限责任公司封闭性和人合性的特点，由公司章程对公司股东转让股权作出某些限制性规定，系公司自治的体现。在本案中，大华公司进行企业改制时，宋文军之所以成为大华公司的股东，其原因在于宋文军与大华公司具有劳动合同关系，如果宋文军与大华公司没有建立劳动关系，宋文军则没有成为大华公司股东的可能性。同理，大华公司章程将是否与公司具有劳动合同关系作为取得股东身份的依据继而作出"人走股留"的规定，符合有限责任公司封闭性和人合性的特点，亦系公司自治原则的体现，不违反公司法的禁止性规定。第三，大华公司章程第十四条关于股权转让的规定，属于对股东转让股权的限制性规定而非禁止性规定，宋文军依法转让股权的权利没有被公司章程所禁止，大华公司章程不存在侵害宋文军股权转让权利的情形。综上，本案一、二审法院均认定大华公司章程不违反《公司法》的禁止性规定，应为有效的结论正确，宋文军的这一再审申请理由不能成立。

　　针对第二个焦点问题，《公司法》第七十四条所规定的异议股东回购请求权具有法定的行使条件，即只有在"公司连续五年不向股东分配利润，而公司该五年连续盈利，并且符合本法规定的分配利润条件的；公司合并、分立、转让主要财产的；公司章程规定的营业期限届满或者章程规定的其他解散事由出现，股东会会议通过决议修改章程使公司存续的"三种情形下，异议股东有权要求公司回购其股权，对应的是公司是否应当履行回购异议股东股权的法定义务。而本案属于大华公司是否有权基于公司章程的约定及与宋文军的合意而回购宋文军股权，对应的是大华公司是否具有回购宋文军股权的权利，二者性质不同，《公司法》第七十四条不能适用于本案。在本案中，宋文军于2006年6月3日向大华公司提出解除劳动合同申请并于同日手书《退股申请》，提出"本人要求全额退股，年终盈利与亏损与我无关"，该《退股申请》应视为其真实意思表示。大华公司于2006年8月28日退还其全额股金款2万元，并于2007年1月8日召开股东大会审议通过了宋文军等三位股东的退股申请，大华公司基于宋文军的退股申请，依照公司章程的规定回购宋文军的股权，程序并无不当。另外，《公司法》所规定的抽逃出资专指公司股东抽逃其对于公司出资的行为，公司不能构成抽逃出资的主体，宋文军的这一再审申请理由不能成立。综上，裁定驳回再审申请人宋文军的再审申请。

**第十二条** 【经营范围】公司的经营范围由公司章程规定，并依法登记。公司可以修改公司章程，改变经营范围，但是应当办理变更登记。

公司的经营范围中属于法律、行政法规规定须经批准的项目，应当依法经过批准。

### 条文解读

**公司经营范围** ▶ 所谓公司的经营范围，是指国家允许企业法人生产和经营的商品类别、品种及服务项目，反映企业法人业务活动的内容和生产经营方向，是企业法人业务活动范围的法律界限，体现企业法人民事权利能力和行为能力的核心内容。

公司超越经营范围订立合同，人民法院不因此就认定合同无效。但违反国家限制经营、特许经营以及法律、行政法规禁止经营规定的除外。

### 关联参见

《民法典》第 505 条

**第十三条** 【法定代表人】公司法定代表人依照公司章程的规定，由董事长、执行董事或者经理担任，并依法登记。公司法定代表人变更，应当办理变更登记。

### 条文解读

**法定代表人范围** ▶ 公司法定代表人是代表法人行使职权的负责人，对外代表公司，法定代表人以公司名义对外实施的行为，就是公司的行为，该行为的法律后果直接由公司承担。

**实务应用**

### 11. 哪种情况下自然人不得担任公司法定代表人？

根据《市场主体登记管理条例》的规定，有下列情形之一的，不得担任公司法定代表人：（1）无民事行为能力或者限制民事行为能力；（2）因贪污、贿赂、侵占财产、挪用财产或者破坏社会主义市场经济秩序被判处刑罚，执行期满未逾 5 年，或者因犯罪被剥夺政治权利，执行期满未逾 5 年；（3）担任破产清算的公司、非公司企业法人的法定代表人、董事或者厂长、经理，对破产负有个人责任的，自破产清算完结之日起未逾 3 年；（4）担任因违法被吊销营业执照、责令关闭的公司、非公司企业法人的法定代表人，并负有个人责任的，自被吊销营业执照之日起未逾 3 年；（5）个人所负数额较大的债务到期未清偿；（6）法律、行政法规规定的其他情形。

### 12. 法定代表人变更，是以公司登记为准，还是以股东会任免决议为准？

对法定代表人变更事项进行登记，其意义在于向社会公示公司意志代表权的基本状态。工商登记的法定代表人对外具有公示效力，如果涉及公司以外的第三人因公司代表权而产生的外部争议，应以工商登记为准。而对于公司与股东之间因法定代表人任免产生的内部争议，则应以有效的股东会任免决议为准，并在公司内部产生法定代表人变更的法律效果。（《大拇指环保科技集团（福建）有限公司与中华环保科技集团有限公司股东出资纠纷案》，载《最高人民法院公报》2014 年第 8 期）

## 案例指引

**07.** 原法定代表人离任后请求公司及时办理法定代表人变更登记的，人民法院应否支持？[①]

2017年6月，向某受让冠竹公司股份，并在工商行政管理机关登记为法定代表人。2019年1月，向某将持有的全部股份转让给高某，并办理了公章及营业执照移交手续和股东工商变更登记。向某离任后，多次请求冠竹公司和高某办理法定代表人工商变更登记，但冠竹公司、高某一直未予办理。向某遂向云阳县法院起诉，请求冠竹公司、高某办理法定代表人工商变更登记。

云阳县法院一审判决，责令冠竹公司、高某办理法定代表人工商变更登记。高某不服一审判决，提起上诉。重庆二中院二审判决，责令冠竹公司办理法定代表人工商变更登记，驳回向某要求高某办理法定代表人工商变更登记的诉讼请求。

公司法定代表人是依照公司章程的规定，代表公司从事民事活动的负责人，由董事长、执行董事或者经理担任，并依法登记。公司法定代表人变更的，应当及时办理变更登记。原则上，法定代表人的任职及离任属于公司内部治理范围，司法应保持谦抑不宜干涉。但原法定代表人离任后穷尽公司内部救济手段，公司仍怠于办理法定代表人工商变更登记，可能对公司以及原法定代表人的民事权益造成不利影响，原法定代表人可以请求司法予以救济。该案判决同时还明确了公司为履行办理工商变更登记的义务主体，对公司依法及时办理工商登记起到了良好的规范引导作用。

---

[①] 参见《2020年重庆法院商事审判十大典型案例》，向某诉重庆某养老服务有限公司等请求变更公司登记案，载重庆法院网http://cqgy.cqfygzfw.gov.cn/article/detail/2021/05/id/6037611.shtml，最后访问日期：2023年3月25日。

## 08. 受委托担任公司法定代表人，离职后可否要求变更登记？[①]

法庭审理查明，被告公司登记设立时为程先生独资的一人有限公司，后来程先生辞去该公司执行董事、法定代表人、经理职务，委派沈先生为该公司执行董事、经理、法定代表人。再后来该公司股东变成了程先生夫妇俩。因为说好只是"挂名"，沈先生就在相关登记文件上签了字，成了被告公司的法定代表人。

2016年夏天，沈先生与公司发生劳动纠纷并最终离职，因此提出不再当被告公司的法定代表人。为了表示慎重，沈先生特意向程先生发了告知函、律师函，并在报上刊登相关声明，但程先生都不予理睬。不得已，沈先生于2017年4月向长宁法院提起诉讼。

沈先生的理由很充分：被告公司一直由股东程先生实际控制并负责经营管理，自己从未参与被告公司的经营管理事务，也从未行使过公司章程规定的执行董事和经理的职权，更没有从被告公司领取过任何形式的报酬或费用。根据《公司法》的规定，被告公司理应依法办理变更登记。

被告公司辩称：不同意原告的诉讼请求。理由有三：（一）根据公司章程，原告应该是公司的执行董事，原告工作上的不作为不能免除其义务和法律责任；（二）原告登记成为被告的法定代表人，本人知情、内容真实、程序合法；（三）原告诉请的事项应当是要求行政机关撤销行政登记的行为，不属于法院管辖范围。

2017年10月，长宁法院对本案作出一审判决：被告公司应在本判决生效之日起30日内，到市场监督管理部门涤除原告沈先生作为被告公司法定代表人的登记事项。长宁法院审理认为，首先，被告公司实际由股东程先生控制，原告没有参与过被告公司的日常经营管理，让原告

---

[①] 参见《挂名董事离职诉请"我不要当法定代表人"法院：未参与公司日常经营管理亦非股东或员工应涤除相关登记事项》，载上海法院网 http://shfy.chinacourt.gov.cn/article/detail/2018/06/id/3216898.shtml，最后访问日期：2023年3月15日。

担任名义上的法定代表人，与我国《公司法》的相关规定明显不符，背离了立法宗旨。其次，从权利、义务的角度讲，本案原告既非被告的股东，亦非被告的员工，除了在《公司登记（备案）申请书》的"法定代表人签字"栏目签过字外，被告没有任何证据能够证明原告实际参与过被告的经营管理，原告亦未从被告处领取任何报酬，但是，原告作为被告名义上的法定代表人，却要依法承担其作为法定代表人的相应责任，显然有失公允。再次，从法律关系上分析，原告与被告之间构成委托合同关系，内容为原告受被告的委托担任被告的法定代表人。依据我国民事法律规定，原告有权要求解除其与被告之间的委托合同关系。合同既然解除，被告理应涤除其在登记机关登记的法定代表人事项。被告不服判决提出上诉，二审法院终审判决维持原判。

## 09. 挂名当法定代表人被限制消费，该如何维权？[①]

2016年，何某在成都某影城公司就职。工作期间，公司行政部门曾让其上交过身份证件，并将上级公司旗下的另一家子公司——重庆某传媒公司的法定代表人的头衔"挂"到他头上。自始至终，何某也不清楚该公司的具体情况。当时，上级公司相关负责人与何某提及过挂名一事，但因碍于工作情面，何某也并未拒绝。想着无非是在工商登记上填个名字而已，不觉有不妥。故何某一直"顶"着这样一个"法定代表人"的头衔。2019年，何某从该公司离职，其后多次向集团公司领导要求更换法定代表人，但均未得到任何回应。

让何某没想到的是，后续的麻烦事越来越多。很多与重庆某传媒公司之间存在纠纷的人都陆续找到他头上，莫名地成为"债务人"让何某的生活受到了不小影响。更麻烦的是，该公司目前已被列入失信被执行人名单。何某作为该公司的法定代表人，频频被法院传唤，还并被下

---

[①] 参见《挂名董事离职诉请"我不要当法定代表人"法院：未参与公司日常经营管理 亦非股东或员工 应涤除相关登记事项》，载上海法院网 http://shfy.chinacourt.gov.cn/article/detail/2018/06/id/3216898.shtml，最后访问日期：2023年3月15日。

达了限制消费令。无奈之下，何某将该公司起诉至江津法院，请求法院判决变更公司法定代表人。

法院审理认为，法人性质上属于法律拟制人格，对外由法定代表人代表法人从事民事活动，这就要求法定代表人与其所代表的法人之间存在实质关联性。对公司法人来讲，其法定代表人应参与到公司的经营管理中来，确实能够对外代表公司行使职权。本案中，原告何某并非公司的股东，也与公司并没有劳动关系，同时原告何某也未能实际履行法定代表人职权参与公司经营管理，原告亦明确提出不再担任公司的法定代表人。因此，原告事实上无法代表公司行使法定代表人的职权，亦不能对外代表公司。被告重庆某传媒公司在原告多次要求变更法定代表人的情况下，怠于办理变更法定代表人的相关手续，致使原告牵涉到民事、执行案件中，已经给原告的个人信誉、正常生活造成了严重影响。因原告何某并不是公司的股东，无权提起召开股东（大）会，实无其他救济途径，故本院判令被告限期办理法定代表人的变更登记手续。

### 关联参见

《市场主体登记管理条例》第 12 条

**第十四条 【分公司与子公司】** 公司可以设立分公司。设立分公司，应当向公司登记机关申请登记，领取营业执照。分公司不具有法人资格，其民事责任由公司承担。

公司可以设立子公司，子公司具有法人资格，依法独立承担民事责任。

### 条文解读

**分公司** ➡ 分公司是与总公司对应的概念，是指被总公司所管辖的公司分支机构，其以总公司的名义进行经营活动，在法律上不具有独立的法人资格，民事责任由具有法人资格的总公司承担。所以，分公司已不能再设立分支机构。总公司也称本公司，是管辖公司全部组织的总机构，本身具有独立的法人资格，能够以自己的名义直接从事经营活动。

公司的非独立性主要表现为：（1）分公司不具有法人资格，不能独立享有权利、承担责任，其一切行为的后果及责任都由总公司承担；（2）分公司没有独立的公司名称及章程，其对外从事经营活动必须以总公司的名义，遵守总公司的章程；（3）分公司在人事、经营上没有自主权，其主要业务活动及主要管理人员由总公司决定和委任，并根据总公司的委托或授权进行业务活动；（4）分公司没有独立的财产，其所有资产属于总公司，并作为总公司的资产列入总公司的资产负债表中。

**子公司** ➡ 子公司是相对于母公司而言的概念，是指全部股份或达到控股程度的股份被另一个公司所控制或依据协议受另一个公司实际控制的公司。母公司是指因为拥有其他公司一定比例股份或者根据协议可以控制或支配其他公司的公司。母公司与子公司之间一般为控制关系、投资关系、财务关系以及管理等关系。控制关系一般因母公司在子公司董事会中占多数席位而产生；投资关系是指子公司的全部资本由母公司单独或与其他公司共同投入的情况，前者为全资子公司，后者为非全资子公司；财务关系是指在母、子公司财务独立的前提下，母公司股东及其他相关人员对其自身所属的各子公司的经营状况有大致的了解；管理关系是指子公司的董事会实际上是母公司的代表，负责贯彻和执行母公司的指示。

子公司的独立性主要表现为：（1）拥有独立的公司名称和公司章程；（2）具有独立的组织机构；（3）拥有独立的财产，能够自负盈亏，独立核算；（4）以自己的名义开展经营活动，从事各类民事活动，并且独立承担公司行为所带来的一切后果和责任。

## 实务应用

**13.** 有限责任公司的分公司能否成为诉讼主体？

根据《民事诉讼法》第 51 条及其司法解释第 52 条的规定，法人依法设立并领取营业执照的分支机构可以作为独立的民事诉讼主体。这与《公司法》第 14 条的规定并不矛盾，《公司法》的规定解决的是实体民事责任的最终承担问题，而《民事诉讼法》的规定是诉讼主体资格问题。有限责任公司的分公司依法设立，并领取营业执照，又有自己的财产，可以独立参加民事诉讼，以方便诉讼。分公司参加诉讼，但最终的民事权利义务实际上由有限责任公司享有和承担。需要注意的是，法人非依法设立的分支机构，或者虽依法设立，但没有领取营业执照的分支机构，以设立该分支机构的法人为当事人。

### 14. 公司无力偿还债务时，可否执行其分公司的财产？

《最高人民法院关于企业法人无力偿还债务时可否执行其分支机构财产问题的复函》（1991 年 4 月 2 日　法经函〔1991〕38 号）明确答复，企业法人的经营活动由其分支机构的经营行为具体体现，分支机构经营管理的财产是企业法人经营管理的财产或者属企业法人所有的财产，仍为企业法人对外承担民事责任的物质基础。对企业法人的债务可以裁定由企业法人的分支机构负责偿还。因此，企业法人（公司）无力偿还债务时，可执行其分支机构（分公司）的财产。根据《公司法》第 14 条的规定，公司可以设立分公司，分公司不具有企业法人资格，其民事责任由公司承担。该处的民事责任当然包括债务的承担，因此，分公司无力偿还债务时，由企业法人承担。

**案例指引**

### 10. 子公司以母公司的规章制度辞退员工是否合法？[①]

重庆某置业有限公司是某集团有限公司的子公司。2019 年，集团母公司制定《奖惩制度》并下发给子公司。其中，《奖惩制度》第二

---

[①] 参见陈永亮：《以集团母公司的规章制度辞退子公司员工，违法！》，载重庆法院网 http://cqgy.cqfygzfw.gov.cn/article/detail/2022/08/id/6878672.shtml，最后访问日期：2023 年 3 月 15 日。

条、第十九条规定,本制度适用于集团所有人员,员工一年内累计达2次(含)以上"记过"处分者,属于严重违反用人单位规章制度,集团有权予以"解聘",且不做任何补偿。2021年4月,袁某到子公司工作。同年11月15日,子公司依据母公司的《奖惩制度》对袁某10月28日的违规行为给予"记过"处分。次日,子公司向袁某下发母公司的《员工手册》,内容包括本公司具体奖惩规定参考母公司的《奖惩制度》。同年12月9日,子公司依据母公司《奖惩制度》对袁某9月10日的违规行为给予"记过"处分。同时,子公司又以袁某一年内累计达2次(含)以上"记过"处分为由,解除了与袁某的劳动合同。其后,袁某向仲裁机构申请仲裁,请求子公司继续履行劳动合同,被驳回。2022年2月,袁某向重庆市万州区人民法院提起诉讼,请求子公司支付违法解除劳动合同赔偿金。

一审法院审理后认为,子公司未将母公司的《奖惩制度》向袁某进行有效告知,以及第二次"记过"处分缺乏事实依据,判决子公司支付违法解除劳动合同赔偿金4万元。子公司不服,向重庆二中法院提起上诉。

二审法院经审理后认为,子公司具有法人资格,作为用人单位应当通过法定程序制定有关劳动纪律等直接涉及劳动者切身利益的规章制度。集团母公司虽然持有子公司的全部股权,但其制定的规章制度并不当然直接适用于子公司。而子公司对袁某的行为作出处理所依据的母公司的《奖惩制度》系由集团公司制定,子公司未举证证明其已通过法定程序将《奖惩制度》的内容转化为子公司的规章制度并向袁某进行公示或告知。故认定子公司依据母公司的《奖惩制度》解除与袁某的劳动合同不符合法律规定,属于违法解除劳动合同。遂判决驳回上诉,维持原判。

**关联参见**

《民法典》第74条;《市场主体登记管理条例》第23条、第32条

**第十五条** 【转投资】公司可以向其他企业投资；但是，除法律另有规定外，不得成为对所投资企业的债务承担连带责任的出资人。

### 条文解读

**转投资** ➡ 公司转投资，是指公司作为投资主体，以公司法人财产作为对另一企业的出资，从而使本公司成为另一企业成员的行为。

**第十六条** 【公司担保】公司向其他企业投资或者为他人提供担保，依照公司章程的规定，由董事会或者股东会、股东大会决议；公司章程对投资或者担保的总额及单项投资或者担保的数额有限额规定的，不得超过规定的限额。

公司为公司股东或者实际控制人提供担保的，必须经股东会或者股东大会决议。

前款规定的股东或者受前款规定的实际控制人支配的股东，不得参加前款规定事项的表决。该项表决由出席会议的其他股东所持表决权的过半数通过。

### 条文解读

**实际控制人** ➡ 实际控制人，是指虽不是公司的股东，但通过投资关系、协议或者其他安排，能够实际支配公司行为的人。法律没有禁止公司为本公司股东或者实际控制人提供担保，但是公司为本公司股东或者实际控制人提供担保的，必须由股东会或者股东大会作出决议。没有股东会或者股东大会作出的关于为股东或实际控制人提供担保的决议，以公司资产为本公司股东或者实际控制人提供的担保无效。需要注意的是，公司为他人提供担保是依照公司章程的规定，由董事会或者股东会、股东大会决议；而公司为股东或实际控制人提供担保，是法律特别规定必须经股东会或者股东大会决议，公司章程不得对此作出相反的规定。

**实务应用**

### 15. 公司法定代表人越权代表公司对外提供担保，如何认定担保合同的效力？

根据《全国法院民商事审判工作会议纪要》，为防止法定代表人随意代表公司为他人提供担保给公司造成损失，损害中小股东利益，《公司法》第16条对法定代表人的代表权进行了限制。根据该条规定，担保行为不是法定代表人所能单独决定的事项，而必须以公司股东（大）会、董事会等公司机关的决议作为授权的基础和来源。法定代表人未经授权擅自为他人提供担保的，构成越权代表，人民法院应当根据《民法典》第504条关于法定代表人越权代表的规定，区分订立合同时债权人是否善意分别认定合同效力：债权人善意的，合同有效；反之，合同无效。

### 16. 公司越权担保时，如何认定债权人是否构成善意？

根据《全国法院民商事审判工作会议纪要》，这里的善意，是指债权人不知道或者不应当知道法定代表人超越权限订立担保合同。《公司法》第16条对关联担保和非关联担保的决议机关作出了区别规定，相应地，在善意的判断标准上也应当有所区别。一种情形是，为公司股东或者实际控制人提供关联担保，《公司法》第16条明确规定必须由股东（大）会决议，未经股东（大）会决议，构成越权代表。在此情况下，债权人主张担保合同有效，应当提供证据证明其在订立合同时对股东（大）会决议进行了审查，决议的表决程序符合《公司法》第16条的规定，即在排除被担保股东表决权的情况下，该项表决由出席会议的其他股东所持表决权的过半数通过，签字人员也符合公司章程的规定。另一种情形是，公司为公司股东或者实际控制人以外的人提供非关联担保，根据《公司法》第16条的规定，此时由公司章程规定是由董事会决议还是股东（大）会决议。无论章程是否对决议机关作出规定，也无论章程规定决议机关为董事会还是股东（大）会，根据《民法典》第61条第3款关于"法人章程或者法人权力机构对法定代表人代表权的限制，不得对抗善意相对人"的规定，只要债权人能够证明其在订立担保合同时对董事会决议或者股东（大）会决议进行了审查，同意决议的人数及签字人员符合公司章程的规定，就应当认定其构成善意，但公司能够证明债权人明知公司章程对决议机关有明确规定的除外。

债权人对公司机关决议内容的审查一般限于形式审查，只要求尽到必要的注意义务即可，标准不宜太过严苛。公司以机关决议系法定代表人伪造或者变造、决议程序违法、签章（名）不实、担保金额超过法定限额等事由抗辩债权人非善意的，人民法院一般不予支持。但是，公司有证据证明债权人明知决议系伪造或者变造的除外。

### 17. 债权人明知公司担保没有经过公司机关决议，担保合同一律无效吗？

根据《全国法院民商事审判工作会议纪要》，存在下列情形的，即便债权人知道或者应当知道没有公司机关决议，也应当认定担保合同符合公司的真实意思表示，合同有效：（1）公司是以为他人提供担保为主营业务的担保公司，或者是开展保函业务的银行或者非银行金融机构；（2）公司为其直接或者间接控制的公司开展经营活动向债权人提供担保；（3）公司与主债务人之间存在相互担保等商业合作关系；（4）担保合同系由单独或者共同持有公司2/3以上有表决权的股东签字同意。

### 18. 公司越权对外提供担保，应当承担何种民事责任？

根据《全国法院民商事审判工作会议纪要》，公司越权对外提供担保，如果担保合同有效，债权人请求公司承担担保责任的，人民法院依法予以支持；如果担保合同无效，债权人请求公司承担担保责任的，人民法院不予支持，但可以按照《民法典》担保制度及有关司法解释关于担保无效的规定处理。公司举证证明债权人明知法定代表人超越权限或者机关决议系伪造或者变造，债权人请求公司承担合同无效后的民事责任的，人民法院不予支持。

## 19. 对于公司法定代表人的越权担保，公司是否可以采取救济措施？

根据《全国法院民商事审判工作会议纪要》，法定代表人的越权担保行为给公司造成损失，公司请求法定代表人承担赔偿责任的，人民法院依法予以支持。公司没有提起诉讼，股东依据《公司法》第151条的规定请求法定代表人承担赔偿责任的，人民法院依法予以支持。

### 案例指引

## 11. 公司未经股东会同意为股东之间的股权转让提供担保，股东能否善意取得担保权？[①]

嘉某公司股东登记为彭某、陈某川及案外人孙某江、肖某雄，陈某川为公司法定代表人。2015年7月20日，彭某、陈某川、孙某江、肖某雄、嘉某公司签订《股权转让协议书》，约定彭某将其占嘉某公司42%的股份以人民币4000万元的价格全部转让给陈某川、孙某江、肖某雄，并对具体转让事宜进行了约定。2017年4月19日，彭某与陈某川、嘉某公司签订《补充协议书》，约定嘉某公司自愿对陈某川所欠彭某的全部股权转让款本息承担连带给付责任。后因陈某川未按约定支付股权转让款，彭某向湖南省株洲市中级人民法院提起诉讼，请求判令陈某川支付股权转让款及利息暂合计2648.9199万元，嘉某公司承担连带给付责任。湖南省高级人民法院二审认为，彭某作为转让股东明知公司股权状况，未提供证据证明其有理由相信该行为已经公司股东会决议同意，其自身存在明显过错，不属于善意相对人，判决嘉某公司不承担连带给付责任。

---

[①] 参见《2019年度人民法院十大商事案件》，公司为股东之间股权转让款支付提供担保无效案——彭某诉陈某川、湖南嘉茂房地产开发有限公司股权转让纠纷案，载最高人民法院网 https://www.court.gov.cn/zixun-xiangqing-217951.html，最后访问日期：2023年3月15日。

公司法定代表人未经授权擅自为他人提供担保的，构成越权代表，在判断越权代表行为的效力时，人民法院应当区分订立合同时债权人是否善意，分别认定合同效力：债权人为善意的，则合同应当有效；反之则应当认定合同无效。而债权人善意的标准就是债权人是否对决议进行了形式审查。本案中，彭某和陈某川都是嘉某公司股东，同时该公司还有其他两位股东。彭某要求嘉某公司对陈某川应支付其的股权转让款进行担保，属于公司为股东担保，必须经公司股东会同意，然而公司并没有召开股东会，这显然违反了《公司法》第16条第2款的规定。由于彭某明知没有召开股东会，也明知陈某川是越权对公司进行担保，此种情形下，陈某川虽然形式上是公司的法定代表人，但该越权代表行为不应当对公司发生效力，公司也不应当对该行为承担法律责任。

### 12. 公司董事会一致同意为实际控制人提供担保，担保合同是否有效？[①]

2018年10月29日，恒某公司与南某深科公司、天某公司、赖某锋签订《商业保理合同》，约定南某深科公司以应收账款债权转让方式向恒某公司申请融资，恒某公司为南某深科公司提供"有追索权循环额度隐蔽国内保理服务"，天某公司与赖某锋同意为南某深科公司的还款义务提供无限连带保证担保。嗣后，二者分别向恒某公司出具《担保函》。上述合同签订后，恒某公司向南某深科公司发放保理融资款5500万元。后因南某深科公司未归还保理融资款，恒某公司起诉请求判令南某深科公司归还本息5655万元并支付罚息及律师费用损失等，请求判令天某公司和赖某锋对前述债务承担连带清偿责任。

对此，天某公司辩称，其为一家A股上市公司，《公司法》第16条规定，公司为公司股东或者实际控制人提供担保的，必须经股东会或

---

[①] 参见《上市公司对外关联担保的效力认定》，载上海金融法院网 http://www.shjrfy.gov.cn/jrfy/gweb/xx_view.jsp?pa=aaWQ9MzgyNAPdcssPdcssz，最后访问日期：2023年3月14日。

股东大会决议。赖某锋同为天某公司及南某深科公司的实际控制人，天某公司为实际控制人赖某锋控制的另一家公司提供担保，系属关联担保，未经股东大会同意，该担保行为为法定代表人越权行为。恒某公司作为专业的金融机构，明知上述事实却不审查股东会决议，也未注意到上市公司未就该担保事宜进行公告，恒某公司并非善意一方，因此担保无效。

恒某公司称，天某公司《担保函》由其法定代表人出面签订，公章真实。签约时天某公司曾向恒某公司提供《董事会决议》，该决议载明公司董事一致同意相关担保事宜，天某公司五名董事会成员签名确认。天某公司与南某深科公司之间不存在关联关系，不属于关联担保。恒某公司在接受担保时审核了《董事会决议》，已尽到相应注意义务，故本案担保合法有效。

上海市嘉定区人民法院经审理后认为，根据现有公示的工商信息，天某公司与南某深科公司并不存在关联关系。根据《公司法》第16条及公司章程规定，天某公司对外担保事项经出席董事会会议的2/3以上董事同意即可。恒某公司以该决议证明其在订立《商业保理合同》时已尽到了审查义务，天某公司应承担担保责任的主张，应予支持。故判决天某公司、赖某锋对南某深科公司的付款义务承担连带保证责任。天某公司、赖某锋履行了保证责任后，有权向南某深科公司追偿。

一审宣判后，天某公司提出上诉。上海金融法院在二审中另查明：《商业保理合同》第五章担保事宜第十四条载明："……丙方（天某公司及赖某锋）系南某深科公司实际控制人。"天某公司2017年年度报告显示，天某公司的控股股东为广东恒某华创实业发展有限公司，持股比例18.86%，天某公司的最终控制方是赖某锋。法院生效裁判认为，根据上述查明事实，赖某锋为天某公司及南某深科公司的实际控制人，故案涉担保是天某公司为其实际控制人赖某锋所控制的另一家公司提供担保。根据《公司法》第16条的立法目的和精神，应认定本案担保亦属法律规定的"公司为公司股东或者实际控制人提供担保的，必须经股东会或者股东大会决议"的关联担保之情形。天某公司法定代表人未经公司股东大会决议通过，擅自签署《担保函》，属于公司法定代表人超越权限订立合同的行为。恒某公司作为《商业保理合同》合同方明知上述控制关系，未对天某公司内部有效决议做审慎审查，不属于善意相对人，案涉《担保函》无效。恒某公司审查不严，对于案涉《担保函》无效存在过错；天某公司内部管理不规范，对于案涉《担保函》无效亦有重大过错。综合考虑双方当事人过错和全案情况，二审改判天某公司应对南某深科公司不能清偿本案债务的1/2向恒某公司承担赔偿责任。

公司为公司股东或者实际控制人提供担保的，必须经股东会或者股东大会决议。司法实践中应根据立法精神和目的，对上述"关联担保"的情形作适当扩大解释，公司为实际控制人所控制的另一家公司提供担保的，也须经股东大会决议。上市公司作为公众公司，其信息公开程度高，受监管规范严格，同时由于股权分散，控制股东滥用权力导致中小股东利益受损问题更突出，债权人在审查上市公司提供"关联担保"时，应负更高注意义务，未对股东大会决议进行审查的，应认定担保无效。

### 13. 公司对外担保未经股东会决议，公司一律不承担责任？[①]

谭某一和李某某系夫妻，谭某二和谭某三是二人子女。甲公司是一家有限责任公司，谭某二、谭某三是该公司股东，谭某二担任法定代表人、持股51%，谭某三持股49%。

2018年3月20日，甲公司、谭某二、谭某三、谭某一、李某某与赖某签订协议，约定：甲公司、谭某二、谭某三为谭某一、李某某的债务向赖某提供连带保证担保，5人在该协议上签字，甲公司加盖公司印章。债务到期后，谭某一、李某某未还款，赖某起诉到法院。

---

① 参见何贤龙：《对外担保未经股东会决议公司一律不承担责任？》，载重庆法院网 http://cqgy.cqfygzfw.gov.cn/article/detail/2020/03/id/4874317.shtml，最后访问日期：2023年3月15日。

诉讼中，当事人就甲公司应否承担保证担保责任产生争议。赖某主张协议上的甲公司印章是由李某某加盖，因李某某是甲公司授权的负责管理印章并处理日常事务工作人员，其盖章行为是职务行为，甲公司应承担法律责任。

甲公司和谭某二辩称，否认印章由李某某管理，且李某某未经公司授权对外签订协议，其盖章行为无效；同时认为甲公司的担保行为未按照公司章程规定提交股东会决定通过，对公司不产生法律效力。

法院经审理认为，甲公司股东谭某二、谭某三在明知保证协议同时约定二人、甲公司向赖某提供保证担保前提下，自愿在协议上签字，且并未明确表示仅作为自然人保证担保签字，应认定谭某二的签字同时具有甲公司法定代表人和股东多重身份，谭某三的签字应包含甲公司股东身份。保证担保协议虽然没有甲公司股东会同意对外担保的决议，但公司全体股东均在协议上签字，应当认定担保协议符合甲公司的真实意思表示，公司应当承担连带保证责任。据此，重庆二中法院判决甲公司、谭某二、谭某三承担谭某一、李某某债务的连带保证责任。

**14. 担保协议有公司代理人签名并加盖公章，是否当然构成表见代理？**①

林某曾向田某借钱，后者因日出东方项目工程资金周转困难向林某借款，双方签订了《借款协议》，就借款金额、利息、期限等事宜进行了约定。在该协议上的连带保证人处，有日出东方项目总经理和商都置业公司威海分公司负责人王某的签名，并加盖了商都置业公司的印章。田某收到林某交付的借款后，于同一天向林某出具了一张借条，载明"借款人：田某。连带保证人：王某、商都置业公司"。因田某未按时还款，林某诉至法院，请求田某、王某、商都置业公司连带支付林某借款

---

① 参见丁咏梅、陈佳：《担保协议加盖公章不当然构成表见代理 未履行审查义务公司不承担担保责任》，载重庆法院网 http://cqgy.cqfygzfw.gov.cn/article/detail/2020/08/id/5407647.shtml，最后访问日期：2023年3月15日。

本金及利息。

酉阳县法院审理后支持了林某的诉讼请求。判决生效后，商都置业公司向酉阳县法院申请再审，认为其不应承担担保责任，请求改判驳回林某对商都置业公司的诉讼请求。酉阳县法院审理后改判田某、王某连带支付林某借款本金及利息，驳回林某对商都置业公司的诉讼请求。

林某不服再审一审判决，提起上诉。林某主张王某作为商都置业公司的代理人，与合作方签订合同并对工程项目进行管理，加上王某在涉案借款协议上加盖商都置业公司公章，因此，王某构成表见代理，其行为后果应当由商都置业公司承担。市四中法院审理后判决驳回上诉，维持原判。

根据《公司法》第16条第1款规定，公司对外担保必须以公司董事会或者股东会、股东大会等公司机关的决议作为授权的基础和来源。因此，商都置业公司为林某出借给田某的借款本息提供担保，是否经公司董事会或者股东会、股东大会决议通过，理应成为林某审查的内容。本案中，林某主张王某系日出东方项目总经理和商都置业公司威海分公司负责人，以及王某作为商都置业公司的代理人与合作方签订合同并对工程项目进行管理的事实，不足以证明王某具有代表商都置业公司为他人担保的权利，即使借款协议上加盖了商都置业公司的印章，林某仍应对商都置业公司是否作出为他人担保的决议进行形式审查。在林某并未提供证据证明其对商都置业公司的决议、章程等相关资料进行审查的情况下，林某相信王某具有代理权的理由不充分。因此，王某的行为不构成表见代理，商都置业公司对林某出借给田某的借款本息不应承担担保责任。

**15.** 公司章程禁止对外担保，公司是否应承担担保责任？[①]

2011年3月1日，王某向许某借款10万元，出具借条一份，海某

---

[①] 参见孙江华：《公司章程禁止对外担保董事长能否擅自行动》，载江苏法院网 https://www.jsfy.gov.cn/article/62326.html，最后访问日期：2023年3月15日。

公司董事长未经股东会讨论，在借条上加盖公司印章作保。该公司章程明确不得对外担保，许某对此不知情。后王某未能及时还款，许某将王某及担保人海某公司起诉至法院，要求其还款。

庭审中，海某公司以《公司法》规定"公司为公司股东或者实际控制人提供担保的，必须经股东会或者股东大会决议"，且海某公司章程中明确不得对他人进行担保，海某公司董事长的担保行为系越权为由，要求确认担保合同无效，拒绝承担连带责任。

法院审理认为，虽然海某公司董事长违反了公司法有关对外担保的规定，但是违反上述规定并不当然导致担保合同无效，且公司内部决议程序，不得约束和对抗第三人。许某作为善意第三人并不知道其担保行为超越权限，海某公司法定代表人的越权对外担保行为应认定为有效，需对善意第三人许某承担责任。最终判决海某公司对王某的债务承担连带履行责任。宣判后海某公司不服，提起上诉。南通市中级人民法院终审判决驳回上诉，维持原判。

**第十七条　【职工权益保护与职业教育】** 公司必须保护职工的合法权益，依法与职工签订劳动合同，参加社会保险，加强劳动保护，实现安全生产。

公司应当采用多种形式，加强公司职工的职业教育和岗位培训，提高职工素质。

**第十八条　【工会】** 公司职工依照《中华人民共和国工会法》组织工会，开展工会活动，维护职工合法权益。公司应当为本公司工会提供必要的活动条件。公司工会代表职工就职工的劳动报酬、工作时间、福利、保险和劳动安全卫生等事项依法与公司签订集体合同。

公司依照宪法和有关法律的规定，通过职工代表大会或者其他形式，实行民主管理。

公司研究决定改制以及经营方面的重大问题、制定重要的规章制度时，应当听取公司工会的意见，并通过职工代表大会或者其他形式听取职工的意见和建议。

第十九条 【党组织】在公司中，根据中国共产党章程的规定，设立中国共产党的组织，开展党的活动。公司应当为党组织的活动提供必要条件。

第二十条 【股东禁止行为】公司股东应当遵守法律、行政法规和公司章程，依法行使股东权利，不得滥用股东权利损害公司或者其他股东的利益；不得滥用公司法人独立地位和股东有限责任损害公司债权人的利益。

公司股东滥用股东权利给公司或者其他股东造成损失的，应当依法承担赔偿责任。

公司股东滥用公司法人独立地位和股东有限责任，逃避债务，严重损害公司债权人利益的，应当对公司债务承担连带责任。

## 条文解读

**公司法人人格否认** ▶ 本条是关于禁止公司股东权利滥用和公司法人人格否认制度的规定。公司法人人格否认，也称为揭开公司面纱，即在承认公司具有法人人格的前提下，对特定法律关系中的公司独立人格和股东有限责任予以否认，直接追索公司背后成员的责任，以规制滥用公司独立人格和股东有限责任的行为。

## 实务应用

**20. 否认公司独立人格，认定股东对公司债务承担连带责任，应把握哪些原则？**

公司人格独立和股东有限责任是公司法的基本原则。否认公司独立人格，由滥用公司法人独立地位和股东有限责任的股东对公司债务承担连带责任，是股东有限责任的例外情形，旨在矫正有限责任制度在特定法律事实发生时对债权人保护的失衡现象。在审判实践中，要准确把握《公司法》第 20 条第 3 款规定的精神。

（1）只有在股东实施了滥用公司法人独立地位及股东有限责任的行为，且该行为严重损害了公司债权人利益的情况下，才能适用。损害债权人利益，主要是指股东滥用权利使公司财产不足以清偿公司债权人的债权。

（2）只有实施了滥用法人独立地位和股东有限责任行为的股东才对公司债务承担连带清偿责任，而其他股东不应承担此责任。

（3）公司人格否认不是全面、彻底、永久地否定公司的法人资格，而只是在具体案件中依据特定的法律事实、法律关系，突破股东对公司债务不承担责任的一般规则，例外地判令其承担连带责任。人民法院在个案中否认公司人格的判决的既判力仅仅约束该诉讼的各方当事人，不当然适用于涉及该公司的其他诉讼，不影响公司独立法人资格的存续。如果其他债权人提起公司人格否认诉讼，已生效判决认定的事实可以作为证据使用。

（4）《公司法》第 20 条第 3 款规定的滥用行为，实践中常见的情形有人格混同、过度支配与控制、资本显著不足等。在审理案件时，需要根据查明的案件事实进行综合判断，既审慎适用，又当用则用。实践中存在标准把握不严而滥用这一例外制度的现象，同时也存在因法律规定较为原则、抽象，适用难度大，而不善于适用、不敢于适用的现象，均应当引起高度重视。

## *21.* 认定公司人格与股东人格存在混同的判断标准是什么？

认定公司人格与股东人格是否存在混同，最根本的判断标准是公司是否具有独立意思和独立财产，最主要的表现是公司的财产与股东的财产是否混同且无法区分。在认定是否构成人格混同时，应当综合考虑以下因素：（1）股东无偿使用公司资金或者财产，不作财务记载的；（2）股东用公司的资金偿还股东的债务，或者将公司的资金供关联公司无偿使用,不作财务记载的;(3)公司账簿与股东账簿不分,致使公司财产与股东财产无法区分的;(4)股东自身收益与公司盈利不加区分,致使双方利益不清的;(5)公司的财产记载于股东名下,由股东占有、使用的;(6)人格混同的其他情形。

在出现人格混同的情况下,往往同时出现以下混同:公司业务和股东业务混同;公司员工与股东员工混同,特别是财务人员混同;公司住所与股东住所混同。人民法院在审理案件时,关键要审查是否构成人格混同,而不要求同时具备其他方面的混同,其他方面的混同往往只是人格混同的补强。

**22.** 公司控制股东对公司过度支配与控制,是否应对公司债务承担连带责任?

公司控制股东对公司过度支配与控制,操纵公司的决策过程,使公司完全丧失独立性,沦为控制股东的工具或躯壳,严重损害公司债权人利益,应当否认公司人格,由滥用控制权的股东对公司债务承担连带责任。实践中常见的情形包括:(1)母子公司之间或者子公司之间进行利益输送的;(2)母子公司或者子公司之间进行交易,收益归一方,损失却由另一方承担的;(3)先从原公司抽走资金,然后再成立经营目的相同或者类似的公司,逃避原公司债务的;(4)先解散公司,再以原公司场所、设备、人员及相同或者相似的经营目的另设公司,逃避原公司债务的;(5)过度支配与控制的其他情形。

控制股东或实际控制人控制多个子公司或者关联公司,滥用控制权使多个子公司或者关联公司财产边界不清、财务混同,利益相互输送,丧失人格独立性,沦为控制股东逃避债务、非法经营,甚至违法犯罪工具的,可以综合案件事实,否认子公司或者关联公司法人人格,判令承担连带责任。

**23. 股东实际投入公司的资本显著不足，是否应对公司债务承担连带责任？**

资本显著不足，是指公司设立后在经营过程中，股东实际投入公司的资本数额与公司经营所隐含的风险相比明显不匹配。股东利用较少资本从事力所不及的经营，表明其没有从事公司经营的诚意，实质是恶意利用公司独立人格和股东有限责任把投资风险转嫁给债权人。由于资本显著不足的判断标准有很大的模糊性，特别是要与公司采取"以小博大"的正常经营方式相区分，因此在适用时要十分谨慎，应当与其他因素结合起来综合判断。

**24. 在公司人格否认诉讼中，如何确定当事人的诉讼地位？**

人民法院在审理公司人格否认纠纷案件时，应当根据不同情形确定当事人的诉讼地位：

（1）债权人对债务人公司享有的债权已经由生效裁判确认，其另行提起公司人格否认诉讼，请求股东对公司债务承担连带责任的，列股东为被告，公司为第三人；

（2）债权人对债务人公司享有的债权提起诉讼的同时，一并提起公司人格否认诉讼，请求股东对公司债务承担连带责任的，列公司和股东为共同被告；

（3）债权人对债务人公司享有的债权尚未经生效裁判确认，直接提起公司人格否认诉讼，请求公司股东对公司债务承担连带责任的，人民法院应当向债权人释明，告知其追加公司为共同被告。债权人拒绝追加的，人民法院应当裁定驳回起诉。

**25. 股东损害公司债权人利益责任纠纷是否属于由公司住所地法院管辖的情形？**

《民事诉讼法》第 27 条规定，因公司设立、确认股东资格、分配利润、解散等纠纷提起的诉讼，由公司住所地人民法院管辖。《民事诉讼法解释》第 22 条规定，因股东名册记载、请求变更公司登记、股东知情权、公司决议、公司合并、公司分立、公司减资、公司增资等纠纷提起的诉讼，依照《民事诉讼法》第 27 条规定确定管辖。据此，并非所有与公司有关的纠纷均应由公司住所地法院管辖，只有涉及公司组织行为或损害公司利益的案件，才由公司住所地法院管辖。其他与公司有关的案件管辖法院如何确定，则应根据案件的实际法律关系加以确定，如涉及股权转让、股东出资等当事人基于协议产生的纠纷，应当根据民事诉讼法关于合同纠纷管辖的一般规定确定管辖法院；而股东损害公司债权人利益责任纠纷、清算责任纠纷等案件则应当根据侵权责任纠纷管辖的一般规定确定管辖法院。侵权责任纠纷一般由侵权行为地或者被告住所地法院管辖。侵权行为地，包括侵权行为实施地、侵权结果发生地。侵权结果发生地并不能当然等同于原告住所地，被侵权人住所地即原告住所地能否作为管辖连接点，需要根据个案实际判断。对于股东损害公司债权人利益责任纠纷而言，债权人以被告的行为导致自己利益受到损害为由提起诉讼，此时债权人为被侵权人即利益受损一方，其住所地可以作为侵权结果发生地，由此可以原告住所地法院作为管辖法院。

**案例指引**

### 16. 什么情况下构成关联公司的人格混同？[①]

**徐工集团工程机械股份有限公司诉**
**成都川交工贸有限责任公司等买卖合同纠纷案**

（最高人民法院审判委员会讨论通过　2013 年 1 月 31 日发布）

**关键词**

民事　关联公司　人格混同　连带责任

**裁判要点**

1. 关联公司的人员、业务、财务等方面交叉或混同，导致各自财

---

[①] 最高人民法院指导案例 15 号。

产无法区分，丧失独立人格的，构成人格混同。

2. 关联公司人格混同，严重损害债权人利益的，关联公司相互之间对外部债务承担连带责任。

**相关法条**

《中华人民共和国民法通则》第四条①

《中华人民共和国公司法》第三条第一款、第二十条第三款

**基本案情**

原告徐工集团工程机械股份有限公司（以下简称徐工机械公司）诉称：成都川交工贸有限责任公司（以下简称川交工贸公司）拖欠其货款未付，而成都川交工程机械有限责任公司（以下简称川交机械公司）、四川瑞路建设工程有限公司（以下简称瑞路公司）与川交工贸公司人格混同，三个公司实际控制人王永礼以及川交工贸公司股东等人的个人资产与公司资产混同，均应承担连带清偿责任。请求判令：川交工贸公司支付所欠货款10916405.71元及利息；川交机械公司、瑞路公司及王永礼等个人对上述债务承担连带清偿责任。

被告川交工贸公司、川交机械公司、瑞路公司辩称：三个公司虽有关联，但并不混同，川交机械公司、瑞路公司不应对川交工贸公司的债务承担清偿责任。

王永礼等人辩称：王永礼等人的个人财产与川交工贸公司的财产并不混同，不应为川交工贸公司的债务承担清偿责任。

法院经审理查明：川交机械公司成立于1999年，股东为四川省公路桥梁工程总公司二公司、王永礼、倪刚、杨洪刚等。2001年，股东变更为王永礼、李智、倪刚。2008年，股东再次变更为王永礼、倪刚。瑞路公司成立于2004年，股东为王永礼、李智、倪刚。2007年，股东变更为王永礼、倪刚。川交工贸公司成立于2005年，股东为吴帆、张家蓉、凌欣、过胜利、汤维明、武竞、郭印，何万庆2007年入股。2008

---

① 现为《民法典》第5—7条。

年，股东变更为张家蓉（占90%股份）、吴帆（占10%股份），其中张家蓉系王永礼之妻。在公司人员方面，三个公司经理均为王永礼，财务负责人均为凌欣，出纳会计均为卢鑫，工商手续经办人均为张梦；三个公司的管理人员存在交叉任职的情形，如过胜利兼任川交工贸公司副总经理和川交机械公司销售部经理的职务，且免去过胜利川交工贸公司副总经理职务的决定系由川交机械公司作出；吴帆既是川交工贸公司的法定代表人，又是川交机械公司的综合部行政经理。在公司业务方面，三个公司在工商行政管理部门登记的经营范围均涉及工程机械且部分重合，其中川交工贸公司的经营范围被川交机械公司的经营范围完全覆盖；川交机械公司系徐工机械公司在四川地区（攀枝花除外）的唯一经销商，但三个公司均从事相关业务，且相互之间存在共用统一格式的《销售部业务手册》、《二级经销协议》、结算账户的情形；三个公司在对外宣传中区分不明，2008年12月4日重庆市公证处出具的《公证书》记载：通过因特网查询，川交工贸公司、瑞路公司在相关网站上共同招聘员工，所留电话号码、传真号码等联系方式相同；川交工贸公司、瑞路公司的招聘信息，包括大量关于川交机械公司的发展历程、主营业务、企业精神的宣传内容；部分川交工贸公司的招聘信息中，公司简介全部为对瑞路公司的介绍。在公司财务方面，三个公司共用结算账户，凌欣、卢鑫、汤维明、过胜利的银行卡中曾发生高达亿元的往来，资金的来源包括三个公司的款项，对外支付的依据仅为王永礼的签字；在川交工贸公司向其客户开具的收据中，有的加盖其财务专用章，有的则加盖瑞路公司财务专用章；在与徐工机械公司均签订合同、均有业务往来的情况下，三个公司于2005年8月共同向徐工机械公司出具《说明》，称因川交机械公司业务扩张而注册了另两个公司，要求所有债权债务、销售量均计算在川交工贸公司名下，并表示今后尽量以川交工贸公司名义进行业务往来；2006年12月，川交工贸公司、瑞路公司共同向徐工机械公司出具《申请》，以统一核算为由要求将2006年度的业绩、账务均计算至川交工贸公司名下。

另查明，2009年5月26日，卢鑫在徐州市公安局经侦支队对其进行询问时陈述：川交工贸公司目前已经垮了，但未注销。又查明徐工机械公司未得到清偿的货款实为10511710.71元。

## 裁判结果

江苏省徐州市中级人民法院于2011年4月10日作出（2009）徐民二初字第0065号民事判决：一、川交工贸公司于判决生效后10日内向徐工机械公司支付货款10511710.71元及逾期付款利息；二、川交机械公司、瑞路公司对川交工贸公司的上述债务承担连带清偿责任；三、驳回徐工机械公司对王永礼、吴帆、张家蓉、凌欣、过胜利、汤维明、郭印、何万庆、卢鑫的诉讼请求。宣判后，川交机械公司、瑞路公司提起上诉，认为一审判决认定三个公司人格混同，属认定事实不清；认定川交机械公司、瑞路公司对川交工贸公司的债务承担连带责任，缺乏法律依据。徐工机械公司答辩请求维持一审判决。江苏省高级人民法院于2011年10月19日作出（2011）苏商终字第0107号民事判决：驳回上诉，维持原判。

## 裁判理由

法院生效裁判认为：针对上诉范围，二审争议焦点为川交机械公司、瑞路公司与川交工贸公司是否人格混同，应否对川交工贸公司的债务承担连带清偿责任。

川交工贸公司与川交机械公司、瑞路公司人格混同。一是三个公司人员混同。三个公司的经理、财务负责人、出纳会计、工商手续经办人均相同，其他管理人员亦存在交叉任职的情形，川交工贸公司的人事任免存在由川交机械公司决定的情形。二是三个公司业务混同。三个公司实际经营中均涉及工程机械相关业务，经销过程中存在共用销售手册、经销协议的情形；对外进行宣传时信息混同。三是三个公司财务混同。三个公司使用共同账户，以王永礼的签字作为具体用款依据，对其中的资金及支配无法证明已作区分；三个公司与徐工机械公司之间的债权债务、业绩、账务及返利均计算在川交工贸公司名下。因此，三个公司之间表征人格的因素（人员、业务、财务等）高度混同，导致各自财产无法区分，已丧失独立人格，构成人格混同。

川交机械公司、瑞路公司应当对川交工贸公司的债务承担连带清偿责任。公司人格独立是其作为法人独立承担责任的前提。《中华人民共和国公司法》（以下简称《公司法》）第三条第一款规定："公司是企业法人，有独立的法人财产，享有法人财产权。公司以其全部财产对公司的债务承担责任。"公司的独立财产是公司独立承担责任的物质保证，公司的独立人格也突出地表现在财产的独立上。当关联公司的财产无法区分，丧失独立人格时，就丧失了独立承担责任的基础。《公司法》第二十条第三款规定："公司股东滥用公司法人独立地位和股东有限责任，逃避债务，严重损害公司债权人利益的，应当对公司债务承担连带责任。"本案中，三个公司虽在工商登记部门登记为彼此独立的企业法人，但实际上相互之间界线模糊、人格混同，其中川交工贸公司承担所有关联公司的债务却无力清偿，又使其他关联公司逃避巨额债务，严重损害了债权人的利益。上述行为违背了法人制度设立的宗旨，违背了诚实信用原则，其行为本质和危害结果与《公司法》第二十条第三款规定的情形相当，故参照《公司法》第二十条第三款的规定，川交机械公司、瑞路公司对川交工贸公司的债务应当承担连带清偿责任。

### 17. 滥用公司独立地位的股东转让了股权，是否应对公司债务承担连带责任？[①]

A 厂与 B 公司发生加工业务，B 公司结欠 A 厂加工款，后 A 厂向法院提起诉讼，法院判决 B 公司支付加工款 27 万余元，判决生效后，A 厂申请法院执行，但执行中发现 B 公司已经停业，因为该公司注册资本为认缴，厂房系租赁，未发现该公司财产，但在申请调取 B 公司银行交易流水后发现，B 公司和其大股东韩某存在大量的资金往来，来往差额

---

① 参见肖刚：《公司股东滥用股东独立地位后股权不能一转了之》，载江苏法院网 https://www.jsfy.gov.cn/article/91387.html，最后访问日期：2023 年 3 月 15 日。

达540余万元,并发现判决后韩某将股权转让给了杨某,杨某又转给了刘某,刘某后因犯罪被羁押。后A厂将B公司的股东韩某等人起诉至法院,认为股东均存在股东滥用公司法人独立地位和股东有限责任,在未作财务记账的情况下,擅自决定或同意将公司财产转出至股东账户,在公司存在大量负债又未出资的情况下转移公司资产,导致公司财产损失,债务不能清偿的严重后果,要求对B公司的债务承担连带清偿责任。

审理中,被告韩某辩称其不存在滥用行为,其是先把钱借给公司,由公司对外支付供应商,回收资金后再归还,均有公司账本记载,因股权发生转让,目前账本其已不再持有。

法院审理后认为,公司股东应当遵守法律、行政法规和公司章程,依法行使权利,不得滥用公司法人独立地位和股东有限责任损害公司债权人的利益。公司股东滥用公司法人独立地位和股东有限责任,逃避债务,严重损害公司债权人利益的,应当对公司债务承担连带责任。原告对B公司的债权经生效判决确认后,经过执行后B公司的财产不足以清偿公司债权人的债权。本案债务发生于被告韩某担任B公司股东期间,原告提交的B公司的银行账户交易明细,可以证明B公司的业务款主要流向韩某的个人账户,转账之间存在400余万的差额,对此被告韩某辩称其为公司垫资500余万,但其提交的证据不能体现与B公司的关联性,也未提交其与B公司存有债权债务关系的凭证,其转让股权发生在B公司债务爆发期间,转让后公司就停止了经营,存有股东个人财产与公司财产混同、过度支配与控制的可能。同时认为只有实施了滥用公司法人独立地位和股东有限责任行为的股东才承担责任,原告提供的证据不足以认定其他被告也实施了上述行为。后法院依法判决被告韩某应对B公司的案涉债务承担连带清偿责任,驳回了对其他股东的诉讼请求。

### 18. 公司人格混同损害债权人利益，原告住所地法院是否具有管辖权？[①]

绿木公司与红杉公司曾就买卖合同发生争议，后经生效判决认定，红杉公司应当支付绿木公司货款 1800 万元。判决生效后，红杉公司未予履行，绿木公司向法院申请强制执行，但尚有 1600 万元未能执行到位。绿木公司认为，蓝天公司出资设立红杉公司，同时还实际控制有其他五家公司，这五家公司的业务范围、经营场所、人员资产等与红杉公司高度混同，实际均为红杉公司的关联公司。蓝天公司利用公司法人独立地位和股东有限责任，通过关联公司转移资产、隐匿资产、混同资产、进行利益输送以逃避执行，因此以股东损害公司债权人利益责任纠纷为由将蓝天公司诉至法院，要求法院判令蓝天公司对红杉公司未履行的债务承担连带清偿责任。

蓝天公司在提交答辩状期间提出管辖权异议，认为本案属于侵权纠纷，应当按照侵权之诉确定管辖。由于本案侵权行为地及被告住所地均在山东省某市，本案应由该市某区人民法院管辖。

绿木公司提交书面意见认为，本案绿木公司住所地为侵权结果发生地，绿木公司住所地法院对本案有管辖权，故请求驳回被告提出的管辖权异议。

法院经审查认为，本案系股东损害公司债权人利益责任纠纷，虽然涉及公司法上的权利义务关系，但并不具有组织法上纠纷的性质，不属于公司组织诉讼。本案系因公司股东的侵权行为提起的诉讼，应当由侵权行为地或者被告住所地人民法院管辖，绿木公司作为被侵权方，其住所地可以视为侵权结果发生地，绿木公司住所地法院对本案具有管辖权，法院最终裁定驳回蓝天公司的管辖权异议。

---

① 参见陈一帆：《股东损害公司债权人利益责任纠纷　原告住所地法院具有管辖权》，载北京法院网 https://bjgy.bjcourt.gov.cn/article/detail/2022/10/id/6943442.shtml，最后访问日期：2023 年 3 月 15 日。

## 19. 解散原公司，另设新公司，原公司债务谁来承担？[①]

李某为代理销售某知名品牌产品，2018年12月与青岛某美公司签订《经销商合同》，并按约定向青岛某美公司股东孙某账户支付品牌使用费200万元，后青岛某美公司未能出具品牌合法授权，李某要求解除合同，由公司及其股东孙某返还已付款。孙某称以其个人账户收款系因曾代公司对外支付货款，用于公司向其还款。2018年3月至11月青岛某美公司另与多人签订类似经销商合同。青岛某美公司为有限责任公司，于2018年2月成立，注册资本300万元，股东为孙某（持股90%）、秦某（持股10%），出资时间为2068年12月31日，2019年2月股东会决议解散公司，公司债权债务由股东承接。2019年3月公司减资至30万元。孙某、秦某于2019年1月在青岛某美公司场所另成立百年公司，注册资本300万元，出资时间为2069年12月31日，经营范围与青岛某美公司基本一致。

法院经审理认为，首先，青岛某美公司资本显著不足，设立后两股东均未实际出资，约定的出资期限过长，致公司无自有资产供正常经营，孙某作为公司实际控制股东，利用较少资本甚至是零资本，在未取得知名品牌有效授权的情况下，即开始通过控制青岛某美公司与不同的经销商签订合同收取大额品牌使用费、保证金等，股东实际投入公司的资本数额与公司经营所隐含的风险相比已明显不匹配，且在此期间股东已决议解散公司、减资，明显不具有从事公司经营的诚意。其次，因孙某未实际向公司出资，即便曾存在股东孙某以其个人资产为公司经营支付款项的行为，并进行了账目记载，但在公司存在大量对外债务的情况下，孙某通过实际控制公司，将本应由公司收取的款项在合同中约定由其直接收取优先其他债权人偿还股东的个人债务，即便作了财务记载，

---

[①] 参见《青岛市中级人民法院公司类纠纷审判典型案例（2022年）》，李某诉青岛某美公司、孙某买卖合同纠纷，载青岛市中级人民法院网 http://ytzy.sdcourt.gov.cn/qdzy/spgk66/sszy16/spzdyj/dxxal/8611329/index.html，最后访问日期：2023年3月16日。

青岛某美公司也已不具有独立意思，亦不具有独立的财产。最后，孙某收取大量款项后，在公司成立仅一年左右的时间，相关合同尚未履行完毕的情形下即召开股东会决议解散公司、减资等操作，同时又在同一场所成立股东相同、经营范围一致的另一公司，上述解散原公司，再以原公司场所、人员及相同或者相似的经营范围另设公司，皆在两公司的控制股东孙某的操纵下完成了公司的决策过程，公司已不具有独立意思，丧失独立性，逃避债务的目的明显，先后成立的公司均成为孙某本人转嫁投资风险的"壳"，在孙某的过度支配与控制下，公司已失去独立的法人人格，形骸化，严重损害了公司债权人利益。法院认定青岛某美公司构成根本违约，判决：解除合同，青岛某美公司返还李某已付款项，孙某承担连带责任。

## 关联参见

《最高人民法院关于适用〈中华人民共和国公司法〉若干问题的规定（二）》[以下简称《公司法司法解释（二）》] 第21条

第二十一条 【禁止关联交易】公司的控股股东、实际控制人、董事、监事、高级管理人员不得利用其关联关系损害公司利益。

违反前款规定，给公司造成损失的，应当承担赔偿责任。

## 条文解读

**控股股东** ➡ 控股股东，是指其出资额占有限责任公司资本总额50%以上或者其持有的股份占股份有限公司股本总额50%以上的股东；出资额或者持有股份的比例虽然不足50%，但依其出资额或者持有的股份所享有的表决权已足以对股东会、股东大会的决议产生重大影响的股东。

**关联关系** ➡ 关联关系，是指公司控股股东、实际控制人、董事、监事、高级管理人员与其直接或者间接控制的企业之间的关系，以及可能导致公司利益转移的其他关系。但是，国家控股的企业之间不因为同受国家控股而具有关联关系。

**案例指引**

**20.** 不是高管但行使了高管职权，利用关联交易损害公司利益是否应当赔偿？[①]

2007年7月30日周某任甘肃中某华骏公司营销部经理，全面主持公司销售和采购供应工作，2010年7月调离。周某与高某2008年登记结婚。2008年2月至2009年7月，公司与高某发起设立的青海同某达公司签订了共计38份加工承揽合同，但青海同某达公司拖欠5967970元货款未支付。而在周某任职期间，公司的其他应收货款均及时回收，唯独与青海同某达公司的交易给公司造成了损失。甘肃省高级人民法院认为，周某虽然没有明确担任公司高管的职务，但实际行使了高管的职权，在未向公司披露其与青海同某达公司的关联关系的情况下，利用职权所开展的关联交易给公司造成损失，应当向公司承担赔偿责任。

本案中，周某所担任的公司营销部经理一职，并不属于《公司法》第216条规定的高管人员范围，但在此期间公司并未设立分管销售的副总经理，实际上周某有权选择交易对象及是否签约，对资金回收方式亦有决定权，其事实上行使了公司高管的职权。周某在任职期间与亲属所设立并控股的企业所发生的合同行为明显属于关联交易，且最终给公司造成了损失，依法应当承担赔偿责任。

---

① 参见《2019年度人民法院十大商事案件》，公司内部人员通过关联交易损害公司利益赔偿案——甘肃中某华骏车辆有限公司诉周某、高某、毛某关联交易损害赔偿纠纷案，载最高人民法院网 https://www.court.gov.cn/zixun-xiangqing-217951.html，最后访问日期：2023年3月16日。

第二十二条　【公司决议的无效或被撤销】公司股东会或者股东大会、董事会的决议内容违反法律、行政法规的无效。

股东会或者股东大会、董事会的会议召集程序、表决方式违反法律、行政法规或者公司章程，或者决议内容违反公司章程的，股东可以自决议作出之日起六十日内，请求人民法院撤销。

股东依照前款规定提起诉讼的，人民法院可以应公司的请求，要求股东提供相应担保。

公司根据股东会或者股东大会、董事会决议已办理变更登记的，人民法院宣告该决议无效或者撤销该决议后，公司应当向公司登记机关申请撤销变更登记。

## 实务应用

**26. 股东会召集程序或表决方式存在非轻微瑕疵，但对决议结果未产生实质影响，决议是否可撤销？**

根据《最高人民法院关于适用〈中华人民共和国公司法〉若干问题的规定（四）》［以下简称《公司法司法解释（四）》］第 4 条规定，股东会会议召集程序或者表决方式仅有轻微瑕疵，且对决议未产生实质影响的，人民法院对撤销决议的请求不予支持。判断构成"轻微瑕疵"，可以从以下几方面考虑：第一，程序瑕疵是微小的；第二，不会因为程序瑕疵而导致相关利益群体的实体权利被变相剥夺；第三，程序瑕疵的股东会决议不得让某股东的权益实际受损。当股东会决议存在非轻微程序瑕疵时，即使该瑕疵对决议结果未产生实质影响，也应撤销股东会决议。否则，控股股东可能因此任意侵犯中小股东的权利，中小股东参与公司经营决策权利将被架空，公司决议撤销之诉也将丧失其所具有的规范公司治理、维护中小股东利益的制度功能。

## 案例指引

**21.** 董事会解聘总经理职务的决议所依据的事实是否属实，是否属于司法审查范围？[①]

### 李建军诉上海佳动力环保科技有限公司公司决议撤销纠纷案

（最高人民法院审判委员会讨论通过　2012年9月18日发布）

**关键词**

民事　公司决议撤销　司法审查范围

**裁判要点**

人民法院在审理公司决议撤销纠纷案件中应当审查：会议召集程序、表决方式是否违反法律、行政法规或者公司章程，以及决议内容是否违反公司章程。在未违反上述规定的前提下，解聘总经理职务的决议所依据的事实是否属实，理由是否成立，不属于司法审查范围。

**相关法条**

《中华人民共和国公司法》第二十二条第二款

**基本案情**

原告李建军诉称：被告上海佳动力环保科技有限公司（简称佳动力公司）免除其总经理职务的决议所依据的事实和理由不成立，且董事会的召集程序、表决方式及决议内容均违反了公司法的规定，请求法院依法撤销该董事会决议。

被告佳动力公司辩称：董事会的召集程序、表决方式及决议内容均符合法律和章程的规定，故董事会决议有效。

法院经审理查明：原告李建军系被告佳动力公司的股东，并担任总经理。佳动力公司股权结构为：葛永乐持股40%，李建军持股46%，王泰胜持股14%。三位股东共同组成董事会，由葛永乐担任董事长，另两

---

[①] 最高人民法院指导案例10号。

人为董事。公司章程规定：董事会行使包括聘任或者解聘公司经理等职权；董事会须由三分之二以上的董事出席方才有效；董事会对所议事项作出的决定应由占全体股东三分之二以上的董事表决通过方才有效。2009年7月18日，佳动力公司董事长葛永乐召集并主持董事会，三位董事均出席，会议形成了"鉴于总经理李建军不经董事会同意私自动用公司资金在二级市场炒股，造成巨大损失，现免去其总经理职务，即日生效"等内容的决议。该决议由葛永乐、王泰胜及监事签名，李建军未在该决议上签名。

**裁判结果**

上海市黄浦区人民法院于2010年2月5日作出（2009）黄民二（商）初字第4569号民事判决：撤销被告佳动力公司于2009年7月18日形成的董事会决议。宣判后，佳动力公司提出上诉。上海市第二中级人民法院于2010年6月4日作出（2010）沪二中民四（商）终字第436号民事判决：一、撤销上海市黄浦区人民法院（2009）黄民二（商）初字第4569号民事判决；二、驳回李建军的诉讼请求。

**裁判理由**

法院生效裁判认为：根据《中华人民共和国公司法》第二十二条第二款的规定，董事会决议可撤销的事由包括：一、召集程序违反法律、行政法规或公司章程；二、表决方式违反法律、行政法规或公司章程；三、决议内容违反公司章程。从召集程序看，佳动力公司于2009年7月18日召开的董事会由董事长葛永乐召集，三位董事均出席董事会，该次董事会的召集程序未违反法律、行政法规或公司章程的规定。从表决方式看，根据佳动力公司章程规定，对所议事项作出的决定应由占全体股东三分之二以上的董事表决通过方才有效，上述董事会决议由三位股东（兼董事）中的两名表决通过，故在表决方式上未违反法律、行政法规或公司章程的规定。从决议内容看，佳动力公司章程规定董事会有权解聘公司经理，董事会决议内容中"总经理李建军不经董事会同意私自动用公司资金在二级市场炒股，造成巨大损失"的陈述，仅是董事会解聘李建军总经理职务的原因，而解聘李建军总经理职务的决议内容本身并不违反公司章程。

董事会决议解聘李建军总经理职务的原因如果不存在，并不导致董事会决议撤销。首先，公司法尊重公司自治，公司内部法律关系原则上由公司自治机制调整，司法机关原则上不介入公司内部事务；其次，佳动力公司的章程中未对董事会解聘公司经理的职权作出限制，并未规定董事会解聘公司经理必须有一定原因，该章程内容未违反公司法的强制性规定，应认定有效，因此佳动力公司董事会可以行使公司章程赋予的权力作出解聘公司经理的决定。故法院应当尊重公司自治，无需审查佳动力公司董事会解聘公司经理的原因是否存在，即无需审查决议所依据的事实是否属实，理由是否成立。综上，原告李建军请求撤销董事会决议的诉讼请求不成立，依法予以驳回。

## 22. 未按章程通知全部股东即召开股东会，通过的决议是否有效？[①]

2014年12月24日，原告何某、向某、张某与被告田某签订《某装饰设计有限公司章程》，章程载明：公司召开股东会会议，应当于会议召开15日前通知全体股东，经全体股东一致同意，可以调整通知时间。股东会会议对所议事项作出决议，须经代表过半数以上表决权的股东通过，但是对公司修改章程、增加或者减少注册资本以及公司合并、分立、解散或者变更公司形式作出决议，须经代表2/3以上表决权的股东通过。

2015年11月12日某装饰设计有限公司在某县工商行政管理局登记成立。2018年4月18日，某装饰设计有限公司向工商行政管理局申请注销，并提交《公司注销登记申请书》，该申请书后附有《指定代表或

---

[①] 参见何长江：《股东任性注销公司法院判决"死人"复活》，载重庆法院网 http://cqgy.cqfygzfw.gov.cn/article/detail/2019/08/id/4258813.shtml，最后访问日期：2023年3月16日。

者共同委托代理人授权委托书》《某装饰设计有限公司股东会决议》及《某装饰设计有限公司注销清算报告》。其中，股东会议内容载明参加人员为张某、何某、向某、田某四人，决议内容为审议通过本公司编制的注销清算报告，并确认其合法，一致同意注销某装饰设计有限公司。该决议全体股东签字或盖章处书写有三原告及被告田某的姓名。

三原告认为被告田某伪造股东会决议及清算报告，违反了公司章程，侵害了三原告作为股东的权利，故诉至法院，请求判决确认被告田某提交的《某装饰设计有限公司股东会决议》无效。

庭审中，原告何某、向某、张某均辩称《某装饰设计有限公司股东会决议》及《某装饰设计有限公司注销清算报告》不属实，三原告均未在决议及报告上签名，也未收到被告田某召开股东会决议、对公司进行清算的通知，决议及报告均系被告田某伪造三原告签名制作。三原告对于2018年4月18日某装饰设计有限公司申请注销并不知情，且均无注销公司的意思表示。对三原告的前述辩称，被告田某认可决议及报告上何某、向某的签名是案外人王某代签，但原告张某及被告田某的签名是二人本人签名，且开会时仅有被告田某及原告张某到场。原告张某对其在决议及报告上签名及召开股东会到场的事实均当庭予以否认。原告何某、向某均表示从未授权案外人王某在股东决议上签名，对其已经作出的签名也不表示追认。

法院认为，被告田某未按照法定及原、被告约定的程序通知三原告召开股东会议，同时未经三原告的许可即制作股东决议及清算报告向工商行政部门将公司注销，明显损害了三原告的股东利益。依照《公司法》第22条之规定，判决确认被告田某提交给工商行政管理局用于注销某装饰设计有限公司的《某装饰设计有限公司股东会决议》无效。

## 23. 被除名股东未参加股东会，决议是否有效？①

徐某和申某作为鼎寅公司的股东分别承担 680 万元和 120 万元的出资义务，在鼎寅公司未收到申某的出资款后随即向法院提出起诉，后法院判决申某履行该项义务，申某至今未履行。2015 年 5 月 19 日，鼎寅公司向申某寄送通知一份，通知其召开股东会，主题为讨论解除申某的股东资格、修改公司章程等事宜。申某收到召开股东会通知后未参加股东会。鼎寅公司于后形成《股东会决议》，解除申某在鼎寅公司的股东资格，并由徐某作为股东独立持有 100% 股权。为此，申某提起诉讼，要求确认上述《股东会决议》的效力。

法院审理后认为，在上述判决生效后至鼎寅公司作出股东会决议时止，申某仍未履行判决确定的义务。鼎寅公司向申某发出召开股东会通知并告知其股东会所要讨论的内容，已履行了章程规定的股东会召集程序。虽然申某未参加股东会，但徐某作为持有 85% 股权的股东表决通过股东会决议符合章程规定的表决程序，故本案所涉《股东会决议》符合章程和法律规定，合法有效。据此，作出上述判决。

## 24. 未按照章程提前通知即召开股东会，决议是否可撤销？②

科技公司股东为彭某、北京科技公司和贾某，彭某占股 10%，同时为该公司执行董事兼法定代表人，监事为胡某。该公司章程规定，召开股东会会议，应当于会议召开 15 日前通知全体股东。监事有权提议召开临时股东会。

2020 年 8 月 29 日下午 17：10、17：43，胡某分别通过微信和电子邮件告知彭某，将于次日以线上方式召开临时股东会，审议事项包括免去彭某执行董事兼法定代表人职务、选举韩某为执行董事兼法定代表人

---

① 参见朱梦琪、吴丹：《未履行出资义务股东资格被解除》，载江苏法院网 https：//www.jsfy.gov.cn/article/13726.html，最后访问日期：2023 年 3 月 17 日。

② 参见《2020—2021 年江苏法院公司审判典型案例》，科技公司诉彭某公司决议撤销纠纷案，载江苏法院网 https：//www.jsfy.gov.cn/article/94380.html，最后访问日期：2023 年 3 月 17 日。

等。当日晚19：20，彭某微信回复称根据公司章程规定该会议通知无效。8月30日，北京科技公司和贾某参加了科技公司临时股东会，一致表决通过上述审议事项，彭某未参会。8月31日，科技公司办理了工商变更登记和备案。彭某遂起诉，请求撤销科技公司2020年8月30日股东会决议。

南京市中级人民法院认为，《公司法司法解释（四）》第4条规定，股东请求撤销股东会或者股东大会、董事会决议，符合民法典第85条、公司法第22条第2款规定的，人民法院应当予以支持，但会议召集程序或者表决方式仅有轻微瑕疵，且对决议未产生实质影响的，人民法院不予支持。本条适用前提为股东会召集程序仅存在轻微瑕疵，且对决议未产生实质影响，而案涉股东会在召集主体和召集时间上均存在重大瑕疵，不应适用该条款，遂判决撤销科技公司案涉股东会决议。

**关联参见**

《最高人民法院关于适用〈中华人民共和国公司法〉若干问题的规定（一）》［以下简称《公司法司法解释（一）》］第3条；《公司法司法解释（四）》第1—6条

## 第二章 有限责任公司的设立和组织机构

### 第一节 设　　立

**第二十三条　【有限责任公司的设立条件】** 设立有限责任公司，应当具备下列条件：

（一）股东符合法定人数；

（二）有符合公司章程规定的全体股东认缴的出资额；

（三）股东共同制定公司章程；

（四）有公司名称，建立符合有限责任公司要求的组织机构；

（五）有公司住所。

**第二十四条** 【股东人数】有限责任公司由五十个以下股东出资设立。

**第二十五条** 【公司章程内容】有限责任公司章程应当载明下列事项：

（一）公司名称和住所；

（二）公司经营范围；

（三）公司注册资本；

（四）股东的姓名或者名称；

（五）股东的出资方式、出资额和出资时间；

（六）公司的机构及其产生办法、职权、议事规则；

（七）公司法定代表人；

（八）股东会会议认为需要规定的其他事项。

股东应当在公司章程上签名、盖章。

## 条文解读

**公司章程记载事项** ▶ 公司章程所记载的事项可以分为必备事项和任意事项。必备事项是法律规定在公司章程中必须记载的事项，或称绝对必要事项，本条前七项规定即属于必备事项。任意事项是由公司自行决定是否记载的事项，包括公司有自主决定权等事项。

**股东在公司章程上签名、盖章** ▶ 股东应当在公司章程上签名、盖章，一般情况下应由股东本人亲自为之，但股东也可以委托他人代为签名、盖章。委托他人代为签名、盖章的，股东应当签署委托授权书，写明委托代理人的姓名、授权事项等。此外，股东在公司章程上签名、盖章，应当既签名，又盖章。

**第二十六条** 【注册资本】有限责任公司的注册资本为在公司登记机关登记的全体股东认缴的出资额。

法律、行政法规以及国务院决定对有限责任公司注册资本实缴、注册资本最低限额另有规定的，从其规定。

### 条文解读

**有限责任公司的注册资本** ➡ 有限责任公司注册资本是股东认缴的出资额。所谓"认缴的出资额"，是指股东共同制定的公司章程中规定的各股东出资的数额。对于注册资本的认定，以公司登记机关登记的数额为准。注册资本是设立公司的法定登记事项，没有注册资本，公司登记机关不予登记，不发营业执照。

### 案例指引

**25.** 股东未届出资期限而转让公司股权，是否仍需在认缴出资范围内对转让前公司债务承担责任？[①]

2017年五六月间，青岛某鑫公司（供方）与常州某仑机械制造有限公司（需方）签订两份机器设备购销合同。常州某仑公司支付了定金，青岛某鑫公司将设备安排托运，常州某仑公司于当年7月接收设备后，青岛某鑫公司安排人员对设备进行了安装、调试。2017年9月29日，常州某仑公司的股东周某茹、庄某芬、通某公司、常州市吉某电梯部件制造有限公司分别将其在某仑公司的全部认缴出资额90万元、60万元、90万元、60万元（出资均未实缴）无偿转让给许某勤，许某勤成为常州某仑公司唯一股东和法定代表人，常州某仑公司变更为自然人独资的有限责任公司。同年11月6日常州某仑公司注册资本由300万元增加至1000万元。2018年5月15日，许某勤申请注销常州某仑公司，常州市武进区行政审批局于2019年7月3日对该公司予以注销。

---

[①] 参见《2020年全国法院十大商事案例》，股东未届出资期限而转让公司股权的，符合出资加速到期条件时，应就出资不足对公司债务承担连带责任——上诉人许某勤、常州市通某机械制造有限公司、周某茹与被上诉人青岛某鑫机械有限公司加工合同纠纷案，载最高人民法院微信公众号 https://mp.weixin.qq.com/s/rR-cumhR8MDzEBasKJ4W7Q，最后访问日期：2023年3月17日。

截至青岛某鑫公司起诉，常州某仑公司尚欠设备款 245360 元未付。山东省平度市人民法院判令许某勤向青岛某鑫公司支付设备款及违约金共计 355932.8 元，通某公司在 90 万元范围内承担连带清偿责任，周某茹在 90 万元范围内承担连带清偿责任。一审宣判后，许某勤、通某公司、周某茹以设备存在质量问题故许某勤无需支付货款及其违约金，通某公司、周某茹以股权转让之时出资并未到期等为由提起上诉，青岛中院驳回上诉，维持原判。

### 关联参见

《公司法司法解释（二）》第 22 条

**第二十七条 【出资方式】**股东可以用货币出资，也可以用实物、知识产权、土地使用权等可以用货币估价并可以依法转让的非货币财产作价出资；但是，法律、行政法规规定不得作为出资的财产除外。

对作为出资的非货币财产应当评估作价，核实财产，不得高估或者低估作价。法律、行政法规对评估作价有规定的，从其规定。

### 条文解读

#### 出资方式

（1）货币出资。股东用货币出资，除了人民币外，还可以用外币出资。如中外合资经营企业为有限责任公司，合营企业各方用现金（货币）出资时，中方合营者的货币一般为人民币，外国合营者一般为外币，外币可以按照规定折算成人民币或者套算成约定的外币。

（2）实物、知识产权、土地使用权等非货币财产出资。实物是指房屋、机器设备、工具、原材料、零部件等有形财产。知识产权包括专利权、商标权、著作权等。土地使用权是指国有土地和农民集体所有的土地，依法明确给单位或者给个人使用的权利。以上述财产出资的，必须评估作价，并依法办理转让手续。

（3）其他可以用货币估价并可以依法转让的非货币财产，如股权、债权、探矿权、采矿权等，都可以用于出资。

（4）法律、行政法规规定不得作为出资的财产。如股东不得以劳务、信用、自然人姓名、商誉、特许经营权或者设定担保的财产等作价出资。

出资人以其他公司股权出资，符合下列条件的，人民法院应当认定出资人已履行出资义务：①出资的股权由出资人合法持有并依法可以转让；②出资的股权无权利瑕疵或者权利负担；③出资人已履行关于股权转让的法定手续；④出资的股权已依法进行了价值评估。

## 案例指引

### 26. 以非货币财产出资未经评估作价，应承担什么责任？[1]

荣联公司共有10名股东，周某及雷某均为荣联公司登记在册股东，雷某系该公司法定代表人，该公司章程载明雷某的出资额为52000元，出资方式为货币。但雷某实际以其与部分股东曾经经营的合伙资产用于出资，并取得加盖荣联公司公章和财务专用章的52000元入股金收据。荣联公司章程载明股东以货币出资的，应当将货币出资足额存入公司在银行开设的账户，以非货币财产出资的，应当评估作价并依法办理其财产权的转移手续。

2019年1月4日，周某以雷某未向荣联公司交付出资为由，向法院起诉要求雷某向荣联公司交付出资52000元。法院认为，该案争议焦点是雷某是否履行了出资义务。《最高人民法院关于适用〈中华人民共和国公司法〉若干问题的规定（三）》［以下简称《公司法司法解释（三）》］第9条规定，出资人以非货币财产出资，未依法评估作价，

---

[1] 参见胡超：《以非货币财产出资的应履行评估手续》，载重庆法院网http://cqgy.cqfygzfw.gov.cn/article/detail/2020/03/id/4856168.shtm，最后访问日期：2023年3月17日。

公司、其他股东或者公司债权人请求认定出资人未履行出资义务的，人民法院应当委托具有合法资格的评估机构对该财产评估作价。评估确定的价额显著低于公司章程所定价额的，人民法院应当认定出资人未依法全面履行出资义务。雷某与他人共同经营的合伙资产并未经过有关机构评估，也未经全体股东认可，并且雷某本身担任荣联公司法定代表人，加盖了印章的入股金收据不能证明雷某已经履行了出资义务，法院遂判决雷某应向荣联公司补缴资本金52000元。

### 关联参见

《财政部关于〈公司法〉施行后有关企业财务处理问题的通知》第1条；《公司法司法解释（三）》第7—11条

**第二十八条** 【出资义务】股东应当按期足额缴纳公司章程中规定的各自所认缴的出资额。股东以货币出资的，应当将货币出资足额存入有限责任公司在银行开设的账户；以非货币财产出资的，应当依法办理其财产权的转移手续。

股东不按照前款规定缴纳出资的，除应当向公司足额缴纳外，还应当向已按期足额缴纳出资的股东承担违约责任。

### 条文解读

**股东出资义务** ➡ 按期足额缴纳出资，是股东的一项重要法定义务，必须严格履行。如果股东没有按期足额缴纳公司章程中规定的自己所认缴出资额的，如没有按照公司章程规定的时间，或者没有按照公司章程规定的出资金额出资，则需依法承担相应的法律责任：

（1）承担继续履行出资义务的责任。股东不按期缴纳出资的，不能因此免除或者减轻其按照公司章程规定应当履行缴纳出资义务的责任。特别是在人民法院受理公司破产申请后，债务人的出资人尚未完全履行出资义务的，破产管理人仍应当要求该出资人缴纳所认缴的出资，而不受出资期限的限制。

（2）向其他股东承担违约责任。股东未按照公司章程规定的时间、金额缴纳出资，就是违反了公司章程规定的出资义务，即构成了对其他已经履行缴纳出资义务的股东违约，应当依法向其他股东承担违约责任，如支付已经支出的公司开办费用以及占用资金的利息损失等。股东在共同制定公司章程中，应当对股东不按期履行缴纳出资义务构成条件、承担违约责任的形式等，尽量作出具体、详细的规定，以便在出现该种情形时，能够比较明确地确定不按期缴纳出资股东的具体责任，避免产生不必要的纠纷。

### 实务应用

**27. 债权人能否以公司不能清偿到期债务为由，请求未届出资期限的股东在未出资范围内对公司不能清偿的债务承担补充赔偿责任？**

根据《全国法院民商事审判工作会议纪要》，在注册资本认缴制下，股东依法享有期限利益。债权人以公司不能清偿到期债务为由，请求未届出资期限的股东在未出资范围内对公司不能清偿的债务承担补充赔偿责任的，人民法院不予支持。但是，下列情形除外：（1）公司作为被执行人的案件，人民法院穷尽执行措施无财产可供执行，已具备破产原因，但不申请破产的；（2）在公司债务产生后，公司股东（大）会决议或以其他方式延长股东出资期限的。

### 案例指引

**27. 未届章程出资期限，股东会决议提前注资，是否应当履行？**[1]

甲公司成立于 2020 年 8 月 20 日，公司注册资本 1000 万元。股东名册载明股东钱某认缴出资 300 万元、股东赵某认缴出资 200 万元、股东

---

[1] 参见罗媛：《未届出资期限，股东也应对公司履行出资义务》，载江苏法院网 https://www.jsfy.gov.cn/article/94946.html，最后访问日期：2023 年 3 月 17 日。

孙某认缴出资500万元，出资方式皆为货币，公司章程规定出资时间为2040年8月20日。截至2021年8月31日，钱某向公司基本账户汇入了50万元注册资本金，赵某、孙某皆未出资。2021年10月11日公司召开股东会，全体股东参加，并形成股东会决议。决议约定了2021年12月31日前股东赵某向公司注资30万元，孙某向公司注资80万元。后赵某、孙某未能出资，公司将赵某、孙某诉至法院要求股东赵某向公司实缴出资30万元，孙某实缴出资80万元。

赵某、孙某辩称，章程规定的认缴出资期限为2040年8月20日，现公司无理由要求两被告履行出资义务。

法院经审理认为，现行公司法规定股东出资实行认缴制，即股东在公司章程载明的认缴期限之内向公司缴足出资资本。但注册资本是公司从事经营活动的物质基础和前提条件，公司只要从事经营活动，就必须拥有一定的资本。公司章程载明认缴出资期限为2040年8月20日，这是章程规定的注资最长期限，具体出资时间由股东根据公司经营所需确定。甲公司成立于2020年8月20日，公司处于经营状态，此种情况下从公司经营所需出发，股东应当履行部分的出资义务。关于出资额，股东会已作出决议，并由全体股东在决议文件上签名，该股东会决议成立，公司及股东均应当按照该决议的内容执行。故法院判决赵某、孙某分别给付公司注册资本金30万元、80万元。该判决现已生效。

## 28. 股东恶意延长出资期限，债权人如何维权？[①]

通达公司于2018年4月1日设立，股东为张三、李四。公司设立时的章程规定，公司注册资本100万元，张三出资60万元，李四出资40万元，出资期限均为2020年12月31日，出资方式均为货币。公司成立后，张三、李四均未向通达公司缴纳出资。2020年11月1日，张三、李四召开股东会并作出股东会决议，延长出资期限至2025年12月31日。

---

[①] 参见陈鸿梅、顾熠卿：《股东恶意延长出资期限，债权人的利益怎么办？》，载江苏法院网 https：//www.jsfy.gov.cn/article/94744.html，最后访问日期：2023年3月17日。

2019年4月，海洋公司与通达公司订立买卖合同，由通达公司向海洋公司采购价值40万元的设备。海洋公司供货后，因通达公司迟迟未支付货款，海洋公司遂向法院提起诉讼，要求通达公司支付拖欠的货款40万元。法院经审理后于2020年9月1日作出判决，判令通达公司于判决生效后10日内向海洋公司支付货款40万元。该判决于2020年9月20日生效。后因通达公司未按生效判决履行，海洋公司于2020年10月10日向法院申请强制执行。因通达公司名下无财产可供执行，法院终结该次执行。

后海洋公司经工商查询，发现通达公司的股东张三、李四并未实际出资且在出资期限到期前通过股东会决议的方式延长了出资期限，故向法院提起诉讼，要求张三、李四分别在未出资的60万元、40万元本息范围内就通达公司对海洋公司的债务承担连带清偿责任。

法院经审理后认为，在注册资本认缴制下，股东依法享有期限利益。债权人以公司不能清偿到期债务为由，请求未届出资期限的股东在未出资范围内对公司不能清偿的债务承担补充赔偿责任的，人民法院不予支持。但是，在公司债务产生后，公司通过股东（大）会决议或以其他方式延长股东出资期限的情形除外。通达公司对海洋公司的债务已在2020年9月20日经生效判决确认，通达公司的股东未按原章程规定的出资时间实缴出资，反而于2020年11月1日作出股东会决议延长出资期限，海洋公司有权请求未届出资期限的股东在未出资范围内对公司不能清偿的债务承担补充赔偿责任，故法院支持了海洋公司的诉讼请求。

### 29. 已具备破产原因但不申请破产，股东出资加速到期？[1]

科技公司欠付贸易公司货款23.6万元，因科技公司未能及时付款，贸易公司向法院申请强制执行，因未发现科技公司有可供执行的财产，

---

[1] 参见《2020-2021年江苏法院公司审判典型案例》，贸易公司诉田某、张某、姜某等股东出资纠纷案，载江苏法院网 https://www.jsfy.gov.cn/article/94380.html，最后访问日期：2023年3月17日。

法院于2021年2月20日裁定终结本次执行程序。科技公司有4名股东，田某认缴10万元，持股0.5%；张某认缴100万元，持股5%；姜某认缴590万元，持股29.5%；顾问公司认缴1300万元，持股65%，4股东实缴出资均为0元，但出资期限均未届至。2021年7月14日，贸易公司起诉，请求判令田某、张某、姜某、顾问公司在各自未出资本金范围内对科技公司不能清偿的债务243622元及利息承担补充清偿责任。

法院认为，公司作为被执行人的案件，人民法院穷尽执行措施无财产可供执行，已具备破产原因，但不申请破产的，债权人有权以公司不能清偿到期债务为由，请求未届出资期限的股东在未出资范围内对公司不能清偿的债务承担补充赔偿责任。故贸易公司有权要求科技公司股东田某、张某、姜某、顾问公司出资期限加速到期。

在资本认缴制下，有限责任公司股东虽然对于认缴资本存在期限利益，但出资义务并未免除，公司股东仍负有充实资本以保证公司具备对外偿债能力的义务，公司认缴出资额越高，股东承担风险越大。因此，投资者应理性对待资本认缴制，在设立公司时，结合公司的经营范围、发展规划以及股东自身的经济状况和抗风险能力等，合理设置注册资本和认缴期限。

## 30. 发起人已经转让股权，公司破产清算时发起人的出资期限利益应否得到保护？[1]

2015年9月9日，朱某、季某、马某、许某作为发起人设立文化公司，注册资本500万元，每人认缴出资125万元，出资期限为2045年8月28日。2016年12月23日，经股权转让，原股东退出，文化公司股东变更为刘某、朱某，刘某持股95%，朱某持股5%，出资期限仍为2045年8月28日。后经多次转让，刘某持股76.5%，惠某持股10%，

---

[1] 参见《2020-2021年江苏法院公司审判典型案例》，文化公司诉刘某、陈某、朱某等股东出资纠纷案，载江苏法院网 https://www.jsfy.gov.cn/article/94380.html，最后访问日期：2023年3月17日。

陈某、王某、黄某分别持股4.5%，出资期限仍为2045年8月28日，上述股权转让协议中均约定股权转让款为0元。2019年9月18日，文化公司进入破产程序，管理人经核查，刘某、陈某、王某未履行出资义务，遂起诉主张刘某、陈某、王某出资义务加速到期，向文化公司缴纳出资款，朱某、季某、马某、许某作为发起人对上述债务承担连带责任。

一审法院认为，股东未履行或未全面履行出资义务，公司的发起人应与股东承担连带责任，遂判决支持文化公司诉讼请求。二审法院认为，《公司法司法解释（三）》第13条第3款规定，股东在公司设立时未履行或者未全面履行出资义务，依照该条第1款或者第2款提起诉讼的原告，请求公司的发起人与被告股东承担连带责任的，人民法院应予支持。该条款是指公司设立时，股东如果没有按照章程规定按期足额缴纳出资的，发起人股东与该股东承担连带责任。在公司注册资本认缴制度下，股东享有出资的期限利益，公司设立时出资期限未届满的股东尚未完全缴纳其出资份额不应认定为设立时未履行或者未全面履行出资义务，公司及债权人亦无权据此要求发起人股东承担连带责任。本案中，文化公司四名发起人，出资期限为2045年8月28日，刘某于2016年12月23日受让四发起人股权时，出资期限亦未届满，不属于股东未履行或者未全面履行出资义务的情形，而法律、行政法规并未禁止股东在出资期限届满前转让股权，故对文化公司要求朱某等四发起人对刘某、陈某、王某未出资部分承担连带责任的主张不应支持。

## 31. 未举证证明公司已无财产可供执行，可否追加未届出资期限的股东作为被执行人？[①]

领视公司注册资本为2亿元，股东为信升公司（认缴出资1.4亿

---

① 参见洪培花：《股东对未届缴纳期的出资所享期限利益受法律保护——福建高院裁定华楙企业等执行异议之诉案》，载福建法院网 https://fjfy.fjcourt.gov.cn/article/detail/2021/01/id/5786307.shtml，最后访问日期：2023年3月17日。

元）、火炬公司（认缴出资2000万元）、华懋企业（认缴出资4000万元）。该公司章程约定，信升公司、华懋企业所认缴注册资本的出资期限为2066年3月14日前。截至本案诉讼时，华懋企业所认缴的4000万元注册资本尚未缴纳，信升公司所认缴的注册资本1.4亿元中尚有9500万元未缴纳。福建省厦门市中级人民法院（下称厦门中院）在侯某某申请执行深圳国际仲裁院［2019］D173号仲裁裁决案中，依侯某某的申请，裁定追加被执行人领视公司的股东信升公司、华懋企业作为被执行人。华懋企业不服，向厦门中院提起执行异议之诉，诉请法院判令不追加其作为被执行人。厦门中院查明领视公司有以下资产：一幅宗地面积为33336.66平方米的工业用地，24项实用新型专利权，10项计算机软件著作权，4份商标注册证，持有案外人公司39%的股权。

厦门中院经审理认为，首先根据《公司法》第28条，股东应当按期足额缴纳公司章程中规定的各自所认缴的出资额。可见，公司法允许有限责任公司的股东通过章程约定采用注册资本认缴制。本案中，领视公司设立之初的公司章程已明确载明股东注册资本采认缴制，并明确所认缴注册资本分期于公司成立之日起50年内即2066年3月14日之前缴足，此项章程内容至今未被修改或变动，领视公司的章程签订在先，侯某某对领视公司的债权形成在后。显然，华懋企业等领视公司的股东不存在针对侯某某的债权恶意延长股东出资期限的情形。故应认定，华懋企业对依章程约定尚未到期的认缴出资额享有期限利益。其次，侯某某对领视公司的案涉债权虽未获清偿，但领视公司并非处于无财产可供执行的状况。在案证据表明，领视公司名下拥有以出让方式获得的工业用地，目前该地块上存在在建工程，公司亦拥有多项知识产权，并持有案外人公司的股权。综上，厦门中院判决不得追加华懋企业作为该案的被执行人。宣判后，侯某某向福建省高级人民法院提起上诉，后未到庭参加诉讼，该院二审裁定按撤诉处理。

有限责任公司章程对注册资本认缴期限已作明确约定的，股东对其认缴且未届缴纳期的出资所享有的期限利益受法律保护。债权人主张债务人的股东出资加速到期的，应当举证证明公司已无财产可供执行或股东存在恶意延长出资期限的行为，未能举证证明的，法院应当不予支持债权人要求追加债务人的股东作为被执行人的诉求。

**关联参见**

《公司法司法解释（三）》第 13 条；《企业破产法》第 35 条；《市场主体登记管理条例实施细则》第 13 条、第 26 条

**第二十九条** 【设立登记】股东认足公司章程规定的出资后，由全体股东指定的代表或者共同委托的代理人向公司登记机关报送公司登记申请书、公司章程等文件，申请设立登记。

**关联参见**

《市场主体登记管理条例实施细则》第四章

**第三十条** 【出资不足的补充】有限责任公司成立后，发现作为设立公司出资的非货币财产的实际价额显著低于公司章程所定价额的，应当由交付该出资的股东补足其差额；公司设立时的其他股东承担连带责任。

**条文解读**

**出资不实的补充责任** ➡ 造成非货币出资的财产价额在公司设立时显著不足主要有以下几种原因：（1）评估错误；（2）出资人故意弄虚作假；（3）在公司设立时，因市场行情变化导致非货币财产价值显著降低。注意，如果在公司成立后，因市场变化或者其他客观因素导致出资财产贬值，公司、其他股东或者公司债权人请求该出资人承担补足出资责任的，人民法院不予支持；但是当事人另有约定的除外。

此外，公司设立时的其他股东对出资不实的情况应当承担连带责

任。此连带责任是《公司法》强制规定的法定责任，不以发起人之间的约定为必要。先行承担出资填补责任的发起人，可向违反出资义务的股东求偿，亦可要求其他发起人分担。

需要进一步说明的是，股东出资不足，除了补足差额外，还必须向其他已经足额出资的股东承担违约责任。

### 实务应用

**28.** 对于履行出资义务，瑕疵出资股东能否以诉讼时效为由进行抗辩？

根据《公司法司法解释（三）》第 19 条的规定："公司股东未履行或者未全面履行出资义务或者抽逃出资，公司或者其他股东请求其向公司全面履行出资义务或者返还出资，被告股东以诉讼时效为由进行抗辩的，人民法院不予支持。公司债权人的债权未过诉讼时效期间，其依照本规定第十三条第二款、第十四条第二款的规定请求未履行或者未全面履行出资义务或者抽逃出资的股东承担赔偿责任，被告股东以出资义务或者返还出资义务超过诉讼时效期间为由进行抗辩的，人民法院不予支持。"同时，根据《最高人民法院关于审理民事案件适用诉讼时效制度若干问题的规定》第 1 条第 3 项的内容，基于投资关系产生的缴付出资请求权不适用诉讼时效。

### 关联参见

《公司法司法解释（三）》第 19 条

**第三十一条** 【出资证明书】有限责任公司成立后，应当向股东签发出资证明书。

出资证明书应当载明下列事项：

（一）公司名称；

（二）公司成立日期；

（三）公司注册资本；

（四）股东的姓名或者名称、缴纳的出资额和出资日期；

（五）出资证明书的编号和核发日期。

出资证明书由公司盖章。

### 条文解读

**出资证明书** ➡ 出资证明书，又称股单，是指有限责任公司成立后，由公司向股东签发的证明股东已经履行出资义务的法律文件，是投资人成为有限责任公司股东，并依法享有股东权利和承担股东义务的法律凭证。

作为股东出资的对价，股东享有公司的股权，公司通过签发出资证明的方式来证明其股东权利。但是由于出资证明不是权利证书，所以它的转移并不带来股权的转移。因此，如果要转移有限责任公司的股权，并不能通过转移出资证明的方式完成。如果发生股东出资的转让则应该注销原有的出资证明书，并发给新股东新的出资证明书。并且，签发出资证明是公司的义务，公司不得拒绝签发。

### 关联参见

《公司法司法解释（三）》第23条

**第三十二条** 【股东名册】有限责任公司应当置备股东名册，记载下列事项：

（一）股东的姓名或者名称及住所；

（二）股东的出资额；

（三）出资证明书编号。

记载于股东名册的股东，可以依股东名册主张行使股东权利。

公司应当将股东的姓名或者名称向公司登记机关登记；登记事项发生变更的，应当办理变更登记。未经登记或者变更登记的，不得对抗第三人。

### 条文解读

**股东名册** ➡ 股东名册，是指由公司置备的，记载股东个人信息和股权信息的法定簿册。股东名册的效力主要有：（1）推定效力。在股东名册上记载为股东的，推定其为公司股东。（2）免责效力。即公司依法对股东名册上记载的股东履行了通知送达、公告、支付股利、分配公司剩余财产等义务后，即使股东名册上的股东非真正的股东，公司也可免除相应的责任。（3）对抗效力。本条第3款规定若股东的姓名或者名称及其出资额未经登记或者变更登记的，不得对抗第三人。表明股东身份并不需要在登记管理机关登记才产生，但是如果不经登记其效力只及于公司和股东之间，不具有对外的效力。

### 实务应用

**29.** 股东姓名记载于股东名册与办理公司登记之间的法律效力有何不同？

《公司法》第32条第2款的规定说明股东的形成标志是"记载于股东名册"，而不是办理变更登记。公司变更登记是对已经变更的股东权利义务的一种确认，股权经登记后产生的对抗第三人的效力。

在股东与公司之间的内部关系上，股东可以依据股东名册的记载向公司主张权利，公司亦可依据股东名册的记载识别股东，并仅向记载于股东名册的人履行诸如通知召开股东会、分配利润等义务。实际出资人与记载于股东名册的股东之间有关"名实出资"的约定，仅在定约人之间产生效力，一般不能对抗公司。在股东与公司之外的第三人之间的外部关系上，应当坚持外观主义原则，即使因未办理相关手续导致公司登记机关的登记与实际权利状况不一致，也应优先保护善意第三人因合理信赖公司登记机关的登记而作出的行为效力。

### 30. 未经公司其他股东半数以上同意，实际出资人能否请求登记为公司股东？

实际出资人能够提供证据证明有限责任公司过半数的其他股东知道其实际出资的事实，且对其实际行使股东权利未曾提出异议的，对实际出资人提出的登记为公司股东的请求，人民法院依法予以支持。公司以实际出资人的请求不符合《公司法司法解释（三）》第24条的规定为由抗辩的，人民法院不予支持。

根据《公司法司法解释（三）》第24条第3款规定，实际出资人未经公司其他股东半数以上同意，请求公司变更股东、签发出资证明书、记载于股东名册、记载于公司章程并办理公司登记机关登记的，人民法院不予支持。

### 31. 是否可以"代签"为由否认股东资格？

当事人在公司设立登记等材料上签字是证明其作为公司股东的直接证据之一，如签字并非股东本人所签，经登记的公司股东系被他人冒用或盗用身份进行公司登记，应确认其非公司股东。但是，如果该股东在知道被冒用或盗用身份后不作反对表示，或虽未明确表示，但实际以股东身份参与公司经营管理、行使股东权利，或同意他人利用自己的身份设立并经营公司的，其关于确认其非公司股东的诉请不应得到支持。对此，需要结合当事人有无作为公司股东的事实或同意他人利用自己的身份设立、经营公司的事实进行综合判断。此外，"代签"可以在被代签者明知或默认的情形下发生，这种情况并不等同于被冒用或盗用身份签名。即便公司登记档案材料中的股东签名均非其本人所签，若股东未能提出证据证明代签者未经其同意冒用或盗用其身份，也不能否定其股东资格。

## 案例指引

### 32. 实际出资人取得股东资格和权利，要符合什么条件？[①]

某公司设立于1999年2月4日，注册资本200万元，法定代表人为靳先生，登记的股东出资情况如下：靳先生出资42万元，高某出资37.5万元，景某出资37.5万元，耿某出资37.5万元，曹女士出资37.5万元，靳某出资4万元，陈某出资4万元。此后，公司经过多次增资及股权转让，工商登记显示：公司注册资本为8000万元，靳先生、曹女士均已不是公司股东。靳先生将公司、曹女士起诉至一审法院，称，因当时公司法规定有限责任公司应有2个以上50个以下股东，他通过朋友找到曹女士代持其18.75%的股份，现靳先生请求确认公司设立时曹女士所持有的18.75%股权属于自己。

一审中，靳先生提交了公司分别于1999年3月1日及同年2月10日出具的出资证明以及决议一份，用以证明公司设立时的200万元股本金均为其本人出资，其余6位股东均为代持股。公司、曹女士认为当时靳先生系公司法定代表人掌握公司公章，不能证明靳先生的证明目的，公司加盖公章并不能代表其他股东的意思表示，不能证明曹女士与靳先生之间存在股权代持的关系。一审法院判决驳回了靳先生诉讼请求。靳先生不服一审判决，上诉到二中院。

二审法院经审理认为，根据《公司法》第28条、第29条、第32条规定，股东取得股东资格和股东权利，须符合两个要件，即实质要件和形式要件，实质要件是以出资为取得股东资格的必要条件，形式要件是对股东出资的记载和证明，是实质要件的外在表现。案件中，对于曹女士名下的18.75%股权，出资证明书、公司章程、股东名册、工商登记等材料上记载的股东都是曹女士。因此，靳先生未能提交证据证明其

---

[①] 参见李诚：《股东身份：拥有，得合要件！》，载北京法院网 https://bjgy.bjcourt.gov.cn/article/detail/2017/08/id/2975491.shtml，最后访问日期：2023年3月17日。

在公司设立时具备取得公司股东资格的形式要件，靳先生亦未能证明其在公司设立时系登记在曹女士名下的18.75%股权的公司法意义上的股东。此外，《公司法司法解释（三）》第24条明确了实际出资人和名义股东之间基于合同关系而产生的权利义务，如果实际出资人意图成为股东，必须经过相应的法定程序。如果实际出资人意图经法定程序成为公司的股东，实际上是对公司股东现状的改变。因此，靳先生要求确认公司设立时曹女士所持有的18.75%的股权属于自己所有，实际上是意图变更既定的事实，没有事实及法律依据。根据查明的事实，曹女士现在已经不是公司的股东，即使双方存在代持关系，靳先生也不能通过显名化的途径代替曹女士成为公司对应股份的股东。靳先生与曹女士之间如存在其他民事法律关系，可另行主张。综上，二中院终审判决驳回了靳先生上诉请求，维持了一审法院判决。

### 33. 有限公司股东资格的判断标准需要综合考虑哪些因素？[①]

德文公司注册资本为10000万元，其中徐某出资200万元，文津公司出资9800万元。徐某担任法定代表人。徐某未实际出资，文津公司出资6000万元。后德文公司、徐某父亲徐某洪与第三人李某因投资项目未果签订补充协议，约定德文公司向李某支付2500万元。

2012年，德文公司因未按期年检被工商局吊销企业法人营业执照。李某于2013年在江苏省某市中级法院对德文公司、股东徐某、文津公司、徐某洪、章某（徐某洪之妻）提起诉讼，法院判决股东徐某在对德文公司未出资的200万元本息范围内对德文公司的责任承担补充赔偿责任，并对文津公司在其未出资的3800万元本息范围内对德文公司的补充赔偿责任承担连带责任。上述案件一审判决作出之后，判决生效之前，徐某向法院提起确认股东资格纠纷。

---

① 参见海宣：《有限公司股东资格的判断标准需要综合考虑》，载北京法院网 https://bjgy.bjcourt.gov.cn/article/detail/2016/06/id/1907960.shtml，最后访问日期：2023年3月15日。

徐某诉称，其系被其父徐某洪冒用名字注册德文公司，既未实际出资，也未实际参与德文公司运营，故要求确认其不是德文公司股东。德文公司辩称，徐某的股东资格在工商部门进行注册并且公示过，现其并未提交证据证明工商部门登记的内容有误，故不同意其诉讼请求。

诉讼中，李某、徐某洪作为第三人参与诉讼。李某述称，徐某是否具有德文公司股东资格，与其合法权益具有重大利害关系，徐某未就其不是德文公司股东提供证据，故请求法院驳回徐某诉讼请求。徐某洪述称，其才是德文公司的实际股东，徐某系被其冒用名义进行工商注册，故请求确认徐某不是德文公司股东。

法院经审理认为，本案系公司内部的股东资格确认之诉，因此，公司章程的记载情况是股东资格确认的最主要依据；因本案原被告与第三人之间存在交易关系，故作为具有对外公示效力的工商登记档案和材料也是判断是否具有股东资格的重要依据。徐某主张工商注册登记材料中的签名系他人冒用其名义，但未提交有效证据予以证明。即便徐某签名并非其本人所签，也仅能说明"代签"的事实，而非冒用名义注册股东。据此，对徐某要求确认其不是德文公司股东的诉讼请求，法院予以驳回。

## 34. 凭借加盖公司印章的入股书能否主张股东资格？[①]

被告某防范装置有限公司设立时，原告施某不是被告公司的股东。至1997年10月3日，被告公司盖公章出具给原告入股书1份。内容为：本人愿加入被告公司，并入2股，计1万元，成为被告公司之股东，并遵守被告公司章程；被告亦同意原告加入本公司，本公司以章程为纲，发挥本公司的优势，确保股东的利益。但被告接受原告的入股后，却一直未向工商登记机关办理股东变更登记。原告入股以来，被告亦从未通知原告参加过任何股东会，也从未向原告提供过任何财务报表，更未给

---

[①] 参见马永林：《股东资格确认之诉中法院审查要点》，载江苏法院网https://www.jsfy.gov.cn/article/92893.html，最后访问日期：2023年3月17日。

付原告红利。故原告根据公司法起诉要求确认其作为被告股东的资格，并要求被告支付 1997 年以来直至 2002 年的红利 5 万元，要求被告提供 1997 年至今的公司财务审计报告，并由被告向原告赔礼道歉。被告则辩称：原告之起诉恰恰证明原告不具备被告公司股东的资格，被告公司虽然向原告出具了入股书，但此系原告找到被告法人代表要求入股所致，且事后征求其他股东意见时，其他股东亦均不同意原告入股，当被告之后欲将 1 万元还给原告时，原告却讲其法律顾问认为至少要 5 万元，被告当然不能同意，被告自认于本案之中有责任，但绝不是承担让原告成为股东的责任。另查明，被告设立时共有七名股东，不包括原告，且原、被告双方一致确认，在公司登记中，原告亦始终不是被告的股东。

法院经审理后认为：被告系有限责任公司，在公司设立时，原告并不是被告公司的合法股东。因此，原告欲在公司成立后加入成为被告的股东，应根据我国公司法的规定办理相关的手续：（1）由原告征得被告的合法股东同意后，由股东将其所拥有的股份依法转让给原告；（2）或经公司股东同意后，公司增加股东名额并追加投资，且办理相关的登记手续。现原告仅凭被告公司盖章的入股书要求确认其股东的身份，并主张只有股东才享有的权利，于法无据。原告未依公司法规定履行相应的手续，故不是被告的股东，现原告起诉要求确认其为被告的股东并要求分红利、要求行使知情权并由被告赔礼道歉，无法律依据，本院难以支持。公章是公司进行经营活动时代表公司的身份凭证，法律并未规定公司盖公章就可以确定个人的股东地位，因此，被告草率盖章向原告出具入股书是欠妥的，是违背法律规定的，如原告认为公司的行为损害了原告的利益，可另行主张权利，但不是股东的权利。据此判决：驳回原告诉讼请求。

## 35. 股份转让合同签订后未办理股权变更登记，是否能解除合同？[①]

2019年7月6日，张某与袁某签订股份转让合同，袁某将自己持有的某家居公司30%的股权以18万元转让给张某，双方约定张某支付股权转让款后即可获得股东身份、享受股东权益并承担股东义务。该家居公司的法定代表人刘某某、股东之一的彭某某作为见证人在合同上签字。但张某与袁某一直未到行政部门办理股权变更登记。转让合同签订后，张某在全体股东微信聊天群里对公司销售及回款情况以及支付货款、工资结算、店面转让事宜等情况发表意见和看法。

2020年8月开始，群里经常讨论股东会召开情况，因公司经营困难，要求各位股东追加投资。张某认为其没有获得分红，未办理股权变更登记，拒绝追加出资，要求解除股份转让合同，并要求袁某退还18万元股权转让款。

一审法院审理认为，股权是股东对公司享受的获取经济利益和参与公司经营管理的各项权利的总称，受让人受让股权的目的系成为公司股东，继而能够获取收益、参与重大决策和选择管理者等。张某虽未被记载于股东名册，但某家居公司及其股东均知晓并同意股权转让一事，并在股东群里对公司治理发表意见，其已经实际参与到家居公司的管理。公司未分红并不影响张某行使股东权利和履行股东义务，其诉请要求解除股份转让合同，不符合法定解除的要件，依法驳回其诉讼请求，张某不服上诉至徐州市中级人民法院，二审法院维持原判。

## 36. 股东身份未进行登记，个人转账给公司系入股还是借贷？[②]

马某分别于2020年12月16日、12月23日、次年1月19日向甲公司转账5万元、5万元、2.5万元计12.5万元，其中最后一笔2.5万元

---

[①] 参见吴皓月：《股份转让合同签订后，未办理股权变更登记是否能解除合同》，载江苏法院网 https://www.jsfy.gov.cn/article/90715.html，最后访问日期：2023年3月17日。

[②] 参见黄晔：《工商登记未登记股东身份，个人转账给公司系入股还是借贷？》，载江苏法院网 https://www.jsfy.gov.cn/article/91374.html，最后访问日期：2023年3月18日。

转账附言为"甲公司入股"。后其以自己为甲公司员工、应甲公司集资要求出借款项为由,持上述转账记录诉至法院,要求判令甲公司归还借款 12.5 万元。

甲公司对收到上述款项无异议,但辩称该款并非民间借贷而是股东出资,双方无借贷合意,因马某已行使了股东权利,也在相关股东会决议上以股东身份签了字,马某从未对自己的股东身份提出质疑,退股亦未达成一致合意,马某的诉讼请求应予驳回,并提供了包括马某在内的"甲公司股东"微信群聊天记录截图、马某签字的股东会决议照片打印件等为证。对此,马某则称工商登记具有唯一性、确定性,在甲公司工商登记信息中自己并非股东,故其不具备股东身份,上述转账系借款。

法院审理后认为,合法的民间借贷关系,应当依法得到保护。但民间借贷关系成立与否应当考量双方间是否存在借贷合意及款项是否实际交付二个要件。本案中,款项往来是明确、具体的,但双方对该款项往来是否具有借贷合意有争议。故本案的争议焦点为:马某转账至甲公司的 12.5 万元性质是否为向甲公司之出借款。但现有证据无法证明案涉款项为马某与甲公司间的借款。根据《民间借贷司法解释》规定,原告仅依据金融机构的转账凭证提起民间借贷诉讼,被告抗辩转账系偿还双方之前借款或者其他债务的,被告应当对其主张提供证据证明。被告提供相应证据证明其主张后,原告仍应就借贷关系的成立承担举证责任。本案中,马某仅有金融机构转账凭证而没有债权凭证,甲公司则称案涉款项为股东出资款并提供了一系列证据,马某又明确称该款在最初即形成借贷合意而非由股东出资款转化而来,其仍应就借贷关系的成立承担举证责任。综观本案证据,马某在转账时即有部分附言为"甲公司入股",在"甲公司股东"微信群中,马某既在形式上具备了"股东"身份,又在实质上就公司管理等行使了股东权利,结合双方之陈述可知,马某确已具备公司股东身份,相应款项应为出资款,而本案为股东就退股事宜与公司产生纠纷所致,现马某既未能提供证据证明其所陈述的双方就相应款项一开始即作为借款事宜达成了合意,亦未能提供证据证明双方在其要求退股时达成了将出资款悉数转化为借款的合意，故马某要求以民间借贷关系主张要求甲公司返还借款，缺乏事实和法律依据，本院不予支持。因此，法院判决驳回了马某的诉讼请求。

**关联参见**

《公司法司法解释（三）》第 23—26 条

第三十三条 【股东查阅、复制权】股东有权查阅、复制公司章程、股东会会议记录、董事会会议决议、监事会会议决议和财务会计报告。

股东可以要求查阅公司会计账簿。股东要求查阅公司会计账簿的，应当向公司提出书面请求，说明目的。公司有合理根据认为股东查阅会计账簿有不正当目的，可能损害公司合法利益的，可以拒绝提供查阅，并应当自股东提出书面请求之日起十五日内书面答复股东并说明理由。公司拒绝提供查阅的，股东可以请求人民法院要求公司提供查阅。

**条文解读**

**股东知情权** 《公司法》第 33 条赋予了股东知情权，即对于公司章程、股东会会议记录、董事会会议决议、监事会会议决议和财务会计报告的查阅复制权，对会计账簿的查阅权，此为法律赋予股东的合法权利。为平衡公司与股东权利、保障公司经营及合法利益，《公司法》对于股东查阅会计账簿的权利进行了一定程度的限制，即在股东查阅目的不正当可能损害公司合法利益的情况下限制股东该项权利的行使。也就是说股东行使法定权利为常态，只有在特定情况下才对其权利的行使进行限制。

根据《公司法司法解释（四）》，股东起诉请求查阅或者复制公司特定文件材料的，人民法院应当依法予以受理。公司有证据证明前款规定的原告在起诉时不具有公司股东资格的，人民法院应当驳回起诉，但原告有初步证据证明在持股期间其合法权益受到损害，请求依法查阅或者复制其持股期间的公司特定文件材料的除外。公司章程、股东之间的协议等实质性剥夺股东查阅或者复制公司文件材料的权利，公司以此为由拒绝股东查阅或者复制的，人民法院不予支持。

**股东查阅会计账簿有不正当目的** ➡ 根据《公司法司法解释（四）》第 8 条规定，有限责任公司有证据证明股东存在下列情形之一的，人民法院应当认定股东有《公司法》第 33 条第 2 款规定的"不正当目的"：（1）股东自营或者为他人经营与公司主营业务有实质性竞争关系业务的，但公司章程另有规定或者全体股东另有约定的除外；（2）股东为了向他人通报有关信息查阅公司会计账簿，可能损害公司合法利益的；（3）股东在向公司提出查阅请求之日前的 3 年内，曾通过查阅公司会计账簿，向他人通报有关信息损害公司合法利益的；（4）股东有不正当目的的其他情形。

**实务应用**

**32.** 如何认为股东自营或者为他人经营的公司与本公司存在实质性竞争关系？

股东自营或者为他人经营与公司主营业务有实质性竞争关系业务的即构成"不正当目的"，公司可以此为由拒绝股东查阅会计账簿。实质性竞争关系业务的认定，应结合经营范围、实际经营情况等进行综合分析，主要可以从以下两个方面考虑：一是经营范围一致或高度重合，也就是存在同业竞争关系；二是客户信息交叉或一致，达到实质性竞争的程度。

## 案例指引

**37.** 公司原股东是否有权查阅或复制其持股期间的公司特定文件?[①]

2012年10月,中某公司因签订《投资入股协议书》认购持有周某银行5500万股股份,取得股东地位。2014年7月,因改革重组,中某公司持有的周某银行股份折股为中某银行股份6435万余股。2014年12月,中某银行成立。2015年4月中某银行2014年度股东大会审议通过,将2014年末可分配利润50132930.25元进行现金分红。2016年2月,中某公司收到中某银行支付分红534283.59元。2015年2月10日,中某公司将其在中某银行的股份转让给河南省豫某高速投资有限公司,约定中某公司在中某银行股权的相应收益计算至2014年12月31日。中某银行上市时公开发布的财务资料中显示的中某银行2014年度净利润比其《2014年度利润分配方案》中显示的净利润高出一亿多元。中某公司遂主张其获得的收益与中某银行的盈利严重不符,中某银行取得巨额净利润不向股东分配损害了其合法权益,向一审法院起诉请求查阅、复制持股期间相应的公司章程、股东大会会议记录、会计账簿等特定文件材料;补足分红差额及其他收益3000万元及利息。

该案经过了四次审理,二审法院为河南高院。第一次一审,裁定驳回中某公司的起诉。二审裁定指令一审法院审理。第二次一审,判决中某银行提供中某公司持股期间的周某银行和中某银行的公司章程、股东大会会议记录、财务会计报告等供中某公司查阅、复制;中某银行提供中某公司持股期间的周某银行和中某银行的会计账簿供中某公司查阅。

---

[①] 参见《2020年全国法院十大商事案例》,公司原股东要求查阅或复制其持股期间的公司特定文件,应证明其持股期间合法权益受到损害——河南中某实业集团有限公司诉中某银行股份有限公司股东知情权、公司盈余分配纠纷案,载最高人民法院微信公众号 https://mp.weixin.qq.com/s/rR-cumhR8MDzEBasKJ4W7Q,最后访问日期:2023年3月17日。

二审改判驳回中某公司的诉讼请求。

根据《公司法司法解释（四）》第 7 条第 2 款规定，公司原股东起诉请求查阅或者复制公司特定文件材料的，人民法院应当驳回起诉，但原告有初步证据证明在持股期间其合法权益受到损害，请求依法查阅或者复制其持股期间的公司特定文件材料的除外。本案二审法院在审理中仔细审查了一审原告实质利益是否受损的证据之后，认为其利益并无受损的事实，从而未支持其诉讼请求。

## 38. 认为股东查阅会计账簿有不正当目的，应由谁承担举证责任？[①]

李某为某公司股东，占股 2.7%。李某以邮寄送达的方式向公司寄送了《查账申请》，该申请书的主要内容为：李某作为公司的股东，为了解自改制以来公司的整体经营状况，根据法律规定，要求查阅公司从 2009 年 12 月 16 日至 2016 年 10 月 19 日期间的会计账簿及记账凭证，并要求公司对上述申请予以回复。公司收到申请书后拒绝了李某的请求。因此，李某为行使股东知情权在法院提起诉讼。

一审法院经审理认为，李某要求查阅公司记账凭证、原始凭证的诉请并无不妥，进行查阅亦是符合股东知情权之立法目的，故一审法院判决，某公司提供从 2009 年 12 月 16 日至 2016 年 10 月 19 日期间的会计账簿、记账凭证、原始凭证供李某查阅。

某公司上诉称，李某申请查阅某公司的会计账簿、记账凭证及原始凭证是因李某与某公司之间因购房、扣发奖金等问题存在矛盾，李某的查账行为是出于不正当目的，且李某有义务对其查账行为具有正当目的承担举证责任。

二审法院认为，李某作为股东，依法享有查阅公司会计账簿的权

---

[①] 参见张笑文、徐莺歌：《以〈公司法解释（四）〉判定股东行使知情权是否存在"不正当目的"》，载北京法院网 https://bjgy.bjcourt.gov.cn/article/detail/2018/01/id/3195960.shtml，最后访问日期：2023 年 3 月 17 日。

利,李某已向某公司提交了《查账申请》,某公司如以李某存在不正当目的而对李某的《查账申请》予以拒绝,应对李某存在不正当目的承担举证责任。《公司法司法解释(四)》第8条规定:"有限责任公司有证据证明股东存在下列情形之一的,人民法院应当认定股东有公司法第三十三条第二款规定的'不正当目的':(一)股东自营或者为他人经营与公司主营业务有实质性竞争关系业务的,但公司章程另有规定或者全体股东另有约定的除外;(二)股东为了向他人通报有关信息查阅公司会计账簿,可能损害公司合法利益的;(三)股东在向公司提出查阅请求之日前的三年内,曾通过查阅公司会计账簿,向他人通报有关信息损害公司合法利益的;(四)股东有不正当目的的其他情形。"某公司所主张的事实不足以认定李某的查账行为存在不正当目的。据此,二审法院经审理认为,一审法院认定事实清楚,适用法律正确,应予维持,故驳回上诉,维持原判。

## 39. 公司股东所设立的另一家公司与本公司有直接竞争关系,是否有权查阅公司会计账簿?[①]

吴某是合智公司的一名持股20%的小股东,合智公司另两位股东孟某和高某为夫妻关系,持股80%。吴某起诉至法院称,合智公司一直由孟某和高某经营管理,吴某处于小股东地位且未参与公司管理。为了了解合智公司的经营状况,吴某多次要求公开财务状况,但公司一直予以拒绝,故请求判令合智公司提供自2009年9月至2014年3月的公司章程、股东会会议记录、董事会会议决议、监事会会议决议和财务会计报告、会计账簿(包括现金、银行、明细账对应的原始凭证,记账凭证),供吴某查阅和复制。

诉讼中,合智公司提出,吴某是乾源公司主要股东且至今在该公司

---

① 参见黄丽:《股东互指竞业禁止知情权保护有前提》,载北京法院网 https://bjgy.bjcourt.gov.cn/article/detail/2015/01/id/1542753.shtml,最后访问日期:2023年3月17日。

任职，该公司的经营范围和实际的经营业务与合智公司具有直接的竞争关系。乾源公司以法人出资设立了石川公司，该公司的经营范围和业务内容与合智公司一致，两家公司有竞争关系。故认为吴某提出查阅账簿具有不正当目的。

面对双方股东的互相指责对方存在竞业禁止的情节，一审法院判决认定吴某作为乾源公司的股东，如果允许其查阅合智公司的会计账簿，有可能对合智公司造成不利后果、损害其利益，故合智公司不同意吴某查阅其会计账簿的主张。对于吴某请求查阅公司章程、股东会会议记录、财务会计报告供其查阅、复制的诉讼请求则予以支持。

吴某不服一审法院上述判决，提起上诉。二审法院最终判决认定：股东知情权纠纷审查的焦点是申请股东的请求与公司利益之间的权衡。合智公司提交的相关证据能够证明吴某作为股东的乾源公司以及乾源公司持股的石川公司与合智公司的经营范围中均包含投资咨询业务，均可涉及政府资金申请业务，故三家公司存在于同一市场中竞争的可能。若允许吴某查阅合智公司的会计账簿，将有可能导致合智公司具有商业秘密性质的信息被乾源公司、石川公司所知悉，侵犯合智公司及其他股东的权利。综上，对吴某要求查阅合智公司会计账簿及原始凭证的上诉请求不予支持。二审法院最终判决驳回了吴某的上诉，维持了一审判决。

## 40. 未向公司提出书面申请，可否直接向法院起诉查阅公司会计账簿？[①]

被告某消防器材公司系一家有限责任公司，原告张某与楚某签订合同，约定将楚某在被告某消防器材公司10%的股份转让给原告张某。楚某系被告某消防器材公司的法定代表人，该股权转让得到被告某消防器材公司其他股东的认可。原告张某按合同约定履行了其相关义务，也办

---

① 参见郑小霞：《请求查阅公司会计账簿应先向公司提出书面申请》，载重庆法院网 http://cqgy.cqfygzfw.gov.cn/article/detail/2020/03/id/4856864.shtml，最后访问日期：2023年3月17日。

理了股权转让登记，成为被告某消防器材公司的合法股东。现原告张某口头要求楚某公布被告某消防器材公司的会计账簿，楚某未向其公布，故诉至法院请求被告某消防器材公司配合其查阅公司会计账簿。

法院审理后认为，根据《公司法》规定，股东可以要求查阅公司会计账簿。股东要求查阅公司会计账簿的，应当向公司提出书面请求，说明目的。公司有合理根据认为股东查阅会计账簿有不正当目的，可能损害公司合法利益的，可以拒绝提供查阅，并应当自股东提出书面请求之日起15日内书面答复股东并说明理由。公司拒绝提供查阅的，股东可以请求人民法院要求公司提供查阅。本案中，原告张某作为被告某消防器材公司的股东，并未向该公司提出书面查阅申请，便直接向人民法院起诉要求查阅公司账簿没有法律依据。在承办法官向原告张某释明相关法律规定后，原告张某当即向法院提交了撤诉申请书并表示在其向公司提出书面申请未果后再来起诉。

## 41. 股东签订撤资退股协议后，在公司注销前是否具有行使知情权的资格？[①]

A公司系于2015年依法登记设立的有限责任公司，注册资本1000万元，股东有四人，其中黄某为执行董事兼总经理，担任法定代表人，魏某为监事。2019年5月，A公司的四名股东签订撤资退股协议书一份，就各股东拟退出A公司的股权进行约定，约定了A公司的清算情况、退回资本、保证及承诺、争议解决等事项。2019年9月，原股东之一郭某通过EMS特快专递向A公司发出申请书一份，要求对A公司行使股东知情权，拟查阅、复制公司成立以来的各年度股东会会议记录、财务会计报告、会计账簿和会计凭证。2019年11月，郭某就其与A公司之间的股东知情权纠纷起诉至法院，郭某经传票传唤未到庭，该案按自动撤回起诉处理。2020年3月，A公司在税务部门办理了清税证明，

---

① 参见魏晓燕：《股东签订撤资退股协议后是否具有行使知情权的资格》，载江苏法院网 https：//www.jsfy.gov.cn/article/94156.html，最后访问日期：2023年3月17日。

所有税务事项均已结清。2021年1月，郭某又以相同的诉讼请求向法院起诉。A公司向法院提交公示信息，A公司已经决议解散并组成清算组、发布债权申报公告，但A公司未能提供相应解散公司、组成清算组的决议。

本案的争议焦点为：一、郭某是否具有行使知情权的股东资格？二、郭某行使股东知情权是否具有不正当目的？三、郭某行使股东知情权的范围有哪些？

法院经审理后认为，关于争议焦点一：郭某仍然具有股东资格，有权行使法律赋予的股东知情权。理由如下：股东知情权作为公司股东最基本的权利之一，具有固有权属性，只要当事人享有公司的股东资格，其就具有行使知情权的权利。郭某系A公司登记公示的股东之一，其显然具有A公司的股东资格。虽然A公司的各股东签订过撤资退股协议，但A公司尚未被核准注销，各股东的股东资格在公司注销之前仍然存续，郭某亦未将其在A公司的股权转让予他人。

关于争议焦点二：郭某行使股东知情权并不存在可能损害公司合法利益的不正当目的。理由如下：法律规定的股东行使股东知情权的不正当目的，主要是指行使知情权的股东出于与公司的同业竞争或为他人通报公司的相关信息、损害公司合法利益等情形。本案中，A公司并未提供证据证明郭某行使股东知情权具有何种具体不正当目的以及将会如何损害公司合法利益，且即使A公司的四股东已经通过签订撤资退股协议的方式确定公司的经营状况，但郭某出于审慎查明公司的具体经营状况以保障其自身权益的目的行使股东知情权，并不会产生损害公司合法利益的后果。

关于争议焦点三：郭某有权查阅、复制财务会计报告，有权查阅会计账簿，但目前尚无权要求查阅原始会计凭证。理由如下：本案中，郭某为行使其股东知情权，要求查阅、复制财务会计报告，要求查阅会计账簿，均符合法律规定的范围及条件。对郭某要求查阅原始会计凭证的请求，我国现行公司法律法规中对股东查阅的范围采取列举式的规定方式，没有规定可以查阅原始会计凭证，在司法实践中不应经常性突破法律法规的框架而给予股东超越法律法规所规定知情权范围的权利，只有在股东对原始会计凭证的查阅申请具备针对性、合理性、正当性的特定情况下才能予以例外准许。

### 关联参见

《公司法》第97条；《公司法司法解释（四）》第7—12条

**第三十四条 【分红权与优先认购权】**股东按照实缴的出资比例分取红利；公司新增资本时，股东有权优先按照实缴的出资比例认缴出资。但是，全体股东约定不按照出资比例分取红利或者不按照出资比例优先认缴出资的除外。

### 条文解读

**分红权** ▶ 股东作为公司的投资人，其投资的目的就是获得利润。公司的利润，在缴纳各种税款及依法提取法定公积金等之后的盈余，就是可以向股东分配的红利。股东应当按照实缴的出资比例分取红利。所谓按照实缴的出资比例，是指按照股东实际已经缴纳的出资占公司注册资本总额的比例。但是，如果全体股东约定不按照出资比例分取红利的，则可以不按照股东的出资比例分取红利。这表明，公司如何向股东分配利润，决定权在股东，由股东根据具体情况作出决定。

**优先认购权** ▶ 有限责任公司决定新增注册资本时，股东有权优先认缴公司新增资本。公司设立后，可能会因经营业务发展的需要而增加公司资本。由于有限责任公司更具有人合性质，其股东比较固定，股东之间具有相互信赖、比较紧密的关系。因此，在公司新增资本时，应当由本公司的股东首先认缴，以防止新增股东而打破公司原有股东之间的紧密关系，此即为股东优先认缴出资的权利。只有在股东不认缴时，方允许其他投资者认缴，成为公司新的股东。然而，公司新增资本，股东之间也存在如何认缴的问题。根据本条的规定，原则上由股东按照实缴的出资比例认缴出资。但是，全体股东约定不按照出资比例优先认缴出资的，则可以不按照出资比例优先认缴出资。

需要进一步说明的是，无论是现有股东还是其他投资者认缴公司新增资本，都必须遵守法律规定，履行如实足额缴付出资的义务，公司应当向认缴新增资本的股东签发出资证明书，并在股东名册上予以记载。

### 实务应用

**33. 股东要求公司分红，有何前提条件吗？**

股东主张分红权的前提是公司在以利润缴纳各种税金、弥补亏损及依法提取法定公积金之后尚有盈余，且在程序上须有公司股东会审议批准的利润分配方案。

根据《公司法司法解释（四）》规定，股东提交载明具体分配方案的股东会有效决议，请求公司分配利润，公司拒绝分配利润且其关于无法执行决议的抗辩理由不成立的，人民法院应当判决公司按照决议载明的具体分配方案向股东分配利润。股东未提交载明具体分配方案的股东会决议，请求公司分配利润的，人民法院应当驳回其诉讼请求，但违反法律规定滥用股东权利导致公司不分配利润，给其他股东造成损失的除外。

### 关联参见

《公司法司法解释（四）》第13—15条

**第三十五条 【不得抽逃出资】** 公司成立后，股东不得抽逃出资。

### 条文解读

**抽逃出资** ➡ 公司成立后，股东有下列行为之一且损害公司权益的，构成抽逃出资：（1）制作虚假财务会计报表虚增利润进行分配；（2）通过虚构债权债务关系将其出资转出；（3）利用关联交易将出资转出；（4）其他未经法定程序将出资抽回的行为。

对于抽逃出资的股东，公司或者其他股东可以请求其向公司返还出资本息，公司债权人可以请求其在抽逃出资本息范围内对公司债务不能清偿的部分承担补充赔偿责任。

### 案例指引

**42.** 虚增增资数额后又通过第三方减资的名义收回，是否构成抽逃出资？[①]

河南省中某小额贷款有限公司（简称中某小额贷款公司）对河南某元投资担保有限公司（简称某元公司）享有经过生效判决确定的担保债权。中某小额贷款公司诉请某元公司的股东雏某农牧集团股份有限公司（简称雏某公司）、西藏吉某实业有限公司（简称吉某公司）分别在抽逃出资的范围内对某元公司的债务承担连带赔偿责任。河南新某农村商业银行股份有限公司（简称新某农商银行）、郑州某通联合会计师事务所（简称某通会计）在虚假验资的范围内对上述债务未足额清偿部分承担赔偿责任。

另据查明的事实：一、2018年5月23日，某元公司召开股东会，一致同意公司增资扩股，原股东雏某公司认缴新增注册资本17.55亿元，新股东吉某公司认缴3.85亿元等；二、为履行增资决议，2018年5月28日，雏某公司将第一笔投资款3.81亿元汇入某元公司账户，某

---

[①] 参见《2021年全国法院十大商事案件》，股东应当在抽逃出资本息范围内对公司债务不能清偿的部分承担补充赔偿责任，中介机构的行为与债权人未收回债权的损失之间不存在法律上的因果关系，依法不应当承担补充赔偿责任——河南省中某小额贷款有限公司、雏某农牧集团股份有限公司与河南新某农村商业银行股份有限公司、郑州某通联合会计师事务所、西藏吉某实业有限公司、河南某元投资担保有限公司损害公司债权人利益责任案，载最高人民法院网 https://www.court.gov.cn/zixun-xiangqing-344441.html，最后访问日期：2023年3月17日。

元公司以债权投资形式把该3.81亿元转入有关合作社及其他单位,后者把该款项转入深圳泽某基金账户,深圳泽某基金又通过减资的形式把该款项退回雏某公司账户,雏某公司再次将3.81亿元以增资款形式汇入某元公司,如此循环六次,金额达到17.55亿元以上,吉某公司也以同样方式进行增资,金额达到3.85亿元以上,某元公司的注册资金达到30亿元;三、2018年5月28日,新某农商银行向某通会计出具四份《银行询证函回函》,分别载明:收到雏某公司投资款金额3.28亿元、3.25亿元、3.28亿元、1.494亿元。同日,某通会计向某元公司出具《验资报告》,载明:截至2018年5月28日,某元公司已收到股东雏某公司新增注册资本17.55亿元,收到吉某公司出资3.85亿元。

河南省郑州市中级人民法院一审判决:一、雏某公司在其未履行出资、抽逃出资数额17.55亿元的范围内对某元公司所承担的连带清偿责任向中某小额贷款公司承担补充赔偿责任。二、吉某公司在其未履行出资、抽逃出资数额3.85亿元的范围内对某元公司所承担的连带清偿责任向中某小额贷款公司承担补充赔偿责任。三、驳回中某小额贷款公司的其他诉讼请求。

中某小额贷款公司、雏某公司不服,上诉至河南省高级人民法院。河南高院二审认为:雏某公司将一笔资金,循环多次投入某元公司,虚增增资数额,随后此笔资金流入第三方深圳泽某基金,雏某公司又以第三方股东的身份以减资的名义将资金收回。虽然第三方深圳泽某基金召开合伙人会议,决议退还出资款,雏某公司也公告了减资事宜,但因最终收回的款项发生在上述增资款的循环流转中,并非实质来源于深圳泽某基金,且此减资也未在国家企业信用信息公示系统作变更登记,应当认为雏某公司从深圳泽某基金收回的资金并非减资款,上述收回资金的行为属于抽逃资金,抽逃出资的股东雏某公司应当在抽逃出资的本息范围内就某元公司的债务对债权人中某小额贷款公司承担补充赔偿责任。中某小额贷款公司没有直接的证据证明其接受某元公司提供的担保是基于其增资行为,或使用了新某农商银行、某通会计在某元公司增资时为其出具的《银行询证函回函》《验资报告》，中某小额贷款公司未收回贷款的损失与新某农商银行、某通会计师事务所的验资行为不存在法律上的因果关系，依法不应当承担补充赔偿责任。综上，河南高院二审遂驳回上诉，维持原判。

## 43. "友情"出任股东，是否也能被认定构成抽逃出资？[①]

某公司欠银行贷款本金 600 万元及利息、复利、逾期利息，执行过程中发现该公司无财产可供执行，执行案件中止。后银行向执行裁决庭申请追加该公司股东王某为被执行人。王某称，自己与该公司的老板是朋友关系，当时该朋友找王某帮忙，以王某名义做股东是为了多占股份，以便掌握公司话语权。王某出于友情考虑答应朋友，自己没有出资过而且对于公司一切经营都不知情。

法院审理查明，该被执行人公司于 1999 年成立，注册资金 5000 万元，其中王某出资 50 万元，占 1%。王某等股东出资时投入的注册资金是由某投资公司账户转入该公司名下账户内，而同日该公司又将上述款项转回了上述投资公司账户。

根据《最高人民法院关于民事执行中变更、追加当事人若干问题的规定》第 18 条规定："作为被执行人的营利法人，财产不足以清偿生效法律文书确定的债务，申请执行人申请变更、追加抽逃出资的股东、出资人为被执行人，在抽逃出资的范围内承担责任的，人民法院应予支持。"本案中，王某等股东出资时投入的注册资金是由某投资公司账户转入该公司名下账户内，而同日该公司又将上述款项转回了上述投资公司账户，符合抽逃注册资金的特征，虽然王某称其因为"友情"成为股东，但因其"朋友"早已不见踪影，王某的抗辩没有证据支持，法院无法采信，故认定王某于 1999 年对公司投入注册资金后，随即将该注册

---

[①] 参见范红萍：《"友情"出任股东当心被追加为被执行人》，载北京法院网 https://bjgy.bjcourt.gov.cn/article/detail/2019/08/id/4245024.shtml，最后访问日期：2023 年 3 月 17 日。

资金抽逃，应在其抽逃注册资金的 50 万元范围内承担责任。

## 44. 出借身份证开办公司，是否也要负抽逃出资的法律责任？[①]

黄某与杜某、李某等均系亲戚关系。因生意之需要，黄某要开办一家公司，便借用杜某、李某等的身份证注册了甲公司，注册资本 100 万元，验资后被转走 90 万元。因公司经营不善，资不抵债，成为僵尸公司。债权人乙发现甲公司抽逃出资，便将各股东告上法庭。法院经审查认为，杜某、李某等能够预见身份证被借用开办公司的后果，且均系工商登记股东，债权人对此具有公示信赖利益，故应当在抽逃出资的范围内对公司不能清偿的债务承担补充赔偿责任。

## 45. 抽逃出资后又将股权转让，对公司债务承担什么责任？[②]

李某、戴某甲系夫妻，二人于 2008 年 3 月 19 日共同出资设立 A 公司，注册资本 51 万元，由二人分别持股 25.5 万元。公司成立当日，李某通过银行转账方式将出资款 51 万元汇入 A 公司账户并完成验资后，于同日即将该 51 万元通过现金汇票方式取出。戴某乙系戴某甲弟弟，自 A 公司成立起即在 A 公司负责业务，并代表 A 公司与 B 公司进行交易往来。2016 年 9 月 22 日，李某、戴某甲与戴某乙及其配偶申某签订股权转让协议，约定李某、戴某甲将二人名下股权分别以 25.5 万元作价转让给戴某乙、申某，并办理了工商变更登记手续，但戴某乙、申某实际未支付股权转让对价。后戴某乙、申某就实际经营 A 公司。2017 年 11 月 20 日，B 公司因 A 公司拖欠货款未还而诉至法院。后经法院生效判决确认，A 公司应向 B 公司支付货款 76093.58 元。后因 A 公司未能履行付款义务，B 公司遂向法院申请强制执行，但经强制执行未发现

---

[①] 参见郭帅：《出借身份证开办公司，被判承担赔偿责任》，载北京法院网 https：//bjgy.bjcourt.gov.cn/article/detail/2018/07/id/3379971.shtml，最后访问日期：2023 年 3 月 17 日。

[②] 参见林双：《请小心，转让股权的股东也许存在瑕疵出资情况》，载江苏法院网 https：//www.jsfy.gov.cn/article/94788.html，最后访问日期：2023 年 3 月 17 日。

A公司有可供执行的财产。2018年1月，戴某乙、申某又将A公司的全部股权再次转让给李某，本次股权转让亦未支付相应对价。

2021年11月，B公司经查询发现李某、戴某甲在设立公司时存在抽逃出资的情形，遂起诉至法院，要求李某、戴某甲承担抽逃出资的义务，并主张戴某乙、申某对该抽逃出资行为系明知，也应对李某、戴某甲的抽逃出资义务承担相应的责任。戴某乙、申某则认为二人系因李某夫妻结欠其大量债务未还才以A公司抵债，在受让股权时并不知晓抽逃出资事宜，后发现A公司有大量对外负债，故才又将股权转回至李某名下。

法院经审理认为，李某、戴某甲作为A公司的发起人股东，在设立公司时将注册资本汇入公司账户完成验资后随即又将注册资本以现金支票方式取出，其行为已构成抽逃出资。虽然取款操作人为李某，但鉴于李某、戴某甲系夫妻，且二人共同设立A公司，均系A公司股东，分别占股50%，由此可以推定二人共同参与实施抽逃出资行为。二人作为瑕疵出资股东，在没有实际履行出资义务的情形下就将公司股权进行转让，损害公司及公司债权人利益，因此应当在抽逃出资范围内就A公司不能清偿的债务承担补充赔偿责任。而戴某乙及其配偶申某作为股权受让人，核实转让股权是否存在瑕疵出资是二人应尽的基本义务，但二人未就出资情况进行核实即受让股权且未支付对价，也没有提供证据证实二人履行了相应出资义务，故也应承担股东瑕疵出资的民事责任。戴某乙、申某虽然在庭审中辩称不知晓前股东抽逃事宜，但结合本案事实，四人系亲属关系，戴某乙、申某又均在A公司工作，并知晓且参与A公司与B公司之间的业务往来，对抽逃事宜应当知晓，故对二人之辩解不予采纳。另从公司资本充实原则及保护债权人利益角度来看，股权转让合同存在瑕疵出资的，受让人不能以自身不知并不应知出资瑕疵为由对抗公司债权人、主张不承担相应责任。当公司的债权人能够举证证明公司的注册资本没有实际到位时，即有权将受让人列为被告，追究其相应的连带责任。因此，依照《公司法司法解释（三）》第18条之规定，戴某乙、申某应分别对李某、戴某甲的补充赔偿责任承担连带责任。戴某乙、申某依法承担责任后，有权向李某、戴某甲追偿。综上，法院判决李某、戴某甲在各自未出资的 25.5 万元范围内对 A 公司结欠 B 公司的债务中不能清偿的部分承担补充赔偿责任，戴某乙对李某的补充赔偿责任承担连带责任，申某对戴某甲的补充赔偿责任承担连带责任。

## 46. 股东与公司之间的交易往来是否构成抽逃出资？[①]

钱某、陈某系夫妻，二人共同出资设立 A 公司，注册资本 840 万元，其中钱某认缴出资 690 万元，陈某认缴出资 150 万元，出资期限均为 2047 年 6 月 1 日。后 A 公司因经营不善陷入困境，经债权人申请被法院裁定受理破产清算。破产管理人在接管 A 公司后，发现 A 公司的财务账册并不齐全，但经查阅接管到的部分凭证，发现钱某虽在 2017 年 12 月 20 日以缴纳出资的名义将 460 万元出资款汇入 A 公司，但随即该款即被以往来交易款的名义分多笔汇入钱某、陈某夫妻二人的个人账户以及二人实际共同控制的 B 公司，且在凭证中未发现交易往来的基础材料。管理人据此认为钱某的行为构成抽逃出资，遂依照《企业破产法》第 35 条之规定，依法诉讼要求钱某在抽逃出资 460 万元的范围内承担责任，要求陈某依法履行 150 万元的出资义务。

审理中，钱某称其经营的 B 公司与 A 公司之间有大量的交易往来，相应款项汇入 B 公司账户是用于向 B 公司支付交易往来款，并不构成抽逃出资。

法院经审理认为，钱某作为 A 公司股东及法定代表人，在 2017 年 12 月 20 日以出资名义将 460 万元汇入 A 公司账户后，于同日即将其中 4599532.88 元款项以往来款名义汇入其与配偶陈某个人账户以及二人共同经营的 B 公司，但又未能提供证据证实上述款项的具体用途，钱某该

---

[①] 参见林双：《股东与公司之间的交易往来是否构成抽逃出资？》，载江苏法院网 https://www.jsfy.gov.cn/article/94527.html，最后访问日期：2023 年 3 月 17 日。

行为已实际构成抽逃出资,故其应在抽逃出资的4599532.88元范围内履行对A公司的出资义务。而陈某作为A公司股东,在A公司进入破产程序后,其对A公司的出资期限已经加速到期,故其应向A公司履行150万元出资义务。综上,法院判决钱某应向A公司缴纳出资6899532.88元,陈某应向A公司缴纳出资150万元。

## 47. 股东转让股权,约定由公司承担付款责任能否得到支持?[①]

A公司的股东为李某、刘某、陈某,持股比例分别为34%、33%、33%,出资时间均为2025年12月30日前。2020年3月30日,李某、刘某、陈某分别将各自持有的A公司的17%的股份以510万元转让给汪某,至此汪某成为A公司股东,持股比例为51%。

A公司经股东会一致同意将汪某自2019年7月至2020年11月期间汇入A公司借款中的1530万元转为汪某的股份投资款。2020年11月18日,汪某与李某、刘某、陈某签订《股份回购转让及借款返还协议》及补充协议,确认汪某退出公司,由李某、刘某、陈某按1530万元价格回购汪某持有的51%的股权,但股权转让款由A公司负责支付,李某、刘某、陈某对A公司的还款义务承担连带清偿责任。之后汪某将持有的17%、16%、18%股权分别以510万元、480万元、540万元价格转让给李某、刘某、陈某,并办理变更登记。因A公司仅支付部分款项,未能按约支付剩余股权转让款,汪某向法院提起诉讼,要求A公司支付股权转让款800多万元,李某、刘某、陈某承担连带清偿责任。

法院经审理后认为,《股份回购转让及借款返还协议》已明确汪某的1530万元系出资款,已构成其对A公司的出资;即使A公司结欠李某、刘某、陈某股权转让款未支付属实,汪某的1530万元出资款支付至A公司系汪某与李某、刘某、陈某自行约定,与李某、刘某、陈某应支付汪某股权转让款属于不同法律关系,不能抵销李某、刘某、陈某再

---

[①] 参见李丽:《股东转让股权,约定由公司承担付款责任能否得到支持?》,载江苏法院网,http://www.jsfy.gov.cn/article/94292.html,最后访问日期:2023年3月17日。

次受让汪某股权的付款义务，而汪某将持有的 A 公司的股权分别转让给李某、刘某、陈某并已办理变更登记，应由李某、刘某、陈某分别向汪某支付股权转让款。另根据公司法关于股东不得抽逃出资的规定，由 A 公司支付股权转让款承担付款责任的约定而股东又不能补足出资的情况下，可能导致 A 公司股东变相抽逃出资从而损害债权人利益，A 公司不应承担股权转让款的支付义务，支付义务在于李某、刘某、陈某。

### 48. 隐名股东要求返还出资构成抽逃出资吗？[①]

合欣公司向钱某签发股权证书一份，载明钱某自愿购入 1075 股计 100750 元。但钱某出资后，合欣公司及董事长黄某未将其作为股东在工商登记部门登记。为此，钱某提起诉讼要求合欣公司返还上述出资款并赔偿利息损失，黄某承担连带清偿责任。

法院审理后认为，钱某向合欣公司履行了出资义务，合欣公司也向其签发了股权证书，钱某具有合欣公司的股东身份，合欣公司未将钱某的股东身份在工商登记部门进行登记，负有一定责任，但不能因此否认钱某是合欣公司股东的事实。法院判决驳回了钱某的诉讼请求。

《公司法》第 35 条规定："公司成立后，股东不得抽逃出资。"这是资本维持原则在公司法上的具体体现，也是公司法关于股东的一项重要强制性义务规范，因此股东是不能要求公司返还出资的。钱某虽然是隐名股东，但其作为合欣公司股东身份的性质未变，因此相关请求不能得到支持。

### 关联参见

《公司法司法解释（三）》第 12 条、第 14 条、第 16 条

---

[①] 参见吴丹、朱梦琪：《隐名股东不能要求返还出资》，载江苏法院网 https：//www.jsfy.gov.cn/article/16764.html，最后访问日期：2023 年 3 月 17 日。

## 第二节 组织机构

**第三十六条** 【股东会的组成及地位】有限责任公司股东会由全体股东组成。股东会是公司的权力机构,依照本法行使职权。

**条文解读**

**股东会** ➡ 股东会,是指依照《公司法》和公司章程的规定设立的,由全体股东共同组成的,对公司经营管理和各种涉及公司及股东利益的事项拥有最高决策权的机构,是股东在公司内部行使股东权的法定组织。

**实务应用**

### 34. 有限公司都必须设股东会吗?

特殊形式的有限责任公司不设股东会:根据《公司法》第61条的规定,一人公司不设股东会;根据《公司法》第66条规定,国有独资公司不设股东会。

**第三十七条** 【股东会职权】股东会行使下列职权:

(一)决定公司的经营方针和投资计划;

(二)选举和更换非由职工代表担任的董事、监事,决定有关董事、监事的报酬事项;

(三)审议批准董事会的报告;

(四)审议批准监事会或者监事的报告;

(五)审议批准公司的年度财务预算方案、决算方案;

(六)审议批准公司的利润分配方案和弥补亏损方案;

(七)对公司增加或者减少注册资本作出决议;

(八)对发行公司债券作出决议;

(九)对公司合并、分立、解散、清算或者变更公司形式作出决议；

（十）修改公司章程；

（十一）公司章程规定的其他职权。

对前款所列事项股东以书面形式一致表示同意的，可以不召开股东会会议，直接作出决定，并由全体股东在决定文件上签名、盖章。

### 条文解读

**股东会职权** ➡ 本条规定的第 1 项至第 10 项职权属于股东会的法定职权；除此之外，公司章程可以规定股东会享有的其他职权，但不能以公司章程的规定剥夺股东会的上述法定职权。

本条规定的股东会职权可以归纳概括为以下几方面内容：（1）投资经营决定权；（2）人事决定权；（3）重大事项审批权；（4）重大事项决议权；（5）公司章程修改权；（6）其他职权。

### 案例指引

**49.** 公司股东会的决议程序是否为公司高管领取履行高管职责而获得的报酬的前提条件？[①]

徐某于 2010 年 5 月 24 日入职某销售公司，担任总经理、销售总监、董事。2017 年 2 月 1 日，徐某辞职。后徐某以要求某销售公司支付高管奖金、销售总监提成为由诉至法院。某销售公司主张，徐某为公司董事，其报酬事项应由公司股东会予以决定。徐某所主张的报酬未经股东会决议，不应支持。法院经审理后认为，徐某主张某销售公司支付的高管奖金和销售总监提成属于履行高管职责之后应当获得的劳动报酬，不能以公司法规定的公司股东会的决议程序作为领取劳动报酬的前提条

---

[①] 参见《北京一中院发布涉公司高管劳动争议十大典型案例》，载光明网 https：//m.gmw.cn/baijia/2020-12/04/34430674.html，最后访问日期：2023 年 3 月 17 日。

件，故某销售公司应当支付徐某高管奖金和销售总监提成。

**第三十八条　【首次股东会会议】**首次股东会会议由出资最多的股东召集和主持，依照本法规定行使职权。

**第三十九条　【定期会议和临时会议】**股东会会议分为定期会议和临时会议。

定期会议应当依照公司章程的规定按时召开。代表十分之一以上表决权的股东，三分之一以上的董事，监事会或者不设监事会的公司的监事提议召开临时会议的，应当召开临时会议。

## 条文解读

**定期会议** ➡ 所谓股东会的定期会议，是指按照公司章程规定在一定时期内必须召开的会议。定期会议应当依照公司章程的规定，按时召开。这就要求公司章程对定期股东会会议作出具体规定，比如是一年召开一次定期会议，或者一年召开两次定期会议等，并明确定期会议召开的时间，如每年年底或者年初。

**临时会议** ➡ 临时会议相对于定期会议，指在正常召开的定期会议之外，由于法定事项的出现而临时召开的会议。临时会议是一种因法定人员的提议而召开的会议。

## 案例指引

### 50. 如何召开临时股东会会议？[①]

龙某公司注册资本 200 万元，大股东为傅某，持股占比 40%，任执行董事、法定代表人，其余三位股东王某、李某、刘某各占 20%，刘某

---

[①] 参见《看过来！解锁临时股东会会议的正确召开姿势！》，载北京法院网 https://bjgy.bjcourt.gov.cn/article/detail/2020/05/id/5231258.shtml，最后访问日期：2023 年 3 月 17 日。

任监事。公司章程规定，公司设执行董事一人，由股东会选举产生，各股东按照出资比例行使表决权，经表决权过半数的股东同意通过。执行董事为公司的法定代表人。股东会会议分为定期会议和临时会议。召开股东会议，应当于会议召开15日以前通知全体股东。定期会议每年召开一次。代表1/10以上表决权的股东、执行董事、监事可以提议召开临时会议。股东会会议由执行董事召集和主持；执行董事不能履行或者不履行召集股东会会议职责的，由监事召集和主持；监事不召集和主持的，代表1/10以上表决权的股东可以自行召集和主持。

后各股东间产生冲突，王某表示其多次提议召开股东会未果，经查龙某公司多年未能形成股东会会议记录。2015年12月，监事刘某发函告知王某，已收到要求其召开股东会的通知，但因故不能召集，告知王某可自行召集并主持股东会。

2016年1月21日，王某以EMS快递方式发出《召开临时股东会的通知》，告知傅某、刘某、李某召集临时股东会，并通知了会议的时间、地点、审议事项以及股东参会的权利义务等内容。各股东均签收。

2016年2月23日，龙某公司召开临时股东大会，参加会议的股东王某、李某、刘某作出决议：免去傅某执行董事、法定代表人职务；选举王某为公司执行董事、法定代表人。

2016年4月20日，原告傅某向法院提起诉讼，请求撤销龙某公司于2016年2月23日做出的临时股东会决议。

法院经审理认为，《公司法》第22条规定，股东会或者股东大会、董事会的会议召集程序、表决方式违反法律、行政法规或者公司章程，或者决议内容违反公司章程的，股东可以自决议作出之日起60日内，请求人民法院撤销。本案中，第一，根据公司章程的约定，更换和选举执行董事、法定代表人属股东会职权。第二，龙某公司已多年未形成股东会会议记录，可推定时任执行董事傅某不履行或者不能履行召集和主持股东会的职责；监事刘某明确向王某书面告知其可以自行召集和主持股东会；根据公司章程约定，王某符合召集和主持临时股东会的条件。

王某以快递方式将通知邮寄给各股东，符合公司章程的规定。第三，龙某公司股东会会议由股东按照出资比例行使表决权，在该临时会议中，参加会议股东持股比例合计60%，代表公司表决权比例的60%，其对审议事项一致通过，超过了全体股东表决权的半数，符合会议决议通过的条件。

综上，2016年2月23日的临时股东会决议召集程序合法，内容符合公司章程规定，应予认定合法有效。一审判决后，傅某不服提起上诉，后经传票传唤，未到庭参加诉讼。最终，北京一中院裁定按傅某撤回上诉处理，一审判决发生法律效力。

## 51. 临时股东会决议变更法定代表人有效，原法定代表人可否继续占有公司印章？[①]

2016年5月，顾某、赵某、王某设立祥某公司，由顾某担任公司执行董事、公司法定代表人，赵某为监事；祥某公司注册资本为60万元，三人持股比例分别为46.66%、26.67%、26.67%。同时，祥某公司的公司章程约定，代表1/10以上表决权的股东、执行董事或监事提议召开临时会议，应当召开临时会议；执行董事不能履行或者不履行召集股东会会议职责的，由公司监事召集和主持。

2020年7月20日，公司监事赵某向顾某发出祥某公司关于召开临时股东会的通知，通知顾某将于2020年8月7日上午在公司会议室召开题为重新选举公司法定代表人的临时股东会，召开方式为现场会议、现场投票表决。顾某于次日收到该通知。

2020年8月7日上午9时10分，临时股东会召开，顾某未参加本次会议。到会的赵某、王某一致表决通过了关于重新选举公司法定代表人的议案，选举王某为公司执行董事，罢免顾某的执行董事职务，同意更换公司法定代表人为王某。

---

[①] 参见孙江华：《被罢董事占据公章 生效判决责令返还》，载江苏法院网 https://www.jsfy.gov.cn/article/54531.html，最后访问日期：2023年3月17日。

此后，因顾某一直持有公司印章拒不归还，祥某公司诉讼至法院，要求顾某返还公司印章。

庭审中，被告顾某称在 2020 年 8 月 7 日股东会合法性未予明确的情况下，其仍为公司法定代表人，公司无权要求其交还公章；作为公司股东之一，其有权保管公司公章。

海安法院审理后认为，根据公司法及公司章程的相关规定，赵某以公司监事身份召开临时股东会议，并于会议召开前 15 日通知全体股东；临时股东会由赵某、王某参加，会议形成的决议已经由代表公司 1/2 以上的表决权的股东赵某、王某一致通过。顾某收到召开临时股东会的通知后未到会视为其对自身权利的放弃。因此，2020 年 8 月 7 日股东会的召开及表决程序符合我国公司法的规定及祥某公司的公司章程的约定，股东会决议合法有效。公司公章是公司对外意思表示的载体，公司理应拥有公章的所有权。在公司没有特别约定的情况下，公司公章通常由法定代表人保管。因 2020 年 8 月 7 日股东会决议合法有效，顾某不再是祥某公司的法定代表人，其无权再继续占有公司印章。遂判决顾某向祥某公司返还公司印章。

一审后，顾某不服，提起上诉。南通市中级人民法院经审理认为，一审判决认定事实清楚，适用法律正确，依法驳回上诉，维持原判。

**第四十条** 【股东会会议的召集与主持】有限责任公司设立董事会的，股东会会议由董事会召集，董事长主持；董事长不能履行职务或者不履行职务的，由副董事长主持；副董事长不能履行职务或者不履行职务的，由半数以上董事共同推举一名董事主持。

有限责任公司不设董事会的，股东会会议由执行董事召集和主持。

董事会或者执行董事不能履行或者不履行召集股东会会议职责的，由监事会或者不设监事会的公司的监事召集和主持；监事会或者监事不召集和主持的，代表十分之一以上表决权的股东可以自行召集和主持。

  **第四十一条** 【股东会会议的通知与记录】召开股东会会议，应当于会议召开十五日前通知全体股东；但是，公司章程另有规定或者全体股东另有约定的除外。

  股东会应当对所议事项的决定作成会议记录，出席会议的股东应当在会议记录上签名。

## 实务应用

### 35. 采取在公司公告栏张贴公告的形式通知股东参加股东会会议是否适当？

  股东会会议通知是股东得以参加股东会并行使其干预权的前提，公司通知股东参加股东大会的通知应为能够到达股东、为股东所知晓的实质意义通知。仅采取在公司公告栏张贴公告的形式进行通知，显然不能保证该公告能够有效到达全体股东，能够为全体股东所知晓，其只是走通知形式的程序性通知，而非实质意义通知。

## 案例指引

### 52. 伪造股东会签名，责任谁来承担？[1]

  陈某系某机械公司的股东，占股20%，另一股东陆某，占股80%，系公司法定代表人。2020年5月20日，公司召开股东会，变更了公司住所并制定了公司章程修正案。但是陈某认为，该股东会决议中的股东签字并非其本人所签，故将该机械公司及陆某一起告上法院，要求两被告赔礼道歉。对此，该机械公司辩称，股东会决议是制作后邮寄给陈某，陈某签名后寄还给公司的，但未提交邮寄凭证。

  常熟法院审理认为，本案中公司虽主张其将制作好的决议书邮寄给

---

[1] 参见江录梦：《伪造股东会签名 责任谁来承担？》，载江苏法院网 https://www.js-fy.gov.cn/article/88806.html，最后访问日期：2023年3月17日。

了陈某，但陈某对此不予认可，公司也未提交邮寄凭证等佐证其上述主张。涉案决议书经司法鉴定确认，股东签字处签名字迹不是陈某所写。公司将虚假签名的决议书递交工商部门进行备案并办理了变更手续，该行为违反了审慎和诚信义务，构成侵权，应当承担民事责任，遂判令机械公司赔礼道歉。一审判决以后，机械公司不服，提起上诉，二审维持原判。

### 53. 当天通知召开股东会，程序违法？[①]

原告王某系某置业公司法定代表人、三大股东之一。2020年4月16日，该公司召开股东大会，当天才电话通知原告王某参会。王某认为，股东会召集程序有严重瑕疵，要求撤销涉案股东会决议。

法院审理认为，我国公司法及该公司章程均规定，召开股东会议，应当于会议召开15日前通知全体股东，该公司在召集程序上违法；且会议的决议内容包括财务核算、房屋销售处置、工程款支付等，涉及整体股东重大利益，此外还涉及更换法定代表人、管理员等与原告有直接相关的重大事项决定，股东会召集程序存在严重瑕疵可能对决议产生实质影响，遂判决撤销涉案股东会决议。

**第四十二条** 【股东的表决权】股东会会议由股东按照出资比例行使表决权；但是，公司章程另有规定的除外。

条文解读

**股东表决权** ➡ 股东表决权，是指股东基于投资人的法律地位，依照公司法或者公司章程的规定，在股东会议上对公司重大经营决策事项实施影响，而表示自己同意、不同意或放弃发表意见的权利。在股东会

---

[①] 参见卢之璐：《三门法院撤销决议：公司股东会召开当天 股东才接到参会通知》，载浙江法院网 http://www.zjcourt.cn/art/2020/9/29/art_ 56_ 22064.html，最后访问日期：2023年3月17日。

会议上，股东按照出资比例行使表决权，但公司章程也可以规定不按照出资比例行使表决权。

**实务应用**

***36.*** 认缴出资未届履行期限，相应股东的表决权能否受到限制？

股东认缴的出资未届履行期限，对未缴纳部分的出资是否享有以及如何行使表决权等问题，应当根据公司章程来确定。公司章程没有规定的，应当按照认缴出资的比例确定。如果股东（大）会作出不按认缴出资比例而按实际出资比例或者其他标准确定表决权的决议，股东请求确认决议无效的，人民法院应当审查该决议是否符合修改公司章程所要求的表决程序，即必须经代表 2/3 以上表决权的股东通过。符合的，人民法院不予支持；反之，则依法予以支持。

**第四十三条 【股东会的议事方式和表决程序】** 股东会的议事方式和表决程序，除本法有规定的外，由公司章程规定。

股东会会议作出修改公司章程、增加或者减少注册资本的决议，以及公司合并、分立、解散或者变更公司形式的决议，必须经代表三分之二以上表决权的股东通过。

**条文解读**

**议事方式** ▶ 议事方式，是指公司股东会以什么方式就公司的重大问题进行讨论并作出决议。

**表决程序** ▶ 表决程序，是指公司股东会决定事项如何进行表决和表决时需要多少股东赞成，才能通过某一特定的决议。本条第 2 款对特定事项的表决程序作了规定，这是法定事项表决的特别规定，必须经代表 2/3 以上表决权的股东通过。公司章程不得对此作出相反的规定。

### 实务应用

**37.** 如何在遵守资本多数决原则的同时，保护少数股东的合法权益？

在案件审理过程中，要注意在资本多数决原则和少数股东权保护之间寻求妥当的利益平衡，实现对资本多数决原则的遵守和少数股东权的保护并重。在审判实务中，要注意区分股东权的类型，正确选择保护方式。对于股东因其固有的、非经股东自身同意不可剥夺的权利，遭受控股股东侵害请求救济的，应予以支持。对属于资本多数决处分范围的股东权，要尊重公司多数股东的意志；对虽属资本多数决原则处分范围的股东权，但被控股股东滥用权利予以侵害的，要依照《公司法》第20条关于不得滥用权力的规定，保护少数股东的正当权益。

### 案例指引

**54.** 非同比例减资是否需要股东一致决？[1]

呢绒公司注册资本50万元，股东为夏某甲、夏某某。2018年11月15日，呢绒公司全体股东一致决议如下："夏某甲将持有的呢绒公司全部股权转让给夏某某。公司注册资本由50万元增至500万元，新股东狄某、宿某分别对呢绒公司增加出资400万元、50万元。"夏某甲、夏某某、狄某、宿某均在该股东会决议上签字。后新股东狄某、宿某未配合公司变更登记，夏某某遂诉至法院请求判令呢绒公司、狄某、宿某继续执行2018年11月15日股东会决议，共同办理变更公司股东名册、注册资本等的登记手续。一审法院支持了夏某某的诉讼请求。

一审判决后，狄某、宿某不服，提出上诉，并于2021年9月20日

---

[1] 参见《2020-2021年江苏法院公司审判典型案例》，夏某某诉呢绒公司、狄某等公司决议纠纷案，载江苏法院网 https://www.jsfy.gov.cn/article/94380.html，最后访问日期：2023年3月17日。

在夏某某未参加的情况下形成新的股东会决议，内容为："撤销 2018 年 11 月 15 日股东会决议中关于将公司注册资本由 50 万元增加至 500 万元的决议，公司不增加注册资本，维持原注册资本 50 万元；撤销增资决议后，呢绒公司的股东为夏某某，占股 100%。"狄某、宿某据此请求二审法院驳回夏某某的诉讼请求。

二审法院认为，减资存在同比例减资和不同比例减资，不同比例减资会直接突破各股东原有的股权分配情况，如只需经 2/3 以上表决权的股东通过即可作出不同比例减资决议，实际上是以多数决形式改变原有股东一致决所形成的股权架构，故对不同比例减资，除另有约定外，应由全体股东一致同意。于本案而言，2021 年 9 月 20 日临时股东会作出不同比例减资决议，未经全体股东一致同意，各方仍应履行 2018 年 11 月 15 日股东会决议，遂判决驳回上诉，维持原判。

**第四十四条 【董事会的组成】** 有限责任公司设董事会，其成员为三人至十三人；但是，本法第五十条另有规定的除外。

两个以上的国有企业或者两个以上的其他国有投资主体投资设立的有限责任公司，其董事会成员中应当有公司职工代表；其他有限责任公司董事会成员中可以有公司职工代表。董事会中的职工代表由公司职工通过职工代表大会、职工大会或者其他形式民主选举产生。

董事会设董事长一人，可以设副董事长。董事长、副董事长的产生办法由公司章程规定。

## 条文解读

**董事会的组成** ▶ 董事会是公司的经营决策机构，受公司股东会的委托或者委任从事经营管理活动。公司有大有小，但都需要具有经营管理的机构。因此，有限责任公司原则上应当设董事会，负责公司的经营管理活动。公司的股东人数较少或者规模较小，只设 1 名执行董事即可负责经营管理的，则可以不设董事会。

董事会成员，由股东会选举、更换。但是，董事会中的职工代表，不应当由股东会任命或者指定，而应由职工民主选举产生。职工应当通过职工代表大会、职工大会或者其他形式，民主选举产生由职工代表担任的董事。

第四十五条　【董事任期】董事任期由公司章程规定，但每届任期不得超过三年。董事任期届满，连选可以连任。

董事任期届满未及时改选，或者董事在任期内辞职导致董事会成员低于法定人数的，在改选出的董事就任前，原董事仍应当依照法律、行政法规和公司章程的规定，履行董事职务。

### 条文解读

**董事任期** ▶ 董事任期最长为 3 年，公司章程可以规定董事任期少于 3 年，但不得规定超过 3 年的任期。

在董事任期期满但未改选前或者辞职后但没有选出新的董事之前，原董事仍需履行董事义务，这是董事诚信义务的具体表现，相应的如果董事没有履行这一义务给公司造成损害的话，应当对公司负损害赔偿责任。

### 案例指引

**55.** 董事按章程提出辞职，在改选出新的董事之前仍应履行相应职责吗？[①]

李先生是一家科技创业公司的董事，任职期间，逐渐发现公司在经营理念、发展方向上，与自己的设想存在较大出入，出于职业规划、对

---

① 参见《董事提出辞职被拒 法院：公司章程具有约束力 辞职报告送达时生效》，载上海法院网 http://shfy.chinacourt.gov.cn/article/detail/2021/03/id/5857240.shtml，最后访问日期：2023 年 3 月 17 日。

公司认同感等个人因素的考虑，李先生于2017年3月22日通过电子邮件向公司董事会发送辞职报告，次日，又书面邮寄了《辞职函》。然而一个月后，李先生依然陆续收到公司发送的董事会议通知，经沟通，公司表示在没有改选出新董事之前，李先生的辞职并不发生效力，否则低于法定人数，董事会将无法正常运作。辞职被拒后，双方陷入了长达一年半的拉锯，几经敦促，始终未果，李先生遂诉至法院。

审理中，公司辩称，根据董事会议事规则，在没有改选出新的董事之前，李先生仍应担任董事，履行相应职责。况且，李先生是公司股东莲花公司（化名）委派的股东，在尚未得到莲花公司的回复前，公司无法就李先生的辞职事宜作出处理。此外，除李先生外，其余几名董事也向公司提出辞职，如此将导致公司董事会低于法定人数，故不同意李先生的全部诉请。

上海虹口法院审理后认为：根据公司章程的规定，董事在任期届满之前有提出辞职的权利，且董事辞职自辞职报告送达董事会时生效。《公司法》规定股份有限公司董事会最低人数为5人，根据公司提交的会议记录，李先生辞职后公司召开董事会时仍有5名董事到会并形成决议，故在李先生提出辞职时，公司的董事人数符合公司章程规定的最少人数，应当视为李先生的辞职已生效。另外，公司以李先生为股东指派的董事为由，主张其不能辞职，该观点并无法律依据，章程中亦未有此类约定，故法院不予采纳。综上，法院判决支持了李先生的全部诉讼请求。

**第四十六条 【董事会职权】** 董事会对股东会负责，行使下列职权：

（一）召集股东会会议，并向股东会报告工作；

（二）执行股东会的决议；

（三）决定公司的经营计划和投资方案；

（四）制订公司的年度财务预算方案、决算方案；

（五）制订公司的利润分配方案和弥补亏损方案；

（六）制订公司增加或者减少注册资本以及发行公司债券的方案；

（七）制订公司合并、分立、解散或者变更公司形式的方案；

（八）决定公司内部管理机构的设置；

（九）决定聘任或者解聘公司经理及其报酬事项，并根据经理的提名决定聘任或者解聘公司副经理、财务负责人及其报酬事项；

（十）制定公司的基本管理制度；

（十一）公司章程规定的其他职权。

### 案例指引

**56.** 未得到董事会决议批准，公司高管的工资约定是否不具备法律效力？[①]

张某于 2015 年 3 月 1 日任某制衣公司总经理职务，双方签订了书面劳动合同，合同约定了月薪 5500 元等内容。2016 年 10 月底，某制衣公司因经营不善等原因，公示暂停歇业、内部清算等事宜，与张某协商一致解除了劳动合同。2016 年 11 月，张某申请劳动争议仲裁，要求某制衣公司支付经济补偿金 20000 元，2015 年 3 月至 2016 年 10 月期间工资差额 90000 元。仲裁委裁决某制衣公司支付张某经济补偿金 11000 元，驳回张某其他仲裁请求。张某不服仲裁委裁决，在法定期间诉至法院。审理中，张某提供了日期为 2015 年 3 月 15 日的《工资协议》，协议载明张某年薪为 120000 元，每月 5500 元以工资的形式发放，剩余部分以奖金的方式每 2 年发放一次等内容，协议落款处有张某签字以及加盖某制衣公司的公章，张某据此要求法院支持其诉讼请求。某制衣公司辩称，张某系公司的高管，公司公章等重要资料亦由其控制与保管，该

---

① 参见纪石平：《未得到董事会决议批准 公司高管的工资约定不具备法律效力》，载江苏法院网 https://www.jsfy.gov.cn/article/19585.html，最后访问日期：2023 年 3 月 17 日。

协议的公章系张某私盖，不是公司的真实意思表示，张某的月薪应以合同约定以及实际发放的为准，请求法院驳回张某不当的诉讼请求。

法院经审理认为，张某在某制衣公司担任总经理职务，并签订书面劳动合同，双方之间劳动关系依法成立。张某系公司高级管理人员，根据《公司法》相关规定，公司高管的薪酬应由董事会决定。董事会决议与劳动合同约定相冲突的，应优先适用劳动合同的约定。张某提供的工资协议无董事会决议等文件，劳动合同亦未按该协议的内容约定年薪，某制衣公司对该份工资协议亦不予认可，故该工资协议不具备法律效力，张某主张 90000 元工资差额无事实法律依据，依法应不予支持。某制衣公司提出解除劳动合同，并与张某协商一致，某制衣公司依法应向张某支付经济补偿金，结合张某的工作年限以及平均工资，某制衣公司应向张某支付经济补偿金 11000 元。

**第四十七条** 【董事会会议的召集与主持】董事会会议由董事长召集和主持；董事长不能履行职务或者不履行职务的，由副董事长召集和主持；副董事长不能履行职务或者不履行职务的，由半数以上董事共同推举一名董事召集和主持。

**第四十八条** 【董事会的议事方式和表决程序】董事会的议事方式和表决程序，除本法有规定的外，由公司章程规定。

董事会应当对所议事项的决定作成会议记录，出席会议的董事应当在会议记录上签名。

董事会决议的表决，实行一人一票。

### 条文解读

**一人一票制** ➡ 董事会决议实行一人一票制，即董事会全体成员，不论是董事长、副董事长，还是普通的董事，在董事会决议的表决上，都只享有一票的权利，相互之间不存在表决权大小的问题。这表明董事长、副董事长在董事会中，与其他董事的法律地位是平等的，在董事会决议的表决上，既无加重表决权，也无最后决定权。董事会决议实行一人一票制，明确了董事会是一个集体行使职权的公司内部机构，而不是一个由董事长或者副董事长个人负责的机构，每个董事可以各负其责，但由董事会整体对股东会负责。

### 案例指引

**57.** 未按公司章程送达董事会会议通知，决议是否应予撤销？[①]

2007年7月，甲公司设立，投资人（股东）蔡某任甲公司法定代表人及董事长。2011年4月，蔡某因涉嫌经济犯罪被依法刑事羁押。2013年11月，甲公司董事会决定召开2013年第二次临时董事会会议，并采取特快专递的方式向蔡某的身份证住址邮寄送达会议通知。由于会议当天董事人数未达到公司章程规定，故会议主持人潘某宣布会议延后15天举行，并以同样方式向蔡某邮寄送达会议通知。同年12月，甲公司第二次临时董事会议召开，其中未到会的蔡某、黄某董事权利由会议主持人潘某代为行使，会议全票通过选举潘某为公司董事长等六项决议。2014年2月，蔡某以临时董事会会议的召集程序、表决方式及董事会决议内容违反公司章程为由诉至法院，请求撤销涉案董事会决议。

广州市天河区人民法院认为，涉案董事会召集程序违反公司章程，判决撤销涉案董事会决议。广州市中级人民法院认为，甲公司应按照公司章程规定向蔡某送达会议通知。甲公司在明知蔡某被羁押的情况下，仅仅向其身份证地址邮寄会议通知，显然未尽合理、谨慎的义务，不符合章程"适当发出"的要求。涉案董事会的提案内容中有多项与蔡某本人切身利益密切相关，该通知瑕疵不属于轻微瑕疵。故于2018年6月维持原判。

---

[①] 参见《广东高院发布加强民营经济司法保护十大典型案例》，载广东法院网 https：//www.gdcourts.gov.cn/index.php?v=show&cid=170&id=53403，最后访问日期：2023年3月17日。

**第四十九条** 【经理的设立与职权】有限责任公司可以设经理,由董事会决定聘任或者解聘。经理对董事会负责,行使下列职权:

(一) 主持公司的生产经营管理工作,组织实施董事会决议;

(二) 组织实施公司年度经营计划和投资方案;

(三) 拟订公司内部管理机构设置方案;

(四) 拟订公司的基本管理制度;

(五) 制定公司的具体规章;

(六) 提请聘任或者解聘公司副经理、财务负责人;

(七) 决定聘任或者解聘除应由董事会决定聘任或者解聘以外的负责管理人员;

(八) 董事会授予的其他职权。

公司章程对经理职权另有规定的,从其规定。

经理列席董事会会议。

**第五十条** 【执行董事】股东人数较少或者规模较小的有限责任公司,可以设一名执行董事,不设董事会。执行董事可以兼任公司经理。

执行董事的职权由公司章程规定。

## 条文解读

**执行董事** ▶ 执行董事法律地位与董事会相同,是公司的执行机关和业务决策机关,对股东会负责。设立执行董事需要通过章程的方式确定,执行董事的职权也应该在公司的章程中规定,当然在章程中没有规定的情况下,可以参照本法有关董事会职权的相关规定。同时注意,执行董事不当然成为公司的法定代表人,如欲设执行董事为法定代表人,应通过章程加以规定。

**第五十一条** 【监事会的设立与组成】有限责任公司设监事

会，其成员不得少于三人。股东人数较少或者规模较小的有限责任公司，可以设一至二名监事，不设监事会。

监事会应当包括股东代表和适当比例的公司职工代表，其中职工代表的比例不得低于三分之一，具体比例由公司章程规定。监事会中的职工代表由公司职工通过职工代表大会、职工大会或者其他形式民主选举产生。

监事会设主席一人，由全体监事过半数选举产生。监事会主席召集和主持监事会会议；监事会主席不能履行职务或者不履行职务的，由半数以上监事共同推举一名监事召集和主持监事会会议。

董事、高级管理人员不得兼任监事。

### 条文解读

**监事会** ➡ 监事会，是依照法律规定和公司章程规定，代表公司股东和职工对公司董事会、执行董事和经理依法履职情况进行监督的机关。有限责任公司设立监事会，并通过监事会的监督活动，维护公司股东的利益和保护职工的合法权益。规定董事、高级管理人员不得兼任监事，目的也在于强调监督权与经营权的分离。

**第五十二条** 【监事的任期】监事的任期每届为三年。监事任期届满，连选可以连任。

监事任期届满未及时改选，或者监事在任期内辞职导致监事会成员低于法定人数的，在改选出的监事就任前，原监事仍应当依照法律、行政法规和公司章程的规定，履行监事职务。

## 案例指引

**58.** 请求辞去监事职务被拒，可否请求法院涤除监事登记？[①]

旅游公司于2010年注册登记成立。戴某非该公司员工或股东，出于情面登记为公司监事，但一直未实际行使过监事职权，亦未在旅游公司领取过报酬。后戴某因入职新公司，要求旅游公司免除其监事职务。但旅游公司因经营不善，陷入停业状态，未能召开股东会变更监事。后戴某诉至法院，请求旅游公司赴市场监督管理部门办理涤除戴某作为公司监事的登记事项。

法院认为，戴某与旅游公司之间系委任关系，戴某有权解除该委任关系。旅游公司不予办理戴某监事身份变更登记手续，也会给戴某带来因登记为公司监事所涉及的法律风险，故判决支持戴某的诉讼请求。

监事变更属于公司内部治理范畴，但当监事通过内部途径仍然无法获得救济时，应当赋予其通过诉讼程序获得救济的权利。监事与公司之间构成委任关系，监事有权要求公司解除该委任关系，不实际行使权利义务的监事对于公司也无实际意义。

**第五十三条** 【监事会或监事的职权（一）】 监事会、不设监事会的公司的监事行使下列职权：

（一）检查公司财务；

（二）对董事、高级管理人员执行公司职务的行为进行监督，对违反法律、行政法规、公司章程或者股东会决议的董事、高级管理人员提出罢免的建议；

（三）当董事、高级管理人员的行为损害公司的利益时，要求董事、高级管理人员予以纠正；

---

[①] 参见《2020-2021年江苏法院公司审判典型案例》，戴某诉旅游公司请求变更公司登记纠纷案，载江苏法院网 https://www.jsfy.gov.cn/article/94380.html，最后访问日期：2023年3月17日。

（四）提议召开临时股东会会议，在董事会不履行本法规定的召集和主持股东会会议职责时召集和主持股东会会议；

（五）向股东会会议提出提案；

（六）依照本法第一百五十一条的规定，对董事、高级管理人员提起诉讼；

（七）公司章程规定的其他职权。

**条文解读**

**监事会的职权** ➡ 监事在行使职权的过程中，需结合《公司法》中其余条款的规定来判断董事、高级管理人员是否违反其自身的义务，是否损害了公司的利益。上述职权在存在监事会的情况下，以监事会整体的名义行使，而不能由单个的监事行使，只有在没有监事会的情况下，才由监事行使。

**第五十四条** 【监事会或监事的职权（二）】监事可以列席董事会会议，并对董事会决议事项提出质询或者建议。

监事会、不设监事会的公司的监事发现公司经营情况异常，可以进行调查；必要时，可以聘请会计师事务所等协助其工作，费用由公司承担。

**条文解读**

**监事会的调查权** ➡ 监事会或者监事在行使调查权时应尽量不影响公司正常的生产经营，并且对其中涉及的关系公司利益的信息，特别是商业秘密负有保密的义务。公司的董事、高级管理人员等应对调查行为予以积极配合，不配合或者阻挠调查的，监事会或者监事可以向股东会建议罢免其职务，或者就其阻挠行为给公司带来的损失主张赔偿责任。

> **案例指引**

### 59. 公司股东以监事身份为个人利益主张财务检查费用是否应予支持?[①]

原告刘某系被告某停车服务有限公司的股东、监事。刘某自公司1999年成立以来，因出资比例及公司经营等事宜与其他股东纠纷不断并经历多次诉讼。刘某在2006年、2016年两次提起股东知情权诉讼并胜诉，在通过法院强制执行，复制了公司成立以来至2015年12月31日的股东会决议、会计账簿、会计凭证等文件资料后，自行以监事名义于2017年6月委托会计师事务所对公司经营期间的财务收支特别是股东实际出资情况进行审计，为此支付审计费3万余元。2018年4月，刘某诉请公司向其支付履行监事职责垫付的律师费、调查费、复印费、交通费、审计费共计7万余元。

重庆市万州区人民法院经审理认为，原告刘某从未以监事身份告知公司行使财务检查权，其支付费用委托审计系以维护自身股东利益为目的，且主张的律师费、调查费、交通费、复印费系因此前股东出资比例确认、股东知情权等纠纷产生。刘某利用监事身份将这些费用转嫁给公司承担，实质上将损害公司和其他股东的权益，有违我国《公司法》第54条的立法原意，遂判决驳回原告刘某的诉讼请求。一审宣判后，原告刘某提起上诉。重庆市第二中级人民法院审理后判决驳回上诉，维持原判。

公司监事同时具备股东身份，在以监事名义诉请公司承担财务检查费用时，除须具备行使监事权利的外观，还应当探明其主观目的，如果纯系以监事身份实现个人股东利益而为之，则与公司法规定的监事职责的本意相悖，产生的费用应由其自行承担。

---

[①] 参见艾朝辉、梅念章：《公司股东以监事身份为个人利益主张财务检查费用不予支持》，载重庆法院网 http://cqgy.cqfygzf.gov.cn/article/detail/2019/11/id/4632450.shtml，最后访问日期：2023年3月17日。

**第五十五条　【监事会的会议制度】**监事会每年度至少召开一次会议，监事可以提议召开临时监事会会议。

监事会的议事方式和表决程序，除本法有规定的外，由公司章程规定。

监事会决议应当经半数以上监事通过。

监事会应当对所议事项的决定作成会议记录，出席会议的监事应当在会议记录上签名。

**第五十六条　【监事履行职责所需费用的承担】**监事会、不设监事会的公司的监事行使职权所必需的费用，由公司承担。

## 条文解读

**监事履行职责所需费用的承担** ▶ 公司保障监事会或者监事在行使职权过程中所必需的费用。对于非在行使职权过程中产生的费用，或者是在行使职权的过程中产生的并非必要的费用，公司无负担义务。至于"所必需的费用"究竟包括哪些具体项目，可由公司章程作出规定。

## 第三节　一人有限责任公司的特别规定

**第五十七条　【一人公司的概念】**一人有限责任公司的设立和组织机构，适用本节规定；本节没有规定的，适用本章第一节、第二节的规定。

本法所称一人有限责任公司，是指只有一个自然人股东或者一个法人股东的有限责任公司。

## 条文解读

**一人公司与个人独资企业的区别** ▶ 一人有限责任公司是有限责任公司的一种特殊表现形式，但其又不同于个人独资企业：（1）法律性质不同。一人有限责任公司需要原则上满足公司法为股权多元化的公司设置的公司资本制度、公司财务会计审计制度以及公司治理制度，而个人独资企业只适用《个人独资企业法》，受该法的调整和约束。

（2）承担的民事责任能力不同。一人有限责任公司是独立的企业法人，具有完全的民事权利能力、民事行为能力和民事责任能力，是有限责任公司中的特殊类型；而后者则不是独立的企业法人，不能以其财产独立承担民事责任，而是投资者以个人财产对企业债务承担无限责任。

（3）承担的税收义务有所不同。一人有限责任公司及其股东须分别就其公司所得和股东股利分别缴纳法人所得税和个人所得税，而个人独资企业自身不缴纳法人所得税，只待投资者取得投资回报时缴纳个人所得税。

**案例指引**

## 60. "夫妻店"式有限公司是否视为一人公司？[①]

某华公司自2020年起为某峰公司供应纸箱，至2020年12月某峰公司累计欠付货款12万余元。某华公司多次催要未果，故向法院提起诉讼。经审理查明，某华公司依约履行买卖合同，某峰公司未能按期给付货款，构成违约。另查，某峰公司系有限责任公司，股东登记为王某和董某，分别持股10%和90%，二人系夫妻关系且某峰公司设立于双方婚姻存续期间。

本案的难点在于某峰公司是否属于实质意义上的一人有限责任公司及各方责任如何承担。为厘清上述问题，承办法官详细调查了某峰公司实质股权结构、财产混同举证责任及法律效果和社会效果等方面，最终认定，某峰公司与一人有限责任公司在主体构成和规范适用上具有高度相似性，系实质意义上的一人有限责任公司，股东王某和董某因未举证证明其自身财产独立于公司财产，应对某峰公司的债务承担连带责任。

"夫妻店"式的有限责任公司，由于系以夫妻共同财产出资设立，

---

① 参见《北辰法院审结首例认定"夫妻店"式公司视为一人公司案》，载天津法院网 https://tjfy.tjcourt.gov.cn/article/detail/2022/11/id/7016668.shtml，最后访问日期：2023年3月18日。

由夫妻作为股东共同经营管理，对债权人的利益保护存在天然缺陷。依照我国《民法典》确立的夫妻财产共同共有原则，作为夫妻的股东持有的全部股权应构成不可分割的整体，如夫妻双方不能证明其个人财产独立于公司财产，则有可能对公司债务承担连带责任。

### 61. 只有一个法人股东，是一人公司还是个人独资企业？[①]

2014年10月24日，原告付某与被告某物流公司签订了《快递承包协议》，约定由原告承包被告汽博区域内的快递派发及揽收业务。但是自2017年11月起，被告公司取消快递业务，导致合同无法继续履行。原告现起诉要求解除协议、退还保证金，并要求被告公司的法定代表人承担连带责任。

庭审中，双方就解除合同、退还保证金并无争议，但就法定代表人是否承担连带责任的问题争议较大。原告认为被告公司为独资法人，因此法定代表人应当承担连带责任。被告提交了公司股东发起人出资信息等证据，认为被告公司在2016年9月21日前系两个自然人股东共同投资或控股的有限责任公司，之后为北京公司控股的法人独资的有限责任公司，不属于个人独资企业，法定代表人不应当承担连带责任。

法院审理后认定，在签订《快递承包协议》时，被告公司为两个自然人股东共同投资的有限责任公司，不适用《个人独资企业法》；之后，其变更为法人独资的一人有限责任公司，且法定代表人不是股东，也不适用《公司法》中关于一人有限责任公司的股东承担连带责任的规定。法院最终判决解除《快递承包协议》、被告公司退还原告保证金，同时判令本案的法定代表人不应当承担连带责任。

**第五十八条　【一人公司的特殊要求】**一个自然人只能投资

---

[①] 参见《不按约履行快递加盟协议，法官社区开庭当庭宣判》，载重庆法院网 http://cqgy.cqfygzfw.gov.cn/article/detail/2019/06/id/4081021.shtml，最后访问日期：2023年3月18日。

设立一个一人有限责任公司。该一人有限责任公司不能投资设立新的一人有限责任公司。

**条文解读**

本条对一人公司的限制仅适用于自然人，不适用于法人。即，一个法人可以投资设立两个或两个以上的一人有限责任公司，由一个法人设立的一人有限责任公司可以再投资设立一人有限责任公司，成为一人有限责任公司的股东。

**第五十九条　【一人公司的登记注意事项】** 一人有限责任公司应当在公司登记中注明自然人独资或者法人独资，并在公司营业执照中载明。

**第六十条　【一人公司的章程】** 一人有限责任公司章程由股东制定。

**条文解读**

根据《公司法》的有关规定，有限责任公司的公司章程由全体股东共同制定，而一人有限责任公司只有一个股东，不设股东会，因此其公司章程只能由股东制定。但是公司章程的内容与其他有限责任公司应当基本一致，而且股东也应当在公司章程上签名盖章。

**第六十一条　【一人公司的股东决议】** 一人有限责任公司不设股东会。股东作出本法第三十七条第一款所列决定时，应当采用书面形式，并由股东签名后置备于公司。

**第六十二条　【一人公司的财会报告】** 一人有限责任公司应当在每一会计年度终了时编制财务会计报告，并经会计师事务所审计。

**第六十三条　【一人公司的债务承担】** 一人有限责任公司的

股东不能证明公司财产独立于股东自己的财产的，应当对公司债务承担连带责任。

### 条文解读

**一人公司的债务承担** ➡ 从法律上承认一人有限责任公司的原因之一在于，使一人有限责任公司股东可以在无合作伙伴的情况下组建公司，利用公司独立人格将唯一股东之财产与公司财产相分离，该股东在享受有限责任的前提下，便利地实施商业行为，即使经营失败，也不会危及股东在公司之外的财产。因此，本法要求股东的财产应当与公司的财产相分离，且产权清晰，这样双方的权责明确，既有利于市场经济的稳健发展，也有利于相对债权人利益的保障。当然，考虑到实际生活中，许多一人有限公司的股东与公司财产无法分清的事实，为了保障公司债权人的利益，防止公司股东以此逃避债务，本条规定，一人有限责任公司的股东不能证明公司财产独立于股东自己的财产的，应当对公司债务承担连带责任。

这里的"连带责任"，是指两个以上的债务人，共同负责履行清偿同一债务的行为。债权人有权要求负连带债务的人中的全体、部分或任何一个人清偿全部或部分债务。负有连带责任的每一个债务人，都负有清偿全部责任的义务。履行了义务的人，有权要求其他负有连带责任的人偿付他应承担的份额。债务人的连带责任，使债权人的权益得到保障，它是保证债务履行的一种手段。

### 实务应用

**38.** 如何做到一人公司财产独立于股东个人财产，避免混同？

做到一人公司财产独立于股东个人财产，在运营管理中应注意以下几个方面：

（1）聘请专业的会计人员，建立独立规范的财务制度，保留公司的全部账目、财务报表以及各项材料的原始凭证，定期打印公司账户的银行流水备用。

（2）在每一会计年度终了时编制财务会计报告，并经专业会计师事务所审计。

（3）公司账户与股东个人账户之间不要有不必要、无法说明的资金往来。如确因借款等产生资金往来，则必须在公司账目中明确记载，并保留原始凭证。

**案例指引**

### 62. 为证明一人公司财产独立于股东个人财产，补做公司财务账册有效吗？[①]

某实业公司是一家一人有限责任公司，其唯一股东为黄某。2017年，该实业公司与某建材配送公司发生合同纠纷，法院判决实业公司向建材配送公司承担付款义务，判决于2018年4月生效。判决生效后，实业公司迟迟未履行付款义务，建材配送公司于2018年10月向上海宝山法院申请强制执行。执行过程中，因被执行人实业公司名下无可供执行财产，2019年2月，上海宝山法院裁定终结本次执行程序。

2019年5月，因黄某是实业公司的唯一股东，经申请执行人申请和法院初步审查后，法院作出执行裁定书，裁定追加黄某为被执行人，要求黄某对法院判决确定的付款义务承担连带清偿责任。

黄某认为，其对实业公司的出资已全部履行到位，自被执行人实业公司设立起，公司财产与其股东个人财产未发现存在混同使用的情况。因此，其个人财产应当独立于被执行人实业公司，不应对实业公司的债务承担责任，故向上海宝山法院提起执行异议之诉，请求判令不得追加其为实业公司与建材配送公司执行纠纷的被执行人，其不应当对实业公司向建材配送公司履行的付款义务承担连带责任。

---

[①] 参见《一人有限责任公司不能证明公司财产独立于股东自己财产 法院：应当对公司债务承担连带责任》，载上海法院网 http://shfy.chinacourt.gov.cn/article/detail/2021/03/id/5858088.shtml，最后访问日期：2023年3月18日。

庭审中，被告建材配送公司辩称，实业公司没有按照《公司法》有关规定，在每一会计年度终了时编制财务会计报告，并经会计师事务所审计。实业公司于2015年7月成立，但2016年6月才设立财务账册，可见其财务管理制度混乱，严重违反一人公司财务管理规定。另外，在工商部门的备案档案中并没有原告黄某出资的验资报告，说明其存在出资未到位或抽逃出资的可能。故黄某应当对被执行人实业公司的债务承担连带责任，请求判令驳回黄某的诉讼请求。

被执行人实业公司作为第三人参与诉讼，表示同意原告黄某的诉请和相关意见。

上海宝山法院经审理查明，实业公司自2015年7月成立至2016年6月期间，未设立财务账册。黄某于2018年5月（即作为上述执行依据的民事判决书生效后次月）补做了2016年6月至2018年5月的财务账册，但该期间公司实际上并没有财务人员，也没有设立财务账册。另外，被执行人实业公司与案外人签订的多份业务合同均未纳入财务账册，其许多业务往来并非通过实业公司自身银行账户完成，而是通过其他主体的银行账户或者通过现金形式完成。

法院审理认为，一人有限责任公司享有独立主体资格、其股东得以享受有限责任制的前提，是一人公司应当建立完备的财务制度。被执行人实业公司缺乏完备的公司财务制度，故缺乏享有法人独立制的前提。另外，被执行人实业公司补做的公司财务账册不完整，其银行流水账无法反映实业公司实际经营情况，明显不符合《公司法》的相关规定。根据《公司法》规定，一人有限责任公司的股东不能证明公司财产独立于股东自己的财产，应当对公司债务承担连带责任。因此，法院依法追加被执行人实业公司的股东黄某作为被执行人，对实业公司的债务承担连带责任并无不当。据此，上海宝山法院依法判决驳回原告黄某的全部诉讼请求。

## 63. 法人股东一人公司的财产混同有何表现?[1]

腾江公司是生产电表的一个厂家，常年向银河公司供应电表，每年的供应量数以万计，自2014年起银河公司开始拖欠货款，至2015年共拖欠140万元。腾江公司多次催要无果，向法院提起诉讼，法院判决银河公司偿还腾江公司140万元及利息，但银河公司拒绝支付货款，经过法院执行后，发现银河公司并无财产可供执行，执行出现重大困难。

法院查询银河公司发现，银河公司系一人公司，只有一个股东全昆公司，两个公司的业务范围和主要负责人相同，可能存在财产混同的情况。腾江公司认为银河公司与全昆公司大部分高级管理人员和工作人员相同、主营业务相同、办公地址相邻，供应的电表很多被全昆公司使用，两个公司存在财产混同的情况，申请将全昆公司追加为被执行人。

全昆公司辩称，全昆公司与银河公司都是独立的法人，全昆公司已经履行了出资义务，两个公司独立运营，不存在财产混同问题，全昆公司使用的电表都是单独采购，因此全昆公司不应该承担银河公司的债务。

法院经审查后认为，全昆公司系银河公司的唯一股东，二公司的经营范围和主要工作人员基本一致，全昆公司使用的电表中有很多是银河公司从腾江公司采购的，但是全昆公司却没有与银河公司关于电表采购数量、价款的相关凭证，银河公司对此也没有明确的记载凭证，并且财务资料也残缺不全，两个公司的财务相互混同，因此法院认为，全昆公司作为银河公司的股东，不能证明自己的财产与子公司的财产相互独立，并且存在账目混乱的问题，依法认定全昆公司对银河公司的债务承担连带责任。

---

[1] 参见孟凯锋：《一人公司股东个人财产与公司财产混同时要担责》，载北京法院网 https://bjgy.bjcourt.gov.cn/article/detail/2016/12/id/2402281.shtml，最后访问日期：2023年3月18日。

**64.** 一人公司账簿存在不规范之处，是否就可认定股东与公司财产混同？[①]

交通宾馆向一审法院起诉称，其与甲鱼湘公司房屋租赁合同纠纷一案，已经过法院民事判决，判令甲鱼湘公司支付交通宾馆租金、水电费、逾期支付租金的滞纳金共计 66 万余元，但甲鱼湘公司拒不履行该生效判决，且执行无果。此后，交通宾馆通过查询工商信息发现，甲鱼湘公司属于一人有限责任公司，侯某系该公司股东。根据我国《公司法》相关规定，侯某如有个人财产与公司财产混同，就应当对公司债务承担连带责任。故交通宾馆依法向人民法院提起诉讼，要求判令侯某对甲鱼湘公司债务承担连带责任。

而甲鱼湘公司唯一的股东侯某不同意原告的诉讼请求，其答辩称与甲鱼湘公司财产不存在混同，不应当承担连带责任，理由是甲鱼湘公司有专用银行账户，并由专人管理，资金进出清晰，不存在个人资金与公司资金混同的现象。而且甲鱼湘公司有独立的场所，有相关的房屋租赁协议和营业执照，故与侯某个人的财产是分离的。

一审法院认为，对一人有限责任公司股东的财产与公司财产之间是否独立的判断应该从严把握，故应以完全独立作为证明标准，侯某提交的甲鱼湘公司的部分财务会计记账凭证与原始凭证，记载内容分析确已存有值得商榷之问题，并不完全规范，故判决侯某对甲鱼湘公司对于交通宾馆的债务承担连带责任。

侯某不服一审判决，向北京市一中院提起上诉。侯某诉称，甲鱼湘公司具有独立的银行账户，独立的经营场所，并严格按照公司法规定进行年度审计，自己与甲鱼湘公司财产不存在混同，不应当承担连带责任。

二审期间，证人夏某出庭作证，称甲鱼湘公司有劳务输出业务，该

---

① 参见刘琦 陈靖忠：《一人有限公司什么情况下以个人资产对公司债务承担连带责任？》载北京法院网 https://bjgy.bjcourt.gov.cn/article/detail/2015/02/id/1556733.shtml，最后访问日期：2023 年 3 月 18 日。

业务由王某负责，因王某未收回劳务输出单位欠款，故公司记账显示王某欠付甲鱼湘公司 20 万元款项，而同时，甲鱼湘公司尚欠付王某 20 万元垫付款，故两笔款项冲抵，并非一审判决认定的 20 万元应付款系由甲鱼湘公司直接支付给王某；而王某则称甲鱼湘公司并未因劳务输出发生欠款事宜，20 万元仅是财务上的处理。

北京市一中院经审理认为，一人有限公司作为有限公司的一种，要否认其独立人格，需要认定公司存在股东滥用公司法人独立地位，逃避债务，严重损害公司债权人利益的行为。侯某作为甲鱼湘公司的股东，其提供了甲鱼湘公司的会计账簿、记账凭证、审计报告等，已经举证证明其个人资产与甲鱼湘公司资产相对独立。虽然其提交的账簿存在不规范之处，但是这并不能作为侯某与甲鱼湘公司财产混同的依据。据此，法院在查明事实的基础上，改判驳回交通宾馆全部诉讼请求。

## 第四节 国有独资公司的特别规定

**第六十四条** 【国有独资公司的概念】国有独资公司的设立和组织机构，适用本节规定；本节没有规定的，适用本章第一节、第二节的规定。

本法所称国有独资公司，是指国家单独出资、由国务院或者地方人民政府授权本级人民政府国有资产监督管理机构履行出资人职责的有限责任公司。

### 条文解读

**国有独资公司** ▶ 国有独资公司是我国法律所确认的一种特殊形态的有限责任公司形式，其设立条件和程序除本节有特别规定外，与一般的有限责任公司大体相同，所不同的主要是股东的人数以及公司章程的制定。与一般意义上的有限责任公司相比较，国有独资公司具有以下特征：（1）公司股东的单一性。国有独资公司的股东仅有一人，因此不设股东会。（2）单一股东的特定性。国有独资公司的股东只能是国家并由国有资产监督管理机构履行出资人职责。

**第六十五条 【国有独资公司的章程】** 国有独资公司章程由国有资产监督管理机构制定，或者由董事会制订报国有资产监督管理机构批准。

#### 条文解读

**国有独资公司的章程** ➡ 国有独资公司章程的内容与其他有限责任公司大致相同，但其订立主体与程序有所不同。一是由国有资产监督管理机构亲自制定，包括组织自己的技术力量制定、委托其他单位制定；二是由董事会制订并报国有资产监督管理机构批准，即首先由董事会自行制订，然后报经国有资产监督管理机构审查批准。

**第六十六条 【国有独资公司股东权的行使】** 国有独资公司不设股东会，由国有资产监督管理机构行使股东会职权。国有资产监督管理机构可以授权公司董事会行使股东会的部分职权，决定公司的重大事项，但公司的合并、分立、解散、增加或者减少注册资本和发行公司债券，必须由国有资产监督管理机构决定；其中，重要的国有独资公司合并、分立、解散、申请破产的，应当由国有资产监督管理机构审核后，报本级人民政府批准。

前款所称重要的国有独资公司，按照国务院的规定确定。

#### 条文解读

**国有独资公司股东权的行使** ➡ 在国有独资公司中，一般有限责任公司的股东会的职权被分解为两个部分：一部分由国有资产监督管理机构行使；另一部分由国有资产监督管理机构授权公司的常设执行机构，也就是董事会行使。国有资产监督管理机构与国有独资公司的职权划分中，在公司中的一般性问题由董事会行使职权加以决定和批准，重大问题由国有资产监督管理机构行使。实践中，一些与董事有利害关系或董事会无法行使的职权也要由国有资产监督管理机构来行使。这些职权主要有：(1) 决定董事、监事的报酬事项；(2) 委派和更换由股东出任的监事；(3) 审议批准董事会的报告；(4) 审议批准监事会或监事的报告；(5) 对股东向股东以外的人转让出资作出决议。

第六十七条　【国有独资公司的董事会】国有独资公司设董事会，依照本法第四十六条、第六十六条的规定行使职权。董事每届任期不得超过三年。董事会成员中应当有公司职工代表。

董事会成员由国有资产监督管理机构委派；但是，董事会成员中的职工代表由公司职工代表大会选举产生。

董事会设董事长一人，可以设副董事长。董事长、副董事长由国有资产监督管理机构从董事会成员中指定。

第六十八条　【国有独资公司的经理】国有独资公司设经理，由董事会聘任或者解聘。经理依照本法第四十九条规定行使职权。

经国有资产监督管理机构同意，董事会成员可以兼任经理。

第六十九条　【国有独资公司高层人员的兼职禁止】国有独资公司的董事长、副董事长、董事、高级管理人员，未经国有资产监督管理机构同意，不得在其他有限责任公司、股份有限公司或者其他经济组织兼职。

**条文解读**

**国有独资公司高层人员的兼职禁止** ➡ 国有独资公司高层人员兼职禁止与董事、经理的竞业禁止义务不同。竞业禁止义务是要求董事、经理不得自营或者为他人经营与其所任职公司同类的营业或者从事损害本公司利益的活动，如果不发生与其所任职公司竞业之情形，且所从事的活动并不损害本公司的利益，法律并不限制一般公司的董事、经理对他公司职务的兼任。而国有独资公司高层人员兼职禁止则不论兼职是否存在竞业禁止的事由，也不问兼职是否损害本公司利益，原则上对兼职予以禁止，除非经国有资产监督管理机构同意。由此可见，对于国有公司高层人员的兼职，兼职禁止较之竞业禁止的规定更为严格，适用的范围更广泛。

第七十条 【国有独资公司的监事会】国有独资公司监事会成员不得少于五人，其中职工代表的比例不得低于三分之一，具体比例由公司章程规定。

监事会成员由国有资产监督管理机构委派；但是，监事会成员中的职工代表由公司职工代表大会选举产生。监事会主席由国有资产监督管理机构从监事会成员中指定。

监事会行使本法第五十三条第（一）项至第（三）项规定的职权和国务院规定的其他职权。

## 第三章　有限责任公司的股权转让

第七十一条 【股权转让】有限责任公司的股东之间可以相互转让其全部或者部分股权。

股东向股东以外的人转让股权，应当经其他股东过半数同意。股东应就其股权转让事项书面通知其他股东征求同意，其他股东自接到书面通知之日起满三十日未答复的，视为同意转让。其他股东半数以上不同意转让的，不同意的股东应当购买该转让的股权；不购买的，视为同意转让。

经股东同意转让的股权，在同等条件下，其他股东有优先购买权。两个以上股东主张行使优先购买权的，协商确定各自的购买比例；协商不成的，按照转让时各自的出资比例行使优先购买权。

公司章程对股权转让另有规定的，从其规定。

### 条文解读

**股权内部转让** ▶ 有限责任公司的股东向该公司的其他股东转让其全部股权，其后果是股东人数减少，并且股东间的出资比例发生变化；向公司的其他股东转让其部分股权，其后果是股东间的出资比例发生变化。因此，公司的股东之间无论是转让全部股权，还是转让部分股权，都不会有新股东的产生，其他股东已有的伙伴关系不会受到影响，也就没有必要对这种转让进行限制。为此，本条并没有对股权的转让作出任何限制性的规定。

**股权外部转让** ▶ 股东向股东以外的人转让股权，会发生新股东进入公司的情况，而新股东与其他股东之间并不一定存在相互信任的关系。为了维持有限责任公司的人合因素，本条规定除转让股东以外的其他股东中，有超过一半的股东同意，股东才能向股东以外的人转让股权。

### 实务应用

**39.** 判定股东优先购买权中的"同等条件"应从哪些方面进行考虑？

根据《公司法司法解释（四）》的规定，人民法院在判断是否符合《公司法》第71条第3款及本规定所称的"同等条件"时，应当考虑转让股权的数量、价格、支付方式及期限等因素。

**40.** 股东应当如何行使优先购买权？

根据《公司法》第71条及《公司法司法解释（四）》的规定，有限责任公司的股东主张优先购买转让股权的，应当在收到通知后，在公司章程规定的行使期间内提出购买请求。公司章程没有规定行使期间或者规定不明确的，以通知确定的期间为准，通知确定的期间短于30日或者未明确行使期间的，行使期间为30日。

两个以上股东主张行使优先购买权的,协商确定各自的购买比例;协商不成的,按照转让时各自的出资比例行使优先购买权。

### 41. 股东优先购买权被侵害,应如何救济?

根据《公司法司法解释(四)》的规定,有限责任公司的股东向股东以外的人转让股权,未就其股权转让事项征求其他股东意见,或者以欺诈、恶意串通等手段,损害其他股东优先购买权,其他股东主张按照同等条件购买该转让股权的,人民法院应当予以支持,但其他股东自知道或者应当知道行使优先购买权的同等条件之日起 30 日内没有主张,或者自股权变更登记之日起超过 1 年的除外。

有限责任公司的转让股东,在其他股东主张优先购买后又不同意转让股权的,对其他股东优先购买的主张,人民法院不予支持,但公司章程另有规定或者全体股东另有约定的除外。其他股东主张转让股东赔偿其损失合理的,人民法院应当予以支持。

### 42. 侵犯优先购买权的股权转让合同的效力应如何判定?

《全国法院民商事审判工作会议纪要》指出,审判实践中,部分人民法院对《公司法司法解释(四)》第 21 条规定的理解存在偏差,往往以保护其他股东的优先购买权为由认定股权转让合同无效。准确理解该条规定,既要注意保护其他股东的优先购买权,也要注意保护股东以外的股权受让人的合法权益,正确认定有限责任公司的股东与股东以外的股权受让人订立的股权转让合同的效力。一方面,其他股东依法享有优先购买权,在其主张按照股权转让合同约定的同等条件购买股权的情况下,应当支持其诉讼请求,除非出现《公司法司法解释(四)》第 21 条第 1 款规定的情形(其他股东自知道或者应当知道行使优先购买权的同等条件之日起 30 日内没有主张,或者自股权变更登记之日起超过 1 年)。另一方面,为保护股东以外的股权受让人的合法权益,股权转让合同如无其他影响合同效力的事由,应当认定有效。其他股东行使优先购买权的,虽然股东以外的股权受让人关于继续履行股权转让合同的请求不能得到支持，但不影响其依约请求转让股东承担相应的违约责任。

### 43. 签订股权转让协议应注意哪些事项？

股权转让协议实质上是一种特殊标的的买卖合同，转让方披露信息的真实性，对受让方达成投资决策、判断股权价值至关重要，因此在股权转让协议中应该明确约定转让方的披露义务及违约责任。一方面，可以帮助受让方对受让股权正确估值；另一方面，能够避免转让方承担因未如实披露信息导致的责任不明。通常对于公司资产、业务、合同、负债、劳动关系、涉诉情况、关联交易等可能严重影响股权价值判断的事项均应予以明确约定。一旦发生纠纷，便于人民法院根据协议约定厘清责任，转让方可避免因股权转让协议约定不明而背负巨额债务。

**案例指引**

### 65. 股东资格一旦消灭，权利义务即刻丧失？[1]

被告重庆某合金材料有限公司（以下简称合金材料公司）于2011年7月成立，原告王某某和第三人朱某某为该公司的发起人，也是公司股东。2014年9月，合金材料公司由4个股东共同出资设立，分别为王某某、朱某某、黄某、颜某某。2017年1月12日，王某某将其持有的合金材料公司35%的股权转让给朱某某，并按照章程约定王某某不再行使股东权利和义务。同日召开的合金材料公司股东会决议对前述事宜和公司章程变更进行表决。2017年1月13日，合金材料公司在重庆市大足区工商局申请对上述股东变更情况及章程修正案进行登记。事后，王某某向重庆市大足区人民法院提起诉讼，主张该公司决议不成立。

法院认为，王某某与第三人朱某某于2017年1月12日签订股权转

---

[1] 参见重庆市大足区人民法院民二庭：《股东资格一旦消灭 权利义务即刻丧失》，载重庆法院网 http://cqgy.cqfyg-zfw.gov.cn/article/detail/2021/02/id/5821080.shtml，最后访问日期：2023年3月18日。

让协议，系双方真实意思表示，且未违反国家法律法规禁止性规定，因此，该协议合法有效。王某某与朱某某在股权转让协议上签字之时，股权转让即已完成，王某某就不再具有被告公司股东资格，不再行使股东权利和义务，也不再享有参加股东会决议的资格。综上所述，王某某无权对涉案股东会决议是否成立向本院提起诉讼。依照相关法律规定，裁定驳回原告王某某的起诉。

### 66. 恶意低价转让股权是否无效？[①]

2017年11月，国粮某实业公司因扩大经营需要，拟收购重庆市某港埠公司的股权，遂与该公司股东阮某、刘某签订了《股权转让协议》。双方在协议中约定：阮某、刘某将其持有的100%股权以8000万元的价格转让给国粮某实业公司。协议签订后，双方办理工商变更登记。

一个月后，国粮某实业公司的法定代表人郭某与公司监事罗某串通，以公司的名义与罗某签订《股权转让协议》，约定：国粮某实业公司将持有某港埠公司的股权转让给罗某，转让价格仅为50万元。合同签订后，罗某未支付股权转让款，但公司股东已经工商变更登记变更为罗某。

国粮某实业公司的母公司某国粮公司得知这一情况后，立即向法院提起诉讼，指出郭某在未获得其准予的情况下，擅自以公司的名义将股权转让给罗某，其行为超越职权范围，属于恶意串通，故请求确认该行为无效。

法院审理认为，争议股权转让协议签订转让价格为50万元，而2017年11月被告国粮某实业公司从某港埠有限公司受让的全部股权价格共计8000万元，争议股权转让协议明显系以不合理低价转让。争议股权转让时，罗某为国粮某实业公司的监事，郭某为法定代表人，均应

---

[①] 参见李青茂：《8000万股权变50万？江津法院审结一起企业高管"恶意串通"低价转让股权案件》，载重庆法院网 http：//cqgy.cqfygzfw.gov.cn/article/detail/2020/09/id/5459277.shtml，最后访问日期：2023年3月18日。

对某港埠有限公司的股权价值有清楚的认知。但二人却以50万元的低价转让重庆市某港埠有限公司的全部股权，双方主观上存在恶意，必然损害国梁某实业公司的合法权益。故法院判决确认国粮某实业公司与罗某签订的股权转让协议无效。

## 67. 既有《股权转让协议》又有《代持股协议书》，是转让股权还是代持股？①

原告徐某于2013年12月3日从案外人黄某处受让了A公司10%的股权。2014年10月8日，原告徐某与郑某签订《股权转让协议》，约定徐某将A公司10%的股权转让给郑某。同日，双方又签订了《代持股协议书》，约定：（1）徐某享有A公司10%的股份，对应出资额为260万元，该股份由郑某代为持股；（2）郑某在此声明并确认，代持股的投资款系完全由徐某提供，郑某以其自己的名义代持有；代持股份产生的或与代持股有关收益归徐某所有，在代持股期限内，徐某有权在条件具备时，将相关股东权益转移到徐某或徐某指定的任何第三人名下……后双方发生纠纷，徐某诉至法院，请求：（1）确认郑某在A公司10%的股份归徐某所有；（2）A公司将徐某记载于股东名册、公司章程，并办理公司股东变更登记，郑某履行协助义务。

法院经审理后认为，《公司法司法解释（三）》第24条第1款规定："有限责任公司的实际出资人与名义出资人订立合同，约定由实际出资人出资并享有投资权益，以名义出资人为名义股东，实际出资人与名义股东对该合同效力发生争议的，如无法律规定的无效情形，人民法院应当认定该合同有效。"原告徐某于2013年12月3日从他人处受让了A公司10%的股权。2014年10月8日，虽然原告徐某与郑某签订了《股权转让协议》，但郑某并未支付转让款项，同时双方签订了代持股协议。结合上述事实，本院认定徐某与郑某的真实意思表示应当是由郑

---

① 参见白云：《股东隐名持股有风险》，载重庆法院网 http://cqgy.cqfygzfw.gov.cn/article/detail/2018/03/id/3235156.shtml，最后访问日期：2023年3月18日。

某代持股份，而不是转让股权，故该代持股协议系双方真实意思表示，不违背法律法规的强制性规定，本院认定其合法有效。登记在郑某名下的 A 公司 10%的股份应当由徐某所有。

《公司法司法解释（三）》第 24 条第 3 款规定："实际出资人未经公司其他股东半数以上同意，请求公司变更股东、签发出资证明书、记载于股东名册、记载于公司章程并办理公司登记机关登记的，人民法院不予支持。"现徐某未出示证据证明其作为实际出资人要求公司变更股东登记等经过 A 公司其他股东半数以上同意，故对于该项诉讼请求，本院不能支持。

## 68. 股东会私下转让他人股权是否有效？[①]

2009 年，原告贾某与被告石某、黄某共同出资成立一家商务酒店，三人共同管理。后期贾某因有其他业务，便退出了公司日常管理，但不在酒店期间其多次询问公司经营状况。后贾某听说公司已进行了法人变更，到工商局查询后才得知，公司在 2011 年 3 月已经通过股东大会将股东更换为张某、尤某，且贾某已将自己 30%的股权协议转让给了张某，被告以此为依据向工商行政管理部门申请变更登记。贾某认为，石某、黄某在自己不知情的情况下私自转让自己的股权，严重侵犯了自己的合法权益，故诉至法院要求撤销工商变更登记，并确认自己的股东资格和份额。

在庭审调查阶段，贾某就是否与张某签订过这份《股权转让协议》各执一词，原、被告均表示愿意通过测谎程序证明各自主张的真实性。针对这种情况，法院依法委托山西警官高等专科学校司法鉴定中心对 2011 年 3 月 11 日的《股东会决议》全体股东签字处的"贾某"签名笔迹及《股权转让协议》中"贾某"签名笔迹是否系贾某本人书写进行司法鉴定，以此作为破解这份真假合同的切入点。经鉴定，两处笔迹均

---

[①] 参见侯成丽：《伪造签名夺股份 笔迹鉴定还真相》，载山西法院网 http：//sxgy.shanxify.gov.cn/article/detail/2015/03/id/1560475.shtml，最后访问日期：2023 年 3 月 18 日。

不是贾某本人书写。法院审理后认为，贾某从未对自己享有的股权进行过转让，虽然公司进行了工商变更登记，但不能因此而否定其股东资格，被告提供的股权转让协议中贾某的签名并非其本人书写，也没有证据可以证明贾某本人作出过股权转让的承诺，《股东会决议》也不能作为贾某同意进行股权转让的依据，故判决确认贾某仍应具有股东身份。

## 69. 公司股东间转让股权，股东配偶可否主张撤销？[①]

2006年，孙梅同张凯结婚，2018年3月，张凯向法院提起离婚诉讼，要求与孙梅离婚。张凯曾是中正公司的股东之一，占股19.60%，认缴出资额为98万元，大路公司是中正公司的大股东，占股51%，认缴出资额为255万元。2018年1月4日，张凯和大路公司签订了一份《股权转让协议》，约定张凯将其持有的中正公司股权98万元（占公司注册资本的19.60%，实缴5万，未缴93万元），以5万元的价格转让给大路公司；大路公司自协议签订之日起开始享有股东权利并履行股东义务。2018年4月，张凯和其他自然人股东退出中正公司，中正公司变更为大路公司独资的有限责任公司。2018年6月，大路公司向张凯汇付了纳税后的实际转款49266元。

2018年7月，孙梅以张凯的股权属于夫妻共同财产，张凯在二人离婚诉讼期间背着自己以明显低于市场价格的价格转让股份，属于显失公平和转移夫妻共同财产为由，将张凯和大路公司诉至本院，要求撤销该股权转让协议。在该案审理中，张凯认可股权转让金为夫妻共同财产。

法庭审理认为，根据《公司法》第71条第1款"有限责任公司的股东之间可以相互转让其全部或者部分股权"的规定，有限责任公司股东内部的股权流转主体为股东个人，其配偶并不享有该股权的处分权能，股权转让的权能应由股东本人行使，不受他人干涉，包括配偶在内，即对于股权转让，公司法作出了专门的规定，而夫妻共有的对象应

---

[①] 参见王双磊：《公司股东间转让股权 股东配偶可否主张撤销》，载江苏法院网 https://www.jsfy.gov.cn/article/89965.html，最后访问日期：2023年3月18日。

当是股权的财产价值，而非股权本身，配偶不能依据婚姻法而逾越公司法的规定。本案中，孙梅同张凯虽为夫妻关系，但张凯和大路公司均系中正公司的股东，故其可以相互转让股权，且不需经得他人同意，根据现有证据也无法证明张凯和大路公司之间存在恶意串通或者显失公平等法律规定可撤销的事由，故张凯与大路公司之间的股权转让并不违法，且张凯亦认可该股权转让金为夫妻共同财产，若孙梅有证据证明该股权转让金额明显低于市场价格，张凯可以按照实际市场价格以夫妻共同财产进行确定。因此，张凯和大路公司就股权转让所签订的协议合法有效，孙梅的诉讼请求应予驳回。

## 70. 《股权转让协议》中已经披露债务金额，对实际执行中超出的金额原股东还承担责任吗？[①]

2010年3月23日，王某与刘某签署《股权转让协议》，刘某将其持有的某房地产公司百分之百的股权转让给王某，股权对价为1.4亿元。该转让价不包括协议附件未予列明的任何未披露债务，对于未披露债务，刘某应承担偿还责任。协议附件1列明了房地产公司转让资产负债清单，披露了房地产公司对外所负的三笔债务情况，共计3150万元。附件3约定保留剩余股权转让款3200万，如股权出让方未能清偿上述款项，导致不能如期办理土地证，王某可以用剩余股权转让款直接清偿。《股权转让协议》签订后，王某按约支付了9800万元股权转让款。房地产公司所负三笔债务在2018年通过强制执行程序履行本金、利息等共计1.1亿余元。王某起诉要求刘某承担源于上述三项债务产生的执行款。

法院经审理认为，王某与刘某签订的《股权转让协议》中对于房地产公司的债务情况，包括基础合同关系、债权人、债务金额3150万元等已作出披露，还约定为保障股权受让方权益，保留剩余股权转让款

---

[①] 参见《青岛市中级人民法院公司类纠纷审判典型案例（2022年）》，王某诉刘某股权转让纠纷，载青岛市中级人民法院网，http://ytzy.sdcourt.gov.cn/qdzy/spgk66/sszy16/spzdyj/dxxal/8611329/index.html，最后访问日期：2023年3月18日。

3200万以保障王某的合法权益。王某主张的实际履行金额1亿多元，远远大于三项已披露债务的总和3150万元，在签订涉案《股权转让协议》时，公司对外负债金额及债权人具体明确，不存在公司在后续经营过程中无法清偿债务的障碍，后续实际执行的债务金额远远大于股权转让时明确约定的债务金额并非刘某原因所致。并且股权转让时刘某承诺保留剩余股权转让款3200万未支付，以保留剩余股权转让款的方式处理所涉已披露债务。王某起诉要求刘某承担源于上述三项债务产生的执行款依据不足，不予支持。

## 71. 让与担保与股权转让，如何区分？[①]

某投资公司系第三人化工公司的股东，持股32.49%。第三人化工公司资金短缺，为引进某投资控股集团进行投资，让某投资公司以其在公司的全部股权32.49%（其中5.32%已质押给银行）进行担保。第三人化工公司与某投资控股集团签订了《借款协议》。某投资公司与某投资控股集团同时签订了《股权转让协议》及《股权回购协议》等。因某投资公司的小部分股权已质押给他人并办理了质押登记，故该套协议到工商机关办理过户手续时受到限制。为向工商机关办理过户手续，各方就未质押的部分27.17%的股权又签订了一整套协议，包括《借款协议》《股权转让协议》及《股权回购协议》，并进行了工商登记。在目标公司经营困难时，某投资公司就以在工商机关登记的协议中《借款协议》未履行，《股权回购协议》未履行，实际股权已转让给投资控股集团为由，诉至法院，请求某投资控股集团支付其股权转让款，并赔偿损失。

法院经审理认为，所谓股权让与担保应为非典型性的担保形式，债务人或者第三人与债权人订立合同，约定将股权转让至债权人名下，债务人到期清偿债务，债权人将该股权返还给债务人或第三人，债务人到

---

[①] 参见《青岛市中级人民法院公司类纠纷审判典型案例（2022年）》，某投资公司诉某投资控股集团、第三人某化工公司等股权转让纠纷，载青岛市中级人民法院网http://ytzy.sdcourt.gov.cn/qdzy/spgk66/sszy16/spzdyj/dxxal/8611329/index.html，最后访问日期：2023年3月18日。

期没有清偿债务，债权人可以对股权拍卖、变卖、折价偿还债权。具体到本案，债务人应系本案第三人某化工公司，债权人系某投资控股集团，某投资公司系担保人，某投资公司与某投资控股集团虽然签订了股权转让协议，但双方的真实意思表示应为让与担保，而非股权转让。法院认为，某投资公司主张本案系股权转让纠纷，要求某投资控股集团支付股权转让款及赔偿损失的诉讼请求不成立，应予驳回。

## 72. 违反"经其他股东过半数同意"是否必然导致股份转让协议无效？[1]

2011年8月10日，原告淳某与被告周某签订《关于A公司股份转让协议》，约定：被告周某将其持有的A公司1%的股权转让给原告淳某；转让价格为10万元，在合同签订之日支付5万元，2012年12月31日支付5万元；协议签订后，公司在10日内向工商行政管理机关申请办理变更登记；自工商行政管理机关核准登记之日起，公司向原告淳某签发《出资证明书》，淳某成为公司股东，依法享有股东权利、承担股东义务和相关民事责任。此外，该协议还约定了其他内容。协议签订后，原告淳某向被告周某支付了5万元。

后原告淳某诉至法院，称A公司并未就股权转让事宜召开股东会，且未征得其他股东过半数同意，故双方签订的股权转让协议违反了《公司法》的强制性规定，给原告淳某造成了巨大的经济损失，故要求法院确认原、被告于2011年8月10日签订的《关于A公司股份转让协议》无效。

被告周某答辩称，原、被告签订的股权转让协议系双方真实意思表示，双方签订股权转让协议的时候，已经过其他股东的同意。原告淳某主张的损失并不存在，故不同意原告淳某的诉讼请求。

---

[1] 参见于伟健：《违反"经其他股东过半数同意"并不必然导致股份转让协议无效——淳某诉周某股权转让纠纷案相关法律问题分析》，载北京法院网 https://bjgy.bjcourt.gov.cn/article/detail/2015/11/id/1747224.shtml，最后访问日期：2023年3月18日。

庭审中，原告淳某向一审法院提交了 A 公司股东李某的证人证言，证人向法庭陈述其在 A 公司刚成立的时候就知道股权转让事宜，开始同意转让，现股东李某不同意向原告淳某转让股权。经释明，股东李某明确表示不同意购买本案所涉股权。另查，A 公司共有三位股东，即被告周某、证人李某、案外人贾某。

北京市通州区人民法院经审理认为，原告淳某主张被告周某未经过过半数股东同意将股份转让给原告淳某，违反了《公司法》的规定，故双方签订的《关于 A 公司股份转让协议》应为无效。法院认为《公司法》系基于有限责任公司的人合性质而保护股东的优先购买权。本案中，原告淳某提交的 A 公司股东李某的证人证言，证明其不同意被告周某将股权转让给原告淳某，但证人李某明确向法庭表明不同意购买该股权，故原告淳某与被告周某之间签订的股权转让协议并未损害股东李某的优先购买权，且原告淳某未向法庭提交其他证据证明双方签订的股权转让协议存在其他违反法律以及行政法规强制性规定的情形，故对于原告淳某要求确认其与被告周某签订的《关于 A 公司股份转让协议》无效的诉讼请求，证据不足，法院不予支持。对于原告淳某要求被告周某返还转让款以及赔偿利息损失的诉讼请求，于法无据，法院不予支持。因此，法院判决驳回原告淳某的诉讼请求。一审法院宣判后，原告淳某不服提起上诉。后北京市第三中级人民法院经审理，判决驳回上诉，维持原判。

**关联参见**

《公司法司法解释（三）》第 18 条；《公司法司法解释（四）》第 16—22 条

**第七十二条　【优先购买权】** 人民法院依照法律规定的强制执行程序转让股东的股权时，应当通知公司及全体股东，其他股东在同等条件下有优先购买权。其他股东自人民法院通知之日起满二十日不行使优先购买权的，视为放弃优先购买权。

### 条文解读

**强制执行程序中股东的优先购买权** ➡ 人民法院依照法律规定的强制执行程序转让股东的股权，是指人民法院依照民事诉讼法等法律规定的执行程序，强制执行生效的法律文书时，以拍卖、变卖或其他方式转让有限责任公司股东的股权。需要注意的地方是，本条中权利行使的期限和第71条中权利行使的期限是不一样的，其主要目的是为了尽快结束司法程序，防止拖延。

### 实务应用

**44. 如何界定优先购买权中的"同等条件"？**

关于强制执行过程中的同等条件下优先购买权的"同等条件"应如何界定的问题，《最高人民法院关于人民法院民事执行中拍卖、变卖财产的规定》是处理股权司法拍卖程序中优先购买权保护问题的基本依据。根据该规定第 13 条第 1 款规定，拍卖过程中，有最高应价时，优先购买权人可以表示以该最高价买受，如无更高应价，则拍归优先购买权人；如有更高应价，而优先购买权人不作表示的，则拍归该应价最高的竞买人。由此可知，在股权司法拍卖程序中优先购买权人采取了类似跟价法的方式，即优先购买权人直接作为竞拍人参与股权竞拍，竞价高者拍得股权。值得注意的是，实践中可能会出现多个优先购买权人参与股权司法拍卖程序的情形，根据上述规定第 13 条第 2 款规定，对顺序相同的多个优先购买权人同时表示买受的情形，以抽签方式决定买受人。

**第七十三条 【股权转让的变更记载】** 依照本法第七十一条、第七十二条转让股权后，公司应当注销原股东的出资证明书，向新股东签发出资证明书，并相应修改公司章程和股东名册中有关股东及其出资额的记载。对公司章程的该项修改不需再由股东会表决。

### 条文解读

**股权转让的变更记载** ● 无论是股东自愿转让其股权，还是人民法院依照法律规定的强制执行程序转让股东的股权，在股权依法被转让以后，公司还应当履行法定的手续，使股权转让的结果在有关的文件中得到明确的记载。由于因股权转让而修改公司章程，仅是记载股权变化的后果，无需股东对此表示同意或者不同意，所以，本条规定，对公司章程中有关股东及其出资额的修改，不需要再由股东会表决。

### 实务应用

**45.** 股权转让后，受让人于何时取得股东资格？

《全国法院民商事审判工作会议纪要》指出，当事人之间转让有限责任公司股权，受让人以其姓名或者名称已记载于股东名册为由主张其已经取得股权的，人民法院依法予以支持，但法律、行政法规规定应当办理批准手续生效的股权转让除外。未向公司登记机关办理股权变更登记的，不得对抗善意相对人。

**46.** 股权转让后办理变更登记前，原股东再次对相应股权作出转让、质押等处分行为的，受让股东可采取哪些救济措施？

根据《公司法司法解释（三）》规定，股权转让后尚未向公司登记机关办理变更登记，原股东将仍登记于其名下的股权转让、质押或者以其他方式处分，受让股东以其对于股权享有实际权利为由，请求认定处分股权行为无效的，人民法院可以参照《民法典》第311条的规定处理。根据《民法典》第311条规定，无处分权人将不动产或者动产转让给受让人的，所有权人有权追回；除法律另有规定外，符合下列情形的，受让人取得该不动产或者动产的所有权：（1）受让人受让该不动产或者动产时是善意；（2）以合理的价格转让；（3）转让的不动产或者动产依照法律规定应当登记的已经登记,不需要登记的已经交付给受让人。

此外,原股东处分股权造成受让股东损失,受让股东可请求原股东承担赔偿责任,并可主张对于未及时办理变更登记有过错的董事、高级管理人员或者实际控制人承担相应责任。若受让股东对于未及时办理变更登记也有过错的,可以适当减轻上述董事、高级管理人员或者实际控制人的责任。

### 案例指引

**73.** 投资行为发生在《外商投资法》实施之前,但不属于"负面清单"管理范围,合资企业转让股权是否须经批准?[1]

如皋市金某置业有限公司(以下简称金某公司)为有限责任公司,经营范围为房地产开发。2013年,金某公司召开股东会,形成《金某公司股东会议纪要》,对金某公司实际股东及股权进行确认,即金某公司工商登记在叶某滨和大地公司名下股权的实际股东及股权比例为:叶某滨占股52.5%、吴某好占股20%。叶某滨同意将登记在其名下的金某公司股权依照会议确认的比例分别转让给吴某好等实际股东。后因叶某滨、金某公司未办理股权变更登记,吴某好提起诉讼,要求叶某滨将金某公司20%股权变更登记至其名下。

江苏省南通市中级人民法院一审认为,叶某滨与吴某好之间的股权转让行为有效。金某公司系合资企业,虽然根据修订前的《中外合资经营企业法》规定,金某公司的股权变更需报经审批机关批准后方才生效,但修订后的《中外合资经营企业法》规定,举办合营企业不涉及国家规定实施准入特别管理措施的,适用备案管理。涉案合资企业不在负面清单内,故案涉股权变更仅需向有关部门备案即可,并非经审批机关

---

[1] 参见《人民法院助力全国统一大市场建设典型案例》,如皋市金某置业有限公司、叶某滨与吴某好等股东资格确认纠纷案,载最高人民法院网 https://www.court.gov.cn/zixun-xiangqing-367251.html,最后访问日期:2023年3月18日。

批准后才生效,叶某滨、金某公司应当将叶某滨持有的股权变更到吴某好名下。叶某滨和金某公司不服一审判决,提起上诉。江苏省高级人民法院二审认为,虽然《金某公司股东会议纪要》形成于《外商投资法》实施之前,但是金某公司并不属于外商投资负面清单的管理范围。在全体股东已确认吴某好的实际出资人身份,且约定叶某滨配合办理变更登记的情形下,叶某滨、金某公司应当将叶某滨持有的股权变更到吴某好名下,故判决驳回上诉,维持原判。

综上,本案参照适用《外商投资法》有关"准入前国民待遇加负面清单管理"的规定,以及有关对负面清单以外的领域"按照内外资一致的原则实施管理"的规定,明确以下规则:虽然相关投资行为发生在《外商投资法》实施之前,但是外商投资企业不属于"负面清单"管理范围的,人民法院应当依照"给予国民待遇"和"内外资一致"原则,不需要征得外商投资审批机关同意才生效。

## 74. 实际出资人要求变更股东名册是否经过半数股东同意?[①]

张某某与杨某某签订合作出资协议,约定二人共同出资,以杨某某的名义受让绿洲公司的股权,张某某同意其所有出资登记在杨某某名下,股东权利由杨某某代为行使。后双方又签订了补充协议,约定当杨某某代为持股期限届满后30日内,杨某某应将股权变更登记至张某某的名下,相应手续依法办理。若因绿洲公司其他股东提出异议或其他事由导致变更登记无法完成的,则杨某某应以市价受让张某某的股权或将代为持有的张某某的股权转让于第三方并将转让款返还。后张某某支付出资款,由杨某某取得股权。绿洲公司共登记有15名股东,其中有8名股东同意将股权登记至张某某的名下。但是在杨某某代为持股期限届满后,其并未将本应属于张某某的股权登记至张某某名下,亦未返还股权款。张某某遂以杨某某违反约定,未依法为其办理股权变更登记事宜

---

[①] 参见《张某某诉杨某某股权确认纠纷案》,载《最高人民法院公报》2011年第5期。

为由，提起诉讼，请求确认其为绿洲公司的股东，并判令杨某某履行变更登记手续；或判令被告向原告支付股权等值之金额。

法院认为，张某某与杨某某之间的合作出资协议、补充协议，系当事人的真实意思表示，内容亦不违反法律、法规的禁止性规定，合法有效。本案中，争议股权虽应为张某某所有，但张某某并不当然成为绿洲公司的股东，杨某某在代为持股期限届满后，为张某某办理相应的股权变更登记手续，形同股东向股东以外的人转让股权，应当经其他股东过半数同意。根据《公司法》的规定，股东应就其股权转让事项书面通知其他股东征求同意，其他股东自接到书面通知之日起满三十日未答复的，视为同意转让。其他股东半数以上不同意转让的，不同意的股东应当购买该转让的股权；不购买的，视为同意转让。结合本案，由于绿洲公司的半数以上股东已经同意股权变更登记，故杨某某应为张某某办理相应的股权变更登记手续。遂判决：确认杨某某代为持有的绿洲公司股权为张某某所有；杨某某至工商管理部门将上述股权变更登记至张某某的名下。

综上所述，有限责任公司的实际出资人与名义出资人通过订立合同，作出以名义出资人为名义股东、由实际出资人出资并享有投资权益之约定的，应当认定为有效；如实际出资人要求变更股东登记名册，等同于股东向股东以外的人转让股权，应当经其他股东过半数同意。

**关联参见**

《公司法司法解释（三）》第27条

**第七十四条　【异议股东股权收购请求权】** 有下列情形之一的，对股东会该项决议投反对票的股东可以请求公司按照合理的价格收购其股权：

（一）公司连续五年不向股东分配利润，而公司该五年连续盈利，并且符合本法规定的分配利润条件的；

（二）公司合并、分立、转让主要财产的；

（三）公司章程规定的营业期限届满或者章程规定的其他解散事由出现，股东会会议通过决议修改章程使公司存续的。

自股东会会议决议通过之日起六十日内，股东与公司不能达成股权收购协议的，股东可以自股东会会议决议通过之日起九十日内向人民法院提起诉讼。

### 条文解读

**异议股东股权收购请求权** ➡ 异议股东股权收购请求权是指股东大会就合并、分立、转让主要财产、分配等重大事项进行表决时，如果有股东表示明确的反对，而该事项仍然通过时，则持反对意见的股东有权要求公司以公平的价格收购其所持有的公司股份。异议股东股权收购请求权为中小股东的退出打开了救济之门，从而避免了大股东独自操作，决定公司的重大事项而损害小股东的利益。

本条中 90 日的起诉时间类似于除斥期间，不适用诉讼时效的中断、中止或延长的规定。

### 实务应用

**47.** 提起股份收购请求权诉讼有何前提条件？

提起股份收购请求权诉讼必须同时具备实体和程序两方面的要件：(1) 实体上，必须是具备股东资格且对股东会相关决议投反对票的股东，才能提起该项诉讼。(2) 程序上，公司股东应在法定期限内先行与公司协商以合理价格收购其股权，协商不成后再提起诉讼。

## 案例指引

**75.《公司法》第 74 条中"转让主要财产"的标准认定是什么?**[①]

被告房地产公司经营范围包括房地产开发经营、建筑装潢材料。其原股东情况为原告实业公司持股 10%，第三人置业公司持股 90%。原告于 2016 年 10 月前为第三人股份公司的控股股东，之后转让了持有的第三人置业公司的全部股份。2018 年 8 月，第三人置业公司将持有的被告公司 90% 的股权转让给了其新设的全资子公司即第三人卓某实业公司，原告持股 10% 不变。被告公司章程明确股东会行使下列职权：决定公司的经营方针和投资计划等。

2018 年 9 月 21 日，第三人置业公司召开股东大会，审议通过决议并发布公告：出售被告公司所有的本市天目中路大厦 101 室、102 室、201 室、301 室、401 室、1301 室、1901 室、2001 室房产，建筑面积为 7118.15 平方米。被告公司于 2018 年 9 月在资产负债表中将上述房产由投资性房产调整记载为存货，在未召开公司股东会的情况下，于 2018 年 9 月 28 日将上述房产转让给某邑公司等八家物业管理公司，转让价共计 132397589.63 元（含税）。第三人置业公司于 2018 年 11 月 14 日公告，出售房产的款项已于 2018 年 11 月 12 日履行完毕，本次出售为公司增加约 35000000 元净利润，为公司主营业务发展提供资金支持。

另外，2016 年 9 月，在原告作为第三人置业公司、被告公司实际控制人期间，被告公司未经股东会决议，出售了大厦 9384.32 平方米房产，转让价 159533440 元，案涉房产为该次出售后剩余的房产。2017 年被告公司营业收入 8592943.23 元，其中租金收入 6820000 元，当时被告公司在大厦的房产的出租率约 90%。2018 年被告公司营业收入

---

[①] 参见朱建国、孙鸿波：《公司法第七十四条中"转让主要财产"的标准认定——实业公司诉房地产公司请求公司收购股份案》，载国家法官学院、最高人民法院司法案例研究院编：《中国法院 2022 年度案例·公司纠纷》，中国法制出版社 2022 年版，第 89—94 页。

132131906.67元。2018年9月30日，因被告转让房产，委托银信资产评估有限公司对被告资产作了评估，评估报告确认被告公司总资产为296064800元，总负债为30510700元，所有者权益为265554000元，转让房产可变现价值为78610000元（不含税费53790600元）。2019年上半年被告的营业收入为198521.14元。2019年9月19日，被告公司账上有资金98805479.44元。被告出售案涉房产后仍继续经营房屋租赁等与房地产经营相关的业务。

2019年3月6日，原告向被告经营地寄送快递，要求被告收购原告股权。但被告否认收到该函。原告遂认为，其于2019年2月才知悉上述2018年9月案涉房产出售，被告及第三人处理被告公司主要财产却不召开被告公司的股东会，致原告未能提出异议，原告有权根据《公司法》第74条的规定要求被告收购股权，故诉请被告以26555400元的价格收购原告持有的被告公司10%的股权。

被告辩称：不同意原告的诉讼请求。（1）被告转让案涉房产属公司正常的经营行为，无须召开股东会讨论决定，公司章程中明确的股东会职权并不包含讨论案涉情形。（2）案涉房产并非公司主要财产，其占公司资产的比重尚未达到50%，转让房产也并不涉及公司经营方针的变更，更不涉及损害小股东利益的问题。（3）本案原告主张时已过法律规定的90天期间，该权利已归于消灭。

两个第三人共同述称，同意被告的答辩意见，请求法院驳回原告的诉讼请求。

上海市静安区人民法院经审理认为：

（1）被告公司章程规定股东会的职权包括决定公司的经营方针和投资计划等，被告转让公司案涉房产的事项符合被告公司关于股东会职权的相关规定，应当提交股东会讨论表决。理由如下：第一，被告公司原来的经营方式以自有房产出租为主，其出售房产后，转为以转租方式经营，与原有的经营方式相比发生了重大的变化，符合经营方针转变的评价标准。第二，被告公司原将案涉房产记载为投资性房产，从持有变为出售就是对投资计划的变更。第三，从小股东权利保护角度来看，作为房产实际所有人的被告公司的小股东应有权参与讨论表决。因此，被告转让公司案涉房产的事项应当提交股东会讨论表决。

（2）原告主张由被告收购股权时未过法律规定的主张期间。《公司法》第74条第2款规定的期间应以异议股东参加股东会并提出异议为前提，在公司应召开而未召开股东会进行表决的情况下，则应以异议股东知道或者应当知道异议事项时起算主张期间。就本案来看，应以被告通知原告转让房产的事实这一时间点作为判断原告主张期间起算的时点。鉴于被告始终未正式通知原告，而原告自认于2019年2月28日知悉该事实，故应以该时点起算主张期间。

（3）被告转让房产的行为并不足以被认定为公司法意义上的转让公司主要财产。判断是否属于公司法意义上的公司主要财产，应当以转让财产是否导致公司发生根本性变化，即对公司的设立目的、存续等产生实质性影响，作为判断的主要标准，以转让财产价值占公司资产的比重、转让的财产对公司正常经营和盈利的影响作为辅助性判断依据。从本案来看，被告转让房产尚未达到造成公司产生根本性变化的程度：首先，从转让房产价值占比角度来看，被告转让的房产价值占被告公司实有资产价值的比重尚未达到50%，故认定其为公司法意义上的公司主要财产，依据尚不够充分。其次，从公司是否正常经营角度来看，被告公司转让房产实际上是一次性兑现收益还是分期实现收益的商业判断问题，被告公司仍可以转让房产所得收益用于投资经营。原告对房产转让价格也未提出异议，因此不能就此认为公司利益受损、经营不可持续。最后，从被告公司设立目的来看，被告公司章程从未将公司经营业务范围限定为从事自有房产的出租业务这一项，且原告公司在作为被告公司实际控制人期间也曾出售房产获取大量资金，因此被告公司此次转让房产的行为不能被认定为违背公司设立的目的。被告公司因此次房产出售发生的变化都谈不上是根本性的变化。综上，法院认为，被告转让房产的行为并不足以被认定为公司法意义上的转让公司主要财产，原告不能据此获得要求公司收购股权的权利。

综上所述，本案中某告主张异议股东股权收购请求权，法律上的依据并不充分，判决驳回原告实业公司的诉讼请求。

一审宣判后，原告向上海市第二中级人民法院提起上诉。二审判决驳回上诉，维持原判。

## 76. 抽逃出资股东可否请求公司回购其股份？[①]

2007年2月，某道公司注册资本从100万元增加到500万元，由新股东黄某认缴出资100万元，持股比例为20%。黄某出资的100万元在验资后第二天即全部抽逃。后黄某主张某道公司在未通知黄某的情况下，于章程规定的营业期限届满前作出股东会决议，修改公司章程使某道公司长期存续，黄某对该决议不同意，起诉要求判令某道公司以3000万元回购其股份。某道公司抗辩称黄某抽逃全部出资，不具有股东资格，无权要求某道公司回购其股份。黄某对抽逃出资无异议，但主张其已全部补足，双方就黄某或其实际控制的关联公司往来款项是否属于补足出资款的性质各执一词。

法院经审理认为，黄某具有某道公司股东资格，但其要求某道公司回购股份的权利则应取决于黄某是否实际出资，即在抽逃出资后是否又补足出资。黄某提交转账凭证或备注为货款，或未备注款项用途，并无明确的股权性出资或投资的意思表示。在公司财务会计凭证中亦未作为出资款项予以记载。且黄某亦陈述其多次给公司资金应急，公司使用后又将资金返还。即黄某向公司支付的款项可以返还或取回，与注册资本一经进入公司则不得抽逃的资本维持原则和资本确定原则相违背。且黄某与公司存在大量的资金往来，最终的往来款项是公司向黄某转出的资金总额远远大于黄某向公司转入的总额。因此，无法证明黄某在抽逃全

---

[①] 参见《青岛市中级人民法院公司类纠纷审判典型案例（2022年）》，黄某诉某道公司请求公司收购股份纠纷，载青岛市中级人民法院网 http://ytzy.sdcourt.gov.cn/qdzy/spgk66/sszy16/spzdyj/dxxal/8611329/index.html，最后访问日期：2023年3月18日。

部出资后补缴过出资。故黄某股东权利的行使也应受到相应限制,因其股东权利受到相应限制,其要求某道公司回购其股权的诉讼请求不应得到支持,判决驳回其要求公司回购股份的诉讼请求。

综上所述,股东履行出资义务应当有明确的意思表示,并非所有进入公司的资金都可主张为出资。基于商事关系的复杂性,进入公司的资金,除股东履行出资外,亦有可能系货款的支付或出借资金等。因此,股东的股权性投资或出资性质的款项进入公司后转化为公司的注册资本,应具有明确的投资或补足出资的意思表示。为免争议,应在转账支付时明确备注出资款项的性质为股权出资款并要求公司出具相应的投资款收款凭证、要求公司向其出具出资证明书、要求公司在财务会计账目中明确记载,否则款项性质处于不确定的状态,易发生纠纷。

### 关联参见

《公司法司法解释(一)》第3条

**第七十五条　【股东资格的继承】**自然人股东死亡后,其合法继承人可以继承股东资格;但是,公司章程另有规定的除外。

### 条文解读

**股东资格的继承** ➡ 依照《民法典》继承编的规定,自然人股东死亡后,其遗留的个人合法财产依法由他人继承。股东的出资额是股东的个人合法财产,也将依照继承编的规定,由他人依法继承。但是,继承编规定的继承,仅限于财产权的范围,对于具有人身专属性的身份关系,继承编并没有作出规定。而有限责任公司具有人合性,要成为公司的股东,不仅需要有一定的出资额,而且需要与其他股东之间存在相互信任的关系。按照继承编继承了股东遗产的人,能否具有股东资格,成为公司的股东,还需要予以明确。为此,本条对股东资格的继承作出了专门的规定。

## 案例指引

**77. 未经大股东继承人同意，小股东擅自转让资产行为是否无效？**[①]

2001年，张三与陈四共同出资设立A公司，张三投入资金30万元，持股比例60%，陈四投入资金20万元，持股比例40%。2015年7月，A公司向银行借款70万元，由李五、陈四等人提供连带责任担保。2015年8月，张三因病身故，A公司相关事宜均由陈四处理。

后A公司因经营不善致外债较多，在法院也有多起执行案件，向银行所借70万元亦未能按约还款。2018年11月，陈四与李五签订《转让合同》一份，约定A公司将公司土地上厂房及附属物作价32万元转让给李五，支付方式为代A公司偿还所欠银行贷款32万余元。此后，李五向银行代偿32万余元，同时免除了自身的担保责任。2019年8月，张三的法定继承人诉至法院，要求确认案涉《转让合同》无效。

审理中查明，签订案涉《转让合同》时，李五清楚了解A公司股权结构、公司法定代表人身故的事实。

法院经审理认为，案涉《转让合同》签订时，A公司大股东张三已经身故，其法定继承人还未表示继承其股权，陈四作为小股东在合同上签字盖章，并未取得A公司的有效授权，且合同相对人李五对此情况明知，并非善意第三人，故陈四在合同上签字盖章的行为无法代表A公司。另从《转让合同》的内容和目的来看，存在双方恶意串通，侵害A公司其余股东利益的情形。案涉资产未经评估，双方作价32万余元，价格依据不足，且A公司尚有其他债务未足额清偿，现陈四将A公司最后所剩资产全部转让给李五，使得李五对A公司的债权全部实现，侵害了其他债权人的合法权益。据此，陈四变卖公司资产的行为，侵害了

---

[①] 参见张昌凤：《未经大股东继承人同意，小股东擅自转让资产行为无效》，载江苏法院网 https://www.jsfy.gov.cn/article/81452.html，最后访问日期：2023年3月18日。

A公司、原告及其他债权人的利益,应当认定为无效。判决后,双方当事人均服判息诉。

## 第四章 股份有限公司的设立和组织机构

### 第一节 设 立

**第七十六条** 【股份有限公司的设立条件】设立股份有限公司,应当具备下列条件:

(一)发起人符合法定人数;

(二)有符合公司章程规定的全体发起人认购的股本总额或者募集的实收股本总额;

(三)股份发行、筹办事项符合法律规定;

(四)发起人制订公司章程,采用募集方式设立的经创立大会通过;

(五)有公司名称,建立符合股份有限公司要求的组织机构;

(六)有公司住所。

**第七十七条** 【设立方式】股份有限公司的设立,可以采取发起设立或者募集设立的方式。

发起设立,是指由发起人认购公司应发行的全部股份而设立公司。

募集设立,是指由发起人认购公司应发行股份的一部分,其余股份向社会公开募集或者向特定对象募集而设立公司。

**条文解读**

**发起设立** ➡ 以发起的方式设立股份有限公司的,在设立时其股份全部由该公司的发起人认购,而不向发起人之外的任何社会公众发行股份。由于没有向社会公众公开募集股份,所以,以发起设立方式设立的股份有限公司,在其发行新股之前,其全部股份都由发起人持有,公司的全部股东都是设立公司的发起人。

发起设立不向社会公开募集股份,因此,以发起设立的方式设立股份有限公司比较简便,只要发起人认足了股份就可以向公司登记机关申请设立登记,但它要求各个发起人有比较雄厚的资金,仅发起人就能够认购公司应发行的全部股份。

**募集设立** ➡ 以募集方式设立股份有限公司的,在公司设立时,认购公司应发行股份的人不仅有发起人,而且有发起人以外的人。以募集设立方式设立股份有限公司,发起人只需投入较少的资金,就能够从社会上聚集到较多的资金,从而使公司能够迅速聚集到较大的资本额。但是,由于募集设立涉及发起人以外的人,所以,法律对募集设立规定了较为严格的程序,以保护广大投资者的利益,保证正常的经济秩序。

### 案例指引

#### 78. 众筹设立公司的行为属公司募集设立的范畴吗?[1]

餐饮管理公司是音乐餐吧的股东,其法定代表人原为陈1,后于2015年12月7日变更为陈2。2015年8月23日,餐饮管理公司向林1出具一份《收据》,确认收到林1交付的悠时光餐厅(三店)投资款15000元,认购股权为5股。2015年8月31日,林1与餐饮管理公司签订《悠时光旗舰店股权众筹委托投资协议书》(以下简称《协议书》)约定,众筹项目为悠时光旗舰店,项目预计在2015年9月底试营业;林1参与本次众筹项目第1轮众筹,认购股权数量为5股,金额为15000元;本项目预计18个月至24个月可收回全部投资,每季度分红一次,分红时间为每年的3月、6月、9月、12月的10日至15日,分红形式为现金分红,以银行转账的方式支付给林1;每位股东投资的金额返还等额的"通用券",每个季度返还一次,5年内返完,"通用券"

---

[1] 参见苏珊:《众筹设立公司的行为属公司募集设立的范畴——林1诉餐饮管理公司、陈1公司设立案》,载国家法官学院、最高人民法院司法案例研究院编:《中国法院2022年度案例·公司纠纷》,中国法制出版社2022年版,第180—184页。

是现金券，可当现金使用，在巨星联合集团北海事业部各门店均可使用；林1本人在悠时光旗舰店消费可享受7.5折优惠（股东凭专用卡以及仅限本人消费时可享受），可享受巨星联合集团北海事业部其他门店消费VIP贵宾折扣（以各门店的优惠方案为准）；享有知情权，有权了解项目运营状况、各项财务报表、收支情况，可通过股东会参与项目的管理，为项目出谋划策等。2015年10月2日，餐饮管理公司向林1发放《股权证书》[编号：A-045]，载明企业名称为餐饮管理公司，项目名称为悠时光餐厅，股权人为林1，出资金额为15000元，占股5股，占1%（A轮认购）。2017年3月24日，广西壮族自治区北海市中级人民法院作出（2017）桂05民终99号民事判决，确认涉案的悠时光餐厅没有成立，餐饮管理公司、陈1是悠时光餐厅的发起人。林1主张悠时光餐厅至今未成立，要求餐饮管理公司向其返还15000元及按年利率6%计算相应利息，且陈1对上述债务承担连带清偿责任。餐饮管理公司、陈1不同意林1的全部诉讼请求。

广西壮族自治区北海市海城区人民法院经审理认为，餐饮管理公司没有按照涉案《协议书》的约定，在2015年9月底前成立悠时光餐厅并试营业，故作为发起人的餐饮管理公司、陈1均负有对认股人林1已缴纳的15000元股款及利息返还的连带责任。一审法院判决：餐饮管理公司、陈1共负返还15000元及利息（以15000元为基数，按中国人民银行同期同类存款利率，从2015年8月23日起计至本判决发生法律效力之日止）给林1的连带清偿责任。

餐饮管理公司、陈1不服原审判决，提起上诉。二审法院认为，本案是餐饮管理公司、陈1通过募集方式设立悠时光餐厅与林1达成合作意向，但是双方因涉案公司是否实际成立以及林1请求返还投资款产生纠纷，符合公司设立纠纷的法律特征。依据《合同法》第77条第1款①的规定，餐饮管理公司、陈1没有举证证明与林1协商一致变更了

---

① 现为《民法典》第543条。

合同的内容，那么就应当按照原合同的约定继续履行设立悠时光餐厅的筹办义务。综合本案证据，发起人餐饮管理公司、陈1没有根据相关法律的规定召开创立大会、进行验资、制定公司章程等，也没有到公司登记机关进行公司设立登记申请。并且，餐饮管理公司成立的公司是音乐餐吧，不是悠时光餐厅。也就是说，涉案《协议书》中约定的悠时光旗舰店项目至今未成立。虽然巨星公司向林1的账户转入了五笔分红，但是餐饮管理公司、陈1没有提交证据证明已经与林1达成一致意见，而林1同意将其认购的股权转化为巨星公司的股权，林1亦予以否认。除此之外，餐饮管理公司、陈1没有证据证明已履行涉案《协议书》中的其他义务。因此，餐饮管理公司、陈1没有完成设立悠时光餐厅的筹备工作。根据《合同法》第94条①第1款第2项的规定，悠时光餐厅至今未成立，作为发起人的餐饮管理公司、陈1应当对林1已缴纳的股款15000元及利息承担连带清偿责任。二审法院判决如下：驳回上诉，维持原判。

**第七十八条　【发起人的限制】**设立股份有限公司，应当有二人以上二百人以下为发起人，其中须有半数以上的发起人在中国境内有住所。

### 条文解读

**发起人** ▶ 发起人，是指依法筹办创立股份有限公司事务的人。根据《公司法司法解释（三）》的规定，为设立公司而签署公司章程、向公司认购出资或者股份并履行公司设立职责的人，应当认定为公司的发起人，包括有限责任公司设立时的股东。

**发起人在中国境内有住所** ▶ 发起人在中国境内有住所，就中国公民而言，是指公民以其户籍所在地为居住地或者其经常居住地在中国境

---

① 现为《民法典》第563条。

内；就外国公民而言，是指其经常居住地在中国境内；就法人而言，是指其主要办事机构所在地在中国境内。

**关联参见**

《公司法司法解释（三）》第 1 条

第七十九条 【发起人的义务】股份有限公司发起人承担公司筹办事务。

发起人应当签订发起人协议，明确各自在公司设立过程中的权利和义务。

**条文解读**

发起人的义务 ▶ 本条是强制性规范。首先，明确规定了发起人承担公司筹办事务的义务。公司的筹办是公司设立完成的重要前提。公司的筹办事务包括材料的准备、申请文件的提交、召集主持召开创立大会等程序性事务。其次，发起人签订发起人协议的规定突出了发起人协议在公司设立过程中的重要地位，此协议的内容除符合本法的相关规定外，还需注意它同时受到《民法典》等相关法律的规范。

第八十条 【注册资本】股份有限公司采取发起设立方式设立的，注册资本为在公司登记机关登记的全体发起人认购的股本总额。在发起人认购的股份缴足前，不得向他人募集股份。

股份有限公司采取募集方式设立的，注册资本为在公司登记机关登记的实收股本总额。

法律、行政法规以及国务院决定对股份有限公司注册资本实缴、注册资本最低限额另有规定的，从其规定。

第八十一条 【公司章程】股份有限公司章程应当载明下列事项：

（一）公司名称和住所；

（二）公司经营范围；

（三）公司设立方式；

（四）公司股份总数、每股金额和注册资本；

（五）发起人的姓名或者名称、认购的股份数、出资方式和出资时间；

（六）董事会的组成、职权和议事规则；

（七）公司法定代表人；

（八）监事会的组成、职权和议事规则；

（九）公司利润分配办法；

（十）公司的解散事由与清算办法；

（十一）公司的通知和公告办法；

（十二）股东大会会议认为需要规定的其他事项。

**第八十二条** 【出资方式】发起人的出资方式，适用本法第二十七条的规定。

**第八十三条** 【发起设立的程序】以发起设立方式设立股份有限公司的，发起人应当书面认足公司章程规定其认购的股份，并按照公司章程规定缴纳出资。以非货币财产出资的，应当依法办理其财产权的转移手续。

发起人不依照前款规定缴纳出资的，应当按照发起人协议承担违约责任。

发起人认足公司章程规定的出资后，应当选举董事会和监事会，由董事会向公司登记机关报送公司章程以及法律、行政法规规定的其他文件，申请设立登记。

## 条文解读

**发起设立的程序** ➡ 根据本条规定，以发起设立方式设立股份有限公司的程序为：（1）发起人书面认足公司章程规定其认购的股份；（2）缴纳出资；（3）选举董事会和监事会；（4）申请设立登记。

**第八十四条 【募集设立的发起人认购股份】** 以募集设立方式设立股份有限公司的，发起人认购的股份不得少于公司股份总数的百分之三十五；但是，法律、行政法规另有规定的，从其规定。

**条文解读**

**募集设立的发起人认购股份** ▶ 发起人认购的股份是指所有发起人认购股份的总额，而不是某一个发起人认购的股份。在设立公司时，即使某一个或者某几个发起人认购的股份很少，但所有发起人认购的股份总数达到了公司股份总数的35%，就符合对募集设立股份有限公司的发起人认购股份的要求。

**第八十五条 【募集股份的公告和认股书】** 发起人向社会公开募集股份，必须公告招股说明书，并制作认股书。认股书应当载明本法第八十六条所列事项，由认股人填写认购股数、金额、住所，并签名、盖章。认股人按照所认购股数缴纳股款。

**条文解读**

**认股书** ▶ 认股书是发起人向社会公众发出的要约，认股人填写认股书是一种承诺的行为，因此，认股书经认股人填写并签名盖章后，就成为一项合同，作为当事人的发起人和认股人都应当履行。这就意味着发起人有义务使认股人能够购买其所认购的股份，认股人有义务按照所认购股数缴纳股款。如果认股人没有按照所认购股数足额缴纳股款，就应当依法承担相应的违约责任。

**第八十六条 【招股说明书】** 招股说明书应当附有发起人制

订的公司章程，并载明下列事项：

（一）发起人认购的股份数；

（二）每股的票面金额和发行价格；

（三）无记名股票的发行总数；

（四）募集资金的用途；

（五）认股人的权利、义务；

（六）本次募股的起止期限及逾期未募足时认股人可以撤回所认股份的说明。

### 条文解读

**招股说明书** ➡ 招股说明书是指专门表达募集股份的意思并载明有关信息的书面文件，是股票公开发行的最基本法律文件。所有公开发行股票的公司必须向证监会报送招股说明书。关于招股说明书的性质，认定为要约邀请较为恰当。

**第八十七条** 【股票承销】发起人向社会公开募集股份，应当由依法设立的证券公司承销，签订承销协议。

### 条文解读

**股票承销** ➡ 股票是一种有价证券。股票承销，是指证券公司在规定的期限内将发行人发行的股票销售出去，承销的证券公司按照约定收取一定报酬的行为。发行人应当同证券公司签订承销协议。

证券承销业务采取代销或者包销方式。证券代销是指证券公司代发行人发售证券，在承销期结束时，将未售出的证券全部退还给发行人的承销方式。证券包销是指证券公司将发行人的证券按照协议全部购入或者在承销期结束时将售后剩余证券全部自行购入的承销方式。公开发行证券的发行人有权依法自主选择承销的证券公司。

**关联参见**

《证券法》第 25 条、第 26 条;《证券发行与承销管理办法》

**第八十八条** 【代收股款】发起人向社会公开募集股份,应当同银行签订代收股款协议。

代收股款的银行应当按照协议代收和保存股款,向缴纳股款的认股人出具收款单据,并负有向有关部门出具收款证明的义务。

**第八十九条** 【验资及创立大会的召开】发行股份的股款缴足后,必须经依法设立的验资机构验资并出具证明。发起人应当自股款缴足之日起三十日内主持召开公司创立大会。创立大会由发起人、认股人组成。

发行的股份超过招股说明书规定的截止期限尚未募足的,或者发行股份的股款缴足后,发起人在三十日内未召开创立大会的,认股人可以按照所缴股款并加算银行同期存款利息,要求发起人返还。

**条文解读**

**创立大会** ▶ 创立大会是指在股份有限公司成立之前,由全体发起人、认股人参加、决定是否设立公司并决定公司设立过程中以及公司成立之后的重大事项的会议。它是在公司成立前的决议机关,行使与股东大会类似的职权。

本条规定了公司创立大会的召开期限和组成人员,并不意味着在召开创立大会时,所有的认股人都必须出席创立大会。也就是说,只要符合法律规定的条件,即使有的认股人没有出席,创立大会也是有效的。

**第九十条** 【创立大会的职权】发起人应当在创立大会召开十五日前将会议日期通知各认股人或者予以公告。创立大会应有代表股份总数过半数的发起人、认股人出席，方可举行。

创立大会行使下列职权：

（一）审议发起人关于公司筹办情况的报告；

（二）通过公司章程；

（三）选举董事会成员；

（四）选举监事会成员；

（五）对公司的设立费用进行审核；

（六）对发起人用于抵作股款的财产的作价进行审核；

（七）发生不可抗力或者经营条件发生重大变化直接影响公司设立的，可以作出不设立公司的决议。

创立大会对前款所列事项作出决议，必须经出席会议的认股人所持表决权过半数通过。

**第九十一条　【不得任意抽回股本】** 发起人、认股人缴纳股款或者交付抵作股款的出资后，除未按期募足股份、发起人未按期召开创立大会或者创立大会决议不设立公司的情形外，不得抽回其股本。

## 条文解读

**不得任意抽回股本** ⇨ 资本确定、资本维持及资本不变是公司资本制度的三项基本原则。资本是公司运营的基础，也是公司承担法律责任的基础，因而发起人、认股人应确保公司的资本维持，在缴纳股款或交付抵作股款的出资后，不得随意抽回股本。

**第九十二条　【申请设立登记】** 董事会应于创立大会结束后三十日内，向公司登记机关报送下列文件，申请设立登记：

（一）公司登记申请书；

（二）创立大会的会议记录；

（三）公司章程；

（四）验资证明；

（五）法定代表人、董事、监事的任职文件及其身份证明；

（六）发起人的法人资格证明或者自然人身份证明；

（七）公司住所证明。

以募集方式设立股份有限公司公开发行股票的，还应当向公司登记机关报送国务院证券监督管理机构的核准文件。

**第九十三条**　【出资不足的补充】股份有限公司成立后，发起人未按照公司章程的规定缴足出资的，应当补缴；其他发起人承担连带责任。

股份有限公司成立后，发现作为设立公司出资的非货币财产的实际价额显著低于公司章程所定价额的，应当由交付该出资的发起人补足其差额；其他发起人承担连带责任。

### 条文解读

**出资不足的补充** ▶ 股份有限公司成立后，无论是发起人未按照公司章程的规定缴足出资，还是发现发起人交付作为设立公司出资的非货币财产的实际价额显著低于公司章程所定价额，其他发起人都承担连带责任。公司既可以要求出资不符合公司章程规定的发起人缴足或者补足差额，也可以要求其他任何一个或者几个发起人缴足或者补足差额，被要求的发起人不得拒绝。当然，被要求的发起人在缴足或者补足差额后，有权向出资不符合公司章程规定的发起人追偿。

### 关联参见

《公司法司法解释（三）》第6条

**第九十四条**　【发起人的责任】股份有限公司的发起人应当承担下列责任：

（一）公司不能成立时，对设立行为所产生的债务和费用负连带责任；

（二）公司不能成立时，对认股人已缴纳的股款，负返还股款并加算银行同期存款利息的连带责任；

（三）在公司设立过程中，由于发起人的过失致使公司利益受到损害的，应当对公司承担赔偿责任。

### 条文解读

**设立行为所产生的债务和费用** ▶ 设立行为所产生的债务是指发起人为了设立公司、在筹办公司设立事务过程中对他人所负的债务。设立行为所产生的费用是指发起人为了设立公司、在筹办公司设立事务过程中支付的各种费用，如公司章程及招股说明书、认股书的制作费，有关的通知和公告的费用，雇用必要人员的工资、房屋的租赁费等。

### 实务应用

**48.** 发起人对在公司设立中签订的合同，应承担什么法律责任？

《公司法司法解释（三）》对于发起人的合同责任作出了具体规定，分为两个方面：

（1）以自己名义对外签订合同的责任承担。发起人为设立公司以自己名义对外签订合同，合同相对人请求该发起人承担合同责任的，人民法院应予支持；公司成立后合同相对人请求公司承担合同责任的，人民法院应予支持。

（2）以公司名义对外签订合同的责任承担。发起人以设立中公司名义对外签订合同，公司成立后合同相对人请求公司承担合同责任的，人民法院应予支持。公司成立后有证据证明发起人利用设立中公司的名义为自己的利益与相对人签订合同，公司以此为由主张不承担合同责任的，人民法院应予支持，但相对人为善意的除外。

**49.** 公司不能成立时,发起人对设立行为所产生的债务和费用应如何承担责任?

根据《公司法司法解释(三)》的规定,公司因故未成立,债权人可以请求全体或者部分发起人对设立公司行为所产生的费用和债务承担连带清偿责任。部分发起人承担责任后,请求其他发起人分担的,其他发起人应当按照约定的责任承担比例分担责任;没有约定责任承担比例的,按照约定的出资比例分担责任;没有约定出资比例的,按照均等份额分担责任。因部分发起人的过错导致公司未成立,其他发起人主张其承担设立行为所产生的费用和债务的,应当根据过错情况,确定过错一方的责任范围。

**50.** 发起人对因设立公司而发生的职务侵权行为如何承担责任?

根据《公司法司法解释(三)》的规定,发起人因履行公司设立职责造成他人损害,公司成立后受害人请求公司承担侵权赔偿责任的,人民法院应予支持;公司未成立,受害人请求全体发起人承担连带赔偿责任的,人民法院应予支持。公司或者无过错的发起人承担赔偿责任后,可以向有过错的发起人追偿。

### 关联参见

《公司法司法解释(三)》第 2—5 条

**第九十五条** 【公司形式的变更】有限责任公司变更为股份有限公司时,折合的实收股本总额不得高于公司净资产额。有限责任公司变更为股份有限公司,为增加资本公开发行股份时,应当依法办理。

### 条文解读

**公司形式的变更** ▶ 有限责任公司变更为股份有限公司以后,其资产就成为股份有限公司的资产，有限责任公司的原股东也因此而持有由有限责任公司的资产折合成的股份。由于有限责任公司在其运营过程中，既会有资产，也会有负债，所以有限责任公司的资产，在计入股份有限公司实际收到的股本总额时，不应当高于其净资产额的数额。

第九十六条 【重要资料的置备】股份有限公司应当将公司章程、股东名册、公司债券存根、股东大会会议记录、董事会会议记录、监事会会议记录、财务会计报告置备于本公司。

第九十七条 【股东的查阅、建议和质询权】股东有权查阅公司章程、股东名册、公司债券存根、股东大会会议记录、董事会会议决议、监事会会议决议、财务会计报告，对公司的经营提出建议或者质询。

### 条文解读

**股东大会会议记录** ➡ 股东大会会议记录，是指股东大会对所议事项及结果所作成的并由主持人和出席会议的股东签名的会议记录。作为股东大会成员的股东，有权通过股东大会会议记录来了解股东大会举行会议时的各项情况，检查股东大会的决议是否侵犯了股东的合法利益，以及股东大会的决策是否有失误之处等，从而决定自己应当采取何种行为。

### 实务应用

### 51. 股东查阅会计账簿时是否允许他人协助？

公司法对此并没有作出规定，公司法只允许股东查阅会计账簿，并没有赋予股东复制会计账簿的权利，这使得股东复制会计账簿后向专业人士进行咨询变得不可能；而公司的会计账簿一般都很多，这给股东仅仅通过"查阅"了解公司经营状况带来了较大难度。此外，由于会计账簿具有较强的专业性，普通的股东如果不具备会计知识，即使查阅也很难获得有价值的信息。因此，在特定的情形下，只要股东能够证明其查阅的目的正当，并且要查阅的会计账簿年份较多，股东不具备相关的财务会计知识的，应当允许股东在一至二名专业人员（例如会计、律师）的协助下查阅公司会计账簿。这一精神最终为《公司法司法解释（四）》第10条予以明确。

**案例指引**

**79.** 未按章程规定向外国股东提供月度管理报告和季度报告该如何处理？[①]

在荷兰注册登记的帝某曼食品配料中国企业有限公司（以下简称帝某曼公司）持有烟台安某利果胶股份有限公司（以下简称安某利公司）18.95%的股份，根据我国《公司法》第97条以及《烟台安某利果胶股份有限公司修订之章程》第121条的规定，安某利公司应在各日历月及各会计季度结束后12个工作日内按照帝某曼公司的要求提供为帝某曼公司合并报表之目的的月度管理报告和季度报告。自2017年1月起，安某利公司提供给帝某曼公司的月度管理报告相比于此前年度所提供的月度管理报告均存在明显的重大缺漏。帝某曼公司于2018年8月份收到安某利公司财务负责人的消息，声称自2017年7月起安某利公司不再向其提供月度管理报告和季度报告。帝某曼公司主张安某利公司的上述行为侵犯了其股东知情权，故诉至法院，要求判令安某利公司按要求提供月度管理报告。

烟台市中级人民法院一审认为，根据我国《涉外民事关系法律适用法》第14条第1款之规定，原告帝某曼公司行使股东知情权为公司的

---

① 参见《山东高院发布服务"一带一路"和上合示范区典型案例》，帝某曼食品配料中国企业有限公司诉烟台安某利果胶股份有限公司股东知情权纠纷案，载山东法院网 http://www.sdcourt.gov.cn/nwglpt/_2343835/_2532828/5523574/index.html，最后访问日期：2023年3月18日。

股东权利义务事项，被告安某利公司登记地在中华人民共和国山东省烟台市，故本案纠纷适用中华人民共和国法律。根据我国《公司法》第97条规定以及安某利公司章程第121条规定除基于当地要求的财务报表以外，安某利公司还将按照帝某曼公司的要求在各日历月及各会计季度结束后的12个工作日内向其提供月度管理报告，以及为帝某曼公司合并报表之目的的季度报告。故帝某曼公司作为安某利公司之股东，有权依照《公司法》及公司章程之规定要求安某利公司每月向其提供相关财务会计报告。

安某利公司不服，提起上诉，山东省高级人民法院二审审理后，维持了一审判决。

**关联参见**

《公司法司法解释（四）》第7条、第9—12条

## 第二节 股 东 大 会

**第九十八条** 【股东大会的组成与地位】股份有限公司股东大会由全体股东组成。股东大会是公司的权力机构，依照本法行使职权。

**第九十九条** 【股东会的职权】本法第三十七条第一款关于有限责任公司股东会职权的规定，适用于股份有限公司股东大会。

**第一百条** 【年会和临时会】股东大会应当每年召开一次年会。有下列情形之一的，应当在两个月内召开临时股东大会：

（一）董事人数不足本法规定人数或者公司章程所定人数的三分之二时；

（二）公司未弥补的亏损达实收股本总额三分之一时；

（三）单独或者合计持有公司百分之十以上股份的股东请求时；

（四）董事会认为必要时；

（五）监事会提议召开时；

（六）公司章程规定的其他情形。

**第一百零一条** 【股东大会会议的召集与主持】股东大会会议由董事会召集，董事长主持；董事长不能履行职务或者不履行职务的，由副董事长主持；副董事长不能履行职务或者不履行职务的，由半数以上董事共同推举一名董事主持。

董事会不能履行或者不履行召集股东大会会议职责的，监事会应当及时召集和主持；监事会不召集和主持的，连续九十日以上单独或者合计持有公司百分之十以上股份的股东可以自行召集和主持。

**实务应用**

### 52. 股东能否请求法院判令公司召开股东（大）会？

《全国法院民商事审判工作会议纪要》指出，公司召开股东（大）会本质上属于公司内部治理范围。股东请求判令公司召开股东（大）会的，人民法院应当告知其按照《公司法》第 40 条或者第 101 条规定的程序自行召开。股东坚持起诉的，人民法院应当裁定不予受理；已经受理的，裁定驳回起诉。

**第一百零二条** 【股东大会会议】召开股东大会会议，应当将会议召开的时间、地点和审议的事项于会议召开二十日前通知各股东；临时股东大会应当于会议召开十五日前通知各股东；发行无记名股票的，应当于会议召开三十日前公告会议召开的时间、地点和审议事项。

单独或者合计持有公司百分之三以上股份的股东，可以在股东大会召开十日前提出临时提案并书面提交董事会；董事会应当在收到提案后二日内通知其他股东，并将该临时提案提交股东大会审议。临时提案的内容应当属于股东大会职权范围，并有明确议题和具体决议事项。

股东大会不得对前两款通知中未列明的事项作出决议。

无记名股票持有人出席股东大会会议的，应当于会议召开五日前至股东大会闭会时将股票交存于公司。

第一百零三条 【股东表决权】股东出席股东大会会议，所持每一股份有一表决权。但是，公司持有的本公司股份没有表决权。

股东大会作出决议，必须经出席会议的股东所持表决权过半数通过。但是，股东大会作出修改公司章程、增加或者减少注册资本的决议，以及公司合并、分立、解散或者变更公司形式的决议，必须经出席会议的股东所持表决权的三分之二以上通过。

### 条文解读

**股东表决权** ➡ 股东表决权，是指股东对股东大会决议的某一事项表示意见的权利。表决权是股东基于其所拥有的股份而产生的权利，是股东固有的权利，公司章程和股东大会的决议都不能予以剥夺。股东的表决权反映着公司资本的平等。股份有限公司的资本总额按照一定的标准划分为若干均等的份额，所以，每一股的资本额都是相等的，其权利也一律平等。考虑到计算的方便，公司法规定公司股东所持每一股份有一表决权。

第一百零四条 【重要事项的股东大会决议权】本法和公司章程规定公司转让、受让重大资产或者对外提供担保等事项必须经股东大会作出决议的，董事会应当及时召集股东大会会议，由股东大会就上述事项进行表决。

### 条文解读

**公司转让、受让重大资产** ➡ 公司转让、受让重大资产，是指股份有限公司股东与他人之间按照重大资产转让、受让协议出售、购买重大资产的行为。所谓重大资产，通常是指公司转让、受让的资产总额、资产净额、主营业务收入三项指标中的任意一项指标，占公司最近一个会计年度经审计的合并报表的相对应指标的50%以上的资产。

**第一百零五条** 【董事、监事选举的累积投票制】股东大会选举董事、监事，可以依照公司章程的规定或者股东大会的决议，实行累积投票制。

本法所称累积投票制，是指股东大会选举董事或者监事时，每一股份拥有与应选董事或者监事人数相同的表决权，股东拥有的表决权可以集中使用。

### 条文解读

**累积投票制** ➡ 累积投票制，是一种与直接投票制相对应的公司董（监）事选举制度。在累积投票制下，每一有表决权的股份享有与拟选出的董（监）事人数相同的表决权，股东可以自由地在各候选人之间分配其表决权，既可分散投于多人，也可集中投于一人，然后根据各候选人得票多少的顺序决定董（监）事人选。累积投票制在一定程度上为中小股东的代言人进入董（监）事会提供了保障。按通常投票法，股东必须在候选人中间平分选票。累积投票制则可以让股东将所有的选票投给一位候选人。假定某股东拥有一百股，每股一票，将选出六位董事，通常的办法是让该股东给每一位董事候选人投一百票，总共六百票，而累积投票制则可以将该六百票投给一位董事候选人，或根据自己的愿望分投。

股份有限公司累积投票制的适用范围为股份有限公司董事、监事的选举。公司法对于股份有限公司选举董（监）事是否采取累积投票制，是非强制性的。

**第一百零六条** 【出席股东大会的代理】股东可以委托代理人出席股东大会会议，代理人应当向公司提交股东授权委托书，并在授权范围内行使表决权。

**条文解读**

**出席股东大会的代理** ▶ 股东在委托代理人时，应当开具书面的授权委托书，在授权委托书上载明委托何人以自己的名义，参加哪一次股东大会，可以就哪些事项进行表决，并由股东在授权委托书上签名盖章。公司经审查，认为代理人提交的授权委托书有效时，代理人才能出席股东大会。

**第一百零七条** 【股东大会会议记录】股东大会应当对所议事项的决定作成会议记录，主持人、出席会议的董事应当在会议记录上签名。会议记录应当与出席股东的签名册及代理出席的委托书一并保存。

## 第三节 董事会、经理

**第一百零八条** 【董事会组成、任期及职权】股份有限公司设董事会，其成员为五人至十九人。

董事会成员中可以有公司职工代表。董事会中的职工代表由公司职工通过职工代表大会、职工大会或者其他形式民主选举产生。

本法第四十五条关于有限责任公司董事任期的规定，适用于股份有限公司董事。

本法第四十六条关于有限责任公司董事会职权的规定，适用于股份有限公司董事会。

第一百零九条 【董事长的产生及职权】董事会设董事长一人,可以设副董事长。董事长和副董事长由董事会以全体董事的过半数选举产生。

董事长召集和主持董事会会议,检查董事会决议的实施情况。副董事长协助董事长工作,董事长不能履行职务或者不履行职务的,由副董事长履行职务;副董事长不能履行职务或者不履行职务的,由半数以上董事共同推举一名董事履行职务。

第一百一十条 【董事会会议的召集】董事会每年度至少召开两次会议,每次会议应当于会议召开十日前通知全体董事和监事。

代表十分之一以上表决权的股东、三分之一以上董事或者监事会,可以提议召开董事会临时会议。董事长应当自接到提议后十日内,召集和主持董事会会议。

董事会召开临时会议,可以另定召集董事会的通知方式和通知时限。

## 案例指引

### 80. 未按规定时间通知召开临时董事会,通过决议可否撤销?[1]

腾某股份有限公司(以下简称腾某公司)在 2007 年制定的《公司章程》中规定:董事会召开临时会议,须 5 日前通知全体董事。2014 年 9 月 12 日,腾某公司召开临时股东大会,变更公司董事及监事,并重新制订公司章程。变更后的新董事签署了新的《公司章程》,该章程规定董事会临时会议应当于会议召开 3 日前书面通知全体董事。

2014 年 12 月 14 日,腾某公司新任董事中的四人签署决议,推选该

---

[1] 参见安海涛:《未按规定时间通知开会并通过决议股东以董事会程序违规诉请撤销获法院支持》,载人民法院报 http://rmfyb.chinacourt.org/paper/html/2017-06/20/content_126834.htm,最后访问日期:2023 年 6 月 1 日。

四人中的王某代为履行公司董事长的职务，召集和主持公司董事会议。同日，四人签署了关于召开腾某公司临时董事会会议的通知，定于2014年12月18日上午10时召开临时董事会会议。同日，将上述通知以手机短信及电子邮件方式通知新任董事的原董事长叶某。

翌日，叶某通过电子邮件回复其不存在无法履职的情形，且尚未收到有关召开临时董事会的任何提议等。2014年12月18日，新任董事中的四人召开了临时董事会，并签署一份《董事会决议》，免去叶某的董事长职务，选举王某担任腾某公司董事长及法定代表人。

之后，作为腾某公司股东之一的叶某之女向法院起诉，请求撤销腾某公司2014年12月18日的《董事会决议》。

一审法院认为，关于2014年公司新章程因签署人系公司董事而非公司股东，依照《公司法》的规定，只有股东大会有权修订股份有限公司的章程，董事会并不享有该项权利，故该公司章程并不具有法律效力。因此，腾某公司临时董事会的召开程序仍受2007年公司章程的约束，即应当提前5日通知董事会成员。公司四董事向叶某发出有关临时董事会的通知，并于2014年12月18日召开临时董事会，该程序不符合2007年公司章程中的程序规定，因此，原告请求撤销董事会决议的诉求有事实和法律依据，予以支持。

腾某公司不服一审判决，向厦门中院提起上诉。厦门中院审理认为，2014年腾某公司《临时股东大会决议》内容合法有效，但该股东会议决议事项并未明确重新制订公司章程的内容。关于2014年《公司章程》制定程序是否合法的问题，《公司法》规定，修改公司章程系股份有限公司股东大会的职权范围之一，腾某公司2007年公司章程亦规定公司章程的修改应由股东大会以特别决议通过。腾某公司2014年章程仅有董事签名，并无股东签名及意见，未能证明2014年公司章程即为当年《临时股东大会决议》指向的重新制定的公司章程，也未能证明原告对2014年公司章程予以认可。因此，该公司章程不具有法律效力。因2014年公司章程不产生法律效力，故腾某公司之后召开的临时董事会不符合程序，所作决定也不具效力。综上，二审法院判决驳回上诉，维持原判。

第一百一十一条 【董事会会议的议事规则】董事会会议应有过半数的董事出席方可举行。董事会作出决议，必须经全体董事的过半数通过。

董事会决议的表决，实行一人一票。

第一百一十二条 【董事会会议的出席及责任承担】董事会会议，应由董事本人出席；董事因故不能出席，可以书面委托其他董事代为出席，委托书中应载明授权范围。

董事会应当对会议所议事项的决定作成会议记录，出席会议的董事应当在会议记录上签名。

董事应当对董事会的决议承担责任。董事会的决议违反法律、行政法规或者公司章程、股东大会决议，致使公司遭受严重损失的，参与决议的董事对公司负赔偿责任。但经证明在表决时曾表明异议并记载于会议记录的，该董事可以免除责任。

### 条文解读

**参与决议的董事对公司负赔偿责任** ➡ 只有同时具备了下列三个条件，董事才对公司负赔偿责任：（1）董事会的决议违反了法律、行政法规或者公司章程、股东大会决议。（2）董事会的决议致使公司遭受严重损失。如果董事会决议给公司造成的损失不严重，则不对公司负赔偿责任。（3）该董事参与了董事会的决议，且对决议无异议。对此，该董事如果要免除责任，需要提供证据，即只有证明在表决时该董事曾表示异议并记载于会议记录的，才能免除其责任。

第一百一十三条 【经理的设立与职权】股份有限公司设经理，由董事会决定聘任或者解聘。

本法第四十九条关于有限责任公司经理职权的规定，适用于股份有限公司经理。

第一百一十四条 【董事兼任经理】公司董事会可以决定由董事会成员兼任经理。

第一百一十五条 【公司向高管人员借款禁止】公司不得直接或者通过子公司向董事、监事、高级管理人员提供借款。

第一百一十六条 【高管人员的报酬披露】公司应当定期向股东披露董事、监事、高级管理人员从公司获得报酬的情况。

### 第四节 监 事 会

第一百一十七条 【监事会的组成及任期】股份有限公司设监事会，其成员不得少于三人。

监事会应当包括股东代表和适当比例的公司职工代表，其中职工代表的比例不得低于三分之一，具体比例由公司章程规定。监事会中的职工代表由公司职工通过职工代表大会、职工大会或者其他形式民主选举产生。

监事会设主席一人，可以设副主席。监事会主席和副主席由全体监事过半数选举产生。监事会主席召集和主持监事会会议；监事会主席不能履行职务或者不履行职务的，由监事会副主席召集和主持监事会会议；监事会副主席不能履行职务或者不履行职务的，由半数以上监事共同推举一名监事召集和主持监事会会议。

董事、高级管理人员不得兼任监事。

本法第五十二条关于有限责任公司监事任期的规定，适用于股份有限公司监事。

第一百一十八条 【监事会的职权及费用】本法第五十三条、第五十四条关于有限责任公司监事会职权的规定，适用于股份有限公司监事会。

监事会行使职权所必需的费用，由公司承担。

**第一百一十九条** 【监事会的会议制度】 监事会每六个月至少召开一次会议。监事可以提议召开临时监事会会议。

监事会的议事方式和表决程序，除本法有规定的外，由公司章程规定。

监事会决议应当经半数以上监事通过。

监事会应当对所议事项的决定作成会议记录，出席会议的监事应当在会议记录上签名。

### 第五节 上市公司组织机构的特别规定

**第一百二十条** 【上市公司的定义】 本法所称上市公司，是指其股票在证券交易所上市交易的股份有限公司。

#### 条文解读

**上市公司的特征** ➡ 上市公司具有以下两个特征：一是上市公司必须是已向社会发行股票的股份有限公司。即以募集设立方式成立的股份有限公司，可以依照法律规定的条件，申请其股票在证券交易所内进行交易，成为上市公司。以发起设立方式成立的股份有限公司，在公司成立后，经过批准向社会公开发行股份后，又达到《公司法》规定的上市条件的，也可以依法申请为上市公司。二是上市公司的股票必须在证券交易所开设的交易场所公开竞价交易。

**证券交易所** ➡ 证券交易所，是国家批准设立的专为证券交易提供公开竞价交易场所的事业法人。

**第一百二十一条** 【特别事项的通过】 上市公司在一年内购买、出售重大资产或者担保金额超过公司资产总额百分之三十的，应当由股东大会作出决议，并经出席会议的股东所持表决权的三分之二以上通过。

**第一百二十二条　【独立董事】**上市公司设独立董事，具体办法由国务院规定。

### 条文解读

**独立董事** ➡ 独立董事，是指不在公司担任董事外的其他职务，并与受聘的公司及其主要股东不存在妨碍其进行独立客观判断关系的董事。独立董事的职责是按照相关法律、行政法规、公司章程，认真履行职责，维护公司整体利益，尤其要关注中小股东的合法权益不受损害。独立董事应当独立履行职责，不受公司主要股东、实际控制人或者与公司存在利害关系的单位或者个人的影响。一般说来，独立董事由具有法律、经济、财会等方面专业知识、社会信用良好的人士担任。与公司或者控股股东、实际控制人有利害关系，可能妨碍对公司事务进行独立客观判断的，不得担任独立董事。独立董事在任期内应当保证有一定的时间在公司了解情况，公司应当为独立董事开展工作提供必要条件。

### 关联参见

《上市公司独立董事规则》

**第一百二十三条　【董事会秘书】**上市公司设董事会秘书，负责公司股东大会和董事会会议的筹备、文件保管以及公司股东资料的管理，办理信息披露事务等事宜。

### 条文解读

**董事会秘书** ➡ 董事会秘书，是指掌管董事会文书并协助董事会成员处理日常事务的人员。董事会秘书是上市公司固有的职务。董事会秘书只是董事会设置的服务席位，既不能代表董事会，也不能代表董事长。上市公司董事会秘书是公司的高级管理人员，承担法律、行政法规以及公司章程对公司高级管理人员所要求的义务，享有相应的工作职权,并获取相应的报酬。

**第一百二十四条 【会议决议的关联关系董事不得表决】** 上市公司董事与董事会会议决议事项所涉及的企业有关联关系的,不得对该项决议行使表决权,也不得代理其他董事行使表决权。该董事会会议由过半数的无关联关系董事出席即可举行,董事会会议所作决议须经无关联关系董事过半数通过。出席董事会的无关联关系董事人数不足三人的,应将该事项提交上市公司股东大会审议。

## 第五章 股份有限公司的股份发行和转让

### 第一节 股份发行

**第一百二十五条 【股份及其形式】** 股份有限公司的资本划分为股份,每一股的金额相等。

公司的股份采取股票的形式。股票是公司签发的证明股东所持股份的凭证。

**条文解读**

**股份** ➡ 股份,是指由股份有限公司发行的股东所持有的通过股票形式来表现的可以转让的资本的一部分。股份有限公司的股份一般具有表明资本成分、说明股东地位、计算股东权责的含义。公司法规定了有限责任公司和股份有限公司两种公司形式,但只把股份有限公司股东所持有的出资称为股份,而没有把有限责任公司股东所持有的出资称为股份。股份作为公司资本的一部分,是公司资本的最小构成单位,不能再分,所有股东所持有的股份加起来即为公司的资本总额。股份有限公司的股份具有平等性,公司每股金额相等,所表现的股东权利和义务是相等的,即只要所持有的股份相同,其股东可以享有的权益和应当履行的义务就相同。

**股票** ➡ 股票，是指由股份有限公司签发的证明股东按其所持股份享有权利和承担义务的凭证。股票具有以下性质：一是有价证券。股票是一种具有财产价值的证券。股票记载着股票种类、票面金额及代表的股份数，反映着股票持有人对公司的权利。二是证权证券。股票表现的是股东的权利。任何人只要合法占有股票，其就可以依法向公司行使权利，比如要求公司分配自己的股息，要求分配公司的剩余财产。而且公司股票发生转移时，公司股东的权益也就随之转移。三是要式证券。股票应当采用纸面形式或者国务院证券监督管理机构规定的其他形式，其记载的内容和事项应当符合法律的规定。四是流通证券。股票可以在证券交易市场进行交易。

**第一百二十六条** 【股份发行的原则】股份的发行，实行公平、公正的原则，同种类的每一股份应当具有同等权利。

同次发行的同种类股票，每股的发行条件和价格应当相同；任何单位或者个人所认购的股份，每股应当支付相同价额。

**条文解读**

**股票发行** ➡ 设立股份有限公司公开发行股票，应当符合《公司法》规定的条件和经国务院批准的国务院证券监督管理机构规定的其他条件，向国务院证券监督管理机构报送募股申请和下列文件：（1）公司章程；（2）发起人协议；（3）发起人姓名或者名称，发起人认购的股份数、出资种类等；（4）招股说明书；（5）代收股款银行的名称及地址；（6）承销机构名称及有关的协议。依照《证券法》规定聘请保荐人的，还应当报送保荐人出具的发行保荐书。法律、行政法规规定设立公司必须报经批准的，还应当提交相应的批准文件。

**关联参见**

《证券法》第二章

**第一百二十七条** 【股票发行价格】股票发行价格可以按票面金额,也可以超过票面金额,但不得低于票面金额。

▎条文解读

**股票发行价格** ➡ 股票的发行价格是股票发行时所使用的价格,也是投资者认购股票时所支付的价格。股票发行价格一般由发行公司根据股票面额、股市行情和其他有关因素决定。股票的发行价格可以分为平价发行价格和溢价发行价格。平价发行是指股票的发行价格与股票的票面金额相同,也称之为等价发行、券面发行。溢价发行是指股票的实际发行价格超过其票面金额。股票可以按照票面额发行,也可以按高于票面额的价格发行,但不能以低于票面金额的价格发行。

**第一百二十八条** 【股票的形式及载明的事项】股票采用纸面形式或者国务院证券监督管理机构规定的其他形式。

股票应当载明下列主要事项:

(一)公司名称;

(二)公司成立日期;

(三)股票种类、票面金额及代表的股份数;

(四)股票的编号。

股票由法定代表人签名,公司盖章。

发起人的股票,应当标明发起人股票字样。

**第一百二十九条** 【股票的种类】公司发行的股票,可以为记名股票,也可以为无记名股票。

公司向发起人、法人发行的股票,应当为记名股票,并应当记载该发起人、法人的名称或者姓名,不得另立户名或者以代表人姓名记名。

## 条文解读

**记名股票** ➡ 记名股票，是指在股东名册上登记有持股人的姓名、名称和地址，并在股票上也注明持有人姓名、名称的股票。公司向发起人、法人发行的股票，应当为记名股票，并应当记载该发起人或者法人的姓名、名称，不得另立户名或者以代表人的姓名记名。

**无记名股票** ➡ 无记名股票，是指在股票上不记载承购人的姓名，可以任意转让的股票。公司对社会公众发行的股票，可以为记名股票，也可以为无记名股票。依法持有无记名股票的任何人都是公司的股东，都可以凭其所持的股票向公司主张权利。

**记名股与无记名股的主要区别** ➡ （1）转让方式不同：记名股票的转让必须经过背书，而且将受让人的姓名或名称及住所记载于公司股东名册后转让才能对抗公司，即受让人在记载完成后才能对公司行使股东权；无记名股票从交付之时起生效，无须背书和记载于股东名册。

（2）记名股票可以适用公示催告制度。记名股票的持有人，因股票被盗、遗失或者灭失，可以向公司所在地的基层人民法院申请公示催告。

**第一百三十条** 【股东信息的记载】公司发行记名股票的，应当置备股东名册，记载下列事项：

（一）股东的姓名或者名称及住所；
（二）各股东所持股份数；
（三）各股东所持股票的编号；
（四）各股东取得股份的日期。

发行无记名股票的，公司应当记载其股票数量、编号及发行日期。

#### 条文解读

**股东信息的记载** ➡ 发行记名股票的公司必须置备股东名册,要在上面载明本条第一款规定的事项,记名股票转让过户时,必须到公司更改持有人的姓名,并将受让人的姓名等事项记载于股东名册上。

发行无记名股票的公司不需要置备股东名册,只需要记载其股票数量、编号及发行日期,以便于公司了解和掌握公司股票的发行情况。

**第一百三十一条 【其他种类的股份】** 国务院可以对公司发行本法规定以外的其他种类的股份,另行作出规定。

**第一百三十二条 【向股东交付股票】** 股份有限公司成立后,即向股东正式交付股票。公司成立前不得向股东交付股票。

#### 条文解读

**向股东交付股票** ➡ 股票的交付时间是公司成立后。公司成立之时应当是公司营业执照签发之日。

公司登记成立前不得向股东交付股票,因为此时公司尚未正式成立,股票尚未生效,而且公司能否成立尚不确定,如果允许公司向认股人交付股票,认股人向外转让,善意第三人利益可能将会受到损害。

**第一百三十三条 【发行新股的决议】** 公司发行新股,股东大会应当对下列事项作出决议:

(一)新股种类及数额;
(二)新股发行价格;
(三)新股发行的起止日期;
(四)向原有股东发行新股的种类及数额。

## 条文解读

**发行新股** ➡ 公司首次公开发行新股，应当符合下列条件：（1）具备健全且运行良好的组织机构；（2）具有持续经营能力；（3）最近三年财务会计报告被出具无保留意见审计报告；（4）发行人及其控股股东、实际控制人最近三年不存在贪污、贿赂、侵占财产、挪用财产或者破坏社会主义市场经济秩序的刑事犯罪；（5）经国务院批准的国务院证券监督管理机构规定的其他条件。上市公司发行新股，应当符合经国务院批准的国务院证券监督管理机构规定的条件，具体管理办法由国务院证券监督管理机构规定。

**第一百三十四条　【发行新股的程序】** 公司经国务院证券监督管理机构核准公开发行新股时，必须公告新股招股说明书和财务会计报告，并制作认股书。

本法第八十七条、第八十八条的规定适用于公司公开发行新股。

**第一百三十五条　【发行新股的作价方案】** 公司发行新股，可以根据公司经营情况和财务状况，确定其作价方案。

**第一百三十六条　【发行新股的变更登记】** 公司发行新股募足股款后，必须向公司登记机关办理变更登记，并公告。

### 第二节　股份转让

**第一百三十七条　【股份转让】** 股东持有的股份可以依法转让。

## 条文解读

**股份转让** ➡ 所谓股份转让，是指股份有限公司的股份持有人依法自愿将自己所持有的股份转让给他人，使他人取得股份成为股东的法律行为。广义上的股份转让包括以下几种形式：股份交易；股份赠与；股份继承；其他方式，如法律规定、法院依法判决、政府命令等。我国公司法上所称的股份转让是在狭义上使用该概念的，仅指股份交易。

**实务应用**

### 53. 股份转让有何限制？

依法发行的股票、公司债券及其他证券，法律对其转让期限有限制性规定的，在限定的期限内不得买卖。发起人持有的本公司股份，自公司成立之日起1年内不得转让。公司公开发行股份前已发行的股份，自公司股票在证券交易所上市交易之日起1年内不得转让。

公司董事、监事、高级管理人员应当向公司申报所持有的本公司的股份及其变动情况，在任职期间每年转让的股份不得超过其所持有本公司股份总数的25%；所持本公司股份自公司股票上市交易之日起1年内不得转让。上述人员离职后半年内，不得转让其所持有的本公司股份。公司章程可以对公司董事、监事、高级管理人员转让其所持有的本公司股份作出其他限制性规定。

**第一百三十八条 【股份转让的场所】** 股东转让其股份，应当在依法设立的证券交易场所进行或者按照国务院规定的其他方式进行。

**第一百三十九条 【记名股票的转让】** 记名股票，由股东以背书方式或者法律、行政法规规定的其他方式转让；转让后由公司将受让人的姓名或者名称及住所记载于股东名册。

股东大会召开前二十日内或者公司决定分配股利的基准日前五日内，不得进行前款规定的股东名册的变更登记。但是，法律对上市公司股东名册变更登记另有规定的，从其规定。

> 条文解读

**记名股票的转让方式** ➡ 背书方式，即出让人将转让股票的意思记载于股票的背面，并签名盖章和注明日期。

其他方式转让，这主要是针对无纸化记名股票转让形式而作出的规定。对无纸化记名股票的转让方式由法律、行政法规另行规定。

第一百四十条 【无记名股票的转让】无记名股票的转让，由股东将该股票交付给受让人后即发生转让的效力。

第一百四十一条 【特定持有人的股份转让】发起人持有的本公司股份，自公司成立之日起一年内不得转让。公司公开发行股份前已发行的股份，自公司股票在证券交易所上市交易之日起一年内不得转让。

公司董事、监事、高级管理人员应当向公司申报所持有的本公司的股份及其变动情况，在任职期间每年转让的股份不得超过其所持有本公司股份总数的百分之二十五；所持本公司股份自公司股票上市交易之日起一年内不得转让。上述人员离职后半年内，不得转让其所持有的本公司股份。公司章程可以对公司董事、监事、高级管理人员转让其所持有的本公司股份作出其他限制性规定。

> 案例指引

**81. 股权众筹，无法办理股权变更登记，该如何处理？**[①]

黄某、乌某均系通过某股权众筹平台，于2015年3月27日，以发起人身份参与投资设立了人人利公司。2015年6月1日，邱某分别与黄某、乌某签订协议，约定以25万的价格购买黄某名下的0.5%的股权、

---

[①] 参见杨力：《"股权众筹"，须完善平台规范！》，载北京法院网 https://bjgy.bjcourt.gov.cn/article/detail/2019/08/id/4235706.shtml，最后访问日期：2023年3月18日。

以 44 万购买乌某名下 0.88% 的股权。邱某支付上述款项后，无法获得相应股权，因此，起诉至法院，要求解除双方的合同，并返还相应投资款。一审法院判决解除双方的协议，黄某、乌某返还相应转让款并支付违约金。二审中，各方当事人达成谅解，以调解的方式结案。

根据《公司法》第 141 条第 1 款规定："发起人持有的本公司股份，自公司成立之日起一年内不得转让。公司公开发行股份前已发行的股份，自公司股票在证券交易所上市交易之日起一年内不得转让。"本案中，目标公司成立于 2015 年 3 月 27 日，而公司发起人黄某、乌某与股权受让人邱某签订股权转让协议的时间是 2015 年 6 月 1 日，也即是说，依照上述法律规定，双方无法在合同签订之时完成工商登记变更手续。作为受让方的邱某，通过互联网平台与黄某、乌某签约，但在合同的履行过程中，缺乏有效的敦促方式和途径，由此导致合同变成一纸空文，自己的投资目的无法实现。

**第一百四十二条 【本公司股份的收购及质押】** 公司不得收购本公司股份。但是，有下列情形之一的除外：

（一）减少公司注册资本；

（二）与持有本公司股份的其他公司合并；

（三）将股份用于员工持股计划或者股权激励；

（四）股东因对股东大会作出的公司合并、分立决议持异议，要求公司收购其股份；

（五）将股份用于转换上市公司发行的可转换为股票的公司债券；

（六）上市公司为维护公司价值及股东权益所必需。

公司因前款第（一）项、第（二）项规定的情形收购本公司股份的，应当经股东大会决议；公司因前款第（三）项、第（五）项、第（六）项规定的情形收购本公司股份的，可以依照公司章程的规定或者股东大会的授权，经三分之二以上董事出席的董事会会议决议。

公司依照本条第一款规定收购本公司股份后,属于第(一)项情形的,应当自收购之日起十日内注销;属于第(二)项、第(四)项情形的,应当在六个月内转让或者注销;属于第(三)项、第(五)项、第(六)项情形的,公司合计持有的本公司股份数不得超过本公司已发行股份总额的百分之十,并应当在三年内转让或者注销。

上市公司收购本公司股份的,应当依照《中华人民共和国证券法》的规定履行信息披露义务。上市公司因本条第一款第(三)项、第(五)项、第(六)项规定的情形收购本公司股份的,应当通过公开的集中交易方式进行。

公司不得接受本公司的股票作为质押权的标的。

### 条文解读

**股份公司不得收购本公司股份的原因** ➡ 一般情况下,股份有限公司不得收购本公司的股份。主要有两个原因:一是股份有限公司是法人,它和股东在法律上是两个完全不同的主体,公司如收购本公司的股份,意味着它变成了自己公司的股东,使公司具有了双重身份,这会给公司带来一系列的问题,并使公司和其他股东的利益平衡受到破坏,导致侵犯其他股东的权益。二是股份有限公司必须实行股本充实原则,亦称股本维持原则,即公司在整个存续期间必须经常维持与已发行股本总额相当的现实财产。而股份有限公司收购本公司的股份则违背了股本充实原则,因为它必然会造成公司现实财产的减少,可能导致侵犯债权人权益的后果。

**第一百四十三条** 【记名股票丢失的救济】记名股票被盗、遗失或者灭失,股东可以依照《中华人民共和国民事诉讼法》规定的公示催告程序,请求人民法院宣告该股票失效。人民法院宣告该股票失效后，股东可以向公司申请补发股票。

**条文解读**

**公示催告程序** ➡ 公示催告程序，是指人民法院根据当事人的申请，以公示的方式催告不明的利害关系人，在法定期间内申报权利，逾期无人申报，作出宣告票据无效（除权）的判决程序，属于非诉讼程序。其特点是：（1）认定丧失票据或其他事项的事实而不是解决民事权益的争议；（2）具有阶段性，公示催告与除权判决是前后衔接的两个阶段；（3）实行一审终审。

**第一百四十四条　【上市公司的股票交易】** 上市公司的股票，依照有关法律、行政法规及证券交易所交易规则上市交易。

**第一百四十五条　【上市公司的信息公开】** 上市公司必须依照法律、行政法规的规定，公开其财务状况、经营情况及重大诉讼，在每会计年度内半年公布一次财务会计报告。

**条文解读**

**中期报告** ➡ 中期报告是指上市公司应当在每一会计年度的上半年结束之日起二个月内，按照国务院证券监督管理机构和证券交易场所规定的内容和格式编制并报送和公告的定期报告。

**年度报告** ➡ 年度报告是指上市公司应当在每一会计年度结束之日起4个月内，按照国务院证券监督管理机构和证券交易场所规定的内容和格式编制并报送和公告的定期报告。其中的年度财务会计报告应当经符合证券法规定的会计师事务所审计。

**临时报告** ➡ 临时报告是指发生可能对上市公司股票、证券交易价格产生较大影响的重大事件，投资者尚未得知时，上市公司应当立即将有关该重大事件的情况向国务院证券监督管理机构和证券交易场所报送临时报告，并予公告，说明事件的起因、目前的状态和可能产生的法律后果。下列情况为对上市公司股票交易价格产生较大影响的重大事件：(1) 公司的经营方针和经营范围的重大变化；(2) 公司的重大投资行为，公司在一年内购买、出售重大资产超过公司资产总额30%，或者公司营业用主要资产的抵押、质押、出售或者报废一次超过该资产的30%；(3) 公司订立重要合同、提供重大担保或者从事关联交易，可能对公司的资产、负债、权益和经营成果产生重要影响；(4) 公司发生重大债务和未能清偿到期重大债务的违约情况；(5) 公司发生重大亏损或者重大损失；(6) 公司生产经营的外部条件发生的重大变化；(7) 公司的董事、1/3以上监事或者经理发生变动，董事长或者经理无法履行职责；(8) 持有公司5%以上股份的股东或者实际控制人持有股份或者控制公司的情况发生较大变化，公司的实际控制人及其控制的其他企业从事与公司相同或者相似业务的情况发生较大变化；(9) 公司分配股利、增资的计划，公司股权结构的重要变化，公司减资、合并、分立、解散及申请破产的决定，或者依法进入破产程序、被责令关闭；(10) 涉及公司的重大诉讼、仲裁、股东大会、董事会决议被依法撤销或者宣告无效；(11) 公司涉嫌犯罪被依法立案调查，公司的控股股东、实际控制人、董事、监事、高级管理人员涉嫌犯罪被依法采取强制措施；(12) 国务院证券监督管理机构规定的其他事项。

## 案例指引

**82.** 上市公司年度报告虚假陈述，投资者是否可就损失主张民事赔偿？[①]

甲上市公司在2008年至2011年年度报告中存在虚增资产和利润总额，虚减成本等不实记载。其于2013年1月26日公布的《2012年年度报告》中将2008年至2011年隐瞒的所有亏损反映为2012年当年亏损。

---

① 参见《上市公司应就其证券虚假陈述行为承担民事赔偿责任——顾某诉甲公司证券虚假陈述责任纠纷案》，载上海金融法院网 http://www.shjrfy.gov.cn/jrfy/gweb/xx_view.jsp?pa=aaWQ9NDEPdcssz，最后访问日期：2023年3月18日。

同日公布的《2012年年度业绩预亏公告》亦作相同记载。甲公司于2013年10月12日公告其被证监局立案调查。公告后的第一个交易日，甲公司的股票发生盘中跌停，收盘跌幅达9.89%。2015年6月9日，证监局认定甲公司存在虚假陈述行为，并对其进行了行政处罚。投资者顾某在甲公司虚假陈述期间购买9500股甲公司股票，其认为甲公司的虚假陈述行为造成其股票投资亏损，起诉要求甲公司赔偿损失43890元。

上海市第二中级人民法院认为，证券监管部门作出的《行政处罚决定书》已确认甲公司存在虚假陈述行为，且甲公司对该行政处罚也并未提出复议及行政诉讼，由此可以认定甲公司存在虚假陈述行为。2013年10月12日，甲公司在证监会指定网站公布其收到证监局对其信息披露违法违规的《调查通知书》。该公告足以达到在全国范围内揭示系争虚假陈述行为的效果，对投资者起到了警示作用，故应以该日作为虚假陈述揭露日。顾某投资系争股票发生于虚假陈述行为实施日至揭露日之间，对于该期间的证券买入平均价与其卖出平均价或基准价存在差额的，甲公司应承担赔偿责任。顾某的投资差额损失计算方式为买入平均价与卖出平均价之差乘以所持证券数量，据此法院判决确定甲公司应赔偿顾某损失43890元。判决后，双方均未提起上诉，该判决已生效。

综上所述，为保障投资者利益、接受社会公众的监督，上市公司应依法履行信息披露义务，将自身的财务变化、经营状况等信息真实、准确、全面、及时地进行公告，以便使投资者充分了解情况，作出理性决策。上市公司等信息披露义务人违反信息披露规定，通过在财务报告中作不实记载等方式进行证券虚假陈述，致使投资人遭受损失的，应承担相应的民事赔偿责任。

**关联参见**

《证券法》第79—81条；《上市公司信息披露管理办法》

## 第六章　公司董事、监事、高级管理人员的资格和义务

**第一百四十六条**　【高管人员的资格禁止】有下列情形之一的，不得担任公司的董事、监事、高级管理人员：

（一）无民事行为能力或者限制民事行为能力；

（二）因贪污、贿赂、侵占财产、挪用财产或者破坏社会主义市场经济秩序，被判处刑罚，执行期满未逾五年，或者因犯罪被剥夺政治权利，执行期满未逾五年；

（三）担任破产清算的公司、企业的董事或者厂长、经理，对该公司、企业的破产负有个人责任的，自该公司、企业破产清算完结之日起未逾三年；

（四）担任因违法被吊销营业执照、责令关闭的公司、企业的法定代表人，并负有个人责任的，自该公司、企业被吊销营业执照之日起未逾三年；

（五）个人所负数额较大的债务到期未清偿。

公司违反前款规定选举、委派董事、监事或者聘任高级管理人员的，该选举、委派或者聘任无效。

董事、监事、高级管理人员在任职期间出现本条第一款所列情形的，公司应当解除其职务。

### 条文解读

**无民事行为能力人、限制民事行为能力人** ● 无民事行为能力人，是指不满 8 周岁的未成年人、8 周岁以上不能辨认自己行为的未成年人和不能辨认自己行为的成年人。限制民事行为能力人，是指 8 周岁以上的未成年人和不能完全辨认自己行为的成年人。无民事行为能力人进行民事活动要由其法定代理人代理实施。限制民事行为能力人可以独立实施纯获利益的民事法律行为或从事与他的年龄、智力相适应的民事法律行为；实施其他民事法律行为由其法定代理人代理或者经其法定代理人

同意、追认。公司的经营活动是比较重大的经济活动，市场经济下需要高管人员反应灵敏、及时作出决定。而无民事行为能力人和限制民事行为能力人从事民事活动意志受到限制，很难对外交往，因此需要限制。

**剥夺政治权利** ➡ 剥夺政治权利，是指剥夺选举权和被选举权，宪法规定的言论、出版、集会、结社、游行、示威的权利，担任国家机关职务的权利，担任企业、事业单位和人民团体领导职务的权利。

### 案例指引

**83. 公司高管负有高额债务被列为失信被执行人，用人单位与其解除劳动合同是否合法？**[①]

钱某身为基金公司高管，却因个人负有 1900 万元债务且被列为失信被执行人，致使工商登记部门无法为其办理公司董事变更登记手续，公司据此解除了与钱某的劳动合同关系，钱某则认为公司的行为构成违法解除，故起诉至法院要求恢复劳动关系。

庭审中，钱某诉称，自己在工作期间并无任何违纪行为，亦未违反规章制度，公司违法解除劳动合同侵害了自己的合法权益。公司辩称，钱某负有高额债务没有清偿，并被最高人民法院列为失信被执行人，上述情形与《公司法》《证券投资基金法》等法律关于高管及从业人员的强制性规定不符，因此其与钱某解除劳动合同的行为并未违反法律规定。

法院经审理后认为，钱某系公司高级管理人员，不仅所负债务数额较大到期未清偿，被列入失信被执行人，且不具备基金从业人员资格，因此公司认定钱某为缺乏基金公司高级管理人员任职资格的准入条件，影响劳动合同的继续履行，进而解除劳动合同，并无不当。至于公司聘任钱某过程中存在一定的失察行为及钱某并未主动告知大额负债等影响

---

[①] 参见《公司高管负有高额债务被列为失信被执行人 用人单位与其解除劳动合同 法院：高管缺乏任职资格的准入条件 影响合同继续履行》，载上海法院网 http://shfy.chinacourt.gov.cn/article/detail/2017/03/id/2571334.shtml，最后访问日期：2023 年 3 月 18 日。

任职资格情况，并不能否定公司的解除行为合法有效。故钱某以公司违法解除劳动合同为由要求恢复劳动关系，缺乏事实和法律依据，法院依法不予支持。

#### 关联参见

《公司法司法解释（五）》[①] 第3条

**第一百四十七条 【董事、监事、高管人员的义务和禁止行为】** 董事、监事、高级管理人员应当遵守法律、行政法规和公司章程，对公司负有忠实义务和勤勉义务。

董事、监事、高级管理人员不得利用职权收受贿赂或者其他非法收入，不得侵占公司的财产。

#### 条文解读

**忠实义务 ▶** 董事、监事和高级管理人员的忠实义务，是指董事、监事和高级管理人员管理经营公司业务、履行职责时，必须代表全体股东为公司最大利益努力工作，当自身利益与公司利益发生冲突时，将公司利益放在优先的位置。违反忠实义务的行为主要表现在两个方面：（1）董事、监事、高级管理人员将自己的利益置于股东和公司利益之上；（2）董事、监事、高级管理人员利用职权为自己牟取私利。当然，在这两种情况之外，还有其他的表现形式。

**勤勉义务 ▶** 董事、监事和高级管理人员的勤勉义务，又被称为注意义务、谨慎义务，是指董事、监事和高级管理人员处理公司事务必须出于善意，并尽到普通谨慎之人在相似的地位和情况下所应有的合理的谨慎、勤勉和注意。勤勉义务的一般标准包括三个方面：（1）善意；

---

[①] 《最高人民法院关于适用〈中华人民共和国公司法〉若干问题的规定（五）》，以下简称《公司法司法解释（五）》。

(2) 应当像处于类似位置的普通谨慎人那样在类似情况下所应尽到的注意；(3) 需合理地相信其行为是为了公司的最佳利益。

### 案例指引

**84. 公司高管未能识别网络诈骗是否属于未尽勤勉义务？**[①]

东方公司财务总监何某按照公司法定代表人"唐某"微信指示对外汇款 200 万，却发现该微信并非唐某本人。公司认为这 200 万元微信诈骗的损失由何某造成，故起诉至法院要求其承担全部损失。

东方公司起诉称：被告何某系公司财务总监，2015 年 9 月 11 日，何某在已有公司法定代表人唐某微信好友的情况下，又添加了名为"唐某"的微信，并按照该微信的指示对外汇款 200 万元。后经核实，该微信并非唐某本人。何某未仔细核对微信的真假，也未在汇款前与唐某当面确认，造成公司 200 万款项的损失，违反了公司法规定和公司章程约定的高级管理人员的勤勉义务，应向公司赔偿 200 万元及相应的利息损失。

对此，何某答辩称：其对外转账的流程未违反公司财务制度，东方公司存在以微信、邮件等电子方式审批财务的惯例，对外转账是由多人协同完成的。何某每月工资仅为 15000 元，东方公司欲将经营中的风险转嫁给员工。另外，本案已由公安机关立案侦查，但侦查尚未终结，是否属于诈骗没有定论。

一审法院经审理后认为，现有证据不足以支持东方公司的请求，故判决驳回了东方公司的全部诉讼请求。东方公司不服，上诉至北京一中院。上诉中，东方公司强调，何某作为财务总监，在对外转账时未尽到审慎、勤勉义务。何某在未见付款凭证和总经理审批签字的前提下，直接向第三方付款，显然对违规行为存在重大过失。

二审法院经审理认为，首先，刑事案件尚未侦查终结，本案是否属

---

[①] 参见王晴：《财务总监依微信指示汇款 200 万公司称系诈骗索要赔偿被驳回》，载北京法院网 https://bjgy.bjcourt.gov.cn/article/detail/2016/11/id/2332945.shtml，最后访问日期：2023 年 3 月 18 日。

于刑事诈骗未有定论，目前尚不能确认东方公司200万元已经实际损失。其次，唐某作为东方公司董事长，具有直接的财务审批权，东方公司亦有通过微信方式进行财务审批的先例，何某依据"唐某"的微信指示转账符合公司财务惯例。再次，在"唐某"微信申请添加何某好友前，曾有人以唐某的名义通过邮件的方式索要公司通讯录，故本案款项转出并非何某一人操作导致，唐某及公司人员信息的泄露是前提。最后，高级管理人员的勤勉义务应着眼于其履行专业职责是否符合勤勉要求，未能识别网络诈骗不能等同于未尽勤勉义务。最终二审法院驳回上诉，维持原判。

## 85. 法定代表人违反忠实义务侵占公司商标权应如何处理？[①]

某珠宝公司系"周百福"商标的权利人。张某斌与蔡某付为同胞兄弟关系。2014年1月，某珠宝公司时任法定代表人张某斌与蔡某付签订《协议》，约定蔡某付可无偿开设80家"周百福"珠宝店，无偿使用某珠宝公司的所有注册商标，且不受某珠宝公司干预和管理；某珠宝公司不得在距离蔡某付任何一家关联店的15公里内自营或授权他人开店，违约金每次100万元，并加盖某珠宝公司的非备案印章。后蔡某付以某珠宝公司在其关联店不足1公里处授权某珠宝店经营"周百福"珠宝店构成违约为由，诉至法院，请求判令某珠宝公司立即撤销对某珠宝店的授权许可，支付违约金100万元。

广东省高级人民法院生效判决认为，张某斌作为某珠宝公司法定代表人、控股股东，无视某珠宝公司独立人格，违背诚信原则，利用掌控公司非备案印章便利，与具有兄弟关系的蔡某付恶意串通，在没有相应对价情况下，非法侵占某珠宝公司商标权，掏空公司知识产权，架空公司正常运营，不正当地减少了公司的责任财产，不仅违反其对公司负有

---

[①] 参见《广东法院弘扬社会主义核心价值观典型案例》，蔡某付与某珠宝公司等知识产权合同纠纷案，载广东法院网 https://www.gdcourts.gov.cn/index.php?v=show&cid=170&id=56460，最后访问日期：2023年3月18日。

的忠实义务，也严重损害公司、其他股东及债权人的利益。该《协议》因恶意串通损害他人合法权益且违反法律强制性规定，依法应认定为合同无效。故判决驳回蔡某付的全部诉讼请求。

第一百四十八条 【董事、高管人员的禁止行为】董事、高级管理人员不得有下列行为：

（一）挪用公司资金；

（二）将公司资金以其个人名义或者以其他个人名义开立账户存储；

（三）违反公司章程的规定，未经股东会、股东大会或者董事会同意，将公司资金借贷给他人或者以公司财产为他人提供担保；

（四）违反公司章程的规定或者未经股东会、股东大会同意，与本公司订立合同或者进行交易；

（五）未经股东会或者股东大会同意，利用职务便利为自己或者他人谋取属于公司的商业机会，自营或者为他人经营与所任职公司同类的业务；

（六）接受他人与公司交易的佣金归为己有；

（七）擅自披露公司秘密；

（八）违反对公司忠实义务的其他行为。

董事、高级管理人员违反前款规定所得的收入应当归公司所有。

**案例指引**

***86.*** 执行董事未经股东会同意将公司商标转让到自己名下，转让行为是否有效？[①]

2010年，大邓与小邓发起设立了厦门某贸易有限责任公司，两人各占

---

[①] 参见安海涛、吴淑贞：《法定代表人擅自转移公司商标至自己名下 法院认定该行为无效》，载《人民法院报》2017年2月3日第03版。

50%股份,小邓任公司法定代表人、执行董事、经理,大邓任公司监事。

2014年5月,该贸易公司签署声明书,将公司名下2个注册商标转让至小邓名下,该声明书经公证处予以公证。同年7月,该贸易公司与小邓签署注册商标转让合同,将公司名下6个商标无偿转让至小邓名下,转让合同上均盖有公司的公章。依据上述转让声明书及转让合同,经由该贸易公司与小邓向国家工商行政管理总局商标局申请,2015年7月,国家商标局出具证明,核准上述8个商标的转让注册。

2016年6月,作为公司监事的大邓将小邓起诉至法院,要求确认前2个注册商标通过公证赠与形式由公司转让至小邓的行为无效,后6个注册商标通过合同转让形式由公司转让至小邓的行为无效;确认公司为这8个注册商标的商标权利人;判令小邓立即向公司返还这8个注册商标。大邓认为,小邓身为公司高级管理人员,未经公司股东会同意,擅自将讼争商标转让至自己名下,该行为严重侵害了公司利益。

小邓辩称,首先,讼争商标名义上是公司所有,但实际都是由其设计出资进行注册,该商标的实际所有人是自己,将商标从公司转让给自己的行为,并不侵害公司的利益。其次,公司并未实际使用讼争商标,不能发挥商标的实际价值,不存在实际价值;本案的商标实际已由其他案外人运营,大邓请求其返还的行为,不符合商标运营的现状,也不能维护商标的最大利益。最后,该转让协议是双方真实的意思表示,有公司的合法盖章,转让协议是有效的,请求驳回其诉讼请求。

在庭审过程中,对大邓提出上述的商标转让行为均未经过公司股东会决议,其亦不知情的主张,小邓的委托代理人当庭未予确认,法庭责令被告于庭后3个工作日内向法庭提交相关证据,但被告未在法庭规定的时限内提供证据。

法院经审理认为,根据公司法规定,公司的董事、高级管理人员不得违反公司章程的规定或者未经股东会、股东大会同意,与本公司订立合同或者进行交易。本案中,关于讼争商标的转让是否经过公司股东会的同意,小邓作为公司的法定代表人,掌握公司内部资料,对此负有举证责任，其未在法庭规定的时限内提供证据，应承担举证不能的责任，故讼争商标转让行为应认定为未经过公司股东会同意。依前述法律规定，小邓作为执行董事，在未经股东会同意的情况下，以本公司所拥有的8个涉案商标为标的与自己订立合同或者采用其他形式，无偿转让公司资产，该行为应属无效。对于无效民事行为所取得的财产，应当予以返还。法院依法判决确认讼争注册商标的所有权转让行为无效，讼争注册商标归公司所有。

## 87. 总经理利用职务便利为他人谋取属于公司的商业机会应承担什么责任？[①]

张某系青岛某环保公司总经理，全面负责公司业务板块。该公司与山西某公司签订特许经营合同，授权山西某公司作为代理商经营销售青岛某环保公司环保抑尘剂产品。双方的合作模式是，代理商山西某公司给青岛某环保公司发送订单，青岛某环保公司从河北某工厂采购货物，放在青岛仓库，根据山西某公司的指示发货，货款直接由山西某公司打入青岛某环保公司的账户。张某将这一交易模式告知青岛某信息公司。后在山西某公司总代理的配合下，青岛某信息公司向河北某工厂下了订单并支付货款32600元，要求河北某工厂直接将上述货物发送客户，收取货款38300元。后河北某工厂向青岛某信息公司出具金额为32600元的增值税发票。青岛某环保公司损失利润5700元（38300元-32600元）。

法院审理后认为，张某系青岛某环保公司的总经理，作为公司高级管理人员，其违反对公司的忠实义务，未经股东会同意，利用职务便利为他人谋取属于公司的商业机会，给公司造成损失，应当承担赔偿责任。赔偿金额中应将采购成本扣除。青岛某信息公司利用张某提供的信息与青岛某环保公司的客户进行交易，损害了该公司的利益，其应与张

---

① 参见《青岛市中级人民法院公司类纠纷审判典型案例（2022年）》，青岛某环保公司诉被告张某、被告青岛某信息公司损害公司利益责任纠纷，载青岛市中级人民法院网 http：//ytzy.sdcourt.gov.cn/qdzy/spgk66/sszy16/spzdyj/dxxal/8611329/index.html，最后访问日期：2023年3月18日。

某共同承担赔偿责任。

综上所述,公司高级管理人员违反对公司的忠实义务,未经股东会同意,利用职务便利为他人谋取属于公司的商业机会,给公司造成损失,应当承担赔偿责任。该他人亦应与其共同承担连带赔偿责任。

### 第一百四十九条 【董事、监事、高管人员的损害赔偿责任】

董事、监事、高级管理人员执行公司职务时违反法律、行政法规或者公司章程的规定,给公司造成损失的,应当承担赔偿责任。

### 案例指引

**88.** 公司高管因经营判断行为存在过失造成公司损失,是否应当承担赔偿责任?[1]

海某杰公司系阿某杜拉兄弟公司投资的独资公司,埃及籍居民盖某自2011年1月在该公司任总经理职务,2011年1月8日,祥某公司向海某杰公司订购男装长袖衬衫。为履行该订购合同,盖某指示公司的计划部经理向金某公司采购亚麻棉交织提花染色布,并经向公司的投资人阿齐兰·宾·阿某杜拉兄弟公司请示后,将祥某公司订购的男装长袖衬衫全部生产完毕。后祥某公司在验货时,提出衬衫的包装纸箱层数不够、吊牌的厚度不够等问题,因而不予提货。后期海某杰公司无法联系上订货的祥某公司,该批衬衫未能出售成功。海某杰公司认为盖某作为公司的总经理,其行为损害公司利益,故诉至法院,请求判令盖某赔偿给公司损失200万元。

枣庄市中级人民法院认为,盖某作为公司的总经理,其与祥某公司签订衬衫销售合同,与金某公司签订布匹采购合同,以及带领人员到广州采购光坯布的行为,均是其为开展公司经营而履职的行为。虽然其在

---

[1] 参见《山东高院发布服务"一带一路"和上合示范区典型案例》,山东海某杰纺织有限公司诉艾哈迈德·盖某损害公司利益责任纠纷案,载山东法院网 http://www.sdcourt.gov.cn/nwglpt/_2343785/_2532828/5523574/index.html,最后访问日期:2023年3月18日。

履职过程中，在对合同相对方的资格审查、对采购标的物的质量审查方面存在瑕疵，仅能说明其经营判断行为存在过失，但是并无证据证明其主观上具有损害公司利益的过错，并不能因此认定盖某的行为违反了对公司的忠实和勤勉义务，因此造成的损失，不应由盖某承担。现衬衫生产完毕后未能出售成功，系祥某公司对衬衫的包装纸箱层数、吊牌的厚度等提出异议，拒不收货造成。海某杰公司可向祥某公司主张违约责任，要求其赔偿损失，盖某不应负有赔偿责任。一审判决驳回海某杰公司的诉讼请求。

海某杰公司不服该判决，提起上诉。山东省高级人民法院经审理，判决驳回上诉，维持原判。

**第一百五十条　【董事、监事、高管人员对股东会、监事会的义务】** 股东会或者股东大会要求董事、监事、高级管理人员列席会议的，董事、监事、高级管理人员应当列席并接受股东的质询。

董事、高级管理人员应当如实向监事会或者不设监事会的有限责任公司的监事提供有关情况和资料，不得妨碍监事会或者监事行使职权。

**第一百五十一条　【公司权益受损的股东救济】** 董事、高级管理人员有本法第一百四十九条规定的情形的，有限责任公司的股东、股份有限公司连续一百八十日以上单独或者合计持有公司百分之一以上股份的股东，可以书面请求监事会或者不设监事会的有限责任公司的监事向人民法院提起诉讼；监事有本法第一百四十九条规定的情形的，前述股东可以书面请求董事会或者不设董事会的有限责任公司的执行董事向人民法院提起诉讼。

监事会、不设监事会的有限责任公司的监事，或者董事会、执行董事收到前款规定的股东书面请求后拒绝提起诉讼，或者自收到请求之日起三十日内未提起诉讼，或者情况紧急、不立即提起诉讼将会使公司利益受到难以弥补的损害的，前款规定的股东有权为了公司的利益以自己的名义直接向人民法院提起诉讼。

他人侵犯公司合法权益，给公司造成损失的，本条第一款规定的股东可以依照前两款的规定向人民法院提起诉讼。

### 条文解读

**公司权益受损的股东救济** ➡ 股东对"董事、监事、高级管理人员执行公司职务"违反规定给公司造成损害和股东对他人给公司造成损害的维权途径：（1）通过监事会或监事提起诉讼维权；（2）通过董事会或董事提起诉讼维权；（3）股东直接提起诉讼，即股东代表诉讼。股东依据本条规定直接提起诉讼的，胜诉利益归属于公司；其诉讼请求部分或者全部得到人民法院支持的，公司应当承担股东因参加诉讼支付的合理费用。

本条规定的180日以上连续持股期间，应为股东向人民法院提起诉讼时，已期满的持股时间；规定的合计持有公司1%以上股份，是指两个以上股东持股份额的合计。

### 实务应用

**54. 侵权行为发生时尚未成为公司股东，是否有权提起股东代表诉讼？**

《全国法院民商事审判工作会议纪要》指出，股东提起股东代表诉讼，被告以行为发生时原告尚未成为公司股东为由抗辩该股东不是适格原告的，人民法院不予支持。因此，只要在向人民法院提起诉讼时是有限责任公司的股东，或者是股份有限公司连续180日以上单独或者合计持有公司1%以上股份的股东，就有资格提起股东代表诉讼。

**55. 没有履行前置程序，一律驳回起诉吗？**

根据《公司法》第151条的规定，股东提起代表诉讼的前置程序之一是，股东必须先书面请求公司有关机关向人民法院提起诉讼。一般情况下，股东没有履行该前置程序的，应当驳回起诉。但是，该项前置程序针对的是公司治理的一般情况，即在股东向公司有关机关提出书面申请之时，存在公司有关机关提起诉讼的可能性。如果查明的相关事实表明，根本不存在该种可能性的，人民法院不应当以原告未履行前置程序为由驳回起诉。

### 56. 被告在股东代表诉讼中提出反诉，应如何处理？

股东依据《公司法》第 151 条第 3 款的规定提起股东代表诉讼后，被告以原告股东恶意起诉侵犯其合法权益为由提起反诉的，人民法院应予受理。被告以公司在案涉纠纷中应当承担侵权或者违约等责任为由对公司提出的反诉，因不符合反诉的要件，人民法院应当裁定不予受理；已经受理的，裁定驳回起诉。

### 57. 在股东代表诉讼中，原告股东和被告经调解达成协议，人民法院就应当制作调解书吗？

公司是股东代表诉讼的最终受益人，为避免因原告股东与被告通过调解损害公司利益，人民法院应当审查调解协议是否为公司的意思。只有在调解协议经公司股东（大）会、董事会决议通过后，人民法院才能出具调解书予以确认。至于具体决议机关，取决于公司章程的规定。公司章程没有规定的，人民法院应当认定公司股东（大）会为决议机关。

**案例指引**

### 89. 公司利益受损后已采取刑事报案等措施维护公司利益，股东还能提起股东代表诉讼吗？[①]

彭某系重庆竣某房地产开发有限公司（简称竣某公司）财务总监，

---

① 参见《2021 年全国法院十大商事案件》，吕某诉彭某、彭某林、王某英、重庆渝某建筑安装工程有限公司、重庆旺某贸易有限公司、重庆某尊投资咨询有限公司、重庆首成房地产开发有限公司及一审第三人重庆竣某房地产开发有限公司损害公司利益纠纷案，载最高人民法院网 https://www.court.gov.cn/zixun-xiangqing-344441.html，最后访问日期：2023 年 3 月 19 日。

梁某系竣某公司总经理及重庆某尊投资咨询有限公司（简称某尊公司）实际控制人。2013年，彭某将其在竣某公司38%的股份转让给某尊公司，转让价格1.7亿元。协议签订后，梁某、彭某采用虚构交易背景等方式，将竣某公司的1.2亿元资金转至彭某实际控制的重庆渝某建筑安装工程有限公司（简称渝某公司）、重庆市联某建材有限公司（后更名为重庆旺某贸易有限公司，简称旺某公司）作为股权转让款。2016年10月，竣某公司向公安机关举报梁某、彭某的犯罪事实。2017年1月10日，竣某公司与彭某、彭某林、王某英、渝某公司、旺某公司签订《竣某公司款项追回及遗留问题的解决协议》，约定彭某、彭某林将1.2亿元资金及利息退还竣某公司，王某英、渝某公司、旺某公司承担连带清偿责任。2017年6月20日，竣某公司与彭某、彭某林、王某英、某尊公司、梁某等签订《和解协议》，约定由王某英、彭某、彭某林、某尊公司、梁某共同筹资8500万元退还竣某公司，并将原彭某转让给某尊公司的股份转让给竣某公司大股东重庆斌某集团有限公司，以弥补给竣某公司造成的损失；竣某公司不再另行追究王某英、彭某、梁某、彭某林、某尊公司的经济责任。

2019年4月16日，竣某公司股东吕某向公司监事郭某发送函件，要求公司对本案被告提起诉讼，追回被转走的资金，郭某明确表示拒绝起诉。2020年11月23日，重庆市永川区人民法院判决：梁某、彭某犯挪用资金罪；责令梁某退赔竣某公司被挪用的资金1.7亿余元，彭某在1.2亿元范围内承担共同退赔责任。

重庆市第五中级人民法院一审判决驳回吕某的全部诉讼请求。吕某不服，上诉至重庆市高级人民法院。重庆高院二审裁定撤销一审判决，驳回吕某的起诉。

综上所述，《公司法》第151条有关"向人民法院提起诉讼"的表述，旨在敦促公司积极行使权利，强调公司应当在利益受损后依法积极寻求救济，保护公司利益，而非要求公司仅能"向人民法院提起诉讼"来维护公司利益。若公司在其利益受损后虽然未提起诉讼，但已经积极采取刑事报案等措施以维护公司利益，公司拒绝提起诉讼有正当理由的，已无赋予股东提起股东代表诉讼的权利之必要。本案中，公司发现资金被挪用后虽未提起民事诉讼，但已经通过刑事报案、协商及和解的方式积极采取补救措施挽回公司损失，并不存在公司利益受损而无挽救的情形，股东提起诉讼并不会再增加公司利益，此时赋予股东提起股东代表诉讼的权利已经缺乏必要性。

### 90. 公司利益受损，执行董事可否以股东名义提起股东代表诉讼？[①]

缪某系甲公司的股东、法定代表人及执行董事。缪某已通过另案诉讼行使知情权，获知于某在实际控制甲公司的时候，用其自己的乙公司占用甲公司厂房，导致2019年至2020年租金损失；同时，租金标准过低，严重损害了甲公司和其他股东的合法利益。于某同时还要求陈某为其处置甲公司资产进行财务处理，陈某帮助于某转移和减损甲公司资产的行为，同样损害了甲公司的利益。缪某向甲公司的监事王某发出函件，要求其对于某、陈某立即提起诉讼，以追回甲公司的资产，但王某虽称拟行使监事职责，但却借口推诿，实际上拒绝提起诉讼程序。因缪某与于某、陈某就上述争议未达成一致意见，故缪某诉至法院，请求判令于某、陈某共同赔偿租金损失1051.2万元。

法院审理认为，甲公司存在独立于股东的利益、地位和权力，缪某主张甲公司的利益遭受损害，应以甲公司为原告，作为法定代表人和执行董事的缪某有权代表公司直接进行诉讼。本案中不存在股东代表诉讼的问题，缪某亦无须前置程序即书面请求监事提起诉讼。现缪某以自己的名义直接提起诉讼，与上述法律规定相悖，诉讼主体不适格，故法院依法驳回了缪某起诉。

---

① 参见刘梦佳：《公司利益受损，执行董事竟以股东名义起诉》，载江苏法院网 https://www.jsfy.gov.cn/article/94578.html，最后访问日期：2023年3月19日。

## 91. 法定代表人没有公章，是否无法代表公司起诉？[①]

高升公司于 2015 年 8 月设立，注册资本 3000 万元，设立时公司股东分别为王某（持股比例 40%）、马某（持股比例 20%）、陆某（持股比例 40%），法定代表人为王某。2016 年 7 月，马某将其持有股权无偿转让给陆某，转让后王某持股比例 40%，陆某持股比例 60%。登记备案资料显示，王某为公司执行董事，执行董事是公司法定代表人；陆某为公司监事。

此后，陆某（甲方）与某基金公司（乙方）、王某（丙方）、李某（丁方）签订了一份《合作协议》，约定四方共同成立大和公司（注册资金 3000 万元），和高升公司共同开拓金融市场。四方以现金方式出资入股，公司股份甲方占 34%、乙方占 32%、丙方 24%、丁方 10%。由陆某出任总公司董事长负责全面工作，王某负责市场及运行。

协议签订后，四方均已将各自的出资打入陆某账户，完成了出资义务。但陆某并没有把公司资金转入公司对公账户，而是一直储存在其自己的私人账户上。直到 2018 年 3 月，陆某才通过邮件向其发送了第三人高升公司的财务报表，显示截至 2018 年 2 月底，第三人公司资金只剩 28 万余元。于是王某诉至法院，请求判令被告陆某停止以自己私人账户储存公司资金的行为，同时将第三人高升公司的剩余资金转入第三人对公账户。

王某诉称，高升公司公章一直由被告陆某控制。本案为股东代表诉讼，因高升公司的监事和被告陆某是同一人，不存在陆某接受原告请求起诉自己的可能性，股东代表诉讼的前置程序可省去。而实践中必须有公章才能代表公司，原告不持有公章，这才以自己名义提起本案诉讼。

被告陆某辩称，不认可原告诉请。被告持有 28 万余元是基于上述《合作协议》，是经各方同意的。而且本案所涉款项也并非全部是第三

---

[①] 参见吴娅、艾家静：《股东以损害公司利益为由提起代表诉讼被驳回》，载江苏法院网 https://www.jsfy.gov.cn/article/160.html，最后访问日期：2023 年 3 月 19 日。

人的，还有大和公司的。

法院认为，法定代表人代表公司对外作出意思表示的权限是法定的，而公章持有人以加盖公章形式代表公司对外作出意思表示的权限来自授权。法定代表人作为独任制公司机关，具备对外代表公司作出意思表示的法定职能。也就是说，王某作为法定代表人具备对外代表公司作出意思表示的法定职能，即使不持有公章，也可以代表公司起诉。而只有在公司机关怠于起诉的情况下，才可以由股东提起股东代表诉讼。本案中，原告并未提供证据证明存在公司起诉障碍，王某可以直接代表公司起诉，不符合提起股东代表诉讼的条件，法院最终裁定驳回王某的起诉。

## 92. 董事将公司货物搬回家，监事是否有权代表公司提起诉讼？[①]

2012年6月，原告陆某与被告仲某共同出资设立贸易公司，二人各持50%股权。公司成立后，选举被告仲某为执行董事兼法定代表人。公司租赁一仓库，用于货物仓储，公司所购进的货物均存放于该仓库。

公司经营数月后，陆某与仲某产生矛盾，致公司陷入僵局，双方决定解散公司，并于2012年12月共同委托会计师事务所对公司财务进行审计，但对解散和清算事宜未达成一致意见。2013年1月15日晚9时左右，被告仲某带人私自撬仓库门将库内货物转移至自己家中。次日凌晨，原告发现仓库货物不翼而飞，遂报警，经公安机关调查，被告承认自己将仓库内货物转移，但拒绝返还，原告遂向法院提起诉讼。

庭审中，被告仲某辩称自己是公司的法定代表人，转移货物是依职权对公司库存货物进行重新处置行为。在执行时，自己尽到了忠实和勤勉义务，并没有违反法律、法规和公司章程的规定，也没有损害公司的利益。货物现在自己的掌控下，就是在公司的掌控下。

法院审理后认为，被告仲某私撬公司仓库并转移货物是侵占公司资

---

[①] 参见丁隽：《董事将公司货物搬回家 监事代表公司告上法庭》，载江苏法院网 https://www.jsfy.gov.cn/article/56180.html，最后访问日期：2023年3月19日。

产行为。原告作为公司监事和主要股东，为维护公司的合法权益，有权依法向法院提起诉讼。因原告是为公司的利益代表公司起诉的，故将诉讼请求的利益判归于公司，遂依法判决被告仲某将移自公司仓库的货物全部返还公司。

## 93. 第三人侵权，公司监事有权以公司名义起诉吗？[①]

2010年6月，唐某与他人共同投资设立某鞋料公司。后鞋料公司股东经多次变更，于2015年12月最终变更为唐某、戎某，由唐某担任公司法定代表人，戎某担任公司监事。2017年6月，债权人王某（甲方）与债务人鞋料公司（乙方）签订一份《财产抵偿债务协议书》，约定由乙方将其资产用来抵偿拖欠甲方的债务。该协议由唐某签字并加盖鞋料公司公章。2019年7月，鞋料公司监事戎某作为鞋料公司的诉讼代表人，以鞋料公司为原告、以王某为被告、以唐某为第三人向海安法院提起诉讼，主张唐某利用其担任公司法定代表人职务便利，在未经股东会决议的情况下，与王某恶意串通，签订了《财产抵偿债务协议书》，二人"内外勾结"将鞋料公司的全部资产低价抵债，严重损害了鞋料公司、股东、其他债权人的权益，请求确认《财产抵偿债务协议书》无效。

对此，王某抗辩称，鞋料公司作为原告提起本案诉讼主体是适格的，但案涉《财产抵偿债务协议书》已实际履行，鞋料公司约定交付的财产已经实际交付，且唐某并未从王某处捞取任何好处，也未从其他方面获得任何利益，唐某、王某并不存在"内外勾结"恶意串通损害鞋料公司、股东、其他债权人的利益。第三人唐某述称，戎某代表鞋料公司所述事实和理由情况属实，请求法院依法裁判。

海安市人民法院审理后认为，《公司法》第53条规定："监事会、不设监事会的公司的监事行使下列职权：……（六）依照本法第一百

---

[①] 参见吉振宇：《公司名义状告"外鬼" 监事直诉缘何败诉》，载江苏法院网 https://www.jsfy.gov.cn/article/89918.html，最后访问日期：2023年3月19日。

五十一条的规定,对董事、高级管理人员提起诉讼;……"《公司法》第 148 条第 1 款规定:"董事、高级管理人员不得有下列行为:(一)挪用公司资金;(二)将公司资金以个人名义或者其他个人名义开立账户存储;……(八)违反对公司忠实义务的其他行为。"该条第 2 款同时规定,董事、高级管理人员违反前款规定所得的收入应当归公司所有。《公司法》第 151 条规定,董事、高级管理人员有本法第 149 条规定的情形的,有限责任公司的股东可以书面请求监事会或者不设监事会的监事向人民法院提起诉讼。以上为我国现行公司法规定的特别诉讼程序,由监事代表公司直接提起诉讼。由此可见,监事代表公司直接提起诉讼,起诉的对象应为公司董事、高级管理人员。本案,戎某作为鞋料公司监事代表鞋料公司,以鞋料公司作为原告提起诉讼,起诉的被告为鞋料公司以外的王某,该诉讼不符合上述法律规定,故依法驳回原告的起诉。

一审裁定作出后,鞋料公司、王某均不服该裁定,向南通市中级法院提起上诉。戎某代表鞋料公司上诉称,一审法院没有全面地理解和适用《公司法》第 151 条,从而片面认为监事代表公司提起诉讼,起诉的对象应为董事、高级管理人员。该法条第 3 款规定,他人侵犯公司合法权益,给公司造成损失的,本条第 1 款规定的股东可以依照前两款的规定向人民法院提起诉讼。第 3 款中的"他人"明显所指的不是第 1 款、第 2 款中的公司高级管理人员,而是高级管理人员以外的他人。本案中,王某、唐某恶意串通侵害了鞋料公司、股东、其他债权人利益,而戎某作为公司股东和监事代表公司提出确认该侵害公司合法利益的协议无效诉讼符合该条款规定,法院应当实体审理。被告王某上诉称,戎某具有监事和股东的双重身份,而股东既有权起诉公司的高级管理人员,也有权起诉公司之外的侵权人,所以一审法院仅以戎某的监事身份认定其起诉王某属主体不适格,显然罔顾案件事实,造成了错误的裁定结果。

南通中院审理后认为,戎某作为监事,以鞋料公司的名义提起诉讼，主张公司法定代表人唐某与王某恶意串通损害鞋料公司、债权人及股东利益。根据《公司法》第151条规定，其应当以唐某作为被告提起诉讼，王某并非鞋料公司的董事或者高级管理人员，其被告主体不适格，一审裁定驳回鞋料公司的起诉并无不当。同时，戎某陈述其还系鞋料公司的股东，如其认为存在他人侵犯公司合法权益的情形，即王某侵犯了公司的合法权益，其应当以股东自己的名义即以戎某作为原告向法院提起股东代表诉讼，但本案戎某却以公司作为原告提起诉讼亦与法律规定不符。遂裁定驳回上诉，维持原裁定。

综上所述，本案涉及我国现行公司法中两种特殊的诉讼形态，即监事代表诉讼及股东代表诉讼。监事代表诉讼诉的对象为公司董事、高级管理人员，股东代表诉讼诉的对象为公司董事、监事、高级管理人员或他人。本案中，正是由于原、被告当事人对上诉两种诉讼形态认知发生混淆，才导致原、被告对一审裁定均提出了上诉。

**关联参见**

《公司法司法解释（一）》第4条；《公司法司法解释（二）》第23条；《公司法司法解释（四）》第23—26条；《公司法司法解释（五）》第1条、第2条

**第一百五十二条　【股东权益受损的诉讼】**董事、高级管理人员违反法律、行政法规或者公司章程的规定，损害股东利益的，股东可以向人民法院提起诉讼。

## 第七章　公司债券

**第一百五十三条　【公司债券的概念和发行条件】**本法所称公司债券，是指公司依照法定程序发行、约定在一定期限还本付息的有价证券。

公司发行公司债券应当符合《中华人民共和国证券法》规定

的发行条件。

**条文解读**

**公开发行公司债券的条件** ➡ 公开发行公司债券，应当符合下列条件：（1）具备健全且运行良好的组织机构；（2）最近三年平均可分配利润足以支付公司债券一年的利息；（3）国务院规定的其他条件。公开发行公司债券筹集的资金，必须按照公司债券募集办法所列资金用途使用；改变资金用途，必须经债券持有人会议作出决议。公开发行公司债券筹集的资金，不得用于弥补亏损和非生产性支出。

上市公司发行可转换为股票的公司债券，除应当符合前述规定的条件外，还应当遵守《证券法》第12条第2款关于"上市公司发行新股，应当符合经国务院批准的国务院证券监督管理机构规定的条件"的规定。但是，按照公司债券募集办法，上市公司通过收购本公司股份的方式进行公司债券转换的除外。

**关联参见**

《证券法》第15条

**第一百五十四条** 【公司债券募集办法】发行公司债券的申请经国务院授权的部门核准后，应当公告公司债券募集办法。

公司债券募集办法中应当载明下列主要事项：

（一）公司名称；

（二）债券募集资金的用途；

（三）债券总额和债券的票面金额；

（四）债券利率的确定方式；

（五）还本付息的期限和方式；

（六）债券担保情况；

（七）债券的发行价格、发行的起止日期；

（八）公司净资产额；

（九）已发行的尚未到期的公司债券总额；

（十）公司债券的承销机构。

**条文解读**

**公司债券募集办法** ➡ 公司债券募集办法是公司为了募集公司债券而制定的载有法定内容的书面文件，是公司债券发行中最基本的文件，其主旨在于向社会投资者披露发行公司的经营状况、财务状况、盈利能力、风险情况和其他一切可能影响投资人认购债券的信息。

**第一百五十五条** 【公司债券票面的记载事项】公司以实物券方式发行公司债券的，必须在债券上载明公司名称、债券票面金额、利率、偿还期限等事项，并由法定代表人签名，公司盖章。

**第一百五十六条** 【公司债券的分类】公司债券，可以为记名债券，也可以为无记名债券。

**条文解读**

**记名债券** ➡ 记名债券是指券面上记载有公司债券持有人的姓名或者名称的债券。由于记名债券记载了债券持有人的姓名或者名称，所以，记名债券能够有效地保障债券持有人对债券的所有权，当其被盗、遗失或者灭失时，债券持有人可以依照《民事诉讼法》规定的公示催告程序，请求人民法院宣告失效，依法进行补救。

**无记名债券** ➡ 无记名债券是指券面上不记载公司债券持有人的姓名或者名称的债券。无记名债券与记名债券相反，它不利于债券持有人保障其对债券的所有权。当无记名债券被盗、遗失或者灭失时，债券持有人不能依照公示催告程序请求人民法院宣告失效。

**第一百五十七条** 【公司债券存根簿】公司发行公司债券应

当置备公司债券存根簿。

发行记名公司债券的,应当在公司债券存根簿上载明下列事项:

(一)债券持有人的姓名或者名称及住所;

(二)债券持有人取得债券的日期及债券的编号;

(三)债券总额,债券的票面金额、利率、还本付息的期限和方式;

(四)债券的发行日期。

发行无记名公司债券的,应当在公司债券存根簿上载明债券总额、利率、偿还期限和方式、发行日期及债券的编号。

### 条文解读

**公司债券存根簿** ➡ 公司债券存根簿,是指依法记载债券持有人及债券有关事项的簿册。它是公司发行公司债券的原始凭证,其设置及记载事项应当符合法律的规定。

**第一百五十八条** 【记名公司债券的登记结算】记名公司债券的登记结算机构应当建立债券登记、存管、付息、兑付等相关制度。

### 条文解读

**记名公司债券的登记结算机构** ➡ 记名公司债券的登记结算机构即是证券登记结算机构。证券登记结算机构为证券交易提供集中登记、存管与结算服务,是不以营利为目的的法人。设立证券登记结算机构必须经国务院证券监督管理机构批准。

### 关联参见

《证券法》第七章

**第一百五十九条** 【公司债券转让】公司债券可以转让，转让价格由转让人与受让人约定。

公司债券在证券交易所上市交易的，按照证券交易所的交易规则转让。

## 关联参见

《证券法》第 47 条

**第一百六十条** 【公司债券的转让方式】记名公司债券，由债券持有人以背书方式或者法律、行政法规规定的其他方式转让；转让后由公司将受让人的姓名或者名称及住所记载于公司债券存根簿。

无记名公司债券的转让，由债券持有人将该债券交付给受让人后即发生转让的效力。

**第一百六十一条** 【可转换公司债券的发行】上市公司经股东大会决议可以发行可转换为股票的公司债券，并在公司债券募集办法中规定具体的转换办法。上市公司发行可转换为股票的公司债券，应当报国务院证券监督管理机构核准。

发行可转换为股票的公司债券，应当在债券上标明可转换公司债券字样，并在公司债券存根簿上载明可转换公司债券的数额。

## 条文解读

**可转换为股票的公司债券** ➡ 可转换为股票的公司债券，简称可转换债券，是一种特殊的公司债券。其与普通的公司债券的区别是，普通的公司债券在约定的债券期限届满时，发行债券的公司必须兑现债券，向债权人还本付息，解除债务关系。可转换债券，虽约定债券的期限，但在期限届满时，不向债权人还本付息，而是由债券持有人按照事先约定的转换办法，请求公司将其所持债券换发为公司股票。相应地，该债券持有人，由公司的债权人转变为公司的出资人或股东。公司发行可转换为股票的公司债券一般有两个有利点：一是对认购人有较大的吸引力，特别是经济效益比较好的、股票市值比较高的股份有限公司，对投资者来说，在债券期限届满时如果能够将债券转换为股票，从长远来看，比仅仅获得还本付息，要有取得更大收益的机会。二是对公司来说，也可以筹集到较多的长久留存在公司内的资金。作为普通债券，一旦期限届满，公司必须还本付息，原来发行债券借来的资金将退出公司。而发行可转换债券，则即使期限届满，通过换发股票，既解除了原债券发行产生的债务关系，又将这笔资金留存在公司内，对维持公司的资本实力和资金需要，都有重要作用。同时，如果公司暂时经营状况不好，流动资金紧张，也可以避免因强制还本付息造成的拖欠支付情况的出现。

注意，只有上市公司才可发行可转换债券，其他公司无权发行。

**第一百六十二条　【可转换公司债券的转换】** 发行可转换为股票的公司债券的，公司应当按照其转换办法向债券持有人换发股票，但债券持有人对转换股票或者不转换股票有选择权。

**条文解读**

**可转换公司债券的转换** ➡ 上市公司发行可转换债券的，有义务按照公司债券募集办法中约定的转换办法，向债券持有人换发股票。可转换债券转换成股票的效力，由债券持有人依法提出请求时产生。转换权是以债券持有人一方意思表示决定的。可转换债券的持有人在债券期限届满时，可以要求公司换发股票，也可以要求公司对该债券还本付息，债券持有人在是否转换为股票上具有选择权。

## 第八章　公司财务、会计

**第一百六十三条　【公司财务与会计制度】** 公司应当依照法

律、行政法规和国务院财政部门的规定建立本公司的财务、会计制度。

**条文解读**

**财务制度** ➲ 所谓财务制度，是指公司资金管理、成本费用的计算、营业收入的分配、货币的管理、公司的财务报告、公司的清算及公司纳税等方面的规程。

**会计制度** ➲ 所谓会计制度，是指会计记账、会计核算等方面的规程，它是公司生产经营过程中各种财务制度的具体反映。公司的财务制度是通过会计制度来实现的。

**关联参见**

《企业资产损失财务处理暂行办法》；《企业财务会计报告条例》

**第一百六十四条** 【财务会计报告】公司应当在每一会计年度终了时编制财务会计报告，并依法经会计师事务所审计。

财务会计报告应当依照法律、行政法规和国务院财政部门的规定制作。

**条文解读**

**公司财务会计报告** ➲ 公司财务会计报告，是指公司对外提供的反映公司某一特定日期财务状况和某一会计期间经营成果、现金流量的文件。财务会计报告分为年度、半年度、季度和月度财务会计报告。年度、半年度财务会计报告应当包括：会计报表；会计报表附注；财务情况说明书。会计报表应当包括资产负债表、利润表、现金流量表及相关附表。

**第一百六十五条** 【财务会计报告的公示】有限责任公司应

当依照公司章程规定的期限将财务会计报告送交各股东。

股份有限公司的财务会计报告应当在召开股东大会年会的二十日前置备于本公司，供股东查阅；公开发行股票的股份有限公司必须公告其财务会计报告。

**第一百六十六条 【法定公积金与任意公积金】**公司分配当年税后利润时，应当提取利润的百分之十列入公司法定公积金。公司法定公积金累计额为公司注册资本的百分之五十以上的，可以不再提取。

公司的法定公积金不足以弥补以前年度亏损的，在依照前款规定提取法定公积金之前，应当先用当年利润弥补亏损。

公司从税后利润中提取法定公积金后，经股东会或者股东大会决议，还可以从税后利润中提取任意公积金。

公司弥补亏损和提取公积金后所余税后利润，有限责任公司依照本法第三十四条的规定分配；股份有限公司按照股东持有的股份比例分配，但股份有限公司章程规定不按持股比例分配的除外。

股东会、股东大会或者董事会违反前款规定，在公司弥补亏损和提取法定公积金之前向股东分配利润的，股东必须将违反规定分配的利润退还公司。

公司持有的本公司股份不得分配利润。

## 条文解读

**公积金** ▶ 公积金，又称储备金，是公司为了巩固自身的财产基础，提高公司的信用和预防意外亏损，依照法律和公司章程的规定，在公司资本以外积存的资金。依据公积金提取的来源，分为盈余公积金和资本公积金；依据公积金的提取是否基于法律的强制性规定，分为法定公积金和任意（盈余）公积金。法定公积金包括法定盈余公积金和法定资本公积金。所以从学理角度划分，《公司法》所称的法定公积金是指法定盈余公积金，即从公司盈余中必须提取的积金。

## 案例指引

### 94. 尚未获得销售利润，开发商可否向股东分房？[①]

2014年6月，李某和丁某投资设立林润公司，由李某担任法定代表人。

2016年6月2日，林润公司召开股东会，会议形成股东会决议，主要内容：全体股东一致决定对林润公司投资开发的A商业中心项目的9栋商业楼进行权属分配，李某分得6栋，丁某分得3栋；对所分配的商业楼统一明确了合同开票价。彼时，林润公司尚未获得该建设项目的核准文件，亦未产生建设楼宇的相关销售收入、获得税后利润并提取法定公积金。决议形成后，林润公司向丁某交付了上述3栋房屋。

2019年6月，林润公司与丁某签订了8份《商品房买卖合同》，约定丁某向林润公司购买A商业中心商品房3幢的8套房屋，丁某采取一次性付款方式付款，未按约定时间付款的，逾期在10日内，丁某按日计算向出卖人支付逾期应付款万分之二的违约金。合同签订后，丁某未向开发商支付购房款。

2019年12月3日，丁某以林润公司为被告，李某为第三人，向法院提起诉讼，请求确认2016年6月2日作出的二届一次股东会决议无效。

海安法院审理后认为，股东会决议中载明的"九栋独栋商业楼进行权属分配"应理解为是对九栋独栋商业楼进行所有权的权属分配。根据《公司法》第166条规定，股东会、股东大会或者董事会违反规定，在公司弥补亏损和提取法定公积金之前向股东分配利润的，股东必须将违反规定分配的利润退还公司。经审理查明，林润公司在作出上述股东会决议时，尚未取得案涉楼宇建设项目的核准文件，未获得销售利润，亦

---

[①] 参见吴瑾：《开发商分房给股东 违反规定被判无效》，载江苏法院网 https://www.jsfy.gov.cn/article/93969.html，最后访问日期：2023年3月19日。

未提取法定公积金，故上述股东会决议内容违反了我国公司法的强制性规定，应当认定为无效。该案一审判决后，双方当事人均未提出上诉。

2020年8月28日，林润公司致函丁某要求按约履行付款义务未果，遂提起诉讼，请求判令解除双方之间的买卖合同，并要求丁某立即返还8套房屋，支付占用费。庭审中，经双方确认，案涉房屋均包含在股东会决议分配给丁某的3栋商业楼中。

海安法院审理后认为，通常情况下，只有有效的合同才能适用解除合同，林润公司的股东会于2016年6月2日作出的股东会决议因违反公司法强制性规定，已为生效法律文书确认无效。丁某依据该股东会决议取得案涉房屋并实际占有。案涉商品房的买卖合同系基于上述决议而签订，故双方当事人签订的8份买卖合同亦归于无效，而不能适用解除合同。最终，法院判决丁某返还房屋，并驳回林润公司的其他诉讼请求。

一审后，林润公司不服，提起上诉。南通市中级人民法院经审理认为，一审判决认定事实清楚，适用法律正确，依法驳回上诉，维持原判。

第一百六十七条 **【股份有限公司资本公积金】** 股份有限公司以超过股票票面金额的发行价格发行股份所得的溢价款以及国务院财政部门规定列入资本公积金的其他收入，应当列为公司资本公积金。

条文解读

**资本公积金** ● 资本公积金，是指企业由投入资本本身所引起的各种增值，这种增值一般不是由于企业的生产经营活动产生的，与企业的生产经营活动没有直接关系。资本公积金的主要来源是资本溢价或股票溢价、法定财产评估增值和接受捐赠的资产价值等。

**第一百六十八条** 【公积金的用途】公司的公积金用于弥补公司的亏损、扩大公司生产经营或者转为增加公司资本。但是，资本公积金不得用于弥补公司的亏损。

法定公积金转为资本时，所留存的该项公积金不得少于转增前公司注册资本的百分之二十五。

### 条文解读

**公积金的用途** ▶ 公积金的使用主要包括以下几种：

（1）弥补亏损：除了资本公积金外，法定公积金和任意公积金可以用于弥补亏损。

（2）增加资本：所有公积金都可以用来增加资本。但是，法定公积金转为资本时，所留存的该项公积金不得少于转增前公司注册资本的25%。

（3）扩大公司生产经营：所有公积金都可以用来扩大公司生产经营。

### 案例指引

**95.** 股东在公司经营过程中投入的投资额是否应作为公司的资本公积金？[①]

2012年6月6日，赵某作为洛阳某娱乐有限公司（以下简称某公司）的授权代表与洛阳市某商贸有限公司签订《房屋租赁合同》及《补充协议》各一份，约定由某公司租赁出租方位于某国际大酒店一、二楼商铺约6000平方米作商业（娱乐、办公）使用。2012年11月27日，某公司成立，工商登记信息显示该公司经营场所位于洛阳市西工区中州中路329号某国际大酒店一、二层，注册资本100万元，股东为徐

---

[①] 参见刘思琪：《对股东在公司经营过程中投入的投资额是否应作为公司的资本公积金的探讨》，载河南省高级人民法院网 http：//www.hncourt.gov.cn/public/detail.php？id=172361，最后访问日期：2023年3月19日。

某、安某，出资比例分别为51%、49%。某公司成立后，股东在以上两份合同上盖章予以确认。

某公司租赁后，使用租赁场地经营"88酒吧"和"帝都壹号KTV"。徐某、安某仅为某公司的名义股东，并未实际出资，为经营需要由安某安排办理了公司登记手续，公司实际由原、被告及武某八人投资经营，2012年12月2日由八人签名确认的《投资股份明细确认书》显示公司经营"88酒吧"和"帝都壹号KTV"共投资2940万元，外欠工程款3430514元，其中安某股权金额1230万元（41.836%）、杜某290万元（9.863%）、赵某180万元（6.122%）、万某290万元（9.863%）、朱某290万元（9.863%）、宋某290万元（9.863%）、邢某220万元（7.483%）、武某150万元（5.102%）。

"88酒吧"和"帝都壹号KTV"开业后，最初由安某负责经营，因持续亏损于2014年6月20日召开股东会，形成《某有限公司股东会决议》一份，载明：（1）全体股东推荐朱某为"88酒吧"和"帝都壹号KTV"运营总经理（负责组建团队、制订运营计划、执行董事会决议），负责全面运营工作，其他股东不得干扰经营工作；（2）原有股东全部同意，本项目作价700万元作为新股份共同投资，现有账面资金2014年6月20日封账清算，资金留下于账面，使"帝都壹号KTV"正常运营；（3）初步拟定1400万（含原股份700万元），原股东700万元占51%，新入股东按投入额占49%股份，如遇借贷全体股东承担费用利息；（4）共同享有股份分红，正常运营时按实际投入算股份比例。

该决议形成后朱某负责经营"88酒吧"和"帝都壹号KTV"，经营期间朱某投入4326000元用于经营。因朱某经营期间账目不清及无法核算股份问题，除朱某、武某外的其余六位股东于2015年1月7日召开股东会，决定对"88酒吧"和"帝都壹号KTV"停电、关门停业。于2015年1月8日又召开股东会，决定停止2014年6月20日股东会决议的执行。于2015年1月15日再次召开股东会，决定推选宋某为财务总监，监管财务工作，KTV由安某主导经营并负责与朱某、酒吧店长沟通，并形成出售"88酒吧"和"帝都壹号KTV"的意向。庭审中六被告提供有某公司盖章的《各股东投资所占总股份比例》表一份，显示朱某新投资款4326000元，原股份加上新投资款朱某占总股的36.5573%。朱某对上表不予认可，认为表格上未有包括其在内的股东签字。

2015年3月3日，除武某之外的七名股东召开股东会，决定"88酒吧"和"帝都壹号KTV"于2015年3月10日停业，整体出售，底价为800万元，有要求开门经营者需把同意关门停业股东的股份按800万元现金退股。

2015年3月3日至5日，八名股东对账上的340000.67元予以分配，朱某分得124294.82元，杜某分得24607.16元，安某分得95981.83元，赵某分得15194.26元，邢某分得18465.40元，万某分得24526.58元，武某分得12589元，宋某分得4341.62元。

2015年9月4日，以上七人又形成股东决议，决定以350万元的价格转让"88酒吧"和"帝都壹号KTV"。

2015年11月6日，某公司发出《声明》，载明：因2015年3月15日至今没有找到合作伙伴和转接方，董事会研究决定从即日起不再经营某公司，公司资产全部移交给今某，并解除租房协议，今后今某在出租过程中，如经营歌厅，所收取转让费用于支付在经营期间产生的200万元欠款，不足部分应由某公司承担，违约保证金100万元用于抵物业、水电费及两个月房租，剩余部分予以放弃。

现朱某认为，对于其经营"88酒吧"和"帝都壹号KTV"期间投入的4326000元，六被告应按2012年12月2日的股份确认表所占比例予以清偿，六被告均认为4326000元为朱某新投资的股份，不应由其余股东清偿，双方产生争议，故原告诉至本院。

洛阳市西工区人民法院认为：原告并未提供证据证明其负责经营期间投入的4326000元属公司对外借款，结合其余事实本院认定该笔款项属原告追加投资，一部分按总投资额所占比例划入注册资本范围，一部分属资本公积金范围。无论是注册资本，还是资本公积金，均形成某公司资产，在公司尚未清算的情况下，原告无权要求其余股东以及某公司返还。原告起诉证据不足，于法无据，本院不予支持。

一审宣判后，朱某提出上诉。洛阳市中级人民法院审理后认为，朱某原审中提交了2015年1月8日的股东会决议，证明方向为六被上诉人不让其负责管理88酒吧和帝都壹号KTV的有关事务，朱某上诉称该股东会决议全面废止了2014年6月20日的股东会决议内容。杜某、安某原审中提供的2015年1月21日的《各股东投资所占总股份比例》中显示朱某新投资额4326000元，新投资额在700万元追加投资额中所占比例为61.8%，最终确定朱某的股份比例为36.5573%。朱某不认可该证据效力。但该证据与2014年6月20日的股东会议决议内容相吻合，与朱某主张的款项数额相符。而且2015年3月3日至5日，某公司账上的340000.67元也是按照2015年1月21日的《各股东投资所占总股份比例》中所确定的股份比例在八名股东之间进行分配。综合分析以上证据，结合当事人的陈述及相关证据，原审法院认定朱某投入的4326000元系追加的投资款并无不当。二审法院判决驳回上诉，维持原判。

**第一百六十九条　【聘用、解聘会计师事务所】**公司聘用、解聘承办公司审计业务的会计师事务所，依照公司章程的规定，由股东会、股东大会或者董事会决定。

公司股东会、股东大会或者董事会就解聘会计师事务所进行表决时，应当允许会计师事务所陈述意见。

**第一百七十条　【真实提供会计资料】**公司应当向聘用的会计师事务所提供真实、完整的会计凭证、会计账簿、财务会计报告及其他会计资料，不得拒绝、隐匿、谎报。

**第一百七十一条　【会计账簿】**公司除法定的会计账簿外，不得另立会计账簿。

对公司资产，不得以任何个人名义开立账户存储。

### 条文解读

**会计账簿** ➡ 会计账簿，通常也称账册，是由一定格式的账页所组成，用来全面、连续、系统地记录各项经济业务的会计簿籍。公司的会计账簿是公司财务状况的重要表现之一，是公司资产负债、资金流动和利润分配等方面的全面体现，而且也是国家对公司进行征税的重要依据。

### 案例指引

#### 96. 使用私人账户收支公司款项需要对公司债务负连带责任吗？[1]

2012年4月21日，晨炬公司股东会决议：因为公司采购必须要现金，而公司账户在星期六、星期天无法办理业务，为了公司的发展，方便采购打款，公司参加会议的股东一致同意以冯某某的名誉在农业银行开一账户，账户折子由公司使用，折子由公司出纳保管和使用，密码由冯某某掌管。晨炬公司在2014年5月21日核准为两个股东，即冯某某（公司法定代表人）和绿恒公司（陈某某系该公司法定代表人）。

陈某某诉晨炬公司借款合同纠纷一案，重庆市丰都县人民法院（以下简称丰都法院）于2015年9月6日作出（2015）丰法民初字第02362号民事判决书，判决晨炬公司在判决生效后15日内偿还陈某某借款456000元，判决生效后晨炬公司未履行判决确定的义务，陈某某遂向丰都法院申请强制执行。丰都法院于2015年11月23日作出（2015）丰法民执字第00789-3号裁定书，对被执行人晨炬公司的货物及机器设备予以查封，并在当月向晨炬公司的债务人发出协助执行通知书。2016年5月28日，丰都法院作出（2015）丰法民执字第00789号之五裁定

---

[1] 参见郭文飞：《使用私人账户收支公司款项行为的性质判定》，载重庆法院网 http://cqgy.cqfygzfw.gov.cn/article/detail/2018/10/id/3529180.shtml，最后访问日期：2023年3月20日。

书裁定：追加冯某某为本案被执行人，由其对本案债务承担连带责任。冯某某提出书面异议，丰都法院以（2016）渝0230执异10号裁定书裁定：驳回冯某某的异议。冯某某向重庆市第三中级人民法院（以下简称重庆三中院）申请复议，重庆三中院裁定撤销丰都法院（2015）丰法民执字第00789号之五裁定书和（2016）渝0230执异10号裁定书，发回丰都法院重新审查。2017年3月24日，丰都法院作出（2016）渝0230执异31号执行裁定书裁定追加冯某某为被执行人，并告知"如不服本裁定，可在收到本裁定书之日起十五日内向本院提起执行异议之诉"。冯某某于2017年4月10日提起执行异议之诉，丰都法院于当日受理。

丰都法院一审认为，根据《最高人民法院关于民事执行中变更、追加当事人若干问题的规定》第32的规定，被申请人或申请人对执行法院依据本规定第14条第2款、第17条至21条规定作出的变更、追加裁定不服的，可以提起执行异议之诉。本案在执行过程中，是否可以追加冯某某为被执行人，主要实体审查冯某某是否具有本规定第14条第2款、第17条至21条规定的情形。案件执行中，已经查封冻结了晨炬公司的货物及机器设备，并对晨炬公司的债务人发出了协助执行通知，足以偿还陈某某的债务，晨炬公司股东会决议以冯某某的个人名义在农业银行开设账户经营，该行为虽违反《公司法》的相关规定，但该账户一直系晨炬公司在使用，冯某某个人实际未使用该账户，该账户资金往来与公司账簿一致，冯某某个人财产与公司财产不存在混同情况，冯某某也未有抽逃出资等行为。遂判决撤销了丰都法院（2016）渝0230执异31号执行裁定书。

陈某某不服，上诉至重庆三中院。重庆三中院经审理，判决驳回上诉，维持原判。

## 第九章　公司合并、分立、增资、减资

**第一百七十二条**　【公司的合并】公司合并可以采取吸收合

并或者新设合并。

一个公司吸收其他公司为吸收合并，被吸收的公司解散。两个以上公司合并设立一个新的公司为新设合并，合并各方解散。

### 条文解读

**吸收合并** ▷ 吸收合并又称存续合并，它是指两个或者两个以上的公司合并时，其中一个或者一个以上的公司并入另一个公司的法律行为。一个公司并入另一个公司以后其法人资格消灭、即行解散，成为另一个公司的组成部分；接受并入公司的公司，应当于公司合并以后办理变更登记手续，继续享有法人的地位；被合并的公司应当宣告停业，并办理注销手续，以合并后存续的公司进行生产经营活动。

**新设合并** ▷ 新设合并是指两个或者两个以上的公司组合成为一个新公司的法律行为。这种合并是原来的公司均以法人资格的消灭为前提，以这种形式合并的公司一旦合并以后，原来合并的公司的各方应当办理注销手续。新设立的公司应当办理设立登记手续，取得法人资格。

**第一百七十三条　【公司合并的程序】** 公司合并，应当由合并各方签订合并协议，并编制资产负债表及财产清单。公司应当自作出合并决议之日起十日内通知债权人，并于三十日内在报纸上公告。债权人自接到通知书之日起三十日内，未接到通知书的自公告之日起四十五日内，可以要求公司清偿债务或者提供相应的担保。

**第一百七十四条　【公司合并债权债务的承继】** 公司合并时，合并各方的债权、债务，应当由合并后存续的公司或者新设的公司承继。

### 条文解读

**公司合并债权债务的承继** ▷ 公司合并的法律后果之一就是债权、债务承继。所谓债权、债务的承继，是指合并后存续的公司或者新设立的公司，必须无条件地接受因合并而消灭的公司的对外债权与债务。合并后公司有权对原来公司的债权进行清理并予以收取，有义务清偿原公司的债务。

**第一百七十五条** 【公司的分立】公司分立，其财产作相应的分割。

公司分立，应当编制资产负债表及财产清单。公司应当自作出分立决议之日起十日内通知债权人，并于三十日内在报纸上公告。

### 条文解读

公司分立 ● 公司分立，是指一个公司依照公司法有关规定，分成两个以上的公司。公司分立可以采取存续分立和解散分立两种形式。存续分立，是指一个公司分离成两个以上公司，本公司继续存在并设立一个以上新的公司；解散分立，是指一个公司分解为两个以上公司，本公司解散并设立两个以上新的公司。

**第一百七十六条** 【公司分立前的债务承担】公司分立前的债务由分立后的公司承担连带责任。但是，公司在分立前与债权人就债务清偿达成的书面协议另有约定的除外。

### 条文解读

公司分立前的债务承担 ● 根据本条的规定，公司分立前债务的承担办法是：

（1）按约定办理。债权人与分立的公司就债权清偿问题达成书面协议的，按照协议办理。如一方不履行协议的，另一方可依法定程序请求履行协议。

（2）承担连带责任。公司分立前未与债权人就清偿债务问题达成书面协议的，分立后的公司承担连带责任。债权人可以向分立后的任何一方请求自己的债权,要求履行偿还债务。

**第一百七十七条 【公司减资】** 公司需要减少注册资本时,必须编制资产负债表及财产清单。

公司应当自作出减少注册资本决议之日起十日内通知债权人,并于三十日内在报纸上公告。债权人自接到通知书之日起三十日内,未接到通知书的自公告之日起四十五日内,有权要求公司清偿债务或者提供相应的担保。

## 案例指引

**97. 公司违法减资后股东未取回出资,要对公司债务承担补充赔偿责任吗?**[①]

贸易公司注册资本100万元,股东之一陈某出资30万元并已实缴。2017年10月31日,货运公司与贸易公司进行对账,贸易公司签字确认拖欠货运公司部分代理费,后因贸易公司未予支付成讼并进入执行程序。2018年9月14日,贸易公司作出股东会决议:同意将公司注册资本从100万元减至70万元,陈某减少其全部出资30万元。次日,贸易公司发布减资公告。同年11月10日,贸易公司出具公司债务清偿或提供担保的说明:已对债务予以清偿或提供了相应的担保。后货运公司以贸易公司减资未通知已知债权人等为由,诉请股东陈某在减资范围内承担贸易公司对货运公司的债务。陈某抗辩称,贸易公司在减资后并未将减资款项实际支付给陈某,公司偿债能力不受影响。

一审法院认为,贸易公司的实际偿债能力并未因违法减资行为降低,遂判决驳回货运公司的诉讼请求。二审法院认为,贸易公司股东办理减资过程中未通知已知债权人,也未进行清偿或提供担保,损害了债

---

① 参见《2020—2021年江苏法院公司审判典型案例》,货运公司诉陈某、徐某、杨某公司减资纠纷案,载江苏法院网 https://www.jsfy.gov.cn/article/94380.html,最后访问日期:2023年3月20日。

权人利益。即便陈某未从贸易公司取回出资，但该出资已由股权转化为对贸易公司的债权，会导致其清偿顺位提升，遂撤销一审判决，改判陈某在减资范围内就贸易公司欠付货运公司的债务承担补充赔偿责任。

综上所述，公司资本构成公司对外交往的信用基础，与公司交易的相对方往往通过公司注册资本额判断公司资信状况。公司减资会减少公司责任财产，减轻股东责任，影响公司偿债能力，故公司法明确要求公司减资应自作出减少注册资本决议之日起10日内通知债权人，并于30日内在报纸上公告。本案中，公司减资未通知已知债权人，存在程序瑕疵，即使股东未实际抽回资本，但其股权已转为对公司的债权，等同于股东可以与债权人在同一顺位获得清偿，变相减少了公司的责任财产。在实践中，公司减资必须严格依照法定条件和程序实施，避免打擦边球，否则不仅实际影响公司债权人利益，也容易给减资股东埋下后患。

## 98. 凭借资产负债表及纳税申报表，可否证明公司减资的正当性？[①]

青岛某公司系甲公司债权人，甲公司股东为王某等，原注册资本为人民币2010万元，后公司股东会研究决定，注册资本由2010万元减至1020万元。青岛某公司认为甲公司减资时没有通知债权人，只是在报纸进行了公告。王某等股东称对于减资事项不清楚，没有实际收到减资款。

法院经审理认为，股东应当依法依章切实履行全面出资义务。减资是减少注册资本金的行为，分为实质上的减资和名义上的减资。后者是只减少账面资本数额，而公司财产并不相应减少，故不能向股东作任何返还。在公司经营状况不佳、亏损过多时，公司资产往往大大低于公司注册资本总额，此时，减少注册资本额的行为并不发生公司实有资本减

---

[①] 参见《青岛市中级人民法院公司类纠纷审判典型案例（2022年）》，载青岛市中级人民法院网 http://ytzy.sdcourt.gov.cn/qdzy/spgk66/sszy16/spzdyj/dxxal/8611329/index.html，最后访问日期：2023年3月20日。

少的后果，没有减弱公司对债权人清偿的能力。但涉案股东提交的资产负债表及税务机关的纳税申报表均为其单方制作，且资产负债情况及纳税申报与公司的偿债能力并没有直接关联性，仅凭该证据无法证明公司减资行为的正当性。且其提交的验资报告中明确载明公司减少的注册资本实际归还股东，虽然公司账目中并没有款项转账记录，但作为掌握公司账目的一方，其提交的账目并未经审计确认，同时也无法排除股东通过其他途径收回出资的情况存在。上述事实表明，涉案公司的减资属于实质减资，该减资行为减弱了公司清偿债务的能力，侵害了债权人的利益。其瑕疵减资行为在实质上违反了公司资本维持原则，造成公司资产的不当减少，与抽逃出资行为给债权人的侵害本质上具有一致性，属于名为减资实为抽逃出资的性质，应参照公司法关于股东抽逃出资的规定处理。《公司法司法解释（三）》第14条第2款规定"公司债权人请求抽逃出资的股东在抽逃出资本息范围内对公司债务不能清偿的部分承担补充赔偿责任、协助抽逃出资的其他股东、董事、高级管理人员或者实际控制人对此承担连带责任的，人民法院应予支持"。根据该规定，判决支持了青岛某公司要求股东在各自减资的范围内对公司不能清偿的债务承担补充赔偿责任。

**第一百七十八条** 【公司增资】有限责任公司增加注册资本时，股东认缴新增资本的出资，依照本法设立有限责任公司缴纳出资的有关规定执行。

股份有限公司为增加注册资本发行新股时，股东认购新股，依照本法设立股份有限公司缴纳股款的有关规定执行。

**条文解读**

**公司增资** ➡ 公司增加注册资本是指公司经过公司的股东会或者公司的股东大会进行决议后使公司的注册资本在原来的基础上予以扩大的法律行为。公司增加注册资本主要有两种途径：一是吸收外来新资本，包括增加新股东或股东追加投资；二是用公积金增加资本或利润转增资本。

**第一百七十九条** 【公司变更的登记】公司合并或者分立，登记事项发生变更的，应当依法向公司登记机关办理变更登记；公司解散的，应当依法办理公司注销登记；设立新公司的，应当依法办理公司设立登记。

公司增加或者减少注册资本，应当依法向公司登记机关办理变更登记。

## 第十章　公司解散和清算

**第一百八十条** 【公司解散原因】公司因下列原因解散：

（一）公司章程规定的营业期限届满或者公司章程规定的其他解散事由出现；

（二）股东会或者股东大会决议解散；

（三）因公司合并或者分立需要解散；

（四）依法被吊销营业执照、责令关闭或者被撤销；

（五）人民法院依照本法第一百八十二条的规定予以解散。

**条文解读**

**公司解散** ▷ 公司解散是指公司因发生章程规定或法律规定的解散事由而停止业务活动，最终失去法律人格的法律行为。根据公司是否自愿解散，可以将公司解散分为自行解散和强制解散两种情况。需要指出的是，公司一经解散即应停止对外的积极活动，不能再对外进行正常的经营活动。一般情况下公司解散使法人资格消灭的，它与清算的完结一同构成公司法人资格的消灭，但是，并非所有的公司解散必然跟随清算，例如因公司合并或者分立需要解散的，不必进行清算，只需依照本法第八章的规定履行编制资产负债表和财产清单等程序即可。

（1）自行解散。自行解散，也称为自愿解散，是指依公司章程或股东决议而终止公司活动或者消灭公司法人人格的情形，包括公司章程规定的营业期限届满或者规定的其他解散事由出现而解散，公司股东会决议或者因公司合并、分立而解散。这种解散取决于公司股东的意志，与外在因素无关，股东可以选择解散或者不解散公司。

（2）强制解散。强制解散是指非为公司自愿，而是由于其违反国家法律、行政法规等被国家行政机关强令退出市场，或者由人民法院判决解散。强制解散包括被市场监督管理机关吊销法人营业执照、被主管机关撤销或者关闭、人民法院判决解散公司等。

第一百八十一条　【修改公司章程】公司有本法第一百八十条第（一）项情形的，可以通过修改公司章程而存续。

依照前款规定修改公司章程，有限责任公司须经持有三分之二以上表决权的股东通过，股份有限公司须经出席股东大会会议的股东所持表决权的三分之二以上通过。

第一百八十二条　【司法强制解散公司】公司经营管理发生严重困难，继续存续会使股东利益受到重大损失，通过其他途径不能解决的，持有公司全部股东表决权百分之十以上的股东，可以请求人民法院解散公司。

## 条文解读

**司法强制解散公司** ➡ 司法强制解散公司，是一种以公权力为主导的司法干预制度，其目的是通过司法权的介入，强制公司解散，以保护在公司中受压制的小股东和公司债权人的利益。当公司出现股东无力解决的不得已事由，公司董事的行为危及公司存亡，或当公司业务遇到显著困难，公司的财产遭受重大损失时，法院依据持有一定比例的出资额或股份的股东等利害关系人的请求，作出解散公司的裁决。

根据本条的规定，只有当公司经营管理发生严重困难，继续存续会使股东利益受到重大损失，而且通过其他途径不能解决时，才可以通过司法途径解散公司。人民法院在适用司法解散时，也应当慎重，因为一旦适用司法解散，公司即进入清算程序，法人资格即将消灭，对公司的影响是毁灭性的。

**实务应用**

### *58.* 哪些情形下，股东可以提起解散公司之诉？

根据《公司法司法解释（二）》的规定，单独或者合计持有公司全部股东表决权10%以上的股东，以下列事由之一提起解散公司诉讼，并符合《公司法》第182条规定的，人民法院应予受理：

（1）公司持续两年以上无法召开股东会或者股东大会，公司经营管理发生严重困难的；

（2）股东表决时无法达到法定或者公司章程规定的比例，持续两年以上不能作出有效的股东会或者股东大会决议，公司经营管理发生严重困难的；

（3）公司董事长期冲突，且无法通过股东会或者股东大会解决，公司经营管理发生严重困难的；

（4）经营管理发生其他严重困难，公司继续存续会使股东利益受到重大损失的情形。

股东以知情权、利润分配请求权等权益受到损害，或者公司亏损、财产不足以偿还全部债务，以及公司被吊销企业法人营业执照未进行清算等为由，提起解散公司诉讼的，人民法院不予受理。

### 案例指引

## 99. 对"公司经营管理是否发生严重困难"应如何认定?[1]

### 林方清诉常熟市凯莱实业有限公司、戴小明公司解散纠纷案
(最高人民法院审判委员会讨论通过 2012年4月9日发布)

**关键词**

民事 公司解散 经营管理严重困难 公司僵局

**裁判要点**

公司法第一百八十三条[2]将"公司经营管理发生严重困难"作为股东提起解散公司之诉的条件之一。判断"公司经营管理是否发生严重困难",应从公司组织机构的运行状态进行综合分析。公司虽处于盈利状态,但其股东会机制长期失灵,内部管理有严重障碍,已陷入僵局状态,可以认定为公司经营管理发生严重困难。对于符合公司法及相关司法解释规定的其他条件的,人民法院可以依法判决公司解散。

**相关法条**

《中华人民共和国公司法》第一百八十三条

**基本案情**

原告林方清诉称:常熟市凯莱实业有限公司(简称凯莱公司)经营管理发生严重困难,陷入公司僵局且无法通过其他方法解决,其权益遭受重大损害,请求解散凯莱公司。

被告凯莱公司及戴小明辩称:凯莱公司及其下属分公司运营状态良好,不符合公司解散的条件,戴小明与林方清的矛盾有其他解决途径,不应通过司法程序强制解散公司。

法院经审理查明:凯莱公司成立于2002年1月,林方清与戴小明

---

[1] 最高人民法院指导案例8号。
[2] 现为第182条。

系该公司股东,各占50%的股份,戴小明任公司法定代表人及执行董事,林方清任公司总经理兼公司监事。凯莱公司章程明确规定:股东会的决议须经代表二分之一以上表决权的股东通过,但对公司增加或减少注册资本、合并、解散、变更公司形式、修改公司章程作出决议时,必须经代表三分之二以上表决权的股东通过。股东会会议由股东按照出资比例行使表决权。2006年起,林方清与戴小明两人之间的矛盾逐渐显现。同年5月9日,林方清提议并通知召开股东会,由于戴小明认为林方清没有召集会议的权利,会议未能召开。同年6月6日、8月8日、9月16日、10月10日、10月17日,林方清委托律师向凯莱公司和戴小明发函称,因股东权益受到严重侵害,林方清作为享有公司股东会二分之一表决权的股东,已按公司章程规定的程序表决并通过了解散凯莱公司的决议,要求戴小明提供凯莱公司的财务账册等资料,并对凯莱公司进行清算。同年6月17日、9月7日、10月13日,戴小明回函称,林方清作出的股东会决议没有合法依据,戴小明不同意解散公司,并要求林方清交出公司财务资料。同年11月15日、25日,林方清再次向凯莱公司和戴小明发函,要求凯莱公司和戴小明提供公司财务账册等供其查阅、分配公司收入、解散公司。

江苏常熟服装城管理委员会(简称服装城管委会)证明凯莱公司目前经营尚正常,且愿意组织林方清和戴小明进行调解。

另查明,凯莱公司章程载明监事行使下列权利:(1)检查公司财务;(2)对执行董事、经理执行公司职务时违反法律、法规或者公司章程的行为进行监督;(3)当董事和经理的行为损害公司的利益时,要求董事和经理予以纠正;(4)提议召开临时股东会。从2006年6月1日至今,凯莱公司未召开过股东会。服装城管委会调解委员会于2009年12月15日、16日两次组织双方进行调解,但均未成功。

### 裁判结果

江苏省苏州市中级人民法院于2009年12月8日以(2006)苏中民二初字第0277号民事判决,驳回林方清的诉讼请求。宣判后,林方清提起上诉。江苏省高级人民法院于2010年10月19日以（2010）苏商终字第0043号民事判决，撤销一审判决，依法改判解散凯莱公司。

## 裁判理由

法院生效裁判认为：首先，凯莱公司的经营管理已发生严重困难。根据公司法第一百八十三条和《公司法司法解释（二）》第一条的规定，判断公司的经营管理是否出现严重困难，应当从公司的股东会、董事会或执行董事及监事会或监事的运行现状进行综合分析。"公司经营管理发生严重困难"的侧重点在于公司管理方面存有严重内部障碍，如股东会机制失灵、无法就公司的经营管理进行决策等，不应片面理解为公司资金缺乏、严重亏损等经营性困难。本案中，凯莱公司仅有戴小明与林方清两名股东，两人各占50%的股份，凯莱公司章程规定"股东会的决议须经代表二分之一以上表决权的股东通过"，且各方当事人一致认可该"二分之一以上"不包括本数。因此，只要两名股东的意见存有分歧、互不配合，就无法形成有效表决，显然影响公司的运营。凯莱公司已持续4年未召开股东会，无法形成有效股东会决议，也就无法通过股东会决议的方式管理公司，股东会机制已经失灵。执行董事戴小明作为互有矛盾的两名股东之一，其管理公司的行为，已无法贯彻股东会的决议。林方清作为公司监事不能正常行使监事职权，无法发挥监督作用。由于凯莱公司的内部机制已无法正常运行、无法对公司的经营作出决策，即使尚未处于亏损状况，也不能改变该公司的经营管理已发生严重困难的事实。

其次，由于凯莱公司的内部运营机制早已失灵，林方清的股东权、监事权长期处于无法行使的状态，其投资凯莱公司的目的无法实现，利益受到重大损失，且凯莱公司的僵局通过其他途径长期无法解决。《公司法司法解释（二）》第五条明确规定了"当事人不能协商一致使公司存续的，人民法院应当及时判决"。本案中，林方清在提起公司解散诉讼之前，已通过其他途径试图化解与戴小明之间的矛盾，服装城管委会也曾组织双方当事人调解，但双方仍不能达成一致意见。两审法院也基于慎用司法手段强制解散公司的考虑,积极进行调解,但均未成功。

此外,林方清持有凯莱公司50%的股份,也符合公司法关于提起公司解散诉讼的股东须持有公司10%以上股份的条件。

综上所述,凯莱公司已符合公司法及《公司法司法解释(二)》所规定的股东提起解散公司之诉的条件。二审法院从充分保护股东合法权益,合理规范公司治理结构,促进市场经济健康有序发展的角度出发,依法作出了上述判决。

### 100. 股东经营理念与公司冲突无法调和,可否认定公司管理陷入僵局?[①]

诺信公司设立于2002年8月5日,潘某为持股34.29%的股东,公司另有伍某某、海汇投资公司等11位股东。潘某曾任公司总经理,任职期间潘某为诺信公司向银行贷款提供了担保财产。2015年,潘某因个人经营理念和公司的发展冲突为由辞职。2016年,诺信公司的几笔借款债务已届清偿期尚未偿还,潘某以公司董事长期冲突,且无法通过股东会解决,公司经营管理发生严重困难,继续存续会使股东利益受到重大损失为由诉至法院,请求解散诺信公司。

广州市黄埔区人民法院认为,潘某个人经营理念与公司之间的冲突,可以通过召开股东会,行使股东表决权的方式解决。诺信公司的负债及亏损情况也有逐渐好转趋势,内部管理并未陷入僵局。潘某对于提供担保所可能产生的法律后果及风险理应具备预见能力,即使其最终承担了担保责任,亦享有救济途径,并不属于通过其他途径不能解决的情形。故判决驳回潘某诉请解散公司的诉讼请求。广州市中级人民法院维持原判。

---

[①] 参见《广东高院发布服务保障民营企业健康发展典型案例(二)》,潘某诉诺信公司公司解散纠纷案,载广东法院网 https://www.gdcourts.gov.cn/index.php?v=show&cid=170&id=53809,最后访问日期:2023年3月20日。

## 101. 股权转让受阻,"通过其他途径不能解决"应如何认定?[①]

高能公司系由研究所及大恒公司、萧然公司共同出资设立,公司董事长和总经理均由大恒公司人员出任。研究所诉称,高能公司自2011年3月以来一直由大恒公司掌控经营,五年来高能公司未召开股东会、董事会,研究所及其他股东无法行使股东权利。2012年5月召开股东会,但大恒公司代表拒绝在股东会决议上签字。事后,研究所将股东会决议快递给大恒公司,大恒公司仍未理睬。研究所认为,高能公司及控股股东的行为严重违反我国公司法及公司章程的规定,长期不能召开股东会、董事会,经营管理产生严重困难,该公司继续存在会使股东遭受重大损失,遂向法院提起诉讼,要求判令解散高能公司。高能公司不同意研究所的诉讼请求,认为该公司不符合解散的法定条件,未发生经营管理严重困难。

一审法院经审理认为,研究所作为本案原告有权提起对高能公司的解散公司之诉。高能公司5年内未召开股东会、董事会,此类情形虽能在一定程度上反映高能公司目前的经营管理状况,但并非判断是否应对高能公司适用司法解散的决定性条件。高能公司股东之间就研究所向萧然公司转让股权存在认识分歧,并不直接等同于股东自身利益的损失,研究所在本案中的诉讼主张,尚未完全丧失通过其他途径予以解决的可能。综上,一审法院判决驳回研究所的诉讼请求。

研究所不服原审判决,上诉至北京市一中院。二审审理过程中,高能公司的股东之一萧然公司明确表示愿意继续收购研究所持有的高能公司的股权。二审法院认为,根据《公司法》规定,持有公司全部股东表决权10%以上的股东请求人民法院判决解散公司的,需在同时满足公司经营管理发生严重困难,继续存续会使股东利益受到重大损失,以及通过其他途径不能解决的条件时,方可得到法院的支持,上述条件缺一不

---

[①] 参见王欣、李妍:《股权转让未果诉请解散公司 因未满足法定要件被驳回》,载北京法院网 https://bjgy.bjcourt.gov.cn/article/detail/2015/07/id/1661936.shtml,最后访问日期:2023年3月20日。

可。本案中，是否符合"通过其他途径不能解决"的解散条件，系各方当事人争议的焦点问题。二审中，萧然公司已经表明其有意向受让研究所持有的高能公司的股权，研究所虽提出因大恒公司的阻拦导致相关的审计工作难以进行，但其所称的上述问题并非不能解决，法律已对公司股东赋予了相应的救济途径。同时，考虑到解散公司是解决公司纷争的最后手段，且从维护交易安全和社会经济秩序的立法目的出发，在判决解散公司也应当采取审慎态度。因此，一审法院判决认定研究所尚未完全丧失通过其他途径予以解决的可能，具有事实及法律依据。综上，二审法院终审判决驳回上诉，维持原判。

## 102. 股东会决议同意解散公司，但无法办理注销登记，可以提起解散公司之诉吗？[①]

重庆某企业管理公司成立于 2015 年，注册资本 100 万元，共有股东 13 名，邓某是其中之一。2022 年 2 月，股东邓某将重庆某企业管理公司诉至法院，请求法院判令解散该企业管理公司，并办理公司工商注销手续，理由是该公司股东人数较多，现已不能联系到全体股东，工商行政管理部门不予办理工商注销登记。

两江新区（自贸区）法院受理该案后，经审查发现，邓某提供了该公司于 2020 年 7 月 10 日作出的《股东会决议》，该决议显示 13 名股东中的 11 名签字确认同意解散公司，并且 11 名股东合计所持表决权达到了公司表决权的 98%。

法院审理认为，公司经营管理发生严重困难，继续存续会使股东利益受到重大损失，通过其他途径不能解决的，持有公司全部股东表决权 10% 以上的股东，可以请求人民法院解散公司，即请求法院解散公司的前提是通过其他途径不能解决公司解散分歧。本案中，邓某陈述该公司

---

① 参见何欣、赵警淇：《股东请求解散公司 法院缘何裁定驳回起诉？》，载重庆法院网 http://cqgy.cqfygzfw.gov.cn/article/detail/2022/09/id/6896653.shtml，最后访问日期：2023 年 3 月 20 日。

已于 2020 年 7 月作出股东会决议解散公司，虽然有 2 名股东因联系不上未签字确认，但签字同意的 11 名股东所持有的表决权已经超过公司章程规定的解散公司所需表决权份额，则该公司已经符合《公司法》第 180 条规定的第 2 种情形，满足法定解散条件，可以自行解散，无需再次通过司法途径请求法院解散公司。邓某仅因为无法办理工商注销登记而向法院起诉，不符合解散公司诉讼的法定条件。法院根据《公司法》及相关规定，裁定驳回邓某的起诉。

### 103. 股东会决议与少数股东意见不一致，公司资产持续减少，即可提起解散公司之诉？[①]

唐某持有贸易集团 30% 的股权，另外两位股东江某、张某分别持有 45% 和 25% 股权。江某兼任法定代表人。自 2017 年 10 月份开始再未有实质业务发生，无营业收入。唐某与另外两名股东对公司发展意见不一致。后唐某提起解散公司诉讼。

法院经审理认为，第一，该公司并不存在无法召开股东会或者股东大会的情形；第二，表决时都能按照公司法规定或者公司章程约定达到股东表决的比例（满足 2/3 或者 1/2 以上的要求）；第三，三名股东同时兼任董事，虽然董事存在长期冲突，但是冲突可以通过股东会决议作出决定；第四，关于公司是否存在经营管理困难，唐某认为公司现有资产即使有 50 万元，也远远少于 2017 年 10 月公司账上的 180 万元等财产，据此主张经营管理困难。法院认为，仅凭公司账面资产发生减少，不能得出经营管理困难的结论。即使资产发生减少，也不代表公司未来经营就一定继续恶化，公司存续会使股东利益遭受重大损失。另外，股东会决议与少数股东意见不一致，与法定的无法召开股东会、无法形成决议的情形并不是同一概念，也并不符合公司法规定的解散条件。法院

---

① 参见《青岛市中级人民法院公司类纠纷审判典型案例（2022 年）》，唐某诉某贸易集团公司解散纠纷，载青岛市中级人民法院网，http://ytzy.sdcourt.gov.cn/qdzy/spgk66/sszy16/spzdyj/dxxal/8611329/index.html，最后访问日期：2023 年 3 月 20 日。

判决驳回唐某的诉讼请求。

### 关联参见

《公司法司法解释（二）》第1条、第2—5条

**第一百八十三条　【清算组的成立与组成】** 公司因本法第一百八十条第（一）项、第（二）项、第（四）项、第（五）项规定而解散的，应当在解散事由出现之日起十五日内成立清算组，开始清算。有限责任公司的清算组由股东组成，股份有限公司的清算组由董事或者股东大会确定的人员组成。逾期不成立清算组进行清算的，债权人可以申请人民法院指定有关人员组成清算组进行清算。人民法院应当受理该申请，并及时组织清算组进行清算。

### 条文解读

**公司清算** ➡ 公司清算，指公司被依法宣布解散后，依照一定程序了结公司事务，收回债权，清偿债务并分配财产，使公司归于消灭的一系列法律行为和制度的总称。除公司合并、分立两种情形外，公司解散后都应当依法进行清算，不经清算，公司不得注销设立登记，因此，清算是公司解散到公司终止前的一个必经程序。

**申请人民法院对公司进行清算** ➡ 申请人民法院对公司进行清算的案件，由于启动的原因和进行的清算程序以及人民法院介入的程度不同而不同于破产案件，因公司清算案件受理的理论前提是公司财产足以偿还全部债务，故在这种清算程序中人民法院介入的程度相对于破产清算而言非常有限，同时作为破产清算中的一个重要机构即债权人会议在强制清算中是不存在的（因其权利能够全部实现）。人民法院在审理公司清算案件中应主要从以下几个方面介入并监督清算的进行：（1）指定清算组成员。人民法院受理公司清算案件，应当及时指定有关人员组成清算组。（2）更换清算组成员。清算组成员是否能够严格按照法律、行政

法规的规定进行清算，以及是否具备执业能力或者民事行为能力等，直接决定了清算是否能够依法进行，以及公司债权人、股东等的利益是否能够依法得到实现。因此，当人民法院指定的清算组成员存在违反法律或者行政法规，丧失执业能力或者民事行为能力，或者有严重损害公司或者债权人利益的行为时，应当及时予以更换。清算组成员的更换，包括人民法院依公司债权人等利害关系人的申请更换，以及依职权更换两种情形。(3) 确认清算方案。人民法院组织的公司清算，清算组制作的清算方案应当报经人民法院确认后方可执行。人民法院对清算方案的确认程序，是为了避免清算组的故意或者过失行为，而影响清算的依法进行，损害相关权利人的合法权益。只有经确认的清算方案才能产生应有的法律效力。如果清算方案未经确认，清算组即予执行，因此给公司股东或者债权人造成损失的，应当由清算组成员承担。(4) 决定是否延长清算期限。(5) 确认清算报告。(6) 裁定终结清算程序。人民法院确认清算报告后尚需裁定终结清算程序。这里应当注意，公司清算案件不是人民法院指定完清算组成员就审结了，而是需要监督到整个清算程序完毕、裁定终结清算程序后，案件才算审结。

**实务应用**

### 59. 有限公司股东怠于履行义务，导致公司无法进行清算，应对公司债务承担何种法律责任？

根据《公司法司法解释（二）》第18条第2款规定，有限责任公司的股东因怠于履行义务，导致公司主要财产、账册、重要文件等灭失，无法进行清算，债权人主张其对公司债务承担连带清偿责任的，人民法院应依法予以支持。

另据《全国法院民商事审判工作会议纪要》，这里的"怠于履行义务"，是指有限责任公司的股东在法定清算事由出现后，在能够履行清算义务的情况下，故意拖延、拒绝履行清算义务，或者因过失导致无法进行清算的消极行为。股东举证证明其已经为履行清算义务采取了积极措施，或者小股东举证证明其既不是公司董事会或者监事会成员，也没有选派人员担任该机关成员，且从未参与公司经营管理，以不构成"怠于履行义务"为由，主张其不应当对公司债务承担连带清偿责任的，人民法院依法予以支持。

若有限责任公司的股东举证证明其"怠于履行义务"的消极不作为与"公司主要财产、账册、重要文件等灭失，无法进行清算"的结果之间没有因果关系，主张其不应对公司债务承担连带清偿责任的，人民法院依法予以支持。

此外，公司债权人请求股东对公司债务承担连带清偿责任，诉讼时效期间自公司债权人知道或者应当知道公司无法进行清算之日起计算。股东可以公司债权人对公司的债权已经超过诉讼时效期间为由进行抗辩。

### 案例指引

### 104. 公司吊销后股东怠于履行清算义务，工伤职工可否要求股东承担连带责任？[①]

陈某为重庆某机电设备公司员工，2014年5月5日，陈某在工作中受伤，后经仲裁委员会裁决，重庆某机电设备公司应支付原告陈某各项工伤保险待遇共计154513元。裁决生效后，原告陈某向法院申请强制执行，但未执行到位。得知公司已经于2016年6月28日吊销后，原告陈某再次以公司股东李某、周某为被告，要求二被告对前述工伤保险待遇承担连带清偿责任。

庭审中，原告陈某称二被告作为公司股东，在公司没有参加年检被工商行政管理部门吊销营业执照的情况下，至今未组织清算，因其怠于履行清算义务，导致公司财产流失、灭失，致使原告的工伤保险待遇得

---

① 参见杨丽容：《公司吊销后股东怠于履行清算义务 工伤职工要求股东承担连带责任获支持》，载重庆法院网 http://cqgy.cqfygzfw.gov.cn/article/detail/2019/07/id/4172955.shtml，最后访问日期：2023年3月20日。

不到清偿，二被告应对公司的债务承担连带清偿责任。被告李某辩称，公司目前无任何财产，也未进行清算，公司账册及账簿被财务人员拿走。

法院审理认为，重庆某机电设备公司作为有限责任公司，其全体股东在法律上应一体成为公司的清算义务人。被告李某、周某作为公司股东，应当于重庆某机电设备公司依法被吊销营业执照后15日内成立清算组，现其未按法律规定成立清算组，怠于履行清算义务，与公司主要财产、账册等灭失之间具有因果关系，符合《公司法司法解释（二）》第18条第2款有限责任公司的股东应就公司债务承担连带清偿责任的情形。鉴于此，法院遂依法支持了原告陈某要求二被告对其工伤保险待遇承担连带清偿责任的请求。

承办法官表示，实践中劳动者起诉要求公司股东对其工伤保险待遇承担连带清偿责任的诉请并非都能获得支持，根据《公司法司法解释（二）》第18条第2款的规定，主张股东承担连带清偿责任需满足股东怠于履行义务，且因其怠于履行义务导致公司主要财产、账册、重要文件等灭失致使公司无法进行清算的条件。但需注意的一个问题就是，上述情形在实践中举证较难，故劳动者在该类案件中应注重对前述事实的证据搜集，否则将会有很大的败诉风险。

## 105. 股东对公司的经营状态和公司文件下落不知情，是否应承担怠于清算的责任？[①]

路某通公司自成立之日起就租用了朱某名下的楼层作为办公地点，租赁合同载明，路某通公司每年的12月份支付当年租赁费20万元。因路某通公司经营不善，项目屡遭质检不通过，故一直未支付朱某租赁费。2014年3月，朱某以前三年的租赁费未支付为由将路某通公司诉至

---

① 参见刘芳、石菲：《债权人应对债务公司"人去楼空"之法律对策（四）》，载北京法院网 https://bjgy.bjcourt.gov.cn/article/detail/2015/10/id/1724214.shtml，最后访问日期：2023年3月20日。

法院。法官对该案件进行调解，路某通公司同意3个月内支付租赁费60万元整。3个月后，路某通公司仍未支付租赁费，朱某向法院申请执行。执行法官在执行中发现路某通公司已不在注册地址经营，且未发现该公司的账户存款，其法定代表人也下落不明，于是中止执行。朱某遂请求法院对路某通公司进行强制清算，但因该公司被吊销营业执照、没有任何财产、账册、重要文件，其人员下落不明，不具备清算条件而被法院裁定终结清算程序。

在律师的协助下，朱某查询到路某通的股东分别是甲、乙、丙、丁、戊五家公司。朱某将五家公司诉至法院，请求其承担连带赔偿责任。诉讼过程中，甲公司向其他四家公司发出清算函，但未得到回应，故清算未能进行。一审法院在审理中发现，丁、戊公司已经被吊销营业执照且下落不明，而甲、乙、丙公司对路某通公司的经营状态和实际办公地点并不知情，也不知道其营业执照、公章、财务报表等材料以及经营管理人员的下落。于是依照《公司法司法解释（二）》第18条的规定，认为五家股东公司已逾清算的法定期限，且进行清算的条件并不具备，应当对朱某的债权承担连带清偿责任。

甲、乙、丙三家公司不服，提起上诉。甲公司称路某通公司作为依法成立的公司法人应依法以其全部财产对其债务承担责任，且甲公司一直主张清算，因其他股东的原因才致清算无法进行，朱某的债权不能得到清偿与其怠于履行清算义务无因果关系；乙公司称朱某未能提供证据证明路某通公司怠于履行偿还义务，且该债务也非乙公司的原因所致，乙公司也未实施任何导致路某通公司有效资产减损或债务增加的行为；丙公司也认为有限责任公司股东在其出资范围内承担责任，丙公司已履行出资义务，承担了应尽义务，且路某通公司尚未办理注销登记。三家公司都主张不应承担赔偿责任。

二审法院审理后认为，公司法明确规定股东应在公司被吊销营业执照后15日内成立清算组进行清算，这是股东的法定义务。而若股东怠于履行义务，导致公司无法清算，应当对公司债务承担连带清偿责任。

甲、乙、丙三家公司既不清楚路某通公司的经营状态，也不清楚公司文件的下落，丁、戊公司业已被吊销营业执照，这些行为已经构成怠于履行股东义务，导致了公司无法清算的后果，故应当对债权人承担连带清偿责任。二审法院据此驳回了甲、乙、丙公司的上诉，维持原审判决。

## 106. 怠于清算但仍可清算，股东对外应否担责？[①]

2010年9月26日，季某和郑某共同设立甲公司，法定代表人为季某，郑某担任监事。2012年12月，甲公司与乙公司间的债务纠纷经法院审理，判决甲公司向乙公司返还60余万元。判决生效后，因甲公司未履行给付义务，乙公司向法院申请执行。经查询，甲公司名下无可供执行财产线索，法院作出执行案件备案登记通知书，要求乙公司在发现明确的可供执行的财产、财产证据或财产线索后再申请执行。

2013年10月15日，甲公司因未在规定的期限内接受年度企业年检，也未在工商行政管理部门公告规定的期限以前补办年检手续，依法被吊销营业执照。此后，甲公司的两名股东未自行组成清算组进行清算。

2021年3月，乙公司将季某、郑某诉至法院，要求判令二人对甲公司应付乙公司的债务609800元及迟延履行期间的利息承担连带责任。

审理过程中，季某、郑某提交了甲公司2011—2012年期间与合作方签订的合作协议、2010年的企业所得税年度申报表、资产负债表和损益表以及2011年度的会计凭证等，证明甲公司具备清算的基础，并未因季某、郑某怠于履行清算义务而造成公司财务账册的遗失。乙公司则认为，甲公司的两股东在公司被吊销营业执照后的近10年内未进行清算，有违诚信，且未提交会计法要求公司保有的会计账簿、财务会计报告、银行流水、明细账等经营期间的关键性财务清算证据，财务资料严重缺失，说明甲公司不存在清算的基础，应当认定公司主要财产账册

---

[①] 参见吴瑾、钱军：《执照吊销怠于清算 股东对外应否担责》，载江苏法院网 https://www.jsfy.gov.cn/article/94112.html，最后访问日期：2023年3月20日。

已经灭失，损害结果已经发生。

一审法院审理后认为，根据相关法律规定，只有因"怠于履行清算义务"的消极不作为，导致"公司主要财产、账册、重要文件等灭失，无法进行清算"的结果，股东才应当对公司债务承担连带清偿责任。本案中，甲公司应当在解散事由出现之日起15日内成立清算组开始清算，季某、郑某作为公司股东至今未履行清算义务，确属不当。诉讼中，季某、郑某提供了甲公司部分会计凭证等财务资料及合作协议，并表示待整理后便向有管辖权的法院申请清算。虽然二人提交的财务资料存在缺失，但其表示仍在整理中，有些未提交的如银行明细等也可在清算过程中进行补强，本案中亦无法对两名股东提交的财务资料进行实质性分析认定，现有证据难以得出甲公司存在财务账册等灭失而无法清算的结论。遂依照《中华人民共和国公司法》、《公司法司法解释（二）》、《中华人民共和国民事诉讼法》、《最高人民法院关于适用〈中华人民共和国民事诉讼法〉的解释》的相关规定，判决驳回乙公司的诉讼请求。

一审后，乙公司不服，提起上诉。南通市中级人民法院经审理认为，一审判决认定事实清楚，适用法律正确，依法驳回上诉，维持原判。

**关联参见**

《公司法司法解释（二）》第2条、第7—9条、第18条

**第一百八十四条　【清算组的职权】**清算组在清算期间行使下列职权：

（一）清理公司财产，分别编制资产负债表和财产清单；

（二）通知、公告债权人；

（三）处理与清算有关的公司未了结的业务；

（四）清缴所欠税款以及清算过程中产生的税款；

（五）清理债权、债务；

（六）处理公司清偿债务后的剩余财产；

（七）代表公司参与民事诉讼活动。

**条文解读**

**清算组** ➡ 清算组，又称为清算人，是指在公司清算期间负责清算事务执行的法定组织，在清算期间，清算组是公司业务的执行机构，全面负责公司相关业务的处理。

**关联参见**

《公司法司法解释（二）》第 10 条

**第一百八十五条** 【债权人申报债权】清算组应当自成立之日起十日内通知债权人，并于六十日内在报纸上公告。债权人应当自接到通知书之日起三十日内，未接到通知书的自公告之日起四十五日内，向清算组申报其债权。

债权人申报债权，应当说明债权的有关事项，并提供证明材料。清算组应当对债权进行登记。

在申报债权期间，清算组不得对债权人进行清偿。

**案例指引**

**107.** 公司清算不通知，清算组成员应否赔偿？[①]

喔喔文化传媒有限公司（以下简称喔喔公司）与铠铠装饰工程有限公司（以下简称铠铠公司）存在较长时间的合作关系。喔喔公司常常会让铠铠公司设计宣传海报、展板、广告等，而铠铠公司也定期为喔喔公司进行装修活动，两公司业务往来紧密。2012 年初，Y 市的一个大

---

① 参见刘芳、石菲：《债权人应对债务公司"人去楼空"之法律对策（二）》，载北京法院网 https://bjgy.bjcourt.gov.cn/article/detail/2015/10/id/1724206.shtml，最后访问日期：2023 年 3 月 20 日。

型建筑项目需要将装修业务外包,承建方表示等装修结束、房子销售后再结清账款。铛铛公司正处于经营困难期,其股东周某觉得该项目盈利较大,可使公司状况好转,于是力促铛铛公司承接了该项目。因为中途资金存在困难,只好暂时向喔喔公司借款120万元用于购买装修材料。2012年底,铛铛公司完成了装修业务。然而,上述大型建筑项目因不符合城市规划而被关闭,铛铛公司仅从承建方那里得到了勉强达到装修成本的价款。铛铛公司再次陷入困难,又因未参加企业年检被工商局吊销了营业执照。

喔喔公司将铛铛公司诉至法院,要求其偿还借款120万。2013年2月,铛铛公司与喔喔公司在法官的主持下,达成了调解协议,铛铛公司同意在三个月内偿还喔喔公司借款120万元。履行期限届满后,铛铛公司未偿还欠款,喔喔公司依法申请强制执行,但是因铛铛公司无可供执行的财产,导致执行程序暂时终结。2013年底,铛铛公司的股东周某和李某对公司进行清算,清算的结果为:铛铛公司在清算期间无对外债权债务,铛铛公司已经结清各项税款、无应缴未缴税款、无未付福利费、职工工资已结清、债权债务已经清理完毕,公司剩余资产总额为1200553.95元,全部归股东所有。但铛铛公司在清算时未向喔喔公司履行调解书确定的120万元的给付义务。喔喔公司得知铛铛公司注销登记后,以周某、李某作为清算组成员,未向债权人履行通知义务、隐瞒公司巨额债务骗取工商注销登记为由,起诉要求周某、李某承担赔偿责任。

法院经过审理认为,周某、李某作为铛铛公司的股东,并在铛铛公司清算中担任清算组成员,应当忠于职守,依法履行清算义务。由于周某、李某未依法履行通知义务,造成喔喔公司未及时申报债权从而未获清偿的后果,故周某、李某应当承担损害赔偿责任,最终法院判决周某、李某连带赔偿喔喔公司损失120万元。

对于赔偿数额,由于本案损害赔偿责任应属于民事侵权责任,违法行为与损害事实之间需具有因果关系是民事侵权行为的构成要件之一,故周某、李某承担赔偿责任的范围应限于与未依法履行通知义务有因果关系的部分。清算报告显示铛铛公司无债权债务，清理完毕后的剩余资产总额为1200553.95元，故周某、李某应当在剩余资产总额1200553.95元范围内承担损害赔偿责任，因此法院判决周某、李某连带赔偿喔喔公司损失120万元。

### 关联参见

《公司法司法解释（二）》第11条、第14条

**第一百八十六条** 【清算程序】清算组在清理公司财产、编制资产负债表和财产清单后，应当制定清算方案，并报股东会、股东大会或者人民法院确认。

公司财产在分别支付清算费用、职工的工资、社会保险费用和法定补偿金，缴纳所欠税款，清偿公司债务后的剩余财产，有限责任公司按照股东的出资比例分配，股份有限公司按照股东持有的股份比例分配。

清算期间，公司存续，但不得开展与清算无关的经营活动。公司财产在未依照前款规定清偿前，不得分配给股东。

### 条文解读

**清算程序** ➡ 清算组处分公司的财产应遵循一定的原则进行：

（1）顺序清偿的原则。公司财产的支付应按照支付清算费用、职工工资、社会保险费用和法定补偿金，缴纳所欠税款，清偿公司债务，分配剩余财产的顺序进行清偿。

（2）先债权后股权的原则。即清算组必须在清偿公司全部债务后再向股东分配公司的剩余财产。

（3）风险收益统一的原则。即清算组在处分公司剩余财产时必须按照股东的出资比例或者持股比例进行分配，不得违反风险与收益统一的

原则处分公司的剩余财产。

**关联参见**

《公司法司法解释（二）》第 13 条、第 15 条、第 16 条

**第一百八十七条** 【破产申请】清算组在清理公司财产、编制资产负债表和财产清单后，发现公司财产不足清偿债务的，应当依法向人民法院申请宣告破产。

公司经人民法院裁定宣告破产后，清算组应当将清算事务移交给人民法院。

**条文解读**

**破产申请** ➡ 破产申请，是指有权申请破产的人基于法定的事实和理由向有管辖权的法院请求对债务人进行重整、和解或者破产清算的意思表示。本条规定清算组在清算过程中发现公司财产不足清偿债务的，应当向人民法院申请宣告破产。此时，公司清算组作为债务人企业的代表机关，不仅享有破产申请权，而且负有破产申请义务，必须及时提出破产申请，以保证对全体债权人的公平清偿。

**关联参见**

《公司法司法解释（二）》第 17 条

**第一百八十八条** 【公司注销】公司清算结束后，清算组应当制作清算报告，报股东会、股东大会或者人民法院确认，并报送公司登记机关，申请注销公司登记，公告公司终止。

**条文解读**

**公司申请注销** ➡ 公司申请注销登记，应当提交下列文件：（1）公

司清算组负责人签署的注销登记申请书；(2) 人民法院的破产裁定、解散裁判文书，公司依照《公司法》作出的决议或者决定，行政机关责令关闭或者公司被撤销的文件；(3) 股东会、股东大会、一人有限责任公司的股东、外商投资的公司董事会或者人民法院、公司批准机关备案、确认的清算报告；(4)《企业法人营业执照》；(5) 法律、行政法规规定应当提交的其他文件。

国有独资公司申请注销登记，还应当提交国有资产监督管理机构的决定，其中，国务院确定的重要的国有独资公司，还应当提交本级人民政府的批准文件。

有分公司的公司申请注销登记，还应当提交分公司的注销登记证明。

## 案例指引

### 108. 没付清工资就注销公司，职工如何维权？[1]

经过海淀区劳动人事仲裁委员会的仲裁，霍先生的工作单位慧某公司需向霍先生支付4万元工资。霍先生持生效裁决书向法院申请强制执行，法院于2015年12月3日立案，由于慧某公司已注销，无法查找财产，法院于2016年12月30日决定终结本次执行程序。后经调查，慧某公司法定代表人陈某系该公司主要股东，2018年12月27日，公司在明知本案债务未清偿且未通知其相关情况即将公司注销，导致公司无财产可供执行。故要求追加陈某为本案被执行人，执行其名下财产4万元。

陈某辩称，慧某公司系有限责任公司，其持股40%，承担的是有限责任。公司于2018年成立了清算组，其不是清算组的组长，清算组于2018年11月8日进行了公告，之后制作了清算报告，并申请注销，该

---

[1] 参见王晓华：《没付清工资公司就注销 法院判决公司股东来清偿》，载北京法院网 https://bjgy.bjcourt.gov.cn/article/detail/2021/06/id/6111085.shtml，最后访问日期：2023年3月20日。

公司系依法清算。同时，签署股东会决议前，其向清算组询问并提示过原告的债权，清算组表示会处理，但如何处理其不清楚，故不同意成为本案的被执行人。

法院经审理后认为，霍先生的债务于公司清算、注销前即已确定。慧某公司进行注销登记，法人主体已灭失，已确定无法清偿对霍先生的债务。根据相关法律及司法解释，清算组应当自成立之日起10日内通知债权人，并于60日内在报纸上公告。公司清算时，清算组应当将公司解散清算事宜书面通知全体已知债权人，并进行公告。现没有证据证明慧某公司清算组同时履行了上述法律及司法解释规定的书面通知债权人之义务。陈某作为法定代表人、股东及公司清算组成员，述称曾向清算组询问并提示过霍先生的该笔债权，但未能就此提供相应证据，形式上亦不符合上述关于书面通知的相关规定。故慧某公司清算组未履行通知义务，清算程序不符合法律规定，导致霍先生未及时申报债权而未获清偿，霍先生有权主张清算组成员陈某对因此造成的损失承担赔偿责任。最终法院判决陈某对霍先生的4万元欠薪承担清偿责任。宣判后，双方均未上诉，该判决已生效。

### 109. 公司违法清算后注销，债务谁来承担？[①]

原告陈某于2015年10月向某公司储存黄金38.69克，该公司向其出具黄金储存单一份，显示储存期限为一年，含金量增重后为41.798克。该公司于2014年4月1日注册成立，股东为漯河某公司和谷某，法定代表人为谷某。2016年4月6日，该公司在河南日报刊登注销公告，公司清算组于2016年7月20日作出清算报告，证明在清算过程中，清算组共收到登记公司债权人申报的债权0万元，无剩余财产。同日，该公司作出确认清算报告的股东会决议，会议审议并通过了公司清

---

① 参见雷颖浩：《公司注销未依法清算 股东承担连带责任》，载河南省高级人民法院网 http://www.hncourt.gov.cn/public/detail.php?id=169236，最后访问日期：2023年3月20日。

算报告。公司于2016年7月22日经工商机关核准注销。

2016年4月至5月，债权人陈某多次与被告谷某通过手机短信息通讯联系，催要黄金价款。在该公司清算期间，陈某又向其法定代表人暨清算组负责人谷某主张债权。在催要无果后，陈某向法院提起诉讼。

法院认为，当事人之间订立合同，应依据当事人意思表示内容确定合同权利义务。原告陈某在某公司存储黄金，该公司向其出具黄金储存单，明确约定期限及增值数额。黄金作为贵金属，以其价值性历史成为天然的实物货币，作为借贷关系之标的物毋庸置疑，故原告陈某与该公司之间成立借贷合同关系。

该公司在约定期限届满后未按照约定向原告陈某还本付息，构成违约，依法应承担继续履行的违约责任。后该公司经清算后登记注销，但是原告陈某在该公司清算期间已向其法定代表人暨清算组负责人谷某主张债权，但该公司清算组未登记确认该债权，仍作出"收到登记公司债权人申报的债权0万元"的清算报告，故该公司法定代表人暨清算组负责人谷某的行为违反了法律关于通知已知债权人的强制性规定。该公司清算组未经依法清算，以虚假的清算报告骗取公司登记机关办理法人注销登记，公司股东谷某与漯河某公司系滥用公司法人独立地位和股东有限责任，逃避债务，严重损害公司债权人的利益，应当对公司债务承担连带责任。法院依法判决该公司股东谷某、漯河某公司向债权人陈某归还黄金41.798克。

### 关联参见

《公司法司法解释（二）》第19条、第20条

**第一百八十九条　【清算组成员的义务与责任】**清算组成员应当忠于职守，依法履行清算义务。

清算组成员不得利用职权收受贿赂或者其他非法收入，不得侵占公司财产。

清算组成员因故意或者重大过失给公司或者债权人造成损失的，应当承担赔偿责任。

### 条文解读

**清算组成员的义务与责任** ➡ 清算组成员作为公司的执行机关或公司股东和债权人的委任人，其负有与公司董事相同的诚信义务，包括注意义务和忠实义务。所谓注意义务是指清算组成员在履行自己职责和行使权力的过程中，应对公司、公司的股东和债权人承担适当、合理履行职责、行使权力的义务，如果清算组没有尽到此种义务，则公司、公司股东或公司债权人有权要求清算组对自己的损失承担责任。所谓忠实义务，是指清算组在履行自己职责和行使自己权力的过程中，必须最大限度地维护公司、公司股东和债权人的利益，不得为自己牟取私利。清算组违反义务的，应当依法追究相应的民事赔偿责任、行政责任甚至刑事责任。

### 案例指引

**110. 股东怠于履行清算义务，离职小股东还要对公司债务承担连带赔偿责任吗？**[①]

工业公司注册资本为 500 万元，吴某、刘某分别出资 300 万元、200 万元，刘某担任经理。2011 年，刘某因工资问题与公司发生纠纷，曾起诉至法院，同年 6 月，刘某辞职并离开公司。后工业公司一直由吴某经营。2014 年 3 月，工业公司被吊销营业执照，但一直未办理注销手续。至诉讼发生时，工业公司无实际经营场所，公章、财务账册等资料均去向不明。2020 年，工业公司的债权人机电公司向法院起诉，主张工业公司清偿 2012 年期间结欠的货款 307203.44 元，同时主张吴某、

---

[①] 参见《2020-2021 年江苏法院公司审判典型案例》，机电公司诉工业公司、吴某、刘某买卖合同和清算责任纠纷案，载江苏法院网 https://www.jsfy.gov.cn/article/94380.html，最后访问日期：2023 年 3 月 20 日。

刘某未及时履行清算义务，导致公司债务未能及时得以清偿，应当承担连带赔偿责任。

一审法院认为，工业公司被吊销营业执照后，吴某、刘某并未及时组成清算组，怠于履行清算义务，导致公司债务未能及时清偿，故判决支持了机电公司对刘某的诉请。二审法院认为，工业公司被吊销营业执照，出现法定解散事由时，刘某已离职多年，且案涉债务亦发生在刘某离职之后，现有证据不足以证明系刘某怠于履行清算义务而导致公司债务无法清偿，遂改判驳回机电公司对刘某的诉讼请求。

综上所述，公司被吊销营业执照后，公司股东应当及时履行清算义务。但股东怠于履行清算义务并不必然对公司的债务承担连带清偿责任，而应审查是否因股东怠于履行义务，导致公司债权人利益受损。小股东能够举证证明其既不是董事会或监事会成员，也没有选派人员担任该机关成员，且从未参与公司经营管理，应当认定未怠于履行清算义务。

## 关联参见

《公司法司法解释（二）》第 23 条

**第一百九十条** 【公司破产】公司被依法宣告破产的，依照有关企业破产的法律实施破产清算。

## 条文解读

**公司破产** ➡ 公司破产，是指公司不能清偿到期债务时，为保护债权人的利益，依法定程序，将公司的财产依法在全体债权人之间按比例公平分配的制度。是否宣告公司破产事关股东和债权人利益，因此，公司不能自行宣告破产，债权人也无权宣告公司破产。依据我国法律规定，有权宣告公司破产的机关为人民法院，债权人可以向人民法院申请宣告债务人破产还债，债务人也可以向人民法院申请宣告破产还债。公司破产案件由公司（债务人）所在地人民法院管辖。公司破产清算的具体规范不属于公司法调整的内容，人民法院处理公司破产案件可依照有关企业破产的法律（如《企业破产法》）实施破产清算。

**案例指引**

### 111. 关联公司可否合并破产清算？[①]

甲公司、乙公司、丙公司分别向鹤壁市山城区人民法院申请破产清算。管理人在进驻上述三家公司后，经调查发现三家公司在人员、财物、办公地点等方面高度混同，申请法院启动关联企业实质合并破产清算程序。

山城区法院审理认为，甲公司、乙公司、丙公司虽登记为彼此独立承担责任的企业法人，但三家公司实际控制人均为同一人，三家公司存在相同的工作人员、相同的办公场所等情形，组织机构混同；三家公司经济往来密切，存在相互转移财产的情形，财务高度混同；三家公司从事的均是同一种业务活动，业务混同；三家公司为关联企业，财产归属不明，法人人格高度混同，现三家公司已进入破产清算程序，为公平清理债权债务和平等保护各方当事人的合法权益，对三家公司应当予以合并破产清算。合并破产清算有利于厘清公司的债权债务，有效推进破产清算的进行。管理人提出的合并破产清算申请，依法应予准许。

### 112. 公司不能破产清算，小股东是否应对公司债务承担连带清偿责任？[②]

2009年7月31日，钱某和徐某共同出资600万元设立A公司，其中钱某认缴出资540万元，持股90%，担任执行董事兼总经理，徐某认缴出资60万元，持股10%，担任监事。2017年6月20日，法院裁定A

---

[①] 参见王萍平：《山城区法院：实质合并破产清算》，载河南省高级人民法院网 http://www.hncourt.gov.cn/public/detail.php?id=192887，最后访问日期：2023年3月20日。

[②] 参见高慧：《公司不能破产清算的，小股东是否应对公司债务承担连带清偿责任》，载江苏法院网 https://www.jsfy.gov.cn/article/94007.html，最后访问日期：2023年3月20日。

公司进入破产清算程序。B公司向A公司管理人申报债权,被确认债权538886元,清偿比例40.75%,实际受偿金额219596.05元。2018年7月6日,审计机构向A公司管理人反映,A公司财务资料严重缺失,财务报表基本账理不平,无法正常执行审计工作。同时,A公司的法定代表人和财务人员告知A公司管理人,财务账册全部丢失。2019年12月18日,法院根据管理人申请,裁定终结A公司破产程序。后B公司以钱某、徐某未履行清算义务为由,诉请徐某、钱某给付其在破产程序中未受偿的319285.95元及利息。

本案的争议焦点为:小股东徐某有无怠于履行义务?应否对B公司未受偿的债权承担责任?

法院经审理认为,首先,《公司法司法解释(二)》第18条第2款规定,有限责任公司的股东作为公司清算义务人,应当忠于职守,依法履行清算义务,如股东怠于履行义务,未在法定期限内成立清算组开始清算,导致公司主要财产、账册、重要文件等灭失,无法进行清算,债权人主张股东对公司债务承担连带清偿责任的,人民法院应依法予以支持。因此,股东依法履行的义务应为清算义务。本案中,A公司系破产清算,在企业进入破产清算程序之前,并未出现公司因被吊销营业执照等法定解散事由,A公司的清算义务产生于破产程序当中,在破产前徐某作为股东没有对公司进行清算的义务。其次,进入破产程序后,破产清算事务由人民法院指定的管理人主导,根据《企业破产法》第15条等规定,负有协助配合义务的并不是全体股东,而是法定代表人和经人民法院决定的财务管理人员和其他经营管理人员,徐某既非法定代表人,也非经人民法院决定在破产清算中负有协助配合义务的财务管理人员和其他经营管理人员,也没有证据显示徐某负责管理公司账簿。因此,徐某在A公司破产清算中没有法定清算义务,更没有怠于履行清算义务的行为,不应对B公司的债务承担责任。

综上所述,在破产清算过程中,若因破产企业的财产、账册、重要文件等灭失、人员下落不明等原因导致破产清算不能正常进行的情况下，若不存在《公司法》第 183 条第 1 款规定的解散事由，即企业在进入破产程序前不存在因营业期限届满或者公司章程规定的其他解散事由出现、股东会或者股东大会决议解散、因公司合并或者分立需要解散、依法被吊销营业执照、责令关闭或者被撤销出现被吊销、被责令停止营业等解散的情形，不得直接依据《公司法司法解释（二）》第 18 条第 2 款的规定，直接要求小股东承担连带清偿责任。

## 第十一章　外国公司的分支机构

第一百九十一条　【外国公司的概念】本法所称外国公司是指依照外国法律在中国境外设立的公司。

第一百九十二条　【外国公司分支机构的设立程序】外国公司在中国境内设立分支机构，必须向中国主管机关提出申请，并提交其公司章程、所属国的公司登记证书等有关文件，经批准后，向公司登记机关依法办理登记，领取营业执照。

外国公司分支机构的审批办法由国务院另行规定。

### 条文解读

**外国公司的分支机构** ➡ 外国公司的分支机构，是指依照外国法律设立的公司，依照本法的规定在中国境内设立的从事生产经营等业务活动的场所或者办事机构。外国公司的分支机构有以下特点：

（1）外国公司的分支机构是以外国公司法人的存在为前提的。

（2）外国公司的分支机构是依法在中国境内设立的。

（3）外国公司的分支机构是一种在中国境内从事经营活动的非法人经济组织。

（4）外国公司的分支机构是一种场所或者办事机构，包括分公司、代办处、工程项目的承包地点等。

（5）外国公司的分支机构不具备法人资格。外国公司分支机构应当依法登记：名称、类型、经营范围、经营场所、负责人姓名。

**第一百九十三条** 【外国公司分支机构的设立条件】外国公司在中国境内设立分支机构，必须在中国境内指定负责该分支机构的代表人或者代理人，并向该分支机构拨付与其所从事的经营活动相适应的资金。

对外国公司分支机构的经营资金需要规定最低限额的，由国务院另行规定。

### 条文解读

**外国公司分支机构代表人或者代理人** ● 代表人或者代理人是分支机构法律行为的执行人，可以直接代表分支机构对外签订合同，到法院起诉或者应诉，代表人或者代理人在合法权限内代表外国公司的分支机构进行民事活动，其行为的法律后果由外国公司承担。

**第一百九十四条** 【外国公司分支机构的名称】外国公司的分支机构应当在其名称中标明该外国公司的国籍及责任形式。

外国公司的分支机构应当在本机构中置备该外国公司章程。

### 条文解读

**外国公司分支机构的名称** ● 外国公司分支机构名称的构成要件有：

（1）应当标明外国公司的国籍，即公司设立时所依据法律的所属国家。

（2）应当标明外国公司的名称，即标明设立它的外国公司的名称，不得使用和设立该分支机构所属公司不一致的名称，以便追究外国公司应承担的法律责任。

（3）标明外国公司的责任形式，即标明设立该分支机构的外国公司的组织形式。

（4）应当标明反映外国公司分支机构的字样，如标明"分公司"、"代表处"或者"联络处"等，以表明它不是独立的法人，而只是外国公司的分支机构。

**第一百九十五条** 【外国公司分支机构的法律地位】外国公司在中国境内设立的分支机构不具有中国法人资格。

外国公司对其分支机构在中国境内进行经营活动承担民事责任。

**条文解读**

**外国公司分支机构的法律地位** ▶ 法人分支机构是法人的组成部分，隶属于设置它的法人，不具有独立法人资格，这在国际上是一项通行的法律原则。外国公司分支机构在中国不具有法人资格，只是外国公司在中国的一个分公司或者办事处、经营场所，它从属于外国公司，真正具备法人资格的是该外国公司。

**外国公司分支机构的民事责任** ▶ 外国公司的分支机构虽不具备法人资格，但是它可以在中国境内从事经营活动，其在中国境内从事经营活动所产生的民事责任由所属外国公司承担。

**第一百九十六条** 【外国公司分支机构的活动原则】经批准设立的外国公司分支机构，在中国境内从事业务活动，必须遵守中国的法律，不得损害中国的社会公共利益，其合法权益受中国法律保护。

**第一百九十七条** 【外国公司分支机构的撤销与清算】外国公司撤销其在中国境内的分支机构时，必须依法清偿债务，依照本法有关公司清算程序的规定进行清算。未清偿债务之前，不得将其分支机构的财产移至中国境外。

## 第十二章 法　律　责　任

**第一百九十八条** 【虚报注册资本的法律责任】违反本法规

定，虚报注册资本、提交虚假材料或者采取其他欺诈手段隐瞒重要事实取得公司登记的，由公司登记机关责令改正，对虚报注册资本的公司，处以虚报注册资本金额百分之五以上百分之十五以下的罚款；对提交虚假材料或者采取其他欺诈手段隐瞒重要事实的公司，处以五万元以上五十万元以下的罚款；情节严重的，撤销公司登记或者吊销营业执照。

**条文解读**

**虚报注册资本的刑事责任** ➡ 根据《刑法》第158条的规定，申请公司登记使用虚假证明文件或者采取其他欺诈手段虚报注册资本，欺骗公司登记主管部门，取得公司登记，虚报注册资本数额巨大、后果严重或者有其他严重情节的，处3年以下有期徒刑或者拘役，并处或者单处虚报注册资本金额1%以上5%以下罚金。单位犯前款罪的，对单位判处罚金，并对其直接负责的主管人员和其他直接责任人员，处3年以下有期徒刑或者拘役。

**第一百九十九条** 【虚假出资的法律责任】公司的发起人、股东虚假出资，未交付或者未按期交付作为出资的货币或者非货币财产的，由公司登记机关责令改正，处以虚假出资金额百分之五以上百分之十五以下的罚款。

**第二百条** 【抽逃出资的法律责任】公司的发起人、股东在公司成立后，抽逃其出资的，由公司登记机关责令改正，处以所抽逃出资金额百分之五以上百分之十五以下的罚款。

**条文解读**

**抽逃出资的刑事责任** ➡ 根据《刑法》第159条的规定，公司发起人、股东违反公司法的规定未交付货币、实物或者未转移财产权，虚假出资，或者在公司成立后又抽逃其出资，数额巨大、后果严重或者有其他严重情节的，处 5 年以下有期徒刑或者拘役，并处或者单处虚假出资金额或者抽逃出资金额 2%以上 10%以下罚金。单位犯前款罪的，对单位判处罚金，并对其直接负责的主管人员和其他直接责任人员，处 5 年以下有期徒刑或者拘役。

第二百零一条 【另立会计账簿的法律责任】公司违反本法规定，在法定的会计账簿以外另立会计账簿的，由县级以上人民政府财政部门责令改正，处以五万元以上五十万元以下的罚款。

第二百零二条 【提供虚假财会报告的法律责任】公司在依法向有关主管部门提供的财务会计报告等材料上作虚假记载或者隐瞒重要事实的，由有关主管部门对直接负责的主管人员和其他直接责任人员处以三万元以上三十万元以下的罚款。

**条文解读**

提供虚假财会报告的刑事责任 ● 根据《刑法》第 161 条的规定，依法负有信息披露义务的公司、企业向股东和社会公众提供虚假的或者隐瞒重要事实的财务会计报告，或者对依法应当披露的其他重要信息不按照规定披露，严重损害股东或者其他人利益，或者有其他严重情节的，对其直接负责的主管人员和其他直接责任人员，处 5 年以下有期徒刑或者拘役，并处或者单处罚金；情节特别严重的，处 5 年以上 10 年以下有期徒刑，并处罚金。

第二百零三条 【违法提取法定公积金的法律责任】公司不依照本法规定提取法定公积金的，由县级以上人民政府财政部门责令如数补足应当提取的金额，可以对公司处以二十万元以下的罚款。

第二百零四条 【公司合并、分立、减资、清算中违法行为的法律责任】公司在合并、分立、减少注册资本或者进行清算时，不依照本法规定通知或者公告债权人的，由公司登记机关责令改正，对公司处以一万元以上十万元以下的罚款。

公司在进行清算时，隐匿财产，对资产负债表或者财产清单作虚假记载或者在未清偿债务前分配公司财产的，由公司登记机关责令改正，对公司处以隐匿财产或者未清偿债务前分配公司财产金额百分之五以上百分之十以下的罚款；对直接负责的主管人员和其他直接责任人员处以一万元以上十万元以下的罚款。

**条文解读**

**妨害清算的刑事责任** ● 根据《刑法》第162条的规定，公司、企业进行清算时，隐匿财产，对资产负债表或者财产清单作虚伪记载或者在未清偿债务前分配公司、企业财产，严重损害债权人或者其他人利益的，对其直接负责的主管人员和其他直接责任人员，处5年以下有期徒刑或者拘役，并处或者单处2万元以上20万元以下罚金。

**第二百零五条** 【公司在清算期间违法经营活动的法律责任】公司在清算期间开展与清算无关的经营活动的，由公司登记机关予以警告，没收违法所得。

**第二百零六条** 【清算组违法活动的法律责任】清算组不依照本法规定向公司登记机关报送清算报告，或者报送清算报告隐瞒重要事实或者有重大遗漏的，由公司登记机关责令改正。

清算组成员利用职权徇私舞弊、谋取非法收入或者侵占公司财产的，由公司登记机关责令退还公司财产，没收违法所得，并可以处以违法所得一倍以上五倍以下的罚款。

**第二百零七条** 【资产评估、验资或者验证机构违法的法律责任】承担资产评估、验资或者验证的机构提供虚假材料的，由公司登记机关没收违法所得，处以违法所得一倍以上五倍以下的罚款，并可以由有关主管部门依法责令该机构停业、吊销直接责任人员的资格证书,吊销营业执照。

承担资产评估、验资或者验证的机构因过失提供有重大遗漏的报告的,由公司登记机关责令改正,情节较重的,处以所得收入一倍以上五倍以下的罚款,并可以由有关主管部门依法责令该机构停业、吊销直接责任人员的资格证书,吊销营业执照。

承担资产评估、验资或者验证的机构因其出具的评估结果、验资或者验证证明不实,给公司债权人造成损失的,除能够证明自己没有过错的外,在其评估或者证明不实的金额范围内承担赔偿责任。

**条文解读**

**资产评估、验资或者验证机构违法的刑事责任** ➡ 根据《刑法》第229条的规定,承担资产评估、验资、验证、会计、审计、法律服务、保荐、安全评价、环境影响评价、环境监测等职责的中介组织的人员故意提供虚假证明文件,情节严重的,处5年以下有期徒刑或者拘役,并处罚金;有下列情形之一的,处5年以上10年以下有期徒刑,并处罚金:(1)提供与证券发行相关的虚假的资产评估、会计、审计、法律服务、保荐等证明文件,情节特别严重的;(2)提供与重大资产交易相关的虚假的资产评估、会计、审计等证明文件,情节特别严重的;(3)在涉及公共安全的重大工程、项目中提供虚假的安全评价、环境影响评价等证明文件,致使公共财产、国家和人民利益遭受特别重大损失的。

有前款行为,同时索取他人财物或者非法收受他人财物构成犯罪的,依照处罚较重的规定定罪处罚。

第1款规定的人员,严重不负责任,出具的证明文件有重大失实,造成严重后果的,处3年以下有期徒刑或者拘役,并处或者单处罚金。

**第二百零八条** 【公司登记机关违法的法律责任】公司登记机关对不符合本法规定条件的登记申请予以登记,或者对符合本法规定条件的登记申请不予登记的，对直接负责的主管人员和其他直接责任人员，依法给予行政处分。

**第二百零九条　【公司登记机关的上级部门违法的法律责任】** 公司登记机关的上级部门强令公司登记机关对不符合本法规定条件的登记申请予以登记，或者对符合本法规定条件的登记申请不予登记的，或者对违法登记进行包庇的，对直接负责的主管人员和其他直接责任人员依法给予行政处分。

**▍条文解读**

**公司登记机关的上级部门违法的刑事责任** ● 根据《刑法》第403条的规定，国家有关主管部门的国家机关工作人员，徇私舞弊，滥用职权，对不符合法律规定条件的公司设立、登记申请或者股票、债券发行、上市申请，予以批准或者登记，致使公共财产、国家和人民利益遭受重大损失的，处5年以下有期徒刑或者拘役。

上级部门强令登记机关及其工作人员实施前款行为的，对其直接负责的主管人员，依照前款的规定处罚。

**第二百一十条　【假冒公司名义的法律责任】** 未依法登记为有限责任公司或者股份有限公司，而冒用有限责任公司或者股份有限公司名义的，或者未依法登记为有限责任公司或者股份有限公司的分公司，而冒用有限责任公司或者股份有限公司的分公司名义的，由公司登记机关责令改正或者予以取缔，可以并处十万元以下的罚款。

**第二百一十一条　【逾期开业、停业、不依法办理变更登记的法律责任】** 公司成立后无正当理由超过六个月未开业的，或者开业后自行停业连续六个月以上的，可以由公司登记机关吊销营业执照。

公司登记事项发生变更时，未依照本法规定办理有关变更登记的，由公司登记机关责令限期登记；逾期不登记的，处以一万元以上十万元以下的罚款。

> **条文解读**

**逾期开业、停业的法律责任** ⇒ 公司的营利性目的除了以尽可能小的成本来获取最大的利益外，还在于长期持续存在。因此，本法要求公司取得公司登记机关的核准后，应当尽快开业，并坚持营业。无正当理由逾期开业、停业的，会被吊销营业执照。注意，吊销营业执照并不意味着公司的终结，公司只是不能进行营业活动，只有经过注销登记，公司法人资格才归于消灭。

**第二百一十二条** 【外国公司擅自设立分支机构的法律责任】外国公司违反本法规定，擅自在中国境内设立分支机构的，由公司登记机关责令改正或者关闭，可以并处五万元以上二十万元以下的罚款。

**第二百一十三条** 【吊销营业执照】利用公司名义从事危害国家安全、社会公共利益的严重违法行为的，吊销营业执照。

**第二百一十四条** 【民事赔偿优先】公司违反本法规定，应当承担民事赔偿责任和缴纳罚款、罚金的，其财产不足以支付时，先承担民事赔偿责任。

**第二百一十五条** 【刑事责任】违反本法规定，构成犯罪的，依法追究刑事责任。

> **关联参见**

《刑法》第二编第三章第三节

# 第十三章　附　　则

**第二百一十六条** 【本法相关用语的含义】本法下列用语的

含义：

（一）高级管理人员，是指公司的经理、副经理、财务负责人，上市公司董事会秘书和公司章程规定的其他人员。

（二）控股股东，是指其出资额占有限责任公司资本总额百分之五十以上或者其持有的股份占股份有限公司股本总额百分之五十以上的股东；出资额或者持有股份的比例虽然不足百分之五十，但依其出资额或者持有的股份所享有的表决权已足以对股东会、股东大会的决议产生重大影响的股东。

（三）实际控制人，是指虽不是公司的股东，但通过投资关系、协议或者其他安排，能够实际支配公司行为的人。

（四）关联关系，是指公司控股股东、实际控制人、董事、监事、高级管理人员与其直接或者间接控制的企业之间的关系，以及可能导致公司利益转移的其他关系。但是，国家控股的企业之间不仅因为同受国家控股而具有关联关系。

第二百一十七条　【外资公司的法律适用】外商投资的有限责任公司和股份有限公司适用本法；有关外商投资的法律另有规定的，适用其规定。

## 案例指引

### 113. 外籍隐名股东显名的审查标准应符合什么条件？[①]

美国公民 C 与我国公民张某、程某约定在我国境内设立一家贸易公司。按照当时我国法律的规定，外国自然人不能与国内自然人成立合资公司，三人遂签订《股份协议书》，约定以张某、程某名义成立纽某达公司。后 C 诉请确认张某名下部分纽某达公司股权系其所有，纽某达公

---

① 参见《人民法院服务保障自由贸易试验区建设典型案例》，C 与纽某达公司股东资格确认纠纷案，载最高人民法院网 https：//www.court.gov.cn/zixun-xiangqing-347701.html，最后访问日期：2023 年 3 月 20 日。

司配合将该部分股权变更登记到 C 名下。

上海市浦东新区人民法院审理认为，根据《外商投资法》的规定，外籍隐名股东显名的审查标准应符合以下三项条件：（1）实际投资者已实际投资；（2）名义股东以外的其他股东半数以上同意；（3）对外商投资负面清单内的限制类领域，人民法院及当事人在诉讼期间将实际投资者变更为股东，应征得外商投资企业主管机关的同意；对负面清单外的准入类领域，无需再征得外商投资企业主管机关的同意。C 的诉讼请求符合法律规定，故判决支持其诉请。纽某达公司不服，提起上诉。上海市第一中级人民法院二审判决驳回上诉，维持原判。

**第二百一十八条** 【施行日期】本法自 2006 年 1 月 1 日起施行。

**条文解读**

**新旧公司法的适用** ▶ 公司法实施后，人民法院尚未审结的和新受理的民事案件，其民事行为或事件发生在公司法实施以前的，适用当时的法律法规和司法解释。

因公司法实施前有关民事行为或者事件发生纠纷起诉到人民法院的，如当时的法律法规和司法解释没有明确规定时，可参照适用公司法的有关规定。

人民法院对公司法实施前已经终审的案件依法进行再审时，不适用公司法的规定。

法律法规
新解读系列

# 关联法规

公司法
解读与应用

# 最高人民法院关于适用
# 《中华人民共和国公司法》
# 若干问题的规定（一）

·2006年4月28日法释〔2006〕3号公布
·2014年2月20日法释〔2014〕2号修正

为正确适用2005年10月27日十届全国人大常委会第十八次会议修订的《中华人民共和国公司法》，对人民法院在审理相关的民事纠纷案件中，具体适用公司法的有关问题规定如下：

第一条 【公司法实施前发生的民事行为或事件的法律适用】公司法实施后，人民法院尚未审结的和新受理的民事案件，其民事行为或事件发生在公司法实施以前的，适用当时的法律法规和司法解释。

第二条 【公司法的参照适用】因公司法实施前有关民事行为或者事件发生纠纷起诉到人民法院的，如当时的法律法规和司法解释没有明确规定时，可参照适用公司法的有关规定。

第三条 【超过法定期限的诉讼不予受理】原告以公司法第二十二条第二款、第七十四条第二款规定事由，向人民法院提起诉讼时，超过公司法规定期限的，人民法院不予受理。

第四条 【股东代表诉讼中股东的持股期间和比例】公司法第一百五十一条规定的180日以上连续持股期间，应为股东向人民法院提起诉讼时，已期满的持股时间；规定的合计持有公司百分之一以上股份，是指两个以上股东持股份额的合计。

第五条 【再审案件的法律适用】人民法院对公司法实施前已经终审的案件依法进行再审时，不适用公司法的规定。

第六条 【实施日期】本规定自公布之日起实施。

# 最高人民法院关于适用《中华人民共和国公司法》若干问题的规定（二）

· 2008 年 5 月 12 日法释〔2008〕6 号公布
· 2014 年 2 月 20 日法释〔2014〕2 号第一次修正
· 2020 年 12 月 29 日法释〔2020〕18 号第二次修正

为正确适用《中华人民共和国公司法》，结合审判实践，就人民法院审理公司解散和清算案件适用法律问题作出如下规定。

**第一条　【股东提起解散公司诉讼案件的受理】**单独或者合计持有公司全部股东表决权百分之十以上的股东，以下列事由之一提起解散公司诉讼，并符合公司法第一百八十二条规定的，人民法院应予受理：

（一）公司持续两年以上无法召开股东会或者股东大会，公司经营管理发生严重困难的；

（二）股东表决时无法达到法定或者公司章程规定的比例，持续两年以上不能做出有效的股东会或者股东大会决议，公司经营管理发生严重困难的；

（三）公司董事长期冲突，且无法通过股东会或者股东大会解决，公司经营管理发生严重困难的；

（四）经营管理发生其他严重困难，公司继续存续会使股东利益受到重大损失的情形。

股东以知情权、利润分配请求权等权益受到损害，或者公司亏损、财产不足以偿还全部债务，以及公司被吊销企业法人营业执照未进行清算等为由，提起解散公司诉讼的，人民法院不予受理。

**第二条　【股东提起解散公司诉讼和公司清算案件的分离】**股东提起解散公司诉讼，同时又申请人民法院对公司进行清算的，人民法院对其提出的清算申请不予受理。人民法院可以告知原告，在人民法院判决解散公司后，依据民法典第七十条、公司法第一百八十三条和本规定第七条的规定，自行组织清算或者另行申请人民法院对公司进行清算。

第三条 【股东提起解散公司诉讼中的保全】股东提起解散公司诉讼时，向人民法院申请财产保全或者证据保全的，在股东提供担保且不影响公司正常经营的情形下，人民法院可予以保全。

第四条 【股东提起解散公司诉讼的当事人】股东提起解散公司诉讼应当以公司为被告。

原告以其他股东为被告一并提起诉讼的，人民法院应当告知原告将其他股东变更为第三人；原告坚持不予变更的，人民法院应当驳回原告对其他股东的起诉。

原告提起解散公司诉讼应当告知其他股东，或者由人民法院通知其参加诉讼。其他股东或者有关利害关系人申请以共同原告或者第三人身份参加诉讼的，人民法院应予准许。

第五条 【股东提起解散公司诉讼审理中的调解】人民法院审理解散公司诉讼案件，应当注重调解。当事人协商同意由公司或者股东收购股份，或者以减资等方式使公司存续，且不违反法律、行政法规强制性规定的，人民法院应予支持。当事人不能协商一致使公司存续的，人民法院应当及时判决。

经人民法院调解公司收购原告股份的，公司应当自调解书生效之日起六个月内将股份转让或者注销。股份转让或者注销之前，原告不得以公司收购其股份为由对抗公司债权人。

第六条 【人民法院就是否解散公司作出的判决的约束力】人民法院关于解散公司诉讼作出的判决，对公司全体股东具有法律约束力。

人民法院判决驳回解散公司诉讼请求后，提起该诉讼的股东或者其他股东又以同一事实和理由提起解散公司诉讼的，人民法院不予受理。

第七条 【解散公司的自行清算和指定清算】公司应当依照民法典第七十条、公司法第一百八十三条的规定，在解散事由出现之日起十五日内成立清算组，开始自行清算。

有下列情形之一，债权人、公司股东、董事或其他利害关系人申请人民法院指定清算组进行清算的，人民法院应予受理：

（一）公司解散逾期不成立清算组进行清算的；

（二）虽然成立清算组但故意拖延清算的；

（三）违法清算可能严重损害债权人或者股东利益的。

**第八条** 【强制清算清算组成员的产生】人民法院受理公司清算案件,应当及时指定有关人员组成清算组。

清算组成员可以从下列人员或者机构中产生:

(一)公司股东、董事、监事、高级管理人员;

(二)依法设立的律师事务所、会计师事务所、破产清算事务所等社会中介机构;

(三)依法设立的律师事务所、会计师事务所、破产清算事务所等社会中介机构中具备相关专业知识并取得执业资格的人员。

**第九条** 【强制清算清算组成员的更换】人民法院指定的清算组成员有下列情形之一的,人民法院可以根据债权人、公司股东、董事或其他利害关系人的申请,或者依职权更换清算组成员:

(一)有违反法律或者行政法规的行为;

(二)丧失执业能力或者民事行为能力;

(三)有严重损害公司或者债权人利益的行为。

**第十条** 【公司清算结束前的应诉及代表人】公司依法清算结束并办理注销登记前,有关公司的民事诉讼,应当以公司的名义进行。

公司成立清算组的,由清算组负责人代表公司参加诉讼;尚未成立清算组的,由原法定代表人代表公司参加诉讼。

**第十一条** 【清算组通知和公告解散清算事宜义务】公司清算时,清算组应当按照公司法第一百八十五条的规定,将公司解散清算事宜书面通知全体已知债权人,并根据公司规模和营业地域范围在全国或者公司注册登记地省级有影响的报纸上进行公告。

清算组未按照前款规定履行通知和公告义务,导致债权人未及时申报债权而未获清偿,债权人主张清算组成员对因此造成的损失承担赔偿责任的,人民法院应依法予以支持。

**第十二条** 【核定债权的异议】公司清算时,债权人对清算组核定的债权有异议的,可以要求清算组重新核定。清算组不予重新核定,或者债权人对重新核定的债权仍有异议,债权人以公司为被告向人民法院提起诉讼请求确认的,人民法院应予受理。

**第十三条** 【债权人补充申报债权的登记】债权人在规定的期限内未申报债

权,在公司清算程序终结前补充申报的,清算组应予登记。

公司清算程序终结,是指清算报告经股东会、股东大会或者人民法院确认完毕。

第十四条 【债权人补充申报债权的清偿】债权人补充申报的债权,可以在公司尚未分配财产中依法清偿。公司尚未分配财产不能全额清偿,债权人主张股东以其在剩余财产分配中已经取得的财产予以清偿的,人民法院应予支持;但债权人因重大过错未在规定期限内申报债权的除外。

债权人或者清算组,以公司尚未分配财产和股东在剩余财产分配中已经取得的财产,不能全额清偿补充申报的债权为由,向人民法院提出破产清算申请的,人民法院不予受理。

第十五条 【清算方案的确认】公司自行清算的,清算方案应当报股东会或者股东大会决议确认;人民法院组织清算的,清算方案应当报人民法院确认。未经确认的清算方案,清算组不得执行。

执行未经确认的清算方案给公司或者债权人造成损失,公司、股东、董事、公司其他利害关系人或者债权人主张清算组成员承担赔偿责任的,人民法院应依法予以支持。

第十六条 【强制清算期限及延长】人民法院组织清算的,清算组应当自成立之日起六个月内清算完毕。

因特殊情况无法在六个月内完成清算的,清算组应当向人民法院申请延长。

第十七条 【债务清偿方案】人民法院指定的清算组在清理公司财产、编制资产负债表和财产清单时,发现公司财产不足清偿债务的,可以与债权人协商制作有关债务清偿方案。

债务清偿方案经全体债权人确认且不损害其他利害关系人利益的,人民法院可依清算组的申请裁定予以认可。清算组依据该清偿方案清偿债务后,应当向人民法院申请裁定终结清算程序。

债权人对债务清偿方案不予确认或者人民法院不予认可的,清算组应当依法向人民法院申请宣告破产。

第十八条 【清算义务人怠于履行义务的民事责任】有限责任公司的股东、股份有限公司的董事和控股股东未在法定期限内成立清算组开始清算,导致公司财产贬值、流失、毁损或者灭失,债权人主张其在造成损失范围内对公司债务承担赔偿责任的，人民法院应依法予以支持。

有限责任公司的股东、股份有限公司的董事和控股股东因怠于履行义务，导致公司主要财产、账册、重要文件等灭失，无法进行清算，债权人主张其对公司债务承担连带清偿责任的，人民法院应依法予以支持。

上述情形系实际控制人原因造成，债权人主张实际控制人对公司债务承担相应民事责任的，人民法院应依法予以支持。

第十九条 【清算义务人恶意处置公司财产或骗取注销登记的民事责任】有限责任公司的股东、股份有限公司的董事和控股股东，以及公司的实际控制人在公司解散后，恶意处置公司财产给债权人造成损失，或者未经依法清算，以虚假的清算报告骗取公司登记机关办理法人注销登记，债权人主张其对公司债务承担相应赔偿责任的，人民法院应依法予以支持。

第二十条 【未经清算即注销的责任承担】公司解散应当在依法清算完毕后，申请办理注销登记。公司未经清算即办理注销登记，导致公司无法进行清算，债权人主张有限责任公司的股东、股份有限公司的董事和控股股东，以及公司的实际控制人对公司债务承担清偿责任的，人民法院应依法予以支持。

公司未经依法清算即办理注销登记，股东或者第三人在公司登记机关办理注销登记时承诺对公司债务承担责任，债权人主张其对公司债务承担相应民事责任的，人民法院应依法予以支持。

第二十一条 【清算义务人内部责任分担】按照本规定第十八条和第二十条第一款的规定应当承担责任的有限责任公司的股东、股份有限公司的董事和控股股东，以及公司的实际控制人为二人以上的，其中一人或者数人依法承担民事责任后，主张其他人员按照过错大小分担责任的，人民法院应依法予以支持。

第二十二条 【未缴纳出资应作为清算财产】公司解散时，股东尚未缴纳的出资均应作为清算财产。股东尚未缴纳的出资，包括到期应缴未缴的出资，以及依照公司法第二十六条和第八十条的规定分期缴纳尚未届满缴纳期限的出资。

公司财产不足以清偿债务时，债权人主张未缴出资股东，以及公司设立时的其他股东或者发起人在未缴出资范围内对公司债务承担连带清偿责任的，人民法院应依法予以支持。

第二十三条 【清算组成员违法从事清算事务的民事责任】清算组成员从事清算事务时，违反法律、行政法规或者公司章程给公司或者债权人造成损失，公司或者债权人主张其承担赔偿责任的，人民法院应依法予以支持。

有限责任公司的股东、股份有限公司连续一百八十日以上单独或者合计持有公司百分之一以上股份的股东，依据公司法第一百五十一条第三款的规定，以清算组成员有前款所述行为为由向人民法院提起诉讼的，人民法院应予受理。

公司已经清算完毕注销，上述股东参照公司法第一百五十一条第三款的规定，直接以清算组成员为被告、其他股东为第三人向人民法院提起诉讼的，人民法院应予受理。

**第二十四条** 【解散公司诉讼案件和公司清算案件的管辖】解散公司诉讼案件和公司清算案件由公司住所地人民法院管辖。公司住所地是指公司主要办事机构所在地。公司办事机构所在地不明确的，由其注册地人民法院管辖。

基层人民法院管辖县、县级市或者区的公司登记机关核准登记公司的解散诉讼案件和公司清算案件；中级人民法院管辖地区、地级市以上的公司登记机关核准登记公司的解散诉讼案件和公司清算案件。

# 最高人民法院关于适用
# 《中华人民共和国公司法》
# 若干问题的规定（三）

· 2011 年 1 月 27 日法释〔2011〕3 号公布
· 2014 年 2 月 20 日法释〔2014〕2 号第一次修正
· 2020 年 12 月 29 日法释〔2020〕18 号第二次修正

为正确适用《中华人民共和国公司法》，结合审判实践，就人民法院审理公司设立、出资、股权确认等纠纷案件适用法律问题作出如下规定。

**第一条** 【公司发起人界定】为设立公司而签署公司章程、向公司认购出资或者股份并履行公司设立职责的人，应当认定为公司的发起人，包括有限责任公司设立时的股东。

**第二条** 【发起人为设立公司以自己名义对外签订合同的责任承担】发起人为设立公司以自己名义对外签订合同，合同相对人请求该发起人承担合同责任的，人民法院应予支持；公司成立后合同相对人请求公司承担合同责任的，人民法院应予支持。

第三条 【发起人为设立公司以设立中公司名义对外签订合同的责任承担】发起人以设立中公司名义对外签订合同，公司成立后合同相对人请求公司承担合同责任的，人民法院应予支持。

公司成立后有证据证明发起人利用设立中公司的名义为自己的利益与相对人签订合同，公司以此为由主张不承担合同责任的，人民法院应予支持，但相对人为善意的除外。

第四条 【公司未成立时发起人对设立公司行为产生的费用和债务承担】公司因故未成立，债权人请求全体或者部分发起人对设立公司行为所产生的费用和债务承担连带清偿责任的，人民法院应予支持。

部分发起人依照前款规定承担责任后，请求其他发起人分担的，人民法院应当判令其他发起人按照约定的责任承担比例分担责任；没有约定责任承担比例的，按照约定的出资比例分担责任；没有约定出资比例的，按照均等份额分担责任。

因部分发起人的过错导致公司未成立，其他发起人主张其承担设立行为所产生的费用和债务的，人民法院应当根据过错情况，确定过错一方的责任范围。

第五条 【发起人因设立公司而发生的职务侵权行为责任承担】发起人因履行公司设立职责造成他人损害，公司成立后受害人请求公司承担侵权赔偿责任的，人民法院应予支持；公司未成立，受害人请求全体发起人承担连带赔偿责任的，人民法院应予支持。

公司或者无过错的发起人承担赔偿责任后，可以向有过错的发起人追偿。

第六条 【股份公司认股人股款缴纳义务及发起人另行募集权】股份有限公司的认股人未按期缴纳所认股份的股款，经公司发起人催缴后在合理期间内仍未缴纳，公司发起人对该股份另行募集的，人民法院应当认定该募集行为有效。认股人延期缴纳股款给公司造成损失，公司请求该认股人承担赔偿责任的，人民法院应予支持。

第七条 【出资人以无处分权的财产及犯罪所得货币出资的效力及处理】出资人以不享有处分权的财产出资，当事人之间对于出资行为效力产生争议的，人民法院可以参照民法典第三百一十一条的规定予以认定。

以贪污、受贿、侵占、挪用等违法犯罪所得的货币出资后取得股权的，对违法犯罪行为予以追究、处罚时，应当采取拍卖或者变卖的方式处置其股权。

**第八条　【以划拨和设定权利负担的土地使用权出资的效力】**出资人以划拨土地使用权出资，或者以设定权利负担的土地使用权出资，公司、其他股东或者公司债权人主张认定出资人未履行出资义务的，人民法院应当责令当事人在指定的合理期间内办理土地变更手续或者解除权利负担；逾期未办理或者未解除的，人民法院应当认定出资人未依法全面履行出资义务。

**第九条　【非货币财产出资的评估及出资义务认定】**出资人以非货币财产出资，未依法评估作价，公司、其他股东或者公司债权人请求认定出资人未履行出资义务的，人民法院应当委托具有合法资格的评估机构对该财产评估作价。评估确定的价额显著低于公司章程所定价额的，人民法院应当认定出资人未依法全面履行出资义务。

**第十条　【以需要办理权属变更登记的财产出资，有出资瑕疵时的处理】**出资人以房屋、土地使用权或者需要办理权属登记的知识产权等财产出资，已经交付公司使用但未办理权属变更手续，公司、其他股东或者公司债权人主张认定出资人未履行出资义务的，人民法院应当责令当事人在指定的合理期间内办理权属变更手续；在前述期间内办理了权属变更手续的，人民法院应当认定其已经履行了出资义务；出资人主张自其实际交付财产给公司使用时享有相应股东权利的，人民法院应予支持。

出资人以前款规定的财产出资，已经办理权属变更手续但未交付给公司使用，公司或者其他股东主张其向公司交付、并在实际交付之前不享有相应股东权利的，人民法院应予支持。

**第十一条　【出资人以其他公司股权出资效力的认定】**出资人以其他公司股权出资，符合下列条件的，人民法院应当认定出资人已履行出资义务：

（一）出资的股权由出资人合法持有并依法可以转让；

（二）出资的股权无权利瑕疵或者权利负担；

（三）出资人已履行关于股权转让的法定手续；

（四）出资的股权已依法进行了价值评估。

股权出资不符合前款第（一）、（二）、（三）项的规定，公司、其他股东或者公司债权人请求认定出资人未履行出资义务的，人民法院应当责令该出资人在指定的合理期间内采取补正措施，以符合上述条件；逾期未补正的，人民法院应当认定其未依法全面履行出资义务。

股权出资不符合本条第一款第（四）项的规定，公司、其他股东或者公司债权人请求认定出资人未履行出资义务的，人民法院应当按照本规定第九条的规定处理。

第十二条 【股东抽逃出资认定】公司成立后，公司、股东或者公司债权人以相关股东的行为符合下列情形之一且损害公司权益为由，请求认定该股东抽逃出资的，人民法院应予支持：

（一）制作虚假财务会计报表虚增利润进行分配；

（二）通过虚构债权债务关系将其出资转出；

（三）利用关联交易将出资转出；

（四）其他未经法定程序将出资抽回的行为。

第十三条 【股东未履行或者未全面履行出资义务的责任】股东未履行或者未全面履行出资义务，公司或者其他股东请求其向公司依法全面履行出资义务的，人民法院应予支持。

公司债权人请求未履行或者未全面履行出资义务的股东在未出资本息范围内对公司债务不能清偿的部分承担补充赔偿责任的，人民法院应予支持；未履行或者未全面履行出资义务的股东已经承担上述责任，其他债权人提出相同请求的，人民法院不予支持。

股东在公司设立时未履行或者未全面履行出资义务，依照本条第一款或者第二款提起诉讼的原告，请求公司的发起人与被告股东承担连带责任的，人民法院应予支持；公司的发起人承担责任后，可以向被告股东追偿。

股东在公司增资时未履行或者未全面履行出资义务，依照本条第一款或者第二款提起诉讼的原告，请求未尽公司法第一百四十七条第一款规定的义务而使出资未缴足的董事、高级管理人员承担相应责任的，人民法院应予支持；董事、高级管理人员承担责任后，可以向被告股东追偿。

第十四条 【股东抽逃出资的责任】股东抽逃出资，公司或者其他股东请求其向公司返还出资本息、协助抽逃出资的其他股东、董事、高级管理人员或者实际控制人对此承担连带责任的，人民法院应予支持。

公司债权人请求抽逃出资的股东在抽逃出资本息范围内对公司债务不能清偿的部分承担补充赔偿责任、协助抽逃出资的其他股东、董事、高级管理人员或者实际控制人对此承担连带责任的，人民法院应予支持；抽逃出资的股东已经承担上述责任，其他债权人提出相同请求的，人民法院不予支持。

  **第十五条** 【已出资的非货币财产因客观因素贬值时出资人的责任】出资人以符合法定条件的非货币财产出资后，因市场变化或者其他客观因素导致出资财产贬值，公司、其他股东或者公司债权人请求该出资人承担补足出资责任的，人民法院不予支持。但是，当事人另有约定的除外。

  **第十六条** 【未尽出资义务股东的股东权利的限制】股东未履行或者未全面履行出资义务或者抽逃出资，公司根据公司章程或者股东会决议对其利润分配请求权、新股优先认购权、剩余财产分配请求权等股东权利作出相应的合理限制，该股东请求认定该限制无效的，人民法院不予支持。

  **第十七条** 【股东除名行为效力】有限责任公司的股东未履行出资义务或者抽逃全部出资，经公司催告缴纳或者返还，其在合理期间内仍未缴纳或者返还出资，公司以股东会决议解除该股东的股东资格，该股东请求确认该解除行为无效的，人民法院不予支持。

  在前款规定的情形下，人民法院在判决时应当释明，公司应当及时办理法定减资程序或者由其他股东或者第三人缴纳相应的出资。在办理法定减资程序或者其他股东或者第三人缴纳相应的出资之前，公司债权人依照本规定第十三条或者第十四条请求相关当事人承担相应责任的，人民法院应予支持。

  **第十八条** 【瑕疵出资股权转让后出资责任的承担】有限责任公司的股东未履行或者未全面履行出资义务即转让股权，受让人对此知道或者应当知道，公司请求该股东履行出资义务、受让人对此承担连带责任的，人民法院应予支持；公司债权人依照本规定第十三条第二款向该股东提起诉讼，同时请求前述受让人对此承担连带责任的，人民法院应予支持。

  受让人根据前款规定承担责任后，向该未履行或者未全面履行出资义务的股东追偿的，人民法院应予支持。但是，当事人另有约定的除外。

  **第十九条** 【股东出资责任之诉不适用诉讼时效】公司股东未履行或者未全面履行出资义务或者抽逃出资，公司或者其他股东请求其向公司全面履行出资义务或者返还出资，被告股东以诉讼时效为由进行抗辩的，人民法院不予支持。

  公司债权人的债权未过诉讼时效期间，其依照本规定第十三条第二款、第十四条第二款的规定请求未履行或者未全面履行出资义务或者抽逃出资的股东承担赔偿责任，被告股东以出资义务或者返还出资义务超过诉讼时效期间为由进行抗辩的，人民法院不予支持。

第二十条 【出资义务举证责任分配】当事人之间对是否已履行出资义务发生争议，原告提供对股东履行出资义务产生合理怀疑证据的，被告股东应当就其已履行出资义务承担举证责任。

第二十一条 【股东资格确认之诉当事人的确定】当事人向人民法院起诉请求确认其股东资格的，应当以公司为被告，与案件争议股权有利害关系的人作为第三人参加诉讼。

第二十二条 【股权归属争议待证事实】当事人之间对股权归属发生争议，一方请求人民法院确认其享有股权的，应当证明以下事实之一：

（一）已经依法向公司出资或者认缴出资，且不违反法律法规强制性规定；

（二）已经受让或者以其他形式继受公司股权，且不违反法律法规强制性规定。

第二十三条 【公司违反股权登记义务时对股东的救济】当事人依法履行出资义务或者依法继受取得股权后，公司未根据公司法第三十一条、第三十二条的规定签发出资证明书、记载于股东名册并办理公司登记机关登记，当事人请求公司履行上述义务的，人民法院应予支持。

第二十四条 【实际出资人权益保障及限制】有限责任公司的实际出资人与名义出资人订立合同，约定由实际出资人出资并享有投资权益，以名义出资人为名义股东，实际出资人与名义股东对该合同效力发生争议的，如无法律规定的无效情形，人民法院应当认定该合同有效。

前款规定的实际出资人与名义股东因投资权益的归属发生争议，实际出资人以其实际履行了出资义务为由向名义股东主张权利的，人民法院应予支持。名义股东以公司股东名册记载、公司登记机关登记为由否认实际出资人权利的，人民法院不予支持。

实际出资人未经公司其他股东半数以上同意，请求公司变更股东、签发出资证明书、记载于股东名册、记载于公司章程并办理公司登记机关登记的，人民法院不予支持。

第二十五条 【名义股东处分股权的处理】名义股东将登记于其名下的股权转让、质押或者以其他方式处分，实际出资人以其对于股权享有实际权利为由，请求认定处分股权行为无效的，人民法院可以参照民法典第三百一十一条的规定处理。

名义股东处分股权造成实际出资人损失，实际出资人请求名义股东承担赔偿责任的，人民法院应予支持。

**第二十六条　【未履行出资义务时名义股东的责任承担】**公司债权人以登记于公司登记机关的股东未履行出资义务为由，请求其对公司债务不能清偿的部分在未出资本息范围内承担补充赔偿责任，股东以其仅为名义股东而非实际出资人为由进行抗辩的，人民法院不予支持。

名义股东根据前款规定承担赔偿责任后，向实际出资人追偿的，人民法院应予支持。

**第二十七条　【股权转让后原股东再次处分股权】**股权转让后尚未向公司登记机关办理变更登记，原股东将仍登记于其名下的股权转让、质押或者以其他方式处分，受让股东以其对于股权享有实际权利为由，请求认定处分股权行为无效的，人民法院可以参照民法典第三百一十一条的规定处理。

原股东处分股权造成受让股东损失，受让股东请求原股东承担赔偿责任、对于未及时办理变更登记有过错的董事、高级管理人员或者实际控制人承担相应责任的，人民法院应予支持；受让股东对于未及时办理变更登记也有过错的，可以适当减轻上述董事、高级管理人员或者实际控制人的责任。

**第二十八条　【冒名登记为股东的责任承担】**冒用他人名义出资并将该他人作为股东在公司登记机关登记的，冒名登记行为人应当承担相应责任；公司、其他股东或者公司债权人以未履行出资义务为由，请求被冒名登记为股东的承担补足出资责任或者对公司债务不能清偿部分的赔偿责任的，人民法院不予支持。

# 最高人民法院关于适用《中华人民共和国公司法》若干问题的规定（四）

- 2017 年 8 月 25 日法释〔2017〕16 号公布
- 2020 年 12 月 29 日法释〔2020〕18 号修正

为正确适用《中华人民共和国公司法》，结合人民法院审判实践，现就公司决议效力、股东知情权、利润分配权、优先购买权和股东代表诉讼等案件适用法律问题作出如下规定。

**第一条** 【决议不成立之诉】公司股东、董事、监事等请求确认股东会或者股东大会、董事会决议无效或者不成立的，人民法院应当依法予以受理。

**第二条** 【决议撤销之诉原告的资格】依据民法典第八十五条、公司法第二十二条第二款请求撤销股东会或者股东大会、董事会决议的原告，应当在起诉时具有公司股东资格。

**第三条** 【决议瑕疵之诉的当事人】原告请求确认股东会或者股东大会、董事会决议不成立、无效或者撤销决议的案件，应当列公司为被告。对决议涉及的其他利害关系人，可以依法列为第三人。

一审法庭辩论终结前，其他有原告资格的人以相同的诉讼请求申请参加前款规定诉讼的，可以列为共同原告。

**第四条** 【违法或违反章程的决议的撤销】股东请求撤销股东会或者股东大会、董事会决议，符合民法典第八十五条、公司法第二十二条第二款规定的，人民法院应当予以支持，但会议召集程序或者表决方式仅有轻微瑕疵，且对决议未产生实质影响的，人民法院不予支持。

**第五条** 【决议不成立的情形】股东会或者股东大会、董事会决议存在下列情形之一，当事人主张决议不成立的，人民法院应当予以支持：

（一）公司未召开会议的，但依据公司法第三十七条第二款或者公司章程规定可以不召开股东会或者股东大会而直接作出决定，并由全体股东在决定文件上签名、盖章的除外；

（二）会议未对决议事项进行表决的；

（三）出席会议的人数或者股东所持表决权不符合公司法或者公司章程规定的；

（四）会议的表决结果未达到公司法或者公司章程规定的通过比例的；

（五）导致决议不成立的其他情形。

第六条 【决议无效或被撤销不影响善意相对人】股东会或者股东大会、董事会决议被人民法院判决确认无效或者撤销的，公司依据该决议与善意相对人形成的民事法律关系不受影响。

第七条 【行使知情权的股东身份】股东依据公司法第三十三条、第九十七条或者公司章程的规定，起诉请求查阅或者复制公司特定文件材料的，人民法院应当依法予以受理。

公司有证据证明前款规定的原告在起诉时不具有公司股东资格的，人民法院应当驳回起诉，但原告有初步证据证明在持股期间其合法权益受到损害，请求依法查阅或者复制其持股期间的公司特定文件材料的除外。

第八条 【"不正当目的"的认定】有限责任公司有证据证明股东存在下列情形之一的，人民法院应当认定股东有公司法第三十三条第二款规定的"不正当目的"：

（一）股东自营或者为他人经营与公司主营业务有实质性竞争关系业务的，但公司章程另有规定或者全体股东另有约定的除外；

（二）股东为了向他人通报有关信息查阅公司会计账簿，可能损害公司合法利益的；

（三）股东在向公司提出查阅请求之日前的三年内，曾通过查阅公司会计账簿，向他人通报有关信息损害公司合法利益的；

（四）股东有不正当目的的其他情形。

第九条 【公司不得以章程、股东间协议剥夺股东知情权】公司章程、股东之间的协议等实质性剥夺股东依据公司法第三十三条、第九十七条规定查阅或者复制公司文件材料的权利，公司以此为由拒绝股东查阅或者复制的，人民法院不予支持。

第十条 【判决支持查阅、复制材料的执行】人民法院审理股东请求查阅或者复制公司特定文件材料的案件，对原告诉讼请求予以支持的，应当在判决中明确查阅或者复制公司特定文件材料的时间、地点和特定文件材料的名录。

股东依据人民法院生效判决查阅公司文件材料的，在该股东在场的情况下，可以由会计师、律师等依法或者依据执业行为规范负有保密义务的中介机构执业人员辅助进行。

第十一条　【股东及辅助查询人员泄密的责任承担】股东行使知情权后泄露公司商业秘密导致公司合法利益受到损害，公司请求该股东赔偿相关损失的，人民法院应当予以支持。

根据本规定第十条辅助股东查阅公司文件材料的会计师、律师等泄露公司商业秘密导致公司合法利益受到损害，公司请求其赔偿相关损失的，人民法院应当予以支持。

第十二条　【未依法制作保存文件材料的责任承担】公司董事、高级管理人员等未依法履行职责，导致公司未依法制作或者保存公司法第三十三条、第九十七条规定的公司文件材料，给股东造成损失，股东依法请求负有相应责任的公司董事、高级管理人员承担民事赔偿责任的，人民法院应当予以支持。

第十三条　【分配利润案件的当事人】股东请求公司分配利润案件，应当列公司为被告。

一审法庭辩论终结前，其他股东基于同一分配方案请求分配利润并申请参加诉讼的，应当列为共同原告。

第十四条　【股东提交利润分配方案案件的处理】股东提交载明具体分配方案的股东会或者股东大会的有效决议，请求公司分配利润，公司拒绝分配利润且其关于无法执行决议的抗辩理由不成立的，人民法院应当判决公司按照决议载明的具体分配方案向股东分配利润。

第十五条　【股东未提交利润分配方案案件的处理】股东未提交载明具体分配方案的股东会或者股东大会决议，请求公司分配利润的，人民法院应当驳回其诉讼请求，但违反法律规定滥用股东权利导致公司不分配利润，给其他股东造成损失的除外。

第十六条　【因继承发生股权变化时的优先购买权的行使】有限责任公司的自然人股东因继承发生变化时，其他股东主张依据公司法第七十一条第三款规定行使优先购买权的，人民法院不予支持，但公司章程另有规定或者全体股东另有约定的除外。

第十七条 【向股东以外的人转让股权的程序】有限责任公司的股东向股东以外的人转让股权，应就其股权转让事项以书面或者其他能够确认收悉的合理方式通知其他股东征求同意。其他股东半数以上不同意转让，不同意的股东不购买的，人民法院应当认定视为同意转让。

经股东同意转让的股权，其他股东主张转让股东应当向其以书面或者其他能够确认收悉的合理方式通知转让股权的同等条件的，人民法院应当予以支持。

经股东同意转让的股权，在同等条件下，转让股东以外的其他股东主张优先购买的，人民法院应当予以支持，但转让股东依据本规定第二十条放弃转让的除外。

第十八条 【"同等条件"的判定】人民法院在判断是否符合公司法第七十一条第三款及本规定所称的"同等条件"时，应当考虑转让股权的数量、价格、支付方式及期限等因素。

第十九条 【优先购买权的行使】有限责任公司的股东主张优先购买转让股权的，应当在收到通知后，在公司章程规定的行使期间内提出购买请求。公司章程没有规定行使期间或者规定不明确的，以通知确定的期间为准，通知确定的期间短于三十日或者未明确行使期间的，行使期间为三十日。

第二十条 【股东优先购买权的行使边界和损害救济】有限责任公司的转让股东，在其他股东主张优先购买后又不同意转让股权的，对其他股东优先购买的主张，人民法院不予支持，但公司章程另有规定或者全体股东另有约定的除外。其他股东主张转让股东赔偿其损失合理的，人民法院应当予以支持。

第二十一条 【损害股东优先购买权的股权转让合同效力】有限责任公司的股东向股东以外的人转让股权，未就其股权转让事项征求其他股东意见，或者以欺诈、恶意串通等手段，损害其他股东优先购买权，其他股东主张按照同等条件购买该转让股权的，人民法院应当予以支持，但其他股东自知道或者应当知道行使优先购买权的同等条件之日起三十日内没有主张，或者自股权变更登记之日起超过一年的除外。

前款规定的其他股东仅提出确认股权转让合同及股权变动效力等请求，未同时主张按照同等条件购买转让股权的，人民法院不予支持，但其他股东非因自身原因导致无法行使优先购买权，请求损害赔偿的除外。

股东以外的股权受让人，因股东行使优先购买权而不能实现合同目的的，可以依法请求转让股东承担相应民事责任。

**第二十二条** 【拍卖转让或在产交所转让股权时，相关法律用语的适用规则】通过拍卖向股东以外的人转让有限责任公司股权的，适用公司法第七十一条第二款、第三款或者第七十二条规定的"书面通知""通知""同等条件"时，根据相关法律、司法解释确定。

在依法设立的产权交易场所转让有限责任公司国有股权的，适用公司法第七十一条第二款、第三款或者第七十二条规定的"书面通知""通知""同等条件"时，可以参照产权交易场所的交易规则。

**第二十三条** 【监事或执行董事代表公司起诉时当事人的确定】监事会或者不设监事会的有限责任公司的监事依据公司法第一百五十一条第一款规定对董事、高级管理人员提起诉讼的，应当列公司为原告，依法由监事会主席或者不设监事会的有限责任公司的监事代表公司进行诉讼。

董事会或者不设董事会的有限责任公司的执行董事依据公司法第一百五十一条第一款规定对监事提起诉讼的，或者依据公司法第一百五十一条第三款规定对他人提起诉讼的，应当列公司为原告，依法由董事长或者执行董事代表公司进行诉讼。

**第二十四条** 【股东代表诉讼的当事人】符合公司法第一百五十一条第一款规定条件的股东，依据公司法第一百五十一条第二款、第三款规定，直接对董事、监事、高级管理人员或者他人提起诉讼的，应当列公司为第三人参加诉讼。

一审法庭辩论终结前，符合公司法第一百五十一条第一款规定条件的其他股东，以相同的诉讼请求申请参加诉讼的，应当列为共同原告。

**第二十五条** 【股东代表诉讼胜诉利益的归属】股东依据公司法第一百五十一条第二款、第三款规定直接提起诉讼的案件，胜诉利益归属于公司。股东请求被告直接向其承担民事责任的，人民法院不予支持。

**第二十六条** 【股东代表诉讼费用负担】股东依据公司法第一百五十一条第二款、第三款规定直接提起诉讼的案件，其诉讼请求部分或者全部得到人民法院支持的，公司应当承担股东因参加诉讼支付的合理费用。

**第二十七条** 【实施日期】本规定自 2017 年 9 月 1 日起施行。

本规定施行后尚未终审的案件，适用本规定；本规定施行前已经终审的案件，或者适用审判监督程序再审的案件，不适用本规定。

# 最高人民法院关于适用《中华人民共和国公司法》若干问题的规定（五）

· 2019 年 4 月 28 日法释〔2019〕7 号公布
· 2020 年 12 月 29 日法释〔2020〕18 号修正

为正确适用《中华人民共和国公司法》，结合人民法院审判实践，就股东权益保护等纠纷案件适用法律问题作出如下规定。

第一条　【履行法定程序不能豁免关联交易赔偿责任】关联交易损害公司利益，原告公司依据民法典第八十四条、公司法第二十一条规定请求控股股东、实际控制人、董事、监事、高级管理人员赔偿所造成的损失，被告仅以该交易已经履行了信息披露、经股东会或者股东大会同意等法律、行政法规或者公司章程规定的程序为由抗辩的，人民法院不予支持。

公司没有提起诉讼的，符合公司法第一百五十一条第一款规定条件的股东，可以依据公司法第一百五十一条第二款、第三款规定向人民法院提起诉讼。

第二条　【关联交易损害公司利益时股东的救济措施】关联交易合同存在无效、可撤销或者对公司不发生效力的情形，公司没有起诉合同相对方的，符合公司法第一百五十一条第一款规定条件的股东，可以依据公司法第一百五十一条第二款、第三款规定向人民法院提起诉讼。

第三条　【董事职务的无因解除与相对应的离职补偿】董事任期届满前被股东会或者股东大会有效决议解除职务，其主张解除不发生法律效力的，人民法院不予支持。

董事职务被解除后，因补偿与公司发生纠纷提起诉讼的，人民法院应当依据法律、行政法规、公司章程的规定或者合同的约定，综合考虑解除的原因、剩余任期、董事薪酬等因素，确定是否补偿以及补偿的合理数额。

第四条　【公司作出分配利润的决议后完成利润分配的时限】分配利润的股东会或者股东大会决议作出后，公司应当在决议载明的时间内完成利润分配。决议没有载明时间的，以公司章程规定的为准。决议、章程中均未规定时间或者时间超过一年的，公司应当自决议作出之日起一年内完成利润分配。

决议中载明的利润分配完成时间超过公司章程规定时间的，股东可以依据民法典第八十五条、公司法第二十二条第二款规定请求人民法院撤销决议中关于该时间的规定。

**第五条** 【有限责任公司股东重大分歧解决机制】人民法院审理涉及有限责任公司股东重大分歧案件时，应当注重调解。当事人协商一致以下列方式解决分歧，且不违反法律、行政法规的强制性规定的，人民法院应予支持：

（一）公司回购部分股东股份；

（二）其他股东受让部分股东股份；

（三）他人受让部分股东股份；

（四）公司减资；

（五）公司分立；

（六）其他能够解决分歧，恢复公司正常经营，避免公司解散的方式。

**第六条** 【施行时间】本规定自 2019 年 4 月 29 日起施行。

本规定施行后尚未终审的案件，适用本规定；本规定施行前已经终审的案件，或者适用审判监督程序再审的案件，不适用本规定。

本院以前发布的司法解释与本规定不一致的，以本规定为准。

# 中华人民共和国民法典（节录）

- 2020 年 5 月 28 日第十三届全国人民代表大会第三次会议通过
- 2020 年 5 月 28 日中华人民共和国主席令第 45 号公布
- 自 2021 年 1 月 1 日起施行

## 第一编 总 则
### 第一章 基 本 规 定

**第一条** 【立法目的和依据】为了保护民事主体的合法权益，调整民事关系，维护社会和经济秩序，适应中国特色社会主义发展要求，弘扬社会主义核心价值观，根据宪法，制定本法。

第二条　【调整范围】民法调整平等主体的自然人、法人和非法人组织之间的人身关系和财产关系。

第三条　【民事权利及其他合法权益受法律保护】民事主体的人身权利、财产权利以及其他合法权益受法律保护，任何组织或者个人不得侵犯。

第四条　【平等原则】民事主体在民事活动中的法律地位一律平等。

第五条　【自愿原则】民事主体从事民事活动，应当遵循自愿原则，按照自己的意思设立、变更、终止民事法律关系。

第六条　【公平原则】民事主体从事民事活动，应当遵循公平原则，合理确定各方的权利和义务。

第七条　【诚信原则】民事主体从事民事活动，应当遵循诚信原则，秉持诚实，恪守承诺。

第八条　【守法与公序良俗原则】民事主体从事民事活动，不得违反法律，不得违背公序良俗。

第九条　【绿色原则】民事主体从事民事活动，应当有利于节约资源、保护生态环境。

第十条　【处理民事纠纷的依据】处理民事纠纷，应当依照法律；法律没有规定的，可以适用习惯，但是不得违背公序良俗。

第十一条　【特别法优先】其他法律对民事关系有特别规定的，依照其规定。

第十二条　【民法的效力范围】中华人民共和国领域内的民事活动，适用中华人民共和国法律。法律另有规定的，依照其规定。

……

## 第三章　法　　人

### 第一节　一　般　规　定

第五十七条　【法人的定义】法人是具有民事权利能力和民事行为能力，依法独立享有民事权利和承担民事义务的组织。

第五十八条　【法人的成立】法人应当依法成立。

法人应当有自己的名称、组织机构、住所、财产或者经费。法人成立的具体条件和程序，依照法律、行政法规的规定。

设立法人，法律、行政法规规定须经有关机关批准的，依照其规定。

**第五十九条** 【法人的民事权利能力和民事行为能力】法人的民事权利能力和民事行为能力，从法人成立时产生，到法人终止时消灭。

**第六十条** 【法人的民事责任承担】法人以其全部财产独立承担民事责任。

**第六十一条** 【法定代表人】依照法律或者法人章程的规定，代表法人从事民事活动的负责人，为法人的法定代表人。

法定代表人以法人名义从事的民事活动，其法律后果由法人承受。

法人章程或者法人权力机构对法定代表人代表权的限制，不得对抗善意相对人。

**第六十二条** 【法定代表人职务行为的法律责任】法定代表人因执行职务造成他人损害的，由法人承担民事责任。

法人承担民事责任后，依照法律或者法人章程的规定，可以向有过错的法定代表人追偿。

**第六十三条** 【法人的住所】法人以其主要办事机构所在地为住所。依法需要办理法人登记的，应当将主要办事机构所在地登记为住所。

**第六十四条** 【法人的变更登记】法人存续期间登记事项发生变化的，应当依法向登记机关申请变更登记。

**第六十五条** 【法人登记的对抗效力】法人的实际情况与登记的事项不一致的，不得对抗善意相对人。

**第六十六条** 【法人登记公示制度】登记机关应当依法及时公示法人登记的有关信息。

**第六十七条** 【法人合并、分立后的权利义务承担】法人合并的，其权利和义务由合并后的法人享有和承担。

法人分立的，其权利和义务由分立后的法人享有连带债权，承担连带债务，但是债权人和债务人另有约定的除外。

**第六十八条** 【法人的终止】有下列原因之一并依法完成清算、注销登记的，法人终止：

（一）法人解散；

（二）法人被宣告破产；

（三）法律规定的其他原因。

法人终止，法律、行政法规规定须经有关机关批准的，依照其规定。

第六十九条　【法人的解散】有下列情形之一的，法人解散：

（一）法人章程规定的存续期间届满或者法人章程规定的其他解散事由出现；

（二）法人的权力机构决议解散；

（三）因法人合并或者分立需要解散；

（四）法人依法被吊销营业执照、登记证书，被责令关闭或者被撤销；

（五）法律规定的其他情形。

第七十条　【法人解散后的清算】法人解散的，除合并或者分立的情形外，清算义务人应当及时组成清算组进行清算。

法人的董事、理事等执行机构或者决策机构的成员为清算义务人。法律、行政法规另有规定的，依照其规定。

清算义务人未及时履行清算义务，造成损害的，应当承担民事责任；主管机关或者利害关系人可以申请人民法院指定有关人员组成清算组进行清算。

第七十一条　【法人清算的法律适用】法人的清算程序和清算组职权，依照有关法律的规定；没有规定的，参照适用公司法律的有关规定。

第七十二条　【清算的法律效果】清算期间法人存续，但是不得从事与清算无关的活动。

法人清算后的剩余财产，按照法人章程的规定或者法人权力机构的决议处理。法律另有规定的，依照其规定。

清算结束并完成法人注销登记时，法人终止；依法不需要办理法人登记的，清算结束时，法人终止。

第七十三条　【法人因破产而终止】法人被宣告破产的，依法进行破产清算并完成法人注销登记时，法人终止。

第七十四条　【法人的分支机构】法人可以依法设立分支机构。法律、行政法规规定分支机构应当登记的，依照其规定。

分支机构以自己的名义从事民事活动，产生的民事责任由法人承担；也可以先以该分支机构管理的财产承担，不足以承担的，由法人承担。

第七十五条　【法人设立行为的法律后果】设立人为设立法人从事的民事活

动，其法律后果由法人承受；法人未成立的，其法律后果由设立人承受，设立人为二人以上的，享有连带债权，承担连带债务。

设立人为设立法人以自己的名义从事民事活动产生的民事责任，第三人有权选择请求法人或者设立人承担。

## 第二节　营利法人

**第七十六条**　【营利法人的定义和类型】以取得利润并分配给股东等出资人为目的成立的法人，为营利法人。

营利法人包括有限责任公司、股份有限公司和其他企业法人等。

**第七十七条**　【营利法人的成立】营利法人经依法登记成立。

**第七十八条**　【营利法人的营业执照】依法设立的营利法人，由登记机关发给营利法人营业执照。营业执照签发日期为营利法人的成立日期。

**第七十九条**　【营利法人的章程】设立营利法人应当依法制定法人章程。

**第八十条**　【营利法人的权力机构】营利法人应当设权力机构。

权力机构行使修改法人章程，选举或者更换执行机构、监督机构成员，以及法人章程规定的其他职权。

**第八十一条**　【营利法人的执行机构】营利法人应当设执行机构。

执行机构行使召集权力机构会议，决定法人的经营计划和投资方案，决定法人内部管理机构的设置，以及法人章程规定的其他职权。

执行机构为董事会或者执行董事的，董事长、执行董事或者经理按照法人章程的规定担任法定代表人；未设董事会或者执行董事的，法人章程规定的主要负责人为其执行机构和法定代表人。

**第八十二条**　【营利法人的监督机构】营利法人设监事会或者监事等监督机构的，监督机构依法行使检查法人财务，监督执行机构成员、高级管理人员执行法人职务的行为，以及法人章程规定的其他职权。

**第八十三条**　【出资人滥用权利的责任承担】营利法人的出资人不得滥用出资人权利损害法人或者其他出资人的利益；滥用出资人权利造成法人或者其他出资人损失的，应当依法承担民事责任。

营利法人的出资人不得滥用法人独立地位和出资人有限责任损害法人债权人的利益；滥用法人独立地位和出资人有限责任，逃避债务，严重损害法人债权人的利益的，应当对法人债务承担连带责任。

**第八十四条** 【利用关联关系造成损失的赔偿责任】营利法人的控股出资人、实际控制人、董事、监事、高级管理人员不得利用其关联关系损害法人的利益；利用关联关系造成法人损失的，应当承担赔偿责任。

**第八十五条** 【营利法人出资人对瑕疵决议的撤销权】营利法人的权力机构、执行机构作出决议的会议召集程序、表决方式违反法律、行政法规、法人章程，或者决议内容违反法人章程的，营利法人的出资人可以请求人民法院撤销该决议。但是，营利法人依据该决议与善意相对人形成的民事法律关系不受影响。

**第八十六条** 【营利法人的社会责任】营利法人从事经营活动，应当遵守商业道德，维护交易安全，接受政府和社会的监督，承担社会责任。

……

# 第七章 代　　理

## 第一节　一 般 规 定

**第一百六十一条** 【代理的适用范围】民事主体可以通过代理人实施民事法律行为。

依照法律规定、当事人约定或者民事法律行为的性质，应当由本人亲自实施的民事法律行为，不得代理。

**第一百六十二条** 【代理的效力】代理人在代理权限内，以被代理人名义实施的民事法律行为，对被代理人发生效力。

**第一百六十三条** 【代理的类型】代理包括委托代理和法定代理。

委托代理人按照被代理人的委托行使代理权。法定代理人依照法律的规定行使代理权。

**第一百六十四条** 【不当代理的民事责任】代理人不履行或者不完全履行职责，造成被代理人损害的，应当承担民事责任。

代理人和相对人恶意串通，损害被代理人合法权益的，代理人和相对人应当承担连带责任。

## 第二节　委 托 代 理

**第一百六十五条** 【授权委托书】委托代理授权采用书面形式的，授权委托书应当载明代理人的姓名或者名称、代理事项、权限和期限，并由被代理人签名或者盖章。

第一百六十六条 【共同代理】数人为同一代理事项的代理人的，应当共同行使代理权，但是当事人另有约定的除外。

第一百六十七条 【违法代理的责任承担】代理人知道或者应当知道代理事项违法仍然实施代理行为，或者被代理人知道或者应当知道代理人的代理行为违法未作反对表示的，被代理人和代理人应当承担连带责任。

第一百六十八条 【禁止自己代理和双方代理】代理人不得以被代理人的名义与自己实施民事法律行为，但是被代理人同意或者追认的除外。

代理人不得以被代理人的名义与自己同时代理的其他人实施民事法律行为，但是被代理的双方同意或者追认的除外。

第一百六十九条 【复代理】代理人需要转委托第三人代理的，应当取得被代理人的同意或者追认。

转委托代理经被代理人同意或者追认的，被代理人可以就代理事务直接指示转委托的第三人，代理人仅就第三人的选任以及对第三人的指示承担责任。

转委托代理未经被代理人同意或者追认的，代理人应当对转委托的第三人的行为承担责任；但是，在紧急情况下代理人为了维护被代理人的利益需要转委托第三人代理的除外。

第一百七十条 【职务代理】执行法人或者非法人组织工作任务的人员，就其职权范围内的事项，以法人或者非法人组织的名义实施的民事法律行为，对法人或者非法人组织发生效力。

法人或者非法人组织对执行其工作任务的人员职权范围的限制，不得对抗善意相对人。

第一百七十一条 【无权代理】行为人没有代理权、超越代理权或者代理权终止后，仍然实施代理行为，未经被代理人追认的，对被代理人不发生效力。

相对人可以催告被代理人自收到通知之日起三十日内予以追认。被代理人未作表示的，视为拒绝追认。行为人实施的行为被追认前，善意相对人有撤销的权利。撤销应当以通知的方式作出。

行为人实施的行为未被追认的，善意相对人有权请求行为人履行债务或者就其受到的损害请求行为人赔偿。但是，赔偿的范围不得超过被代理人追认时相对人所能获得的利益。

相对人知道或者应当知道行为人无权代理的，相对人和行为人按照各自的过错承担责任。

第一百七十二条 【表见代理】行为人没有代理权、超越代理权或者代理权终止后，仍然实施代理行为，相对人有理由相信行为人有代理权的，代理行为有效。

## 第三节　代理终止

第一百七十三条 【委托代理的终止】有下列情形之一的，委托代理终止：

（一）代理期限届满或者代理事务完成；

（二）被代理人取消委托或者代理人辞去委托；

（三）代理人丧失民事行为能力；

（四）代理人或者被代理人死亡；

（五）作为代理人或者被代理人的法人、非法人组织终止。

第一百七十四条 【委托代理终止的例外】被代理人死亡后，有下列情形之一的，委托代理人实施的代理行为有效：

（一）代理人不知道且不应当知道被代理人死亡；

（二）被代理人的继承人予以承认；

（三）授权中明确代理权在代理事务完成时终止；

（四）被代理人死亡前已经实施，为了被代理人的继承人的利益继续代理。

作为被代理人的法人、非法人组织终止的，参照适用前款规定。

第一百七十五条 【法定代理的终止】有下列情形之一的，法定代理终止：

（一）被代理人取得或者恢复完全民事行为能力；

（二）代理人丧失民事行为能力；

（三）代理人或者被代理人死亡；

（四）法律规定的其他情形。

……

## 第九章　诉讼时效

第一百八十八条 【普通诉讼时效】向人民法院请求保护民事权利的诉讼时

效期间为三年。法律另有规定的，依照其规定。

诉讼时效期间自权利人知道或者应当知道权利受到损害以及义务人之日起计算。法律另有规定的，依照其规定。但是，自权利受到损害之日起超过二十年的，人民法院不予保护，有特殊情况的，人民法院可以根据权利人的申请决定延长。

第一百八十九条　【分期履行债务诉讼时效的起算】当事人约定同一债务分期履行的，诉讼时效期间自最后一期履行期限届满之日起计算。

第一百九十条　【对法定代理人请求权诉讼时效的起算】无民事行为能力人或者限制民事行为能力人对其法定代理人的请求权的诉讼时效期间，自该法定代理终止之日起计算。

第一百九十一条　【未成年人遭受性侵害的损害赔偿诉讼时效的起算】未成年人遭受性侵害的损害赔偿请求权的诉讼时效期间，自受害人年满十八周岁之日起计算。

第一百九十二条　【诉讼时效届满的法律效果】诉讼时效期间届满的，义务人可以提出不履行义务的抗辩。

诉讼时效期间届满后，义务人同意履行的，不得以诉讼时效期间届满为由抗辩；义务人已经自愿履行的，不得请求返还。

第一百九十三条　【诉讼时效援用】人民法院不得主动适用诉讼时效的规定。

第一百九十四条　【诉讼时效的中止】在诉讼时效期间的最后六个月内，因下列障碍，不能行使请求权的，诉讼时效中止：

（一）不可抗力；

（二）无民事行为能力人或者限制民事行为能力人没有法定代理人，或者法定代理人死亡、丧失民事行为能力、丧失代理权；

（三）继承开始后未确定继承人或者遗产管理人；

（四）权利人被义务人或者其他人控制；

（五）其他导致权利人不能行使请求权的障碍。

自中止时效的原因消除之日起满六个月，诉讼时效期间届满。

第一百九十五条　【诉讼时效的中断】有下列情形之一的，诉讼时效中断，从中断、有关程序终结时起，诉讼时效期间重新计算：

（一）权利人向义务人提出履行请求；

（二）义务人同意履行义务；

（三）权利人提起诉讼或者申请仲裁；

（四）与提起诉讼或者申请仲裁具有同等效力的其他情形。

**第一百九十六条　【不适用诉讼时效的情形】** 下列请求权不适用诉讼时效的规定：

（一）请求停止侵害、排除妨碍、消除危险；

（二）不动产物权和登记的动产物权的权利人请求返还财产；

（三）请求支付抚养费、赡养费或者扶养费；

（四）依法不适用诉讼时效的其他请求权。

**第一百九十七条　【诉讼时效法定】** 诉讼时效的期间、计算方法以及中止、中断的事由由法律规定，当事人约定无效。

当事人对诉讼时效利益的预先放弃无效。

**第一百九十八条　【仲裁时效】** 法律对仲裁时效有规定的，依照其规定；没有规定的，适用诉讼时效的规定。

**第一百九十九条　【除斥期间】** 法律规定或者当事人约定的撤销权、解除权等权利的存续期间，除法律另有规定外，自权利人知道或者应当知道权利产生之日起计算，不适用有关诉讼时效中止、中断和延长的规定。存续期间届满，撤销权、解除权等权利消灭。

# 第十章　期间计算

**第二百条　【期间的计算单位】** 民法所称的期间按照公历年、月、日、小时计算。

**第二百零一条　【期间的起算】** 按照年、月、日计算期间的，开始的当日不计入，自下一日开始计算。

按照小时计算期间的，自法律规定或者当事人约定的时间开始计算。

**第二百零二条　【期间结束】** 按照年、月计算期间的，到期月的对应日为期间的最后一日；没有对应日的，月末日为期间的最后一日。

**第二百零三条　【期间计算的特殊规定】** 期间的最后一日是法定休假日的，以法定休假日结束的次日为期间的最后一日。

期间的最后一日的截止时间为二十四时；有业务时间的，停止业务活动的时间为截止时间。

**第二百零四条** 【期间法定或约定】期间的计算方法依照本法的规定,但是法律另有规定或者当事人另有约定的除外。

……

# 中华人民共和国市场主体登记管理条例

- 2021 年 7 月 27 日中华人民共和国国务院令第 746 号公布
- 自 2022 年 3 月 1 日起施行

## 第一章　总　　则

**第一条**　为了规范市场主体登记管理行为,推进法治化市场建设,维护良好市场秩序和市场主体合法权益,优化营商环境,制定本条例。

**第二条**　本条例所称市场主体,是指在中华人民共和国境内以营利为目的从事经营活动的下列自然人、法人及非法人组织:

（一）公司、非公司企业法人及其分支机构;

（二）个人独资企业、合伙企业及其分支机构;

（三）农民专业合作社（联合社）及其分支机构;

（四）个体工商户;

（五）外国公司分支机构;

（六）法律、行政法规规定的其他市场主体。

**第三条**　市场主体应当依照本条例办理登记。未经登记,不得以市场主体名义从事经营活动。法律、行政法规规定无需办理登记的除外。

市场主体登记包括设立登记、变更登记和注销登记。

**第四条**　市场主体登记管理应当遵循依法合规、规范统一、公开透明、便捷高效的原则。

**第五条**　国务院市场监督管理部门主管全国市场主体登记管理工作。

县级以上地方人民政府市场监督管理部门主管本辖区市场主体登记管理工作,加强统筹指导和监督管理。

**第六条** 国务院市场监督管理部门应当加强信息化建设,制定统一的市场主体登记数据和系统建设规范。

县级以上地方人民政府承担市场主体登记工作的部门(以下称登记机关)应当优化市场主体登记办理流程,提高市场主体登记效率,推行当场办结、一次办结、限时办结等制度,实现集中办理、就近办理、网上办理、异地可办,提升市场主体登记便利化程度。

**第七条** 国务院市场监督管理部门和国务院有关部门应当推动市场主体登记信息与其他政府信息的共享和运用,提升政府服务效能。

## 第二章 登 记 事 项

**第八条** 市场主体的一般登记事项包括:

(一)名称;

(二)主体类型;

(三)经营范围;

(四)住所或者主要经营场所;

(五)注册资本或者出资额;

(六)法定代表人、执行事务合伙人或者负责人姓名。

除前款规定外,还应当根据市场主体类型登记下列事项:

(一)有限责任公司股东、股份有限公司发起人、非公司企业法人出资人的姓名或者名称;

(二)个人独资企业的投资人姓名及居所;

(三)合伙企业的合伙人名称或者姓名、住所、承担责任方式;

(四)个体工商户的经营者姓名、住所、经营场所;

(五)法律、行政法规规定的其他事项。

**第九条** 市场主体的下列事项应当向登记机关办理备案:

(一)章程或者合伙协议;

(二)经营期限或者合伙期限;

(三)有限责任公司股东或者股份有限公司发起人认缴的出资数额,合伙企业合伙人认缴或者实际缴付的出资数额、缴付期限和出资方式;

(四)公司董事、监事、高级管理人员;

（五）农民专业合作社（联合社）成员；

（六）参加经营的个体工商户家庭成员姓名；

（七）市场主体登记联络员、外商投资企业法律文件送达接受人；

（八）公司、合伙企业等市场主体受益所有人相关信息；

（九）法律、行政法规规定的其他事项。

**第十条** 市场主体只能登记一个名称，经登记的市场主体名称受法律保护。市场主体名称由申请人依法自主申报。

**第十一条** 市场主体只能登记一个住所或者主要经营场所。

电子商务平台内的自然人经营者可以根据国家有关规定，将电子商务平台提供的网络经营场所作为经营场所。

省、自治区、直辖市人民政府可以根据有关法律、行政法规的规定和本地区实际情况，自行或者授权下级人民政府对住所或者主要经营场所作出更加便利市场主体从事经营活动的具体规定。

**第十二条** 有下列情形之一的，不得担任公司、非公司企业法人的法定代表人：

（一）无民事行为能力或者限制民事行为能力；

（二）因贪污、贿赂、侵占财产、挪用财产或者破坏社会主义市场经济秩序被判处刑罚，执行期满未逾 5 年，或者因犯罪被剥夺政治权利，执行期满未逾 5 年；

（三）担任破产清算的公司、非公司企业法人的法定代表人、董事或者厂长、经理，对破产负有个人责任的，自破产清算完结之日起未逾 3 年；

（四）担任因违法被吊销营业执照、责令关闭的公司、非公司企业法人的法定代表人，并负有个人责任的，自被吊销营业执照之日起未逾 3 年；

（五）个人所负数额较大的债务到期未清偿；

（六）法律、行政法规规定的其他情形。

**第十三条** 除法律、行政法规或者国务院决定另有规定外，市场主体的注册资本或者出资额实行认缴登记制，以人民币表示。

出资方式应当符合法律、行政法规的规定。公司股东、非公司企业法人出资人、农民专业合作社（联合社）成员不得以劳务、信用、自然人姓名、商誉、特许经营权或者设定担保的财产等作价出资。

**第十四条** 市场主体的经营范围包括一般经营项目和许可经营项目。经营范围中属于在登记前依法须经批准的许可经营项目，市场主体应当在申请登记时提交有关批准文件。

市场主体应当按照登记机关公布的经营项目分类标准办理经营范围登记。

## 第三章 登 记 规 范

**第十五条** 市场主体实行实名登记。申请人应当配合登记机关核验身份信息。

**第十六条** 申请办理市场主体登记，应当提交下列材料：

（一）申请书；

（二）申请人资格文件、自然人身份证明；

（三）住所或者主要经营场所相关文件；

（四）公司、非公司企业法人、农民专业合作社（联合社）章程或者合伙企业合伙协议；

（五）法律、行政法规和国务院市场监督管理部门规定提交的其他材料。

国务院市场监督管理部门应当根据市场主体类型分别制定登记材料清单和文书格式样本，通过政府网站、登记机关服务窗口等向社会公开。

登记机关能够通过政务信息共享平台获取的市场主体登记相关信息，不得要求申请人重复提供。

**第十七条** 申请人应当对提交材料的真实性、合法性和有效性负责。

**第十八条** 申请人可以委托其他自然人或者中介机构代其办理市场主体登记。受委托的自然人或者中介机构代为办理登记事宜应当遵守有关规定，不得提供虚假信息和材料。

**第十九条** 登记机关应当对申请材料进行形式审查。对申请材料齐全、符合法定形式的予以确认并当场登记。不能当场登记的，应当在3个工作日内予以登记；情形复杂的，经登记机关负责人批准，可以再延长3个工作日。

申请材料不齐全或者不符合法定形式的，登记机关应当一次性告知申请人需要补正的材料。

**第二十条** 登记申请不符合法律、行政法规规定，或者可能危害国家安全、社会公共利益的，登记机关不予登记并说明理由。

**第二十一条** 申请人申请市场主体设立登记，登记机关依法予以登记的，签发营业执照。营业执照签发日期为市场主体的成立日期。

法律、行政法规或者国务院决定规定设立市场主体须经批准的，应当在批准文件有效期内向登记机关申请登记。

**第二十二条** 营业执照分为正本和副本，具有同等法律效力。

电子营业执照与纸质营业执照具有同等法律效力。

营业执照样式、电子营业执照标准由国务院市场监督管理部门统一制定。

**第二十三条** 市场主体设立分支机构，应当向分支机构所在地的登记机关申请登记。

**第二十四条** 市场主体变更登记事项，应当自作出变更决议、决定或者法定变更事项发生之日起30日内向登记机关申请变更登记。

市场主体变更登记事项属于依法须经批准的，申请人应当在批准文件有效期内向登记机关申请变更登记。

**第二十五条** 公司、非公司企业法人的法定代表人在任职期间发生本条例第十二条所列情形之一的，应当向登记机关申请变更登记。

**第二十六条** 市场主体变更经营范围，属于依法须经批准的项目的，应当自批准之日起30日内申请变更登记。许可证或者批准文件被吊销、撤销或者有效期届满的，应当自许可证或者批准文件被吊销、撤销或者有效期届满之日起30日内向登记机关申请变更登记或者办理注销登记。

**第二十七条** 市场主体变更住所或者主要经营场所跨登记机关辖区的，应当在迁入新的住所或者主要经营场所前，向迁入地登记机关申请变更登记。迁出地登记机关无正当理由不得拒绝移交市场主体档案等相关材料。

**第二十八条** 市场主体变更登记涉及营业执照记载事项的，登记机关应当及时为市场主体换发营业执照。

**第二十九条** 市场主体变更本条例第九条规定的备案事项的，应当自作出变更决议、决定或者法定变更事项发生之日起30日内向登记机关办理备案。农民专业合作社（联合社）成员发生变更的，应当自本会计年度终了之日起90日内向登记机关办理备案。

**第三十条** 因自然灾害、事故灾难、公共卫生事件、社会安全事件等原因造成经营困难的，市场主体可以自主决定在一定时期内歇业。法律、行政法规另有规定的除外。

市场主体应当在歇业前与职工依法协商劳动关系处理等有关事项。

市场主体应当在歇业前向登记机关办理备案。登记机关通过国家企业信用信息公示系统向社会公示歇业期限、法律文书送达地址等信息。

市场主体歇业的期限最长不得超过3年。市场主体在歇业期间开展经营活动的，视为恢复营业，市场主体应当通过国家企业信用信息公示系统向社会公示。

市场主体歇业期间，可以以法律文书送达地址代替住所或者主要经营场所。

第三十一条　市场主体因解散、被宣告破产或者其他法定事由需要终止的，应当依法向登记机关申请注销登记。经登记机关注销登记，市场主体终止。

市场主体注销依法须经批准的，应当经批准后向登记机关申请注销登记。

第三十二条　市场主体注销登记前依法应当清算的，清算组应当自成立之日起10日内将清算组成员、清算组负责人名单通过国家企业信用信息公示系统公告。清算组可以通过国家企业信用信息公示系统发布债权人公告。

清算组应当自清算结束之日起30日内向登记机关申请注销登记。市场主体申请注销登记前，应当依法办理分支机构注销登记。

第三十三条　市场主体未发生债权债务或者已将债权债务清偿完结，未发生或者已结清清偿费用、职工工资、社会保险费用、法定补偿金、应缴纳税款（滞纳金、罚款），并由全体投资人书面承诺对上述情况的真实性承担法律责任的，可以按照简易程序办理注销登记。

市场主体应当将承诺书及注销登记申请通过国家企业信用信息公示系统公示，公示期为20日。在公示期内无相关部门、债权人及其他利害关系人提出异议的，市场主体可以于公示期届满之日起20日内向登记机关申请注销登记。

个体工商户按照简易程序办理注销登记的，无需公示，由登记机关将个体工商户的注销登记申请推送至税务等有关部门，有关部门在10日内没有提出异议的，可以直接办理注销登记。

市场主体注销依法须经批准的，或者市场主体被吊销营业执照、责令关闭、撤销，或者被列入经营异常名录的，不适用简易注销程序。

第三十四条　人民法院裁定强制清算或者裁定宣告破产的，有关清算组、破产管理人可以持人民法院终结强制清算程序的裁定或者终结破产程序的裁定，直接向登记机关申请办理注销登记。

## 第四章 监督管理

**第三十五条** 市场主体应当按照国家有关规定公示年度报告和登记相关信息。

**第三十六条** 市场主体应当将营业执照置于住所或者主要经营场所的醒目位置。从事电子商务经营的市场主体应当在其首页显著位置持续公示营业执照信息或者相关链接标识。

**第三十七条** 任何单位和个人不得伪造、涂改、出租、出借、转让营业执照。

营业执照遗失或者毁坏的，市场主体应当通过国家企业信用信息公示系统声明作废，申请补领。

登记机关依法作出变更登记、注销登记和撤销登记决定的，市场主体应当缴回营业执照。拒不缴回或者无法缴回营业执照的，由登记机关通过国家企业信用信息公示系统公告营业执照作废。

**第三十八条** 登记机关应当根据市场主体的信用风险状况实施分级分类监管。

登记机关应当采取随机抽取检查对象、随机选派执法检查人员的方式，对市场主体登记事项进行监督检查，并及时向社会公开监督检查结果。

**第三十九条** 登记机关对市场主体涉嫌违反本条例规定的行为进行查处，可以行使下列职权：

（一）进入市场主体的经营场所实施现场检查；

（二）查阅、复制、收集与市场主体经营活动有关的合同、票据、账簿以及其他资料；

（三）向与市场主体经营活动有关的单位和个人调查了解情况；

（四）依法责令市场主体停止相关经营活动；

（五）依法查询涉嫌违法的市场主体的银行账户；

（六）法律、行政法规规定的其他职权。

登记机关行使前款第四项、第五项规定的职权的，应当经登记机关主要负责人批准。

**第四十条** 提交虚假材料或者采取其他欺诈手段隐瞒重要事实取得市场主体登记的，受虚假市场主体登记影响的自然人、法人和其他组织可以向登记机关提出撤销市场主体登记的申请。

登记机关受理申请后，应当及时开展调查。经调查认定存在虚假市场主体登记情形的，登记机关应当撤销市场主体登记。相关市场主体和人员无法联系或者拒不配合的，登记机关可以将相关市场主体的登记时间、登记事项等通过国家企业信用信息公示系统向社会公示，公示期为 45 日。相关市场主体及其利害关系人在公示期内没有提出异议的，登记机关可以撤销市场主体登记。

因虚假市场主体登记被撤销的市场主体，其直接责任人自市场主体登记被撤销之日起 3 年内不得再次申请市场主体登记。登记机关应当通过国家企业信用信息公示系统予以公示。

**第四十一条** 有下列情形之一的，登记机关可以不予撤销市场主体登记：

（一）撤销市场主体登记可能对社会公共利益造成重大损害；

（二）撤销市场主体登记后无法恢复到登记前的状态；

（三）法律、行政法规规定的其他情形。

**第四十二条** 登记机关或者其上级机关认定撤销市场主体登记决定错误的，可以撤销该决定，恢复原登记状态，并通过国家企业信用信息公示系统公示。

## 第五章 法律责任

**第四十三条** 未经设立登记从事经营活动的，由登记机关责令改正，没收违法所得；拒不改正的，处 1 万元以上 10 万元以下的罚款；情节严重的，依法责令关闭停业，并处 10 万元以上 50 万元以下的罚款。

**第四十四条** 提交虚假材料或者采取其他欺诈手段隐瞒重要事实取得市场主体登记的，由登记机关责令改正，没收违法所得，并处 5 万元以上 20 万元以下的罚款；情节严重的，处 20 万元以上 100 万元以下的罚款，吊销营业执照。

**第四十五条** 实行注册资本实缴登记制的市场主体虚报注册资本取得市场主体登记的，由登记机关责令改正，处虚报注册资本金额 5% 以上 15% 以下的罚款；情节严重的，吊销营业执照。

实行注册资本实缴登记制的市场主体的发起人、股东虚假出资，未交付或者未按期交付作为出资的货币或者非货币财产的，或者在市场主体成立后抽逃出资的，由登记机关责令改正，处虚假出资金额 5% 以上 15% 以下的罚款。

**第四十六条** 市场主体未依照本条例办理变更登记的，由登记机关责令改正；拒不改正的，处 1 万元以上 10 万元以下的罚款；情节严重的，吊销营业执照。

**第四十七条** 市场主体未依照本条例办理备案的，由登记机关责令改正；拒不改正的，处 5 万元以下的罚款。

第四十八条　市场主体未依照本条例将营业执照置于住所或者主要经营场所醒目位置的，由登记机关责令改正；拒不改正的，处 3 万元以下的罚款。

从事电子商务经营的市场主体未在其首页显著位置持续公示营业执照信息或者相关链接标识的，由登记机关依照《中华人民共和国电子商务法》处罚。

市场主体伪造、涂改、出租、出借、转让营业执照的，由登记机关没收违法所得，处 10 万元以下的罚款；情节严重的，处 10 万元以上 50 万元以下的罚款，吊销营业执照。

第四十九条　违反本条例规定的，登记机关确定罚款金额时，应当综合考虑市场主体的类型、规模、违法情节等因素。

第五十条　登记机关及其工作人员违反本条例规定未履行职责或者履行职责不当的，对直接负责的主管人员和其他直接责任人员依法给予处分。

第五十一条　违反本条例规定，构成犯罪的，依法追究刑事责任。

第五十二条　法律、行政法规对市场主体登记管理违法行为处罚另有规定的，从其规定。

## 第六章　附　　则

第五十三条　国务院市场监督管理部门可以依照本条例制定市场主体登记和监督管理的具体办法。

第五十四条　无固定经营场所摊贩的管理办法，由省、自治区、直辖市人民政府根据当地实际情况另行规定。

第五十五条　本条例自 2022 年 3 月 1 日起施行。《中华人民共和国公司登记管理条例》、《中华人民共和国企业法人登记管理条例》、《中华人民共和国合伙企业登记管理办法》、《农民专业合作社登记管理条例》、《企业法人法定代表人登记管理规定》同时废止。

# 中华人民共和国市场主体
## 登记管理条例实施细则

- 2022 年 3 月 1 日国家市场监督管理总局令第 52 号公布
- 自公布之日起施行

## 第一章 总 则

**第一条** 根据《中华人民共和国市场主体登记管理条例》（以下简称《条例》）等有关法律法规，制定本实施细则。

**第二条** 市场主体登记管理应当遵循依法合规、规范统一、公开透明、便捷高效的原则。

**第三条** 国家市场监督管理总局主管全国市场主体统一登记管理工作，制定市场主体登记管理的制度措施，推进登记全程电子化，规范登记行为，指导地方登记机关依法有序开展登记管理工作。

县级以上地方市场监督管理部门主管本辖区市场主体登记管理工作，加强对辖区内市场主体登记管理工作的统筹指导和监督管理，提升登记管理水平。

县级市场监督管理部门的派出机构可以依法承担个体工商户等市场主体的登记管理职责。

各级登记机关依法履行登记管理职责，执行全国统一的登记管理政策文件和规范要求，使用统一的登记材料、文书格式，以及省级统一的市场主体登记管理系统，优化登记办理流程，推行网上办理等便捷方式，健全数据安全管理制度，提供规范化、标准化登记管理服务。

**第四条** 省级以上人民政府或者其授权的国有资产监督管理机构履行出资人职责的公司，以及该公司投资设立并持有 50% 以上股权或者股份的公司的登记管理由省级登记机关负责；股份有限公司的登记管理由地市级以上地方登记机关负责。

除前款规定的情形外，省级市场监督管理部门依法对本辖区登记管辖作出统一规定；上级登记机关在特定情形下，可以依法将部分市场主体登记管理工作交由下级登记机关承担，或者承担下级登记机关的部分登记管理工作。

外商投资企业登记管理由国家市场监督管理总局或者其授权的地方市场监督管理部门负责。

第五条　国家市场监督管理总局应当加强信息化建设，统一登记管理业务规范、数据标准和平台服务接口，归集全国市场主体登记管理信息。

省级市场监督管理部门主管本辖区登记管理信息化建设，建立统一的市场主体登记管理系统，归集市场主体登记管理信息，规范市场主体登记注册流程，提升政务服务水平，强化部门间信息共享和业务协同，提升市场主体登记管理便利化程度。

## 第二章　登记事项

第六条　市场主体应当按照类型依法登记下列事项：

（一）公司：名称、类型、经营范围、住所、注册资本、法定代表人姓名、有限责任公司股东或者股份有限公司发起人姓名或者名称。

（二）非公司企业法人：名称、类型、经营范围、住所、出资额、法定代表人姓名、出资人（主管部门）名称。

（三）个人独资企业：名称、类型、经营范围、住所、出资额、投资人姓名及居所。

（四）合伙企业：名称、类型、经营范围、主要经营场所、出资额、执行事务合伙人名称或者姓名，合伙人名称或者姓名、住所、承担责任方式。执行事务合伙人是法人或者其他组织的，登记事项还应当包括其委派的代表姓名。

（五）农民专业合作社（联合社）：名称、类型、经营范围、住所、出资额、法定代表人姓名。

（六）分支机构：名称、类型、经营范围、经营场所、负责人姓名。

（七）个体工商户：组成形式、经营范围、经营场所，经营者姓名、住所。个体工商户使用名称的，登记事项还应当包括名称。

（八）法律、行政法规规定的其他事项。

第七条　市场主体应当按照类型依法备案下列事项：

（一）公司：章程、经营期限、有限责任公司股东或者股份有限公司发起人认缴的出资数额、董事、监事、高级管理人员、登记联络员、外商投资公司法律文件送达接受人。

（二）非公司企业法人：章程、经营期限、登记联络员。

（三）个人独资企业：登记联络员。

（四）合伙企业：合伙协议、合伙期限、合伙人认缴或者实际缴付的出资数额、缴付期限和出资方式、登记联络员、外商投资合伙企业法律文件送达接受人。

（五）农民专业合作社（联合社）：章程、成员、登记联络员。

（六）分支机构：登记联络员。

（七）个体工商户：家庭参加经营的家庭成员姓名、登记联络员。

（八）公司、合伙企业等市场主体受益所有人相关信息。

（九）法律、行政法规规定的其他事项。

上述备案事项由登记机关在设立登记时一并进行信息采集。

受益所有人信息管理制度由中国人民银行会同国家市场监督管理总局另行制定。

**第八条** 市场主体名称由申请人依法自主申报。

**第九条** 申请人应当依法申请登记下列市场主体类型：

（一）有限责任公司、股份有限公司；

（二）全民所有制企业、集体所有制企业、联营企业；

（三）个人独资企业；

（四）普通合伙（含特殊普通合伙）企业、有限合伙企业；

（五）农民专业合作社、农民专业合作社联合社；

（六）个人经营的个体工商户、家庭经营的个体工商户。

分支机构应当按所属市场主体类型注明分公司或者相应的分支机构。

**第十条** 申请人应当根据市场主体类型依法向其住所（主要经营场所、经营场所）所在地具有登记管辖权的登记机关办理登记。

**第十一条** 申请人申请登记市场主体法定代表人、执行事务合伙人（含委派代表），应当符合章程或者协议约定。

合伙协议未约定或者全体合伙人未决定委托执行事务合伙人的，除有限合伙人外，申请人应当将其他合伙人均登记为执行事务合伙人。

**第十二条** 申请人应当按照国家市场监督管理总局发布的经营范围规范目录，根据市场主体主要行业或者经营特征自主选择一般经营项目和许可经营项目，申请办理经营范围登记。

**第十三条** 申请人申请登记的市场主体注册资本（出资额）应当符合章程或者协议约定。

市场主体注册资本（出资额）以人民币表示。外商投资企业的注册资本（出资额）可以用可自由兑换的货币表示。

依法以境内公司股权或者债权出资的，应当权属清楚、权能完整，依法可以评估、转让，符合公司章程规定。

## 第三章　登　记　规　范

**第十四条** 申请人可以自行或者指定代表人、委托代理人办理市场主体登记、备案事项。

**第十五条** 申请人应当在申请材料上签名或者盖章。

申请人可以通过全国统一电子营业执照系统等电子签名工具和途径进行电子签名或者电子签章。符合法律规定的可靠电子签名、电子签章与手写签名或者盖章具有同等法律效力。

**第十六条** 在办理登记、备案事项时，申请人应当配合登记机关通过实名认证系统，采用人脸识别等方式对下列人员进行实名验证：

（一）法定代表人、执行事务合伙人（含委派代表）、负责人；

（二）有限责任公司股东、股份有限公司发起人、公司董事、监事及高级管理人员；

（三）个人独资企业投资人、合伙企业合伙人、农民专业合作社（联合社）成员、个体工商户经营者；

（四）市场主体登记联络员、外商投资企业法律文件送达接受人；

（五）指定的代表人或者委托代理人。

因特殊原因，当事人无法通过实名认证系统核验身份信息的，可以提交经依法公证的自然人身份证明文件，或者由本人持身份证件到现场办理。

**第十七条** 办理市场主体登记、备案事项，申请人可以到登记机关现场提交申请，也可以通过市场主体登记注册系统提出申请。

申请人对申请材料的真实性、合法性、有效性负责。

办理市场主体登记、备案事项，应当遵守法律法规，诚实守信，不得利用市场主体登记，牟取非法利益，扰乱市场秩序，危害国家安全、社会公共利益。

**第十八条** 申请材料齐全、符合法定形式的，登记机关予以确认，并当场登记，出具登记通知书，及时制发营业执照。

不予当场登记的，登记机关应当向申请人出具接收申请材料凭证，并在3个工作日内对申请材料进行审查；情形复杂的，经登记机关负责人批准，可以延长3个工作日，并书面告知申请人。

申请材料不齐全或者不符合法定形式的，登记机关应当将申请材料退还申请人，并一次性告知申请人需要补正的材料。申请人补正后，应当重新提交申请材料。

不属于市场主体登记范畴或者不属于本登记机关登记管辖范围的事项，登记机关应当告知申请人向有关行政机关申请。

**第十九条** 市场主体登记申请不符合法律、行政法规或者国务院决定规定，或者可能危害国家安全、社会公共利益的，登记机关不予登记，并出具不予登记通知书。

利害关系人就市场主体申请材料的真实性、合法性、有效性或者其他有关实体权利提起诉讼或者仲裁，对登记机关依法登记造成影响的，申请人应当在诉讼或者仲裁终结后，向登记机关申请办理登记。

**第二十条** 市场主体法定代表人依法受到任职资格限制的，在申请办理其他变更登记时，应当依法及时申请办理法定代表人变更登记。

市场主体因通过登记的住所（主要经营场所、经营场所）无法取得联系被列入经营异常名录的，在申请办理其他变更登记时，应当依法及时申请办理住所（主要经营场所、经营场所）变更登记。

**第二十一条** 公司或者农民专业合作社（联合社）合并、分立的，可以通过国家企业信用信息公示系统公告，公告期45日，应当于公告期届满后申请办理登记。

非公司企业法人合并、分立的，应当经出资人（主管部门）批准，自批准之日起30日内申请办理登记。

市场主体设立分支机构的，应当自决定作出之日起30日内向分支机构所在地登记机关申请办理登记。

**第二十二条** 法律、行政法规或者国务院决定规定市场主体申请登记、备案事项前需要审批的，在办理登记、备案时，应当在有效期内提交有关批准文件或者许可证书。有关批准文件或者许可证书未规定有效期限，自批准之日起超过90日的，申请人应当报审批机关确认其效力或者另行报批。

市场主体设立后，前款规定批准文件或者许可证书内容有变化、被吊销、撤销或者有效期届满的，应当自批准文件、许可证书重新批准之日或者被吊销、撤销、有效期届满之日起30日内申请办理变更登记或者注销登记。

**第二十三条** 市场主体营业执照应当载明名称、法定代表人（执行事务合伙人、个人独资企业投资人、经营者或者负责人）姓名、类型（组成形式）、注册资本（出资额）、住所（主要经营场所、经营场所）、经营范围、登记机关、成立日期、统一社会信用代码。

电子营业执照与纸质营业执照具有同等法律效力，市场主体可以凭电子营业执照开展经营活动。

市场主体在办理涉及营业执照记载事项变更登记或者申请注销登记时，需要在提交申请时一并缴回纸质营业执照正、副本。对于市场主体营业执照拒不缴回或者无法缴回的，登记机关在完成变更登记或者注销登记后，通过国家企业信用信息公示系统公告营业执照作废。

**第二十四条** 外国投资者在中国境内设立外商投资企业，其主体资格文件或者自然人身份证明应当经所在国家公证机关公证并经中国驻该国使（领）馆认证。中国与有关国家缔结或者共同参加的国际条约对认证另有规定的除外。

香港特别行政区、澳门特别行政区和台湾地区投资者的主体资格文件或者自然人身份证明应当按照专项规定或者协议，依法提供当地公证机构的公证文件。按照国家有关规定，无需提供公证文件的除外。

## 第四章　设　立　登　记

**第二十五条** 申请办理设立登记，应当提交下列材料：

（一）申请书；

（二）申请人主体资格文件或者自然人身份证明；

（三）住所（主要经营场所、经营场所）相关文件；

（四）公司、非公司企业法人、农民专业合作社（联合社）章程或者合伙企业合伙协议。

第二十六条　申请办理公司设立登记，还应当提交法定代表人、董事、监事和高级管理人员的任职文件和自然人身份证明。

除前款规定的材料外，募集设立股份有限公司还应当提交依法设立的验资机构出具的验资证明；公开发行股票的，还应当提交国务院证券监督管理机构的核准或者注册文件。涉及发起人首次出资属于非货币财产的，还应当提交已办理财产权转移手续的证明文件。

第二十七条　申请设立非公司企业法人，还应当提交法定代表人的任职文件和自然人身份证明。

第二十八条　申请设立合伙企业，还应当提交下列材料：

（一）法律、行政法规规定设立特殊的普通合伙企业需要提交合伙人的职业资格文件的，提交相应材料。

（二）全体合伙人决定委托执行事务合伙人的，应当提交全体合伙人的委托书和执行事务合伙人的主体资格文件或者自然人身份证明。执行事务合伙人是法人或者其他组织的，还应当提交其委派代表的委托书和自然人身份证明。

第二十九条　申请设立农民专业合作社（联合社），还应当提交下列材料：

（一）全体设立人签名或者盖章的设立大会纪要；

（二）法定代表人、理事的任职文件和自然人身份证明；

（三）成员名册和出资清单，以及成员主体资格文件或者自然人身份证明。

第三十条　申请办理分支机构设立登记，还应当提交负责人的任职文件和自然人身份证明。

## 第五章　变更登记

第三十一条　市场主体变更登记事项，应当自作出变更决议、决定或者法定变更事项发生之日起 30 日内申请办理变更登记。

市场主体登记事项变更涉及分支机构登记事项变更的，应当自市场主体登记事项变更登记之日起 30 日内申请办理分支机构变更登记。

第三十二条　申请办理变更登记，应当提交申请书，并根据市场主体类型及具体变更事项分别提交下列材料：

（一）公司变更事项涉及章程修改的，应当提交修改后的章程或者章程修正案；需要对修改章程作出决议决定的，还应当提交相关决议决定；

（二）合伙企业应当提交全体合伙人或者合伙协议约定的人员签署的变更决定书；变更事项涉及修改合伙协议的，应当提交由全体合伙人签署或者合伙协议约定的人员签署修改或者补充的合伙协议；

（三）农民专业合作社（联合社）应当提交成员大会或者成员代表大会作出的变更决议；变更事项涉及章程修改的应当提交修改后的章程或者章程修正案。

第三十三条 市场主体更换法定代表人、执行事务合伙人（含委派代表）、负责人的变更登记申请由新任法定代表人、执行事务合伙人（含委派代表）、负责人签署。

第三十四条 市场主体变更名称，可以自主申报名称并在保留期届满前申请变更登记，也可以直接申请变更登记。

第三十五条 市场主体变更住所（主要经营场所、经营场所），应当在迁入新住所（主要经营场所、经营场所）前向迁入地登记机关申请变更登记，并提交新的住所（主要经营场所、经营场所）使用相关文件。

第三十六条 市场主体变更注册资本或者出资额的，应当办理变更登记。

公司增加注册资本，有限责任公司股东认缴新增资本的出资和股份有限公司的股东认购新股的，应当按照设立时缴纳出资和缴纳股款的规定执行。股份有限公司以公开发行新股方式或者上市公司以非公开发行新股方式增加注册资本，还应当提交国务院证券监督管理机构的核准或者注册文件。

公司减少注册资本，可以通过国家企业信用信息公示系统公告，公告期45日，应当于公告期届满后申请变更登记。法律、行政法规或者国务院决定对公司注册资本有最低限额规定的，减少后的注册资本应当不少于最低限额。

外商投资企业注册资本（出资额）币种发生变更，应当向登记机关申请变更登记。

第三十七条 公司变更类型，应当按照拟变更公司类型的设立条件，在规定的期限内申请变更登记，并提交有关材料。

非公司企业法人申请改制为公司，应当按照拟变更的公司类型设立条件，在规定期限内申请变更登记，并提交有关材料。

个体工商户申请转变为企业组织形式，应当按照拟变更的企业类型设立条件申请登记。

第三十八条 个体工商户变更经营者，应当在办理注销登记后，由新的经营者重新申请办理登记。双方经营者同时申请办理的，登记机关可以合并办理。

**第三十九条** 市场主体变更备案事项的，应当按照《条例》第二十九条规定办理备案。

农民专业合作社因成员发生变更，农民成员低于法定比例的，应当自事由发生之日起 6 个月内采取吸收新的农民成员入社等方式使农民成员达到法定比例。农民专业合作社联合社成员退社，成员数低于联合社设立法定条件的，应当自事由发生之日起 6 个月内采取吸收新的成员入社等方式使农民专业合作社联合社成员达到法定条件。

## 第六章 歇 业

**第四十条** 因自然灾害、事故灾难、公共卫生事件、社会安全事件等原因造成经营困难的，市场主体可以自主决定在一定时期内歇业。法律、行政法规另有规定的除外。

**第四十一条** 市场主体决定歇业，应当在歇业前向登记机关办理备案。登记机关通过国家企业信用信息公示系统向社会公示歇业期限、法律文书送达地址等信息。

以法律文书送达地址代替住所（主要经营场所、经营场所）的，应当提交法律文书送达地址确认书。

市场主体延长歇业期限，应当于期限届满前 30 日内按规定办理。

**第四十二条** 市场主体办理歇业备案后，自主决定开展或者已实际开展经营活动的，应当于 30 日内在国家企业信用信息公示系统上公示终止歇业。

市场主体恢复营业时，登记、备案事项发生变化的，应当及时办理变更登记或者备案。以法律文书送达地址代替住所（主要经营场所、经营场所）的，应当及时办理住所（主要经营场所、经营场所）变更登记。

市场主体备案的歇业期限届满，或者累计歇业满 3 年，视为自动恢复经营，决定不再经营的，应当及时办理注销登记。

**第四十三条** 歇业期间，市场主体以法律文书送达地址代替原登记的住所（主要经营场所、经营场所）的，不改变歇业市场主体的登记管辖。

## 第七章 注销登记

**第四十四条** 市场主体因解散、被宣告破产或者其他法定事由需要终止的，应当依法向登记机关申请注销登记。依法需要清算的，应当自清算结束之日起 30 日内申请注销登记。依法不需要清算的，应当自决定作出之日起 30 日内申请注销登记。市场主体申请注销后，不得从事与注销无关的生产经营活动。自登记机关予以注销登记之日起，市场主体终止。

**第四十五条** 市场主体注销登记前依法应当清算的，清算组应当自成立之日起 10 日内将清算组成员、清算组负责人名单通过国家企业信用信息公示系统公告。清算组可以通过国家企业信用信息公示系统发布债权人公告。

**第四十六条** 申请办理注销登记，应当提交下列材料：

（一）申请书；

（二）依法作出解散、注销的决议或者决定，或者被行政机关吊销营业执照、责令关闭、撤销的文件；

（三）清算报告、负责清理债权债务的文件或者清理债务完结的证明；

（四）税务部门出具的清税证明。

除前款规定外，人民法院指定清算人、破产管理人进行清算的，应当提交人民法院指定证明；合伙企业分支机构申请注销登记，还应当提交全体合伙人签署的注销分支机构决定书。

个体工商户申请注销登记的，无需提交第二项、第三项材料；因合并、分立而申请市场主体注销登记的，无需提交第三项材料。

**第四十七条** 申请办理简易注销登记，应当提交申请书和全体投资人承诺书。

**第四十八条** 有下列情形之一的，市场主体不得申请办理简易注销登记：

（一）在经营异常名录或者市场监督管理严重违法失信名单中的；

（二）存在股权（财产份额）被冻结、出质或者动产抵押，或者对其他市场主体存在投资的；

（三）正在被立案调查或者采取行政强制措施，正在诉讼或者仲裁程序中的；

（四）被吊销营业执照、责令关闭、撤销的；

（五）受到罚款等行政处罚尚未执行完毕的；

（六）不符合《条例》第三十三条规定的其他情形。

**第四十九条** 申请办理简易注销登记，市场主体应当将承诺书及注销登记申请通过国家企业信用信息公示系统公示，公示期为 20 日。

在公示期内无相关部门、债权人及其他利害关系人提出异议的，市场主体可以于公示期届满之日起 20 日内向登记机关申请注销登记。

## 第八章　撤销登记

第五十条　对涉嫌提交虚假材料或者采取其他欺诈手段隐瞒重要事实取得市场主体登记的行为，登记机关可以根据当事人申请或者依职权主动进行调查。

第五十一条　受虚假登记影响的自然人、法人和其他组织，可以向登记机关提出撤销市场主体登记申请。涉嫌冒用自然人身份的虚假登记，被冒用人应当配合登记机关通过线上或者线下途径核验身份信息。

涉嫌虚假登记市场主体的登记机关发生变更的，由现登记机关负责处理撤销登记，原登记机关应当协助进行调查。

第五十二条　登记机关收到申请后，应当在 3 个工作日内作出是否受理的决定，并书面通知申请人。

有下列情形之一的，登记机关可以不予受理：

（一）涉嫌冒用自然人身份的虚假登记，被冒用人未能通过身份信息核验的；

（二）涉嫌虚假登记的市场主体已注销的，申请撤销注销登记的除外；

（三）其他依法不予受理的情形。

第五十三条　登记机关受理申请后，应当于 3 个月内完成调查，并及时作出撤销或者不予撤销市场主体登记的决定。情形复杂的，经登记机关负责人批准，可以延长 3 个月。

在调查期间，相关市场主体和人员无法联系或者拒不配合的，登记机关可以将涉嫌虚假登记市场主体的登记时间、登记事项，以及登记机关联系方式等信息通过国家企业信用信息公示系统向社会公示，公示期 45 日。相关市场主体及其利害关系人在公示期内没有提出异议的，登记机关可以撤销市场主体登记。

第五十四条　有下列情形之一的，经当事人或者其他利害关系人申请，登记机关可以中止调查：

（一）有证据证明与涉嫌虚假登记相关的民事权利存在争议的；

（二）涉嫌虚假登记的市场主体正在诉讼或者仲裁程序中的；

（三）登记机关收到有关部门出具的书面意见，证明涉嫌虚假登记的市场主体或者其法定代表人、负责人存在违法案件尚未结案，或者尚未履行相关法定义务的。

第五十五条　有下列情形之一的，登记机关可以不予撤销市场主体登记：

（一）撤销市场主体登记可能对社会公共利益造成重大损害；

（二）撤销市场主体登记后无法恢复到登记前的状态；

（三）法律、行政法规规定的其他情形。

第五十六条　登记机关作出撤销登记决定后，应当通过国家企业信用信息公示系统向社会公示。

第五十七条　同一登记包含多个登记事项，其中部分登记事项被认定为虚假，撤销虚假的登记事项不影响市场主体存续的，登记机关可以仅撤销虚假的登记事项。

第五十八条　撤销市场主体备案事项的，参照本章规定执行。

## 第九章　档案管理

第五十九条　登记机关应当负责建立市场主体登记管理档案，对在登记、备案过程中形成的具有保存价值的文件依法分类，有序收集管理，推动档案电子化、影像化，提供市场主体登记管理档案查询服务。

第六十条　申请查询市场主体登记管理档案，应当按照下列要求提交材料：

（一）公安机关、国家安全机关、检察机关、审判机关、纪检监察机关、审计机关等国家机关进行查询，应当出具本部门公函及查询人员的有效证件；

（二）市场主体查询自身登记管理档案，应当出具授权委托书及查询人员的有效证件；

（三）律师查询与承办法律事务有关市场主体登记管理档案，应当出具执业证书、律师事务所证明以及相关承诺书。

除前款规定情形外，省级以上市场监督管理部门可以结合工作实际，依法对档案查询范围以及提交材料作出规定。

第六十一条　登记管理档案查询内容涉及国家秘密、商业秘密、个人信息的，应当按照有关法律法规规定办理。

第六十二条　市场主体发生住所（主要经营场所、经营场所）迁移的，登记机关应当于3个月内将所有登记管理档案移交迁入地登记机关管理。档案迁出、迁入应当记录备案。

## 第十章　监督管理

**第六十三条**　市场主体应当于每年1月1日至6月30日，通过国家企业信用信息公示系统报送上一年度年度报告，并向社会公示。

个体工商户可以通过纸质方式报送年度报告，并自主选择年度报告内容是否向社会公示。

歇业的市场主体应当按时公示年度报告。

**第六十四条**　市场主体应当将营业执照（含电子营业执照）置于住所（主要经营场所、经营场所）的醒目位置。

从事电子商务经营的市场主体应当在其首页显著位置持续公示营业执照信息或者其链接标识。

营业执照记载的信息发生变更时，市场主体应当于15日内完成对应信息的更新公示。市场主体被吊销营业执照的，登记机关应当将吊销情况标注于电子营业执照中。

**第六十五条**　登记机关应当对登记注册、行政许可、日常监管、行政执法中的相关信息进行归集，根据市场主体的信用风险状况实施分级分类监管，并强化信用风险分类结果的综合应用。

**第六十六条**　登记机关应当随机抽取检查对象、随机选派执法检查人员，对市场主体的登记备案事项、公示信息情况等进行抽查，并将抽查检查结果通过国家企业信用信息公示系统向社会公示。必要时可以委托会计师事务所、税务师事务所、律师事务所等专业机构开展审计、验资、咨询等相关工作，依法使用其他政府部门作出的检查、核查结果或者专业机构作出的专业结论。

**第六十七条**　市场主体被撤销设立登记、吊销营业执照、责令关闭，6个月内未办理清算组公告或者未申请注销登记的，登记机关可以在国家企业信用信息公示系统上对其作出特别标注并予以公示。

## 第十一章　法律责任

**第六十八条**　未经设立登记从事一般经营活动的，由登记机关责令改正，没收违法所得；拒不改正的，处1万元以上10万元以下的罚款；情节严重的，依法责令关闭停业，并处10万元以上50万元以下的罚款。

第六十九条　未经设立登记从事许可经营活动或者未依法取得许可从事经营活动的，由法律、法规或者国务院决定规定的部门予以查处；法律、法规或者国务院决定没有规定或者规定不明确的，由省、自治区、直辖市人民政府确定的部门予以查处。

第七十条　市场主体未按照法律、行政法规规定的期限公示或者报送年度报告的，由登记机关列入经营异常名录，可以处1万元以下的罚款。

第七十一条　提交虚假材料或者采取其他欺诈手段隐瞒重要事实取得市场主体登记的，由登记机关依法责令改正，没收违法所得，并处5万元以上20万元以下的罚款；情节严重的，处20万元以上100万元以下的罚款，吊销营业执照。

明知或者应当知道申请人提交虚假材料或者采取其他欺诈手段隐瞒重要事实进行市场主体登记，仍接受委托代为办理，或者协助其进行虚假登记的，由登记机关没收违法所得，处10万元以下的罚款。

虚假市场主体登记的直接责任人自市场主体登记被撤销之日起3年内不得再次申请市场主体登记。登记机关应当通过国家企业信用信息公示系统予以公示。

第七十二条　市场主体未按规定办理变更登记的，由登记机关责令改正；拒不改正的，处1万元以上10万元以下的罚款；情节严重的，吊销营业执照。

第七十三条　市场主体未按规定办理备案的，由登记机关责令改正；拒不改正的，处5万元以下的罚款。

依法应当办理受益所有人信息备案的市场主体，未办理备案的，按照前款规定处理。

第七十四条　市场主体未按照本实施细则第四十二条规定公示终止歇业的，由登记机关责令改正；拒不改正的，处3万元以下的罚款。

第七十五条　市场主体未按规定将营业执照置于住所（主要经营场所、经营场所）醒目位置的，由登记机关责令改正；拒不改正的，处3万元以下的罚款。

电子商务经营者未在首页显著位置持续公示营业执照信息或者相关链接标识的，由登记机关依照《中华人民共和国电子商务法》处罚。

市场主体伪造、涂改、出租、出借、转让营业执照的，由登记机关没收违法所得，处10万元以下的罚款；情节严重的，处10万元以上50万元以下的罚款，吊销营业执照。

第七十六条　利用市场主体登记，牟取非法利益，扰乱市场秩序，危害国家安全、社会公共利益的，法律、行政法规有规定的，依照其规定；法律、行政法规没有规定的，由登记机关处10万元以下的罚款。

**第七十七条** 违反本实施细则规定，登记机关确定罚款幅度时，应当综合考虑市场主体的类型、规模、违法情节等因素。

情节轻微并及时改正，没有造成危害后果的，依法不予行政处罚。初次违法且危害后果轻微并及时改正的，可以不予行政处罚。当事人有证据足以证明没有主观过错的，不予行政处罚。

## 第十二章　附　　则

**第七十八条** 本实施细则所指申请人，包括设立登记时的申请人、依法设立后的市场主体。

**第七十九条** 人民法院办理案件需要登记机关协助执行的，登记机关应当按照人民法院的生效法律文书和协助执行通知书，在法定职责范围内办理协助执行事项。

**第八十条** 国家市场监督管理总局根据法律、行政法规、国务院决定及本实施细则，制定登记注册前置审批目录、登记材料和文书格式。

**第八十一条** 法律、行政法规或者国务院决定对登记管理另有规定的，从其规定。

**第八十二条** 本实施细则自公布之日起施行。1988年11月3日原国家工商行政管理局令第1号公布的《中华人民共和国企业法人登记管理条例施行细则》，2000年1月13日原国家工商行政管理局令第94号公布的《个人独资企业登记管理办法》，2011年9月30日原国家工商行政管理总局令第56号公布的《个体工商户登记管理办法》，2014年2月20日原国家工商行政管理总局令第64号公布的《公司注册资本登记管理规定》，2015年8月27日原国家工商行政管理总局令第76号公布的《企业经营范围登记管理规定》同时废止。

# 全国法院民商事审判工作会议纪要（节录）

- 2019 年 11 月 8 日
- 法〔2019〕254 号

……

## 一、关于民法总则适用的法律衔接

会议认为，民法总则施行后至民法典施行前，拟编入民法典但尚未完成修订的物权法、合同法等民商事基本法，以及不编入民法典的公司法、证券法、信托法、保险法、票据法等民商事特别法，均可能存在与民法总则规定不一致的情形。人民法院应当依照《立法法》第 92 条、《民法总则》第 11 条等规定，综合考虑新的规定优于旧的规定、特别规定优于一般规定等法律适用规则，依法处理好民法总则与相关法律的衔接问题，主要是处理好与民法通则、合同法、公司法的关系。

1.【民法总则与民法通则的关系及其适用】民法通则既规定了民法的一些基本制度和一般性规则，也规定了合同、所有权及其他财产权、知识产权、民事责任、涉外民事法律关系适用等具体内容。民法总则基本吸收了民法通则规定的基本制度和一般性规则，同时作了补充、完善和发展。民法通则规定的合同、所有权及其他财产权、民事责任等具体内容还需要在编撰民法典各分编时作进一步统筹、系统整合。因民法总则施行后暂不废止民法通则，在此之前，民法总则与民法通则规定不一致的，根据新的规定优于旧的规定的法律适用规则，适用民法总则的规定。最高人民法院已依据民法总则制定了关于诉讼时效问题的司法解释，而原依据民法通则制定的关于诉讼时效的司法解释，只要与民法总则不冲突，仍可适用。

2.【民法总则与合同法的关系及其适用】根据民法典编撰工作"两步走"的安排，民法总则施行后，目前正在进行民法典的合同编、物权编等各分编的编撰工作。民法典施行后，合同法不再保留。在这之前，因民法总则施行前成立的合同发生的纠纷，原则上适用合同法的有关规定处理。因民法总则施行后成立的合同发生的纠纷，如果合同法"总则"对此的规定与民法总则的规定不一致的，根据新的规定优于旧的规定的法律适用规则，适用民法总则的规定。例如，关于欺诈、胁迫问题，根据合同法的规定，只有合同当事人之间存在欺诈、胁迫行为的，被欺诈、胁迫一方才享有撤销合同的权利。而依民法总则的规定，第三人实施的欺诈、胁迫行为，被欺诈、胁迫一方也有撤销合同的权利。另外，合同法视欺诈、胁迫行为所损害利益的不同，对合同效力作出了不同规定：损害合同当事人利益的，属于可撤销或者可变更合同；损害国家利益的，则属于无效合同。民法总则则未加区别，规定一律按可撤销合同对待。再如，关于显失公平问题，合同法将显失公平与乘人之危作为两类不同的可撤销或者可变更合同事由，而民法总则则将二者合并为一类可撤销合同事由。

民法总则施行后发生的纠纷，在民法典施行前，如果合同法"分则"对此的规定与民法总则不一致的，根据特别规定优于一般规定的法律适用规则，适用合同法"分则"的规定。例如，民法总则仅规定了显名代理，没有规定《合同法》第402条的隐名代理和第403条的间接代理。在民法典施行前，这两条规定应当继续适用。

3.【民法总则与公司法的关系及其适用】民法总则与公司法的关系，是一般法与商事特别法的关系。民法总则第三章"法人"第一节"一般规定"和第二节"营利法人"基本上是根据公司法的有关规定提炼的，二者的精神大体一致。因此，涉及民法总则这一部分的内容，规定一致的，适用民法总则或者公司法皆可；规定不一致的，根据《民法总则》第11条有关"其他法律对民事关系有特别规定的，依照其规定"的规定，原则上应当适用公司法的规定。但应当注意也有例外情况，主要表现在两个方面：一是就同一事项，民法总则制定时有意修正公司法有关条款的，应当适用民法总则的规定。例如，《公司法》第32条第3款规定："公司应当将股东的姓名或者名称及其出资额向公司登记机关登记；登记事项发生变更的，应当办理变更登记。未经登记或者变更登记的，不得对抗第三人。"而《民法总则》第65条的规定则把"不得对抗第三人"修正为"不得对抗善意相对人"。经查询有关立法理由，可以认为，此种情况应当适用民法总则的规定。二是民法总则在公司法规定基础上增加了新内容的，如《公司法》第22条第2款就公司决议的撤销问题进行了规定，《民法总则》第85条在该条基础上增加规定:"但是营利法人依据该决议与善意相对人形成的民事法律关系不受影响。"此时,也应当适用民法总则的规定。

4.【民法总则的时间效力】根据"法不溯及既往"的原则,民法总则原则上没有溯及力,故只能适用于施行后发生的法律事实;民法总则施行前发生的法律事实,适用当时的法律;某一法律事实发生在民法总则施行前,其行为延续至民法总则施行后的,适用民法总则的规定。但要注意有例外情形,如虽然法律事实发生在民法总则施行前,但当时的法律对此没有规定而民法总则有规定的,例如,对于虚伪意思表示、第三人实施欺诈行为,合同法均无规定,发生纠纷后,基于"法官不得拒绝裁判"规则,可以将民法总则的相关规定作为裁判依据。又如,民法总则施行前成立的合同,根据当时的法律应当认定无效,而根据民法总则应当认定有效或者可撤销的,应当适用民法总则的规定。

在民法总则无溯及力的场合,人民法院应当依据法律事实发生时的法律进行裁判,但如果法律事实发生时的法律虽有规定,但内容不具体、不明确的,如关于无权代理在被代理人不予追认时的法律后果,民法通则和合同法均规定由行为人承担民事责任,但对民事责任的性质和方式没有规定,而民法总则对此有明确且详细的规定,人民法院在审理案件时,就可以在裁判文书的说理部分将民法总则规定的内容作为解释法律事实发生时法律规定的参考。

## 二、关于公司纠纷案件的审理

会议认为,审理好公司纠纷案件,对于保护交易安全和投资安全,激发经济活力,增强投资创业信心,具有重要意义。要依法协调好公司债权人、股东、公司等各种利益主体之间的关系,处理好公司外部与内部的关系,解决好公司自治与司法介入的关系。

(一)关于"对赌协议"的效力及履行

实践中俗称的"对赌协议",又称估值调整协议,是指投资方与融资方在达成股权性融资协议时,为解决交易双方对目标公司未来发展的不确定性、信息不对称以及代理成本而设计的包含了股权回购、金钱补偿等对未来目标公司的估值进行调整的协议。从订立"对赌协议"的主体来看,有投资方与目标公司的股东或者实际控制人"对赌"、投资方与目标公司"对赌"、投资方与目标公司的股东、目标公司"对赌"等形式。人民法院在审理"对赌协议"纠纷案件时,不仅应当适用合同法的相关规定,还应当适用公司法的相关规定;既要坚持鼓励投资方对实体企业特别是科技创新企业投资原则,从而在一定程度上缓解企业融资难问题,又要贯彻资本维持原则和保护债权人合法权益原则,依法平衡投资方、公司债权人、公司之间的利益。对于投资方与目标公司的股东或者实际控制人订立的"对赌协议",如无其他无效事由,认定有效并支持实际履行,实践中并无争议。但投资方与目标公司订立的"对赌协议"是否有效以及能否实际履行,存在争议。对此,应当把握如下处理规则:

5.【与目标公司"对赌"】投资方与目标公司订立的"对赌协议"在不存在法定无效事由的情况下,目标公司仅以存在股权回购或者金钱补偿约定为由,主张"对赌协议"无效的,人民法院不予支持,但投资方主张实际履行的,人民法院应当审查是否符合公司法关于"股东不得抽逃出资"及股份回购的强制性规定,判决是否支持其诉讼请求。

投资方请求目标公司回购股权的,人民法院应当依据《公司法》第35条关于"股东不得抽逃出资"或者第142条关于股份回购的强制性规定进行审查。经审查,目标公司未完成减资程序的,人民法院应当驳回其诉讼请求。

投资方请求目标公司承担金钱补偿义务的,人民法院应当依据《公司法》第35条关于"股东不得抽逃出资"和第166条关于利润分配的强制性规定进行审查。经审查,目标公司没有利润或者虽有利润但不足以补偿投资方的,人民法院应当驳回或者部分支持其诉讼请求。今后目标公司有利润时,投资方还可以依据该事实另行提起诉讼。

(二)关于股东出资加速到期及表决权

6.【股东出资应否加速到期】在注册资本认缴制下,股东依法享有期限利益。债权人以公司不能清偿到期债务为由,请求未届出资期限的股东在未出资范围内对公司不能清偿的债务承担补充赔偿责任的,人民法院不予支持。但是,下列情形除外:

(1)公司作为被执行人的案件,人民法院穷尽执行措施无财产可供执行,已具备破产原因,但不申请破产的;

(2)在公司债务产生后,公司股东(大)会决议或以其他方式延长股东出资期限的。

7.【表决权能否受限】股东认缴的出资未届履行期限,对未缴纳部分的出资是否享有以及如何行使表决权等问题，应当根据公司章程来确定。公司章程没有规定的，应当按照认缴出资的比例确定。如果股东（大）会作出不按认缴出资比例而按实际出资比例或者其他标准确定表决权的决议，股东请求确认决议无效的，人民法院应当审查该决议是否符合修改公司章程所要求的表决程序，即必须经代表三分之二以上表决权的股东通过。符合的，人民法院不予支持；反之，则依法予以支持。

（三）关于股权转让

8.【有限责任公司的股权变动】当事人之间转让有限责任公司股权，受让人以其姓名或者名称已记载于股东名册为由主张其已经取得股权的，人民法院依法予以支持，但法律、行政法规规定应当办理批准手续生效的股权转让除外。未向公司登记机关办理股权变更登记的，不得对抗善意相对人。

9.【侵犯优先购买权的股权转让合同的效力】审判实践中，部分人民法院对公司法司法解释（四）第21条规定的理解存在偏差，往往以保护其他股东的优先购买权为由认定股权转让合同无效。准确理解该条规定，既要注意保护其他股东的优先购买权，也要注意保护股东以外的股权受让人的合法权益，正确认定有限责任公司的股东与股东以外的股权受让人订立的股权转让合同的效力。一方面，其他股东依法享有优先购买权，在其主张按照股权转让合同约定的同等条件购买股权的情况下，应当支持其诉讼请求，除非出现该条第1款规定的情形。另一方面，为保护股东以外的股权受让人的合法权益，股权转让合同如无其他影响合同效力的事由，应当认定有效。其他股东行使优先购买权的，虽然股东以外的股权受让人关于继续履行股权转让合同的请求不能得到支持，但不影响其依约请求转让股东承担相应的违约责任。

（四）关于公司人格否认

公司人格独立和股东有限责任是公司法的基本原则。否认公司独立人格，由滥用公司法人独立地位和股东有限责任的股东对公司债务承担连带责任，是股东有限责任的例外情形，旨在矫正有限责任制度在特定法律事实发生时对债权人保护的失衡现象。在审判实践中，要准确把握《公司法》第20条第3款规定的精神。一是只有在股东实施了滥用公司法人独立地位及股东有限责任的行为，且该行为严重损害了公司债权人利益的情况下，才能适用。损害债权人利益，主要是指股东滥用权利使公司财产不足以清偿公司债权人的债权。二是只有实施了滥用

338

法人独立地位和股东有限责任行为的股东才对公司债务承担连带清偿责任，而其他股东不应承担此责任。三是公司人格否认不是全面、彻底、永久地否定公司的法人资格，而只是在具体案件中依据特定的法律事实、法律关系，突破股东对公司债务不承担责任的一般规则，例外地判令其承担连带责任。人民法院在个案中否认公司人格的判决的既判力仅仅约束该诉讼的各方当事人，不当然适用于涉及该公司的其他诉讼，不影响公司独立法人资格的存续。如果其他债权人提起公司人格否认诉讼，已生效判决认定的事实可以作为证据使用。四是《公司法》第20条第3款规定的滥用行为，实践中常见的情形有人格混同、过度支配与控制、资本显著不足等。在审理案件时，需要根据查明的案件事实进行综合判断，既审慎适用，又当用则用。实践中存在标准把握不严而滥用这一例外制度的现象，同时也存在因法律规定较为原则、抽象，适用难度大，而不善于适用、不敢于适用的现象，均应当引起高度重视。

10.【人格混同】认定公司人格与股东人格是否存在混同，最根本的判断标准是公司是否具有独立意思和独立财产，最主要的表现是公司的财产与股东的财产是否混同且无法区分。在认定是否构成人格混同时，应当综合考虑以下因素：

（1）股东无偿使用公司资金或者财产，不作财务记载的；

（2）股东用公司的资金偿还股东的债务，或者将公司的资金供关联公司无偿使用，不作财务记载的；

（3）公司账簿与股东账簿不分，致使公司财产与股东财产无法区分的；

（4）股东自身收益与公司盈利不加区分，致使双方利益不清的；

（5）公司的财产记载于股东名下，由股东占有、使用的；

（6）人格混同的其他情形。

在出现人格混同的情况下，往往同时出现以下混同：公司业务和股东业务混同；公司员工与股东员工混同，特别是财务人员混同；公司住所与股东住所混同。人民法院在审理案件时，关键要审查是否构成人格混同，而不要求同时具备其他方面的混同，其他方面的混同往往只是人格混同的补强。

11.【过度支配与控制】公司控制股东对公司过度支配与控制，操纵公司的决策过程，使公司完全丧失独立性，沦为控制股东的工具或躯壳，严重损害公司债权人利益，应当否认公司人格，由滥用控制权的股东对公司债务承担连带责任。实践中常见的情形包括：

（1）母子公司之间或者子公司之间进行利益输送的；

（2）母子公司或者子公司之间进行交易，收益归一方，损失却由另一方承担的；

（3）先从原公司抽走资金，然后再成立经营目的相同或者类似的公司，逃避原公司债务的；

（4）先解散公司，再以原公司场所、设备、人员及相同或者相似的经营目的另设公司，逃避原公司债务的；

（5）过度支配与控制的其他情形。

控制股东或实际控制人控制多个子公司或者关联公司，滥用控制权使多个子公司或者关联公司财产边界不清、财务混同，利益相互输送，丧失人格独立性，沦为控制股东逃避债务、非法经营，甚至违法犯罪工具的，可以综合案件事实，否认子公司或者关联公司法人人格，判令承担连带责任。

12.【资本显著不足】资本显著不足指的是，公司设立后在经营过程中，股东实际投入公司的资本数额与公司经营所隐含的风险相比明显不匹配。股东利用较少资本从事力所不及的经营，表明其没有从事公司经营的诚意，实质是恶意利用公司独立人格和股东有限责任把投资风险转嫁给债权人。由于资本显著不足的判断标准有很大的模糊性，特别是要与公司采取"以小博大"的正常经营方式相区分，因此在适用时要十分谨慎，应当与其他因素结合起来综合判断。

13.【诉讼地位】人民法院在审理公司人格否认纠纷案件时，应当根据不同情形确定当事人的诉讼地位：

（1）债权人对债务人公司享有的债权已经由生效裁判确认，其另行提起公司人格否认诉讼，请求股东对公司债务承担连带责任的，列股东为被告，公司为第三人；

（2）债权人对债务人公司享有的债权提起诉讼的同时，一并提起公司人格否认诉讼，请求股东对公司债务承担连带责任的，列公司和股东为共同被告；

（3）债权人对债务人公司享有的债权尚未经生效裁判确认，直接提起公司人格否认诉讼，请求公司股东对公司债务承担连带责任的，人民法院应当向债权人释明，告知其追加公司为共同被告。债权人拒绝追加的，人民法院应当裁定驳回起诉。

（五）关于有限责任公司清算义务人的责任

关于有限责任公司股东清算责任的认定，一些案件的处理结果不适当地扩大了股东的清算责任。特别是实践中出现了一些职业债权人，从其他债权人处大批量超低价收购僵尸企业的"陈年旧账"后，对批量僵尸企业提起强制清算之诉，在获得人民法院对公司主要财产、账册、重要文件等灭失的认定后，根据公司法司法解释（二）第18条第2款的规定，请求有限责任公司的股东对公司债务承担连带清偿责任。有的人民法院没有准确把握上述规定的适用条件，判决没有"怠于履行义务"的小股东或者虽"怠于履行义务"但与公司主要财产、账册、重要文件等灭失没有因果关系的小股东对公司债务承担远远超过其出资数额的责任，导致出现利益明显失衡的现象。需要明确的是，上述司法解释关于有限责任公司股东清算责任的规定，其性质是因股东怠于履行清算义务致使公司无法清算所应当承担的侵权责任。在认定有限责任公司股东是否应当对债权人承担侵权赔偿责任时，应当注意以下问题：

14.【怠于履行清算义务的认定】公司法司法解释（二）第18条第2款规定的"怠于履行义务"，是指有限责任公司的股东在法定清算事由出现后，在能够履行清算义务的情况下，故意拖延、拒绝履行清算义务，或者因过失导致无法进行清算的消极行为。股东举证证明其已经为履行清算义务采取了积极措施，或者小股东举证证明其既不是公司董事会或者监事会成员，也没有选派人员担任该机关成员，且从未参与公司经营管理，以不构成"怠于履行义务"为由，主张其不应当对公司债务承担连带清偿责任的，人民法院依法予以支持。

15.【因果关系抗辩】有限责任公司的股东举证证明其"怠于履行义务"的消极不作为与"公司主要财产、账册、重要文件等灭失，无法进行清算"的结果之间没有因果关系，主张其不应对公司债务承担连带清偿责任的，人民法院依法予以支持。

16.【诉讼时效期间】公司债权人请求股东对公司债务承担连带清偿责任，股东以公司债权人对公司的债权已经超过诉讼时效期间为由抗辩，经查证属实的，人民法院依法予以支持。

公司债权人以公司法司法解释（二）第18条第2款为依据，请求有限责任公司的股东对公司债务承担连带清偿责任的，诉讼时效期间自公司债权人知道或者应当知道公司无法进行清算之日起计算。

（六）关于公司为他人提供担保

关于公司为他人提供担保的合同效力问题，审判实践中裁判尺度不统一，严重影响了司法公信力，有必要予以规范。对此，应当把握以下几点：

17.【违反《公司法》第16条构成越权代表】为防止法定代表人随意代表公司为他人提供担保给公司造成损失，损害中小股东利益，《公司法》第16条对法定代表人的代表权进行了限制。根据该条规定，担保行为不是法定代表人所能单独决定的事项，而必须以公司股东（大）会、董事会等公司机关的决议作为授权的基础和来源。法定代表人未经授权擅自为他人提供担保的，构成越权代表，人民法院应当根据《合同法》第50条关于法定代表人越权代表的规定，区分订立合同时债权人是否善意分别认定合同效力：债权人善意的，合同有效；反之，合同无效。

18.【善意的认定】前条所称的善意，是指债权人不知道或者不应当知道法定代表人超越权限订立担保合同。《公司法》第16条对关联担保和非关联担保的决议机关作出了区别规定，相应地，在善意的判断标准上也应当有所区别。一种情形是，为公司股东或者实际控制人提供关联担保，《公司法》第16条明确规定必须由股东（大）会决议，未经股东（大）会决议，构成越权代表。在此情况下，债权人主张担保合同有效，应当提供证据证明其在订立合同时对股东（大）会决议进行了审查，决议的表决程序符合《公司法》第16条的规定，即在排除被担保股东表决权的情况下，该项表决由出席会议的其他股东所持表决权的过半数通过，签字人员也符合公司章程的规定。另一种情形是，公司为公司股东或者实际控制人以外的人提供非关联担保，根据《公司法》第16条的规定，此时由公司章程规定是由董事会决议还是股东（大）会决议。无论章程是否对决议机关作出规定，也无论章程规定决议机关为董事会还是股东（大）会，根据《民法总则》第61条第3款关于"法人章程或者法人权力机构对法定代表人代表权的限制，不得对抗善意相对人"的规定，只要债权人能够证明其在订立担保合同时对董事会决议或者股东（大）会决议进行了审查，同意决议的人数及签字人员符合公司章程的规定，就应当认定其构成善意，但公司能够证明债权人明知公司章程对决议机关有明确规定的除外。

债权人对公司机关决议内容的审查一般限于形式审查，只要求尽到必要的注意义务即可，标准不宜太过严苛。公司以机关决议系法定代表人伪造或者变造、决议程序违法、签章（名）不实、担保金额超过法定限额等事由抗辩债权人非善意的，人民法院一般不予支持。但是，公司有证据证明债权人明知决议系伪造或者变造的除外。

19.【无须机关决议的例外情况】存在下列情形的，即便债权人知道或者应当知道没有公司机关决议，也应当认定担保合同符合公司的真实意思表示，合同有效：

（1）公司是以为他人提供担保为主营业务的担保公司，或者是开展保函业务的银行或者非银行金融机构；

（2）公司为其直接或者间接控制的公司开展经营活动向债权人提供担保；

（3）公司与主债务人之间存在相互担保等商业合作关系；

（4）担保合同系由单独或者共同持有公司三分之二以上有表决权的股东签字同意。

20.【越权担保的民事责任】依据前述3条规定，担保合同有效，债权人请求公司承担担保责任的，人民法院依法予以支持；担保合同无效，债权人请求公司承担担保责任的，人民法院不予支持，但可以按照担保法及有关司法解释关于担保无效的规定处理。公司举证证明债权人明知法定代表人超越权限或者机关决议系伪造或者变造，债权人请求公司承担合同无效后的民事责任的，人民法院不予支持。

21.【权利救济】法定代表人的越权担保行为给公司造成损失，公司请求法定代表人承担赔偿责任的，人民法院依法予以支持。公司没有提起诉讼，股东依据《公司法》第151条的规定请求法定代表人承担赔偿责任的，人民法院依法予以支持。

22.【上市公司为他人提供担保】债权人根据上市公司公开披露的关于担保事项已经董事会或者股东大会决议通过的信息订立的担保合同，人民法院应当认定有效。

23.【债务加入准用担保规则】法定代表人以公司名义与债务人约定加入债务并通知债权人或者向债权人表示愿意加入债务，该约定的效力问题，参照本纪要关于公司为他人提供担保的有关规则处理。

（七）关于股东代表诉讼

24.【何时成为股东不影响起诉】股东提起股东代表诉讼，被告以行为发生

343

时原告尚未成为公司股东为由抗辩该股东不是适格原告的，人民法院不予支持。

25.【正确适用前置程序】根据《公司法》第151条的规定，股东提起代表诉讼的前置程序之一是，股东必须先书面请求公司有关机关向人民法院提起诉讼。一般情况下，股东没有履行该前置程序的，应当驳回起诉。但是，该项前置程序针对的是公司治理的一般情况，即在股东向公司有关机关提出书面申请之时，存在公司有关机关提起诉讼的可能性。如果查明的相关事实表明，根本不存在该种可能性的，人民法院不应当以原告未履行前置程序为由驳回起诉。

26.【股东代表诉讼的反诉】股东依据《公司法》第151条第3款的规定提起股东代表诉讼后，被告以原告股东恶意起诉侵犯其合法权益为由提起反诉的，人民法院应予受理。被告以公司在案涉纠纷中应当承担侵权或者违约等责任为由对公司提出的反诉，因不符合反诉的要件，人民法院应当裁定不予受理；已经受理的，裁定驳回起诉。

27.【股东代表诉讼的调解】公司是股东代表诉讼的最终受益人，为避免因原告股东与被告通过调解损害公司利益，人民法院应当审查调解协议是否为公司的意思。只有在调解协议经公司股东（大）会、董事会决议通过后，人民法院才能出具调解书予以确认。至于具体决议机关，取决于公司章程的规定。公司章程没有规定的，人民法院应当认定公司股东（大）会为决议机关。

（八）其他问题

28.【实际出资人显名的条件】实际出资人能够提供证据证明有限责任公司过半数的其他股东知道其实际出资的事实，且对其实际行使股东权利未曾提出异议的，对实际出资人提出的登记为公司股东的请求，人民法院依法予以支持。公司以实际出资人的请求不符合公司法司法解释（三）第24条的规定为由抗辩的，人民法院不予支持。

29.【请求召开股东（大）会不可诉】公司召开股东（大）会本质上属于公司内部治理范围。股东请求判令公司召开股东（大）会的，人民法院应当告知其按照《公司法》第40条或者第101条规定的程序自行召开。股东坚持起诉的，人民法院应当裁定不予受理；已经受理的，裁定驳回起诉。

……

## 十、关于破产纠纷案件的审理

会议认为，审理好破产案件对于推动高质量发展、深化供给侧结构性改革、营造稳定公平透明可预期的营商环境，具有十分重要的意义。要继续深入推进破产审判工作的市场化、法治化、专业化、信息化，充分发挥破产审判公平清理债权债务、促进优胜劣汰、优化资源配置、维护市场经济秩序等重要功能。一是要继续加大对破产保护理念的宣传和落实，及时发挥破产重整制度的积极拯救功能，通过平衡债权人、债务人、出资人、员工等利害关系人的利益，实现社会整体价值最大化；注重发挥和解程序简便快速清理债权债务关系的功能，鼓励当事人通过和解程序或者达成自行和解的方式实现各方利益共赢；积极推进清算程序中的企业整体处置方式，有效维护企业营运价值和职工就业。二是要推进不符合国家产业政策、丧失经营价值的企业主体尽快从市场退出，通过依法简化破产清算程序流程加快对"僵尸企业"的清理。三是要注重提升破产制度实施的经济效益，降低破产程序运行的时间和成本，有效维护企业营运价值，最大程度发挥各类要素和资源潜力，减少企业破产给社会经济造成的损害。四是要积极稳妥进行实践探索，加强理论研究，分步骤、有重点地推进建立自然人破产制度，进一步推动健全市场主体退出制度。

107.【继续推动破产案件的及时受理】充分发挥破产重整案件信息网的线上预约登记功能，提高破产案件的受理效率。当事人提出破产申请的，人民法院不得以非法定理由拒绝接收破产申请材料。如果可能影响社会稳定的，要加强府院协调，制定相应预案，但不应当以"影响社会稳定"之名，行消极不作为之实。破产申请材料不完备的，立案部门应当告知当事人在指定期限内补充材料，待材料齐备后以"破申"作为案件类型代字编制案号登记立案，并及时将案件移送破产审判部门进行破产审查。

注重发挥破产和解制度简便快速清理债权债务关系的功能，债务人根据《企业破产法》第95条的规定，直接提出和解申请，或者在破产申请受理后宣告破产前申请和解的，人民法院应当依法受理并及时作出是否批准的裁定。

108.【破产申请的不予受理和撤回】人民法院裁定受理破产申请前，提出破产申请的债权人的债权因清偿或者其他原因消灭的，因申请人不再具备申请资格，人民法院应当裁定不予受理。但该裁定不影响其他符合条件的主体再次提出破产申请。破产申请受理后，管理人以上述清偿符合《企业破产法》第31条、第32条为由请求撤销的，人民法院查实后应当予以支持。

人民法院裁定受理破产申请系对债务人具有破产原因的初步认可，破产申请受理后，申请人请求撤回破产申请的，人民法院不予准许。除非存在《企业破产法》第12条第2款规定的情形，人民法院不得裁定驳回破产申请。

109.【受理后债务人财产保全措施的处理】要切实落实破产案件受理后相关保全措施应予解除、相关执行措施应当中止、债务人财产应当及时交付管理人等规定，充分运用信息化技术手段，通过信息共享与整合，维护债务人财产的完整性。相关人民法院拒不解除保全措施或者拒不中止执行的，破产受理人民法院可以请求该法院的上级人民法院依法予以纠正。对债务人财产采取保全措施或者执行措施的人民法院未依法及时解除保全措施、移交处置权，或者中止执行程序并移交有关财产的，上级人民法院应当依法予以纠正。相关人员违反上述规定造成严重后果的，破产受理人民法院可以向人民法院纪检监察部门移送其违法审判责任线索。

人民法院审理企业破产案件时，有关债务人财产被其他具有强制执行权力的国家行政机关，包括税务机关、公安机关、海关等采取保全措施或者执行程序的，人民法院应当积极与上述机关进行协调和沟通，取得有关机关的配合，参照上述具体操作规程，解除有关保全措施、中止有关执行程序，以便保障破产程序顺利进行。

110.【受理后有关债务人诉讼的处理】人民法院受理破产申请后，已经开始而尚未终结的有关债务人的民事诉讼，在管理人接管债务人财产和诉讼事务后继续进行。债权人已经对债务人提起的给付之诉，破产申请受理后，人民法院应当继续审理，但是在判定相关当事人实体权利义务时，应当注意与企业破产法及其司法解释的规定相协调。

上述裁判作出并生效前，债权人可以同时向管理人申报债权，但其作为债权尚未确定的债权人，原则上不得行使表决权，除非人民法院临时确定其债权额。上述裁判生效后，债权人应当根据裁判认定的债权数额在破产程序中依法统一受偿，其对债务人享有的债权利息应当按照《企业破产法》第46条第2款的规定停止计算。

人民法院受理破产申请后，债权人新提起的要求债务人清偿的民事诉讼，人民法院不予受理，同时告知债权人应当向管理人申报债权。债权人申报债权后，对管理人编制的债权表记载有异议的，可以根据《企业破产法》第58条的规定提起债权确认之诉。

111.【债务人自行管理的条件】重整期间,债务人同时符合下列条件的,经申请,人民法院可以批准债务人在管理人的监督下自行管理财产和营业事务:

(1) 债务人的内部治理机制仍正常运转;

(2) 债务人自行管理有利于债务人继续经营;

(3) 债务人不存在隐匿、转移财产的行为;

(4) 债务人不存在其他严重损害债权人利益的行为。

债务人提出重整申请时可以一并提出自行管理的申请。经人民法院批准由债务人自行管理财产和营业事务的,企业破产法规定的管理人职权中有关财产管理和营业经营的职权应当由债务人行使。

管理人应当对债务人的自行管理行为进行监督。管理人发现债务人存在严重损害债权人利益的行为或者有其他不适宜自行管理情形的,可以申请人民法院作出终止债务人自行管理的决定。人民法院决定终止的,应当通知管理人接管债务人财产和营业事务。债务人有上述行为而管理人未申请人民法院作出终止决定的,债权人等利害关系人可以向人民法院提出申请。

112.【重整中担保物权的恢复行使】重整程序中,要依法平衡保护担保物权人的合法权益和企业重整价值。重整申请受理后,管理人或者自行管理的债务人应当及时确定设定有担保物权的债务人财产是否为重整所必需。如果认为担保物不是重整所必需,管理人或者自行管理的债务人应当及时对担保物进行拍卖或者变卖,拍卖或者变卖担保物所得价款在支付拍卖、变卖费用后优先清偿担保物权人的债权。

在担保物权暂停行使期间,担保物权人根据《企业破产法》第75条的规定向人民法院请求恢复行使担保物权的,人民法院应当自收到恢复行使担保物权申请之日起三十日内作出裁定。经审查,担保物权人的申请不符合第75条的规定,或者虽然符合该条规定但管理人或者自行管理的债务人有证据证明担保物是重整所必需,并且提供与减少价值相应担保或者补偿的,人民法院应当裁定不予批准恢复行使担保物权。担保物权人不服该裁定的,可以自收到裁定书之日起十日内,向作出裁定的人民法院申请复议。人民法院裁定批准行使担保物权的,管理人或者自行管理的债务人应当自收到裁定书之日起十五日内启动对担保物的拍卖或者变卖,拍卖或者变卖担保物所得价款在支付拍卖、变卖费用后优先清偿担保物权人的债权。

113.【重整计划监督期间的管理人报酬及诉讼管辖】要依法确保重整计划的执行和有效监督。重整计划的执行期间和监督期间原则上应当一致。二者不一致的,人民法院在确定和调整重整程序中的管理人报酬方案时,应当根据重整期间和重整计划监督期间管理人工作量的不同予以区别对待。其中,重整期间的管理人报酬应当根据管理人对重整发挥的实际作用等因素予以确定和支付;重整计划监督期间管理人报酬的支付比例和支付时间,应当根据管理人监督职责的履行情况,与债权人按照重整计划实际受偿比例和受偿时间相匹配。

重整计划执行期间,因重整程序终止后新发生的事实或者事件引发的有关债务人的民事诉讼,不适用《企业破产法》第21条有关集中管辖的规定。除重整计划有明确约定外,上述纠纷引发的诉讼,不再由管理人代表债务人进行。

114.【重整程序与破产清算程序的衔接】重整期间或者重整计划执行期间,债务人因法定事由被宣告破产的,人民法院不再另立新的案号,原重整程序的管理人原则上应当继续履行破产清算程序中的职责。原重整程序的管理人不能继续履行职责或者不适宜继续担任管理人的,人民法院应当依法重新指定管理人。

重整程序转破产清算案件中的管理人报酬,应当综合管理人为重整工作和清算工作分别发挥的实际作用等因素合理确定。重整期间因法定事由转入破产清算程序的,应当按照破产清算案件确定管理人报酬。重整计划执行期间因法定事由转入破产清算程序的,后续破产清算阶段的管理人报酬应当根据管理人实际工作量予以确定,不能简单根据债务人最终清偿的财产价值总额计算。

重整程序因人民法院裁定批准重整计划草案而终止的,重整案件可作结案处理。重整计划执行完毕后,人民法院可以根据管理人等利害关系人申请,作出重整程序终结的裁定。

115.【庭外重组协议效力在重整程序中的延伸】继续完善庭外重组与庭内重整的衔接机制,降低制度性成本,提高破产制度效率。人民法院受理重整申请前,债务人和部分债权人已经达成的有关协议与重整程序中制作的重整计划草案内容一致的,有关债权人对该协议的同意视为对该重整计划草案表决的同意。但重整计划草案对协议内容进行了修改并对有关债权人有不利影响,或者与有关债权人重大利益相关的,受到影响的债权人有权按照企业破产法的规定对重整计划草案重新进行表决。

116.【审计、评估等中介机构的确定及责任】要合理区分人民法院和管理人在委托审计、评估等财产管理工作中的职责。破产程序中确实需要聘请中介机构对债务人财产进行审计、评估的,根据《企业破产法》第28条的规定,经人民法院许可后,管理人可以自行公开聘请,但是应当对其聘请的中介机构的相关行为进行监督。上述中介机构因不当履行职责给债务人、债权人或者第三人造成损害的,应当承担赔偿责任。管理人在聘用过程中存在过错的,应当在其过错范围内承担相应的补充赔偿责任。

117.【公司解散清算与破产清算的衔接】要依法区分公司解散清算与破产清算的不同功能和不同适用条件。债务人同时符合破产清算条件和强制清算条件的,应当及时适用破产清算程序实现对债权人利益的公平保护。债权人对符合破产清算条件的债务人提起公司强制清算申请,经人民法院释明,债权人仍然坚持申请对债务人强制清算的,人民法院应当裁定不予受理。

118.【无法清算案件的审理与责任承担】人民法院在审理债务人相关人员下落不明或者财产状况不清的破产案件时,应当充分贯彻债权人利益保护原则,避免债务人通过破产程序不当损害债权人利益,同时也要避免不当突破股东有限责任原则。

人民法院在适用《最高人民法院关于债权人对人员下落不明或者财产状况不清的债务人申请破产清算案件如何处理的批复》第3款的规定,判定债务人相关人员承担责任时,应当依照企业破产法的相关规定来确定相关主体的义务内容和责任范围,不得根据公司法司法解释(二)第18条第2款的规定来判定相关主体的责任。

上述批复第3款规定的"债务人的有关人员不履行法定义务,人民法院可依据有关法律规定追究其相应法律责任",系指债务人的法定代表人、财务管理人员和其他经营管理人员不履行《企业破产法》第15条规定的配合清算义务,人民法院可以根据《企业破产法》第126条、第127条追究其相应法律责任,或者参照《民事诉讼法》第111条的规定,依法拘留,构成犯罪的,依法追究刑事责任;债务人的法定代表人或者实际控制人不配合清算的,人民法院可以依据《出境入境管理法》第12条的规定,对其作出不准出境的决定,以确保破产程序顺利进行。

上述批复第3款规定的"其行为导致无法清算或者造成损失",系指债务人的有关人员不配合清算的行为导致债务人财产状况不明,或者依法负有清算责任的人未依照《企业破产法》第 7 条第 3 款的规定及时履行破产申请义务,导致债务人主要财产、账册、重要文件等灭失,致使管理人无法执行清算职务,给债权人利益造成损害。"有关权利人起诉请求其承担相应民事责任",系指管理人请求上述主体承担相应损害赔偿责任并将因此获得的赔偿归入债务人财产。管理人未主张上述赔偿,个别债权人可以代表全体债权人提起上述诉讼。

上述破产清算案件被裁定终结后,相关主体以债务人主要财产、账册、重要文件等重新出现为由,申请对破产清算程序启动审判监督的,人民法院不予受理,但符合《企业破产法》第 123 条规定的,债权人可以请求人民法院追加分配。

……

法律法规
新解读系列

实用附录

公司法
解读与应用

# 公司组织机构人数构成对照表

| 公司类型 | 股东 | 董事会 | 监事会 |
| --- | --- | --- | --- |
| 一般有限责任公司 | 2~50人 | 3~13人，股东少或规模小——1人（执行董事），任期不得超过3年，可连选连任 | 3人以上，股东少或规模小——1~2人（监事），任期3年，可连选连任 |
| 一人有限责任公司 | 1人 | 1人（执行董事）或3~13人 | 1~2人（监事）或3人以上 |
| 国有独资公司 | 1人 | 3~13人，应当有公司职工代表，任期不得超过3年 | 5人以上，职工代表比例要占1/3以上 |
| 一般股份有限公司 | 发起人为2~200人 | 5~19人，可以有公司职工代表，任期不得超过3年，可连选连任 | 3人以上，职工代表比例要占1/3以上 |

# 有限责任公司章程[*]

## _____有限责任公司章程

### 第一章 总　　则

**第一条**　依据《中华人民共和国公司法》（以下简称《公司法》）及有关法律、法规的规定，由_____等_____方共同出资，设立_____有限责任公司，（以下简称公司）特制定本章程。

**第二条**　本公司依法开展经营活动，法律、行政法规、国务院决定禁止的，不经营；需要前置许可的项目，报审批机关批准，并经工商行政管理机关核准注册后，方开展经营活动；不属于前置许可项目，法律、法规规定需要专项审批的，经工商管理机关登记注册，并经审批机关批准后，方开展经营活动；其他经营项目，本公司领取《营业执照》后自主选择经营项目，开展经营活动。

**第三条**　本章程中的各相关条款与法律、法规、规章不符的，以法律、法规、规章的规定为准。

### 第二章　公司名称和住所

**第四条**　公司名称：_____。
**第五条**　住所：_____。

### 第三章　公司经营范围

**第六条**　公司经营范围_____。
（注：法律、行政法规、国务院决定规定应经许可的，经审批机关批准并经工商行政管理机关登记注册后方可

---

[*] 本文本仅供参考。

经营；法律、行政法规、国务院决定未规定许可的，自主选择经营项目开展经营活动。属于经营范围的有关项目，应在经营范围中明确标明。例如：餐饮；零售药品。）

## 第四章　公司注册资本

**第七条**　公司注册资本：_____万元人民币。

**第八条**　公司增加或减少注册资本，必须召开股东会并作出决议，并经代表三分之二以上表决权的股东通过。

## 第五章　股东的姓名（名称）、出资方式、出资额、分期缴付数额及期限

**第九条**　股东的姓名（名称）、出资方式、出资额、分期缴资情况如下：

| 股东姓名或名称 | 出资方式 | 出资数额 | 设立时缴付数额 | 一期数额 | 一期期限 | 二期数额 | 二期期限 |
|---|---|---|---|---|---|---|---|
|  |  |  |  |  |  |  |  |
|  |  |  |  |  |  |  |  |
|  |  |  |  |  |  |  |  |
|  |  |  |  |  |  |  |  |

**第十条**　股东承诺：各股东以其全部出资额为限对公司债务承担责任。

**第十一条**　公司成立后向股东签发出资证明书。

## 第六章　股东的权利和义务

**第十二条**　股东享有如下权利：

（一）参加或推选代表参加股东会并按照其出资比例行使表决权；

（二）了解公司经营状况和财务状况；

（三）选举和被选举为董事会成员（执行董事）或监事会成员（监事）；

（四）依照法律、法规和公司章程的规定获取股利并转让出资额；

（五）优先购买其他股东转让的出资；

（六）优先认缴公司新增资本；

（七）公司终止后，依法分得公司的剩余财产；

（八）有权查阅股东会会议记录和公司财务会计报告。

**第十三条** 股东履行以下义务：

（一）遵守公司章程；

（二）按期缴纳所认缴的出资；

（三）以其所认缴的全部出资额为限对公司的债务承担责任；

（四）在公司办理登记注册手续后，不得抽回投资。

## 第七章 股东转让出资的条件

**第十四条** 股东之间可以相互转让其全部或部分出资。

**第十五条** 股东向股东以外的人转让其出资时，必须经全体股东过半数同意。股东应就其股权转让事项书面通知其他股东征求同意，其他股东自接到书面通知之日起满三十日未答复的，视为同意转让。其他股东半数以上不同意转让的，不同意的股东应当购买该转让的股权；不购买的，视为同意转让。

经股东同意转让的股权，在同等条件下，其他股东有优先购买权。两个以上股东主张行使优先购买权的，协商确定各自的购买比例；协商不成的，按照转让时各自的出资比例行使优先购买权。

**第十六条** 股东依法转让其出资后，由公司将受让人的姓名、住所以及受让的出资额记载于股东名册。

## 第八章 公司的机构及其产生办法、职权、议事规则

**第十七条** 股东会由全体股东组成，是公司的权力机构，行使下列职权：

（一）决定公司的经营方针和投资计划；

（二）选举和更换非由职工代表担任的董事、监事，决定有关董事、监事的报酬事项；

（三）审议批准董事会的报告；

（四）审议批准监事会或者监事的报告；

（五）审议批准公司的年度财务预算方案、决算方案；

（六）审议批准公司的利润分配方案和弥补亏损方案；

（七）对公司增加或者减少注册资本作出决议；

（八）对发行公司债券作出决议；

（九）对公司合并、分立、解散、清算或者变更公司形式作出决议；

（十）修改公司章程；

（十一）公司章程规定的其他职权。

第十八条　股东会的首次会议由出资最多的股东召集和主持。

第十九条　股东会会议由股东按照出资比例行使表决权。

第二十条　股东会会议分为定期会议和临时会议，并应当于会议召开十五日以前通知全体股东。定期会议每_____（年或月）召开一次。临时会议由代表十分之一以上表决权的股东，三分之一以上董事，监事会（不设监事会的监事）提议方可召开。股东出席股东会议也可书面委托他人参加股东会议，行使委托书中载明的权力。

第二十一条　股东会会议由董事会召集，董事长主持。董事长因特殊原因不能履行其职责时，由董事长指定的副董事长主持。副董事长不能履行职务或者不履行职务的，由半数以上董事共同推举一名董事主持。

（注：不设立董事会的，股东会会议由执行董事召集和主持。董事会或者执行董事不能履行或者不履行召集股东会会议职责的，由监事会或者不设监事会的公司的监事召集和主持；监事会或者监事不召集和主持的，代表十分之一以上表决权的股东可以自行召集和主持。）

第二十二条　股东会会议由股东按照出资比例行使表决权。

（注：公司章程对此可以作出另外的规定。）

股东会会议应对所议事项作出决议，决议应由代表_____分之_____以上表决权的股东表决通过。但股东会对修改公司章程、公司增加或减少注册资本、分立、合并、解散或者变更公司形式作出的决议，应由代表三分之二以上表决权的股东表决通过。

股东会应当对所议事项的决定作出会议记录，出席会议的股东应当在会议记录上签名。

第二十三条　公司设董事会，成员为_____人，由股东会选举。董事任期_____年，任期届满，可连选连任。董事在任期届满前，股东会不得无故解除其职务。董事会设董事长一人，副董事长_____人，由董事会选举产生。

（注：国有独资公司的董事会成员中应有公司职工代表；董事会中的职工代

表由公司职工民主选举产生。)

董事会行使下列职权:

(一) 召集股东会会议,并向股东会报告工作;

(二) 执行股东会的决议;

(三) 决定公司的经营计划和投资方案;

(四) 制订公司的年度财务预算方案、决算方案;

(五) 制订公司的利润分配方案和弥补亏损方案;

(六) 制订公司增加或者减少注册资本以及发行公司债券的方案;

(七) 制订公司合并、分立、解散或者变更公司形式的方案;

(八) 决定公司内部管理机构的设置;

(九) 决定聘任或者解聘公司经理及其报酬事项,并根据经理的提名决定聘任或者解聘公司副经理、财务负责人及其报酬事项;

(十) 制定公司的基本管理制度;

(十一) 公司章程规定的其他职权。

第二十四条 设立董事会,股东会会议由董事会召集,董事长主持;董事长不能履行职务或者不履行职务的,由副董事长主持;副董事长不能履行职务或者不履行职务的,由半数以上董事共同推举一名董事主持。

有限责任公司不设董事会的,股东会会议由执行董事召集和主持。

董事会或者执行董事不能履行或者不履行召集股东会会议职责的,由监事会或者不设监事会的公司的监事召集和主持;监事会或者监事不召集和主持的,代表十分之一以上表决权的股东可以自行召集和主持。

(注:股东人数较少或者规模较小的有限责任公司,可以设一名执行董事,不设董事会。)

第二十五条 董事会对所议事项作出的决定应由_____分之_____以上的董事表决通过方为有效,并应作成会议记录,出席会议的董事应当在会议记录上签名。

董事会决议的表决,实行一人一票。

第二十六条 公司设一名经理,由董事会决定聘任或者解聘。经理对董事会负责,行使下列职权:

(一) 主持公司的生产经营管理工作,组织实施董事会决议;

(二) 组织实施公司年度经营计划和投资方案;

（三）拟订公司内部管理机构设置方案；

（四）拟订公司的基本管理制度；

（五）制定公司的具体规章；

（六）提请聘任或者解聘公司副经理、财务负责人；

（七）决定聘任或者解聘除应由董事会决定聘任或者解聘以外的负责管理人员；

（八）董事会授予的其他职权。

公司章程对经理职权另有规定的，从其规定。

经理列席董事会会议。

（注：股东人数较少或者规模较小的有限责任公司，执行董事可以兼任公司经理。执行董事的职权由公司章程规定。无董事会的，经理可以由股东会聘任或者解聘，经理对股东会负责）

**第二十七条** 公司设监事会，成员_____人，并在其组成人员中推选一名召集人。监事会中股东代表监事与职工代表监事的比例为_____。监事会中股东代表监事由股东会选举产生，职工代表监事由公司职工民主选举产生。监事的任期每届为三年，任期届满，可连选连任。

（注：监事会应当包括股东代表和适当比例的公司职工代表，其中职工代表的比例不得低于三分之一。股东人数较少规模较小的公司不设监事会，可以设一至二名监事。）

**第二十八条** 监事会（或不设监事会的公司的监事）行使下列职权：

（一）检查公司财务；

（二）对董事、高级管理人员执行公司职务的行为进行监督，对违反法律、行政法规、公司章程或者股东会决议的董事、高级管理人员提出罢免的建议；

（三）当董事、高级管理人员的行为损害公司的利益时，要求董事、高级管理人员予以纠正；

（四）提议召开临时股东会会议，在董事会不履行本法规定的召集和主持股东会会议职责时召集和主持股东会会议；

（五）向股东会会议提出提案；

（六）依法对董事、高级管理人员提起诉讼；

（七）公司章程规定的其他职权。

第二十九条　监事会每年度至少召开一次会议，监事可以提议召开临时监事会会议。

监事会决议应当经半数以上监事通过。

监事会应当对所议事项的决定作成会议记录，出席会议的监事应当在会议记录上签名。

（注：公司董事及财务负责人不得兼任监事。）

## 第九章　公司的法定代表人

第三十条　董事长为公司的法定代表人，任期为_____年，由董事会选举产生，任期届满，可连选连任。

（注：法定代表人可以由董事长、执行董事或者经理担任）

第三十一条　董事长行使下列职权：

（一）主持股东会和召集主持董事会议；

（二）检查股东会议和董事会议的落实情况，并向董事会报告；

（三）代表公司签署有关文件；

（四）在发生战争、特大自然灾害等紧急情况下，对公司事务行使特别裁决权和处置权，但这类裁决权和处置权须符合公司利益，并在事后向董事会和股东会报告。

（注：执行董事或经理为公司法定代表人，其职权参照本条款及董事会职权。）

## 第十章　财务会计制度、利润分配及劳动制度

第三十二条　公司应当依照法律、行政法规和国务院财政主管部门的规定建立本公司的财务会计制度，并应在每一会计年度终了时制作财务会计报告，经审查验证后于第二年_____月_____日前送交各股东。

第三十三条　公司利润分配按照《公司法》及法律、法规、国务院财政主管部门的规定执行。

第三十四条　劳动用工制度按国家法律、法规及国务院劳动部门的有关规定执行。

## 第十一章　公司的解散事由与清算办法

**第三十五条**　公司的营业期限为_____年，从《企业法人营业执照》签发之日起计算。

**第三十六条**　公司有下列情形之一的，可以解散：
（一）公司章程规定的营业期限届满；
（二）股东会决议解散；
（三）因公司合并或者分立需要解散的；
（四）公司违反法律、行政法规被依法责令关闭的；
（五）因不可抗力事件致使公司无法继续经营时；
（六）宣告破产。

**第三十七条**　公司解散时，应根据《公司法》的规定成立清算小组，对公司资产进行清算。清算结束后，清算小组应当制作清算报告，报股东会或者有关主管机关确认，并报送公司登记机关，申请公司注销登记，公告公司终止。

## 第十二章　股东认为需要规定的其他事项

**第三十八条**　公司根据需要或涉及公司登记事项变更的可修改公司章程，修改后的公司章程不得与法律、法规抵触，并送交原公司登记机关备案，涉及变更登记事项的，应同时向公司登记机关申请变更登记。

**第三十九条**　公司章程的解释权属于董事会。
（注：公司设执行董事的情况下，"公司章程的解释权"应属于股东会。）

**第四十条**　公司登记事项以公司登记机关核定的为准。

**第四十一条**　本章程由全体股东共同订立，自公司设立之日起生效。

**第四十二条**　本章程一式_____份，并报公司登记机关备案一份。

全体股东亲笔签字、盖章：

年　　月　　日

# 股份有限公司章程[*]

## _____股份有限公司章程

### 第一章 总 则

**第一条** 为维护公司、股东和债权人的合法权益，规范公司的组织和行为，根据《中华人民共和国公司法》（以下简称《公司法》）和其他有关规定，制定股份有限公司章程（以下简称公司章程）。

**第二条** 公司由_____、_____、_____、_____、_____、_____为发起人，采取发起设立（或募集方式设立）。

公司注册名称：××股份有限公司

公司注册英文名称：_____CO. LTD.

公司注册住所地：_____。

公司经营期限：_____。

**第三条** 董事长为公司法定代表人。

**第四条** 公司享有由股东投资形成的全部法人财产权利，依法享有民事权利，承担民事责任。依法自主经营，自负盈亏。

### 第二章 公司宗旨和经营范围

**第五条** 公司在国家宏观调控下，按照市场需求自主组织生产经营，以_____为宗旨。

**第六条** 公司以_____为企业精神，严格遵守国家法律、法规规定；

---

[*] 本文本仅供参考。

努力为社会经济发展争做贡献。

第七条　经公司登记机关核准公司经营范围：_____。

## 第三章　股份和注册资本

第八条　公司现行股份按照投资主体分国家持股、法人持股、社会公众持股，均为普通股股份。

第九条　公司发行的股票，均为有面值股票，每股面值人民币1元。

第十条　公司股份实行同股同权、同股同利的原则。

第十一条　公司股本总数为：_____股，发起人共认购_____股，占股本总数的_____%。

公司股权结构为：_____。

第十二条　公司的注册资本为人民币_____万元。

第十三条　公司根据经营和发展的需要，可以按照公司章程的有关规定增加资本。公司增加资本可以采取下列方式：

（一）向社会公众发行股份；

（二）向现有股东配售新股；

（三）向现有股东派送新股；

（四）法律、行政法规许可的其他方式发行新股。

第十四条　公司需要减少注册资本时，必须编制资产负债表及财产清单。

第十五条①　公司不得收购本公司股份。但是，有下列情形之一的除外：

（一）减少公司注册资本；

（二）与持有本公司股份的其他公司合并；

（三）将股份用于员工持股计划或者股权激励；

（四）股东因对股东大会作出的公司合并、分立决议持异议，要求公司收购其股份；

（五）将股份用于转换上市公司发行的可转换为股票的公司债券；

（六）上市公司为维护公司价值及股东权益所必需。

---

①　本条第一款所列情形，公司可根据自身的情况选择适用，并需注意不同股份回购情形下适用的决策程序。

公司因前款第（一）项、第（二）项规定的情形收购本公司股份的，应当经股东大会决议；公司因前款第（三）项、第（五）项、第（六）项规定的情形收购本公司股份的，可以依照公司章程的规定或者股东大会的授权，经三分之二以上董事出席的董事会会议决议。

第十六条　公司增加或者减少注册资本，应当依法向公司登记机关办理变更登记。

第十七条　股东转让上市流通部分的股份，必须在依法设立的证券交易所进行。

尚未上市流通的部分股份可以协议转让，证券交易所依据公司董事会的意见，办理更名过户手续。

## 第四章　股东的权利和义务

第十八条　公司股东按其持有股份享有同等权利，承担同等义务。

（国有资产管理机关或企事业单位法人作为公司股东时，由法定代表人或其授权代理人代表行使权利，承担义务。）

第十九条　公司普通股股东享有下列权利：

（一）依照其所持有的股份份额领取股利和其他形式的利益分配；

（二）参加或者委派代理人参加股东会议，并行使表决权；

（三）对公司的业务经营活动进行监督，提出建议或者质询；

（四）依照法律、行政法规及公司章程的规定转让股份；

（五）公司终止或者清算时，按其所持有的股份份额参加公司剩余财产的分配；

（六）股东有权查阅公司章程、股东大会会议记录和财务会计报告；

（七）法律、行政法规及公司章程所赋予的其他权利。

第二十条　公司普通股股东承担下列义务：

（一）遵守公司章程；

（二）依其所认购股份和入股方式缴纳股金；

（三）依其持有股份为限，对公司的债务承担责任；

（四）维护公司的合法权益；

（五）除法律、行政法规规定的情形外，公司股东不得退股。

## 第五章　股东大会

第二十一条　股东大会是公司的权力机构，依据国家法律、法规和公司章程规定行使职权。

第二十二条　股东大会行使下列职权：

（一）决定公司的经营方针和投资计划；

（二）选举和更换董事，决定有关董事的报酬事项；

（三）选举和更换由股东代表出任的监事，决定有关监事的报酬事项；

（四）审议批准董事会的报告；

（五）审议批准监事会的报告；

（六）审议批准公司的年度财务预算方案、决算方案；

（七）审议批准公司的利润分配方案和弥补亏损方案；

（八）对公司增加或者减少注册资本作出决议；

（九）对发行公司股票和债券作出决议；

（十）对公司合并、分立、解散和清算等事项作出决议；

（十一）修改公司章程；

（十二）法律、行政法规及公司章程规定应当由股东大会作出决议的其他事项。

第二十三条　股东大会应当每年召开一次年会。有下列情形之一的，应当在两个月内召开临时股东大会：

（一）董事人数不足本法规定人数或者公司章程所定人数的三分之二时；

（二）公司未弥补的亏损达实收股本总额三分之一时；

（三）单独或者合计持有公司百分之十以上股份的股东请求时；

（四）董事会认为必要时；

（五）监事会提议召开时；

（六）公司章程规定的其他情形。

第二十四条　股东大会会议由董事会召集，董事长主持；董事长不能履行职务或者不履行职务的，由副董事长主持；副董事长不能履行职务或者不履行职务的，由半数以上董事共同推举一名董事主持。

董事会不能履行或者不履行召集股东大会会议职责的，监事会应当及时召集和主持；监事会不召集和主持的，连续九十日以上单独或者合计持有公司百分之十以上股份的股东可以自行召集和主持。

召开股东大会会议，应当将会议召开的时间、地点和审议的事项于会议召开二十日前通知各股东；临时股东大会应当于会议召开十五日前通知各股东；发行无记名股票的，应当于会议召开三十日前公告会议召开的时间、地点和审议事项。

单独或者合计持有公司百分之三以上股份的股东，可以在股东大会召开十日前提出临时提案并书面提交董事会；董事会应当在收到提案后二日内通知其他股东，并将该临时提案提交股东大会审议。临时提案的内容应当属于股东大会职权范围，并有明确议题和具体决议事项。

股东大会不得对前两款通知中未列明的事项作出决议。

无记名股票持有人出席股东大会会议的，应当于会议召开五日前至股东大会闭会时将股票交存于公司。

第二十五条　股东出席股东大会会议，所持每一股份有一表决权。但是，公司持有的本公司股份没有表决权。

股东大会作出决议，必须经出席会议的股东所持表决权过半数通过。但是，股东大会作出修改公司章程、增加或者减少注册资本的决议，以及公司合并、分立、解散或者变更公司形式的决议，必须经出席会议的股东所持表决权的三分之二以上通过。

第二十六条　公司转让、受让重大资产或者对外提供担保等事项必须经股东大会作出决议的，董事会应当及时召集股东大会会议，由股东大会就上述事项进行表决。

第二十七条　股东可以委托代理人出席股东大会会议，代理人应当向公司提交股东授权委托书，并在授权范围内行使表决权。

第二十八条　股东大会应当对所议事项的决定作成会议记录，主持人、出席会议的董事应当在会议记录上签名。会议记录应当与出席股东的签名册及代理出席的委托书一并保存。

股东可委托代理人出席股东大会，代理人应当向公司提交股东授权委托书，并在授权范围内行使表决权。

## 第六章　董　事　会

第二十九条　公司设董事会，其成员为＿＿＿＿人（5人至19人之间），设董事长1人，副董事长1人。

第三十条　董事由股东大会选举产生，任期3年，可以连选连任。

董事长、副董事长由全体董事的过半数选举产生。董事长、副董事长任期3年,可以连选连任。

董事长召集和主持董事会会议,检查董事会决议的实施情况。副董事长协助董事长工作,董事长不能履行职务或者不履行职务的,由副董事长履行职务;副董事长不能履行职务或者不履行职务的,由半数以上董事共同推举一名董事履行职务。

**第三十一条** 董事会对股东大会负责,行使下列职权:

(一)负责召集股东大会,并向股东大会报告工作;

(二)执行股东大会的决议;

(三)决定公司的经营计划和投资方案;

(四)制订公司的年度财务预算方案和决算方案;

(五)制订公司的利润分配方案和弥补亏损方案;

(六)制订公司增加或者减少注册资本的方案以及发行公司股票、债券的方案;

(七)拟订公司合并、分立、解散的方案;

(八)决定公司内部管理机构的设置;

(九)聘任或者解聘公司总经理,根据总经理的提名,聘任或者解聘公司副总经理、总会计师,决定其报酬事项;

(十)制订公司的基本管理制度;

(十一)制订公司章程修改方案;

(十二)股东大会授予的其他职权。

**第三十二条** 董事会每年度至少召开两次会议,每次会议应当于会议召开十日前通知全体董事和监事。

代表十分之一以上表决权的股东、三分之一以上董事或者监事会,可以提议召开董事会临时会议。董事长应当自接到提议后十日内,召集和主持董事会会议。

董事会召开临时会议,可以另定召集董事会的通知方式和通知时限。

董事会会议,应由董事本人出席,董事因故不能出席,可以书面委托其他董事代为出席董事会,委托书中应载明授权范围。

**第三十三条** 董事会会议应由 1/2 以上的董事出席方可举行。董事会作出决议,必须经全体董事的过半数通过。

董事会决议的表决，实行一人一票。

第三十四条　董事长行使下列职权：

（一）主持股东大会和召集、主持董事会会议；

（二）检查董事会决议的实施情况；

（三）签署公司股票、公司债券。

公司根据需要，可以由董事会授权董事长在董事会闭会期间，行使董事会的部分职权。副董事长协助董事长工作，董事长不能履行职权时，由董事长指定的副董事长代行其职权。

第三十五条　董事会应当对会议所议事项的决定作成会议记录，出席会议的董事和记录员在会议记录上签名。

董事应当对董事会的决议承担责任。董事会的决议违反法律、行政法规或公司章程，致使公司遭受严重损失的，参与决议的董事对公司负赔偿责任。但经证明在表决时曾表明异议并记载于会议记录的，该董事可以免除责任。

第三十六条　董事应当遵守公司章程，谨慎、认真、勤勉地履行职务，维护公司利益，不得利用在公司的地位和职权为自己牟取私利。

## 第七章　经　　理

第三十七条　公司设总经理一名，由董事会聘任或者解聘。

第三十八条　公司总经理对董事会负责，行使下列职权：

（一）主持公司的生产经营管理工作，组织实施董事会决议；

（二）组织实施公司年度经营计划和投资方案；

（三）拟订公司内部管理机构方案；

（四）拟定公司的基本管理制度；

（五）制订公司的具体规章；

（六）提请聘任或者解聘公司副总经理、总会计师；

（七）聘任或者解聘除应由董事会聘任或者解聘以外的负责管理人员；

（八）董事会授予的其他职权。

第三十九条　总经理列席董事会会议。

总经理可以由董事兼任。

第四十条　公司总经理在行使职权时，应当根据法律、行政法规和公司章程的规定，忠实履行职务，维护公司利益，不得利用在公司的地位和职权为自己牟取私利。

## 第八章 监 事 会

**第四十一条** 公司设监事会。

**第四十二条** 监事会由3人组成，任期3年，可连选连任。

监事会成员中，1/3的监事（即1人）由公司职工代表担任，由职工选举产生；2/3的监事即2人由股东大会选举产生。

监事会设主席一人，副主席一人。监事会主席和副主席由全体监事过半数选举产生。监事会主席召集和主持监事会会议；监事会主席不能履行职务或者不履行职务的，由监事会副主席召集和主持监事会会议；监事会副主席不能履行职务或者不履行职务的，由半数以上监事共同推举一名监事召集和主持监事会会议。董事、高级管理人员不得兼任监事。

**第四十三条** 监事会行使下列职权：

（一）检查公司的财务；

（二）对董事、总经理执行公司职务时，违反法律、法规或者公司章程的行为进行监督；

（三）当董事和总经理的行为损害公司的利益时，要求董事和总经理予以纠正；

（四）提议召开临时股东大会；

（五）监事出席股东大会，列席董事会会议；

（六）公司章程规定的其他职权。

**第四十四条** 监事会对股东大会负责，并报告工作。监事会每六个月至少召开一次会议，监事会召开会议需在7日前通知全体监事。监事会主席负责召集监事会会议。监事会决议应当经半数以上监事通过。

监事会应当对所议事项的决定作成会议记录，出席会议的监事应当在会议记录上签名。

**第四十五条** 监事应当依照法律、法规和公司章程，忠实履行监督职责。

## 第九章 财务会计制度与利润分配

**第四十六条** 公司依照法律、行政法规和国务院财政主管部门的规定建立本公司的财务、会计制度。

第四十七条　公司应当在每一会计年度终了时制作财务会计报告，并依法经审查验证。

财务会计报告应当包括下列财务会计报表及附属明细表：

（一）资产负债表；

（二）损益表；

（三）财务状况变动表；

（四）财务情况说明书；

（五）利润分配表。

第四十八条　公司的年度财务报告应当在召开股东大会年会的 30 日以前置备于本公司，供股东查阅。

第四十九条　公司年度财务报告要在法律规定的时限内予以公告。

第五十条　公司分配当年税后利润时，按下列顺序分配：

（一）弥补上一年度公司亏损；

（二）提取利润的 10% 列入公司法定公积金（法定公积金累计额为公司注册资本的 50% 以上时，可不再提取）；

（三）经股东大会决议按比例提取任意公积金；

（四）按照股东持有的股份比例支付股利。

股东会、股东大会或者董事会违反前款规定，在公司弥补亏损和提取法定公积金之前向股东分配利润的，股东必须将违反规定分配的利润退还公司。

公司持有的本公司股份不得分配利润。

第五十一条　股利分配采用派发现金和派送新股两种形式。

第五十二条　公司股票发行价格超过票面值所得的溢价收入列入资本公积金。

第五十三条　公司的公积金用于弥补公司的亏损、扩大公司生产经营或者转为增加公司资本。但是，资本公积金不得用于弥补公司的亏损。

法定公积金转为资本时，所留存的该项公积金不得少于转增前公司注册资本的百分之二十五。

第五十四条　公司聘用、解聘承办公司审计业务的会计师事务所，由 ＿＿＿（注：或者股东大会，或者董事会）决定。

公司应当向聘用的会计师事务所提供真实、完整的会计凭证、会计账簿、财务会计报告及其他会计资料，不得拒绝、隐匿、谎报。

第五十五条　公司除法定的会计账册外，不得另立会计账册。

对公司资产，不得以任何个人名义开立账户存储。

第五十六条　公司实行内部审计制度，设立审计机构，对公司财务收支和经济活动进行监督。

## 第十章　公司破产、解散和清算

第五十七条　公司因不能清偿到期债务，被依法宣告破产时，由人民法院依照有关法律的规定，组织股东、有关部门及有关专业人员成立清算组，对公司进行破产清算。

第五十八条　公司有下列情形之一时，可以解散并依法进行清算：

（一）营业期限届满或不可抗拒的原因迫使公司无法继续经营时，需要解散；

（二）股东大会决议解散；

（三）因公司合并或者分立需要解散。

第五十九条　公司依照前条第（一）项、第（二）项规定解散时，应当在15日内由股东大会确定人选成立清算组，进行清算。

第六十条　清算组应当自成立之日起10日内通知债权人，并于60日内在有关报纸上至少公告3次。债权人向清算组申报其债权，清算组应当对债权进行登记。

第六十一条　清算组成立后，董事会、总经理的职权立即停止。清算期间，公司不得开展新的经营活动。

第六十二条　清算组在清算期间行使下列职权：

（一）清理公司财产，分别编制资产负债表和财产清单；

（二）通知或者公告债权人；

（三）处理与清算有关的公司未了结的业务；

（四）清缴所欠税款；

（五）清理债权、债务；

（六）处理公司清偿债务后的剩余财产；

（七）代表公司参与民事诉讼活动。

第六十三条　清算组在清理公司财产、编制资产负债表和财产清单后，应当制订清算方案,并报股东大会或者有关主管机关确认。

公司财产按下列顺序清偿:支付清算费用、职工工资和劳动保险费用,缴纳所欠税款,清偿公司债务。

公司财产按前款规定清偿后的剩余财产,按照股东持有的股份比例分配。

第六十四条 因公司解散而清算,清算组在清理公司财产、编制资产负债表和财产清单后,发现公司财产不足清偿债务时,应当立即向人民法院申请宣告破产。

公司经人民法院裁定宣告破产后,清算组应当将清算事务移交给人民法院。

第六十五条 公司清算结束后,清算组应当制作清算报告,连同清算期内收支报表和财务账簿,经注册会计师验证后,报股东大会或者有关主管机关确认。

清算组应当在股东大会或者有关主管机关确认清算报告之日起10日内,将前述文件报送公司登记机关,申请注销公司登记,并公告公司终止。

第六十六条 清算组成员应当忠于职守,依法履行清算义务。

清算组成员不得利用职权收受贿赂或其他非法收入,不得侵占公司财产。

清算组成员因故意或者重大过失给公司或者债权人造成损失的,应当承担赔偿责任。

## 第十一章　公司章程的修订程序

第六十七条 公司根据实际需要,依据法律、行政法规及公司章程的规定可以修改章程。

第六十八条 修改公司章程由董事会提出章程修改草案,经出席股东大会的股东所持表决权股份的 2/3 以上通过。

第六十九条 公司章程的修改,涉及公司登记事项的,应当依法办理变更登记。

## 第十二章　附　　则

第七十条 董事会可依照公司章程的规定,制订章程的细则。公司细则不得与公司章程相抵触。

第七十一条 本章程于＿＿＿＿年＿＿＿＿月＿＿＿＿日制定。本章程的解释权属公司董事会。

# 重要法律术语速查表

| 法律术语 | 页码 |
| --- | --- |
| 抽逃出资 | 第 96 页 |
| 出资证明书 | 第 78 页 |
| 创立大会 | 第 170 页 |
| 董事会秘书 | 第 187 页 |
| 董事任期 | 第 116 页 |
| 独立董事 | 第 187 页 |
| 发起人 | 第 165 页 |
| 发起设立 | 第 162 页 |
| 分公司 | 第 30 页 |
| 分红权 | 第 95 页 |
| 公积金 | 第 226 页 |
| 公示催告程序 | 第 198 页 |
| 公司的权益保护 | 第 10 页 |
| 公司的义务 | 第 10 页 |
| 公司登记机关 | 第 11 页 |
| 公司法人人格否认 | 第 44 页 |
| 公司分立 | 第 236 页 |
| 公司解散 | 第 240 页 |
| 公司经营范围 | 第 25 页 |
| 公司破产 | 第 265 页 |
| 公司清算 | 第 250 页 |
| 公司增资 | 第 239 页 |

续表

| 法律术语 | 页码 |
| --- | --- |
| 公司债券存根簿 | 第 222 页 |
| 公司章程 | 第 20 页 |
| 股东表决权 | 第 112 页 |
| 股东表决权 | 第 179 页 |
| 股东的有限责任 | 第 5 页 |
| 股东会 | 第 105 页 |
| 股东名册 | 第 79 页 |
| 股东权利 | 第 8 页 |
| 股东知情权 | 第 87 页 |
| 股份 | 第 188 页 |
| 股份有限公司 | 第 4 页 |
| 股票 | 第 189 页 |
| 股票承销 | 第 169 页 |
| 关联关系 | 第 56 页 |
| 国有独资公司 | 第 135 页 |
| 记名股票 | 第 191 页 |
| 记名债券 | 第 221 页 |
| 监事会 | 第 122 页 |
| 控股股东 | 第 56 页 |
| 募集设立 | 第 163 页 |
| 企业法人 | 第 5 页 |
| 清算程序 | 第 259 页 |
| 清算组 | 第 257 页 |
| 认股书 | 第 168 页 |
| 设立登记 | 第 11 页 |

续表

| 法律术语 | 页码 |
| --- | --- |
| 实际控制人 | 第 34 页 |
| 外国公司的分支机构 | 第 268 页 |
| 无记名股票 | 第 191 页 |
| 无记名债券 | 第 221 页 |
| 吸收合并 | 第 235 页 |
| 新设合并 | 第 235 页 |
| 营业执照 | 第 15 页 |
| 优先认购权 | 第 95 页 |
| 有限责任公司 | 第 4 页 |
| 有限责任公司的注册资本 | 第 66 页 |
| 招股说明书 | 第 169 页 |
| 执行董事 | 第 121 页 |
| 住所 | 第 19 页 |
| 转投资 | 第 34 页 |
| 资本公积金 | 第 228 页 |
| 子公司 | 第 31 页 |

图书在版编目（CIP）数据

公司法解读与应用 / 李连宇编著 . —北京：中国法制出版社，2023.6
（法律法规新解读丛书）
ISBN 978-7-5216-3469-3

Ⅰ.①公… Ⅱ.①李… Ⅲ.①公司法-法律解释-中国 Ⅳ.①D922.291.915

中国国家版本馆 CIP 数据核字（2023）第 068835 号

责任编辑：刘海龙　　　　　　　　　　　　　　封面设计：李　宁

公司法解读与应用
GONGSIFA JIEDU YU YINGYONG

编者/李连宇
经销/新华书店
印刷/三河市国英印务有限公司
开本/880 毫米×1230 毫米　32 开　　　　印张/ 12.75　字数/ 328 千
版次/2023 年 6 月第 1 版　　　　　　　　2023 年 6 月第 1 次印刷

中国法制出版社出版
书号 ISBN 978-7-5216-3469-3　　　　　　　　　　　定价：39.00 元

北京市西城区西便门西里甲 16 号西便门办公区
邮政编码：100053　　　　　　　　　　　传真：010-63141600
网址：http：//www.zgfzs.com　　　　　编辑部电话：010-63141813
市场营销部电话：010-63141612　　　　印务部电话：010-63141606

（如有印装质量问题，请与本社印务部联系。）

【法融】数据库免费增值服务有效期截至本书出版之日起 2 年。